Viajes

Introducción al español

Viajes

Introducción al español

Robert Hershberger
DePauw University

Susan Navey-Davis
North Carolina State University

Guiomar Borrás A.
Glendale Community College

HEINLE
CENGAGE Learning™

Australia • Brazil • Japan • Korea • Mexico • Singapore • Spain • United Kingdom • United States

HEINLE
CENGAGE Learning™

Viajes: Introducción al español
Robert Hershberger, Susan Navey-Davis, Guiomar Borrás A.

Publisher: Beth Kramer

Acquisitions Editor: Heather Bradley Cole

Senior Development Editor: Judith Bach

Assistant Editor: Marissa Vargas-Tokuda

Editorial Assistants: David Naden and Sara Dyer

Media Editor: Morgen Murphy

Senior Marketing Manager: Ben Rivera

Marketing Coordinator: Janine Enos

Senior Marketing Communications Manager:
Stacey Purviance

Senior Content Project Manager: Aileen Mason

Production Manager: Lauren Wheelock

Senior Art Director: Linda Jurras

Print Buyer: Susan Spencer

Text Permissions Account Manager: Mardell
Glinski Schultz

Production Service: Pre-Press PMG/Elm Street
Publications

Text Designer: Polo Barrera

Senior Photo Editor: Jennifer Meyer Dare

Cover Designer: Polo Barrera

Cover Image: © Workbook Stock/JupiterImages

Compositor: Pre-Press PMG

For product information and technology assistance, contact us at
Cengage Learning Customer & Sales Support, 1-800-354-9706

For permission to use material from this text or product,
submit all requests online at **www.cengage.com/permissions**.
Further permissions questions can be emailed to
permissionrequest@cengage.com

Library of Congress Control Number: 2009937330

Student Edition:

ISBN-13: 978-1-4282-3130-6

ISBN-10: 1-4282-3130-7

Heinle
20 Channel Center Street
Boston, MA 02210
USA

Cengage Learning is a leading provider of customized learning solutions with office locations around the globe, including Singapore, the United Kingdom, Australia, Mexico, Brazil and Japan. Locate your local office at **international.cengage.com/region**.

Cengage Learning products are represented in Canada by Nelson Education, Ltd.

For your course and learning solutions, visit **www.cengage.com**.

Purchase any of our products at your local college store or at our preferred online store **www.ichapters.com**.

Printed in Canada
3 4 5 6 7 14 13 12 11 10

	CAPÍTULO preliminar ¡Mucho gusto! 1	CAPÍTULO 1 En una clase de español: Los Estados Unidos 19
CHAPTER		
COMMUNICATIVE GOALS	• Greet others, introduce yourself, and say good-bye • Exchange personal information (name, origin, address, etc.) • Identify quantities of objects • Ask and answer questions	• Identify people and things in the classroom • Indicate relationships and specify colors • Describe everyday activities • Talk about academic courses and university buildings • Tell time and specify days of the week
VOCABULARY	• Saludos y despedidas . . . . 2 • Palabras interrogativas . . . . 14 • Vocabulario esencial 18	• En la clase . . . . 20 • Lenguas extranjeras, materias y lugares universitarios . . . . 30 • Vocabulario esencial 44
STRUCTURES	• Subject pronouns and the present tense of the verb **ser** . . . . 10 • **Hay** and numbers 0–30 12	• Definite and indefinite articles, gender, and how to make nouns plural . . . . 26 • Present tense of regular **-ar** verbs . . . . 34 • La hora y los días de la semana . . . . 38 • ¡A repasar! 40
CULTURAL INFORMATION	• En contexto . . . . 6 • Viajemos por el mundo hispano (1) . . . . 8 • Viajemos por el mundo hispano (2) 16	• En contexto . . . . 24 • Viajemos por los Estados Unidos . . . . 28 • ¡A ver! 42

Acknowledgments

We would like to thank Heather Bradley Cole, Acquisitions Editor, for her dedication to the success of this project. A very special thanks to Judith Bach, Senior Development Editor, who helped us enormously through her encouragement, flexibility, and dedication to the excellence of this textbook. Our gratitude and special thanks for her hard and meticulous work, reflected throughout the book, go to Aileen Mason, Senior Content Project Manager. We would like to recognize Ben Rivera, Senior Marketing Manager, and express our appreciation for his hard work on campus nationwide and, in particular, for his outstanding contributions to the marketing and promotional materials. Our thanks also go Pre-Press PMG, especially Nicole Zuckerman, the compositor, and in particular to Harriet C. Dishman, the Project Manager, for her dedication and hard work. We thank Cecilia Molinari for her excellent copyediting, and Margarita Cárdenas and Pilar Acevedo for their sharp-eyed proofreading. And, finally, we would also like to thank Marissa Vargas-Tokuda, Associate Editor, for her focused work with the authors of the *VIAJES* components.

Student Activities Manual

Jill Pellettieri *Santa Clara University* (Workbook)
Silvia Rolle-Rissetto *California State University, San Marcos* (Lab Manual)
Verónica Añover *California State University, San Marcos* (Lab Manual)

iLrn: Heinle Learning Center Diagnostics, Gilberto Velázquez-Aponte

Instructor's Resource CD-ROM

Todd Hernández, *Marquette University* (Instructor's Resource Manual)
Florencia Henshaw, *Univeristy of Illinois at Urbana Champaign* (Testing Program)

Website, Jeff Longwell *New Mexico State University*

The authors and the publisher wish to thank the many instructors at colleges and universities across the country who contributed comments and suggestions to the development of *VIAJES.*

Reviewers

Esther Aguilar *San Diego State University*
Silvia Albanese *Nassau Community College*
David Alley *Georgia Southern University*
Tim Altanero *Austin Community College*
Carlos Andres *California State University-Stanislaus*
Debra Andrist *Sam Houston State University*
Teresa Arrington *Blue Mountain College*
Ann Baker *University of Evansville*
Alejandra Balestra *George Mason University*
Lisa Barboun *Coastal Carolina University*
Paul Bases *Martin Luther College*
David Bedford *Texas Christian University*
Hsiao-Ping Biehl *La Salle University*
Flavia Belpoliti *University of Houston*
Karen Berg *College of Charleston*
Jesus Bottaro *Medgar Evers College (CUNY)*
Donna Brown *Longwood University*
Catherine Burton *Santa Rosa Junior College*
Julia Bussade *University of Mississippi*
Beth Cardon *Georgia Perimeter College*
Elena Casillas *Highland Community College*
Carla Castaño *Marian University*

Marco Tulio Cedillo *Lynchburg College*
Chyi Chung *Northwestern University*
Jealynn Coleman *Wytheville Community College*
Robert Colvin *Brigham Young University-Idaho*
Lilian Contreras-Silva *Hendrix College*
Angela Cresswell *Holy Family University*
Michael Dabrowski *Athabasca University*
Octavio de la Suaree *William Patterson University*
Mayte de Lama *Elon University*
Mari Pino del Rosario *Greensboro College*
Ana del Rosario Peña *University of Texas at Brownsville*
Lorena Delgadillo *University of North Carolina at Charlotte*
Laura Dennis-Bay *University of the Cumberlands*
Sarah DeSmet *Wesleyan College*
Karen Diaz Reategui *Washburn University of Topeka*
Anuncia Escala *Oregon State University*
Deanne Flouton *Nassau Community College*
Yvette Fuentes *Nova Southeastern University*
Wilson García *Plymouth State University*
Amy George-Hirons *Tulane University*
Andrew Gordon *Mesa State College*
Curtis Goss *Southwest Baptist University*

Elena Grajeda *Pima Community College*
Jeannette M. Harker *Flagler College*
Denise Hatcher *Aurora University*
Todd Hernandez *Marquette University*
Steven Hess *Long Island University*
Christopher Hromalik *Onondaga Community College*
Laurie Huffman *Los Medanos College*
Carolina Ibáñez-Murphy *Pima Community College*
Casilde Isabelli *University of Nevada-Reno*
Becky Jaimes *Austin Community College*
Kathleen Johnson *University of North Carolina at Chapel Hill*
David Julseth *Belmont University*
Ifan Knotts *South Plains College*
Kathy Koberstein *Stetson University*
Lina Lee *University of New Hampshire*
Jealynn Liddle Coleman *Wytheville Community College*
Susan Lister *DeAnza College*
Pamela Long *Auburn University-Montgomery*
Nuria Lopez-Ortega *University of Cincinnati*
Diane Lucar-Ellens *Hope College*
Eder Maestre *Western Kentucky University*
Jeffrey Mancilla *San Jose City College*
Daniel Marschner *Xavier University*
Karen Martin *Texas Christian University*
Nancy Mason *Dalton State College*
Raymond Mercik *Asnuntuck Community College*
Jennifer Miller *Community College of Allegheny County*
Ivan Mino *Tarrant County College, Southeast Campus*
Tim Mollett *Ohio University Southern*
Patrick Murphy *Vanderbilt University*
Jerome Mwinyelle *East Tennessee State University*
Mark Overstreet *Dickinson College*
Antonio Pedros-Gascon *Colorado State University, Fort Collins*

Marie Penso-Belanich *William Paterson University*
Michelle Petersen *Arizona State University*
Anna Marie Pietrolonardo *Illinois Valley Community College*
Harriet Poole *Lake City Community College*
Richard Raschio *University of Saint Thomas*
Kay Raymond *Sam Houston State University*
Alberto Ribas *California State University-San Marcos*
Jose Ricardo-Osorio *Shippensburg University of Pennsylvania*
Charisse Richarz *Blinn College*
Beatriz Rivera *Pennsylvania State University*
Ann Rodriguez *Marian University*
Laura Ruíz-Scott *Scottsdale Community College*
Laura Sanchez *Longwood University*
Bethany Sanio *University of Nebraska-Lincoln*
Alyse Schoenfeldt *Palm Beach State College*
Timothy Scott *Onondaga Community College*
Virginia Shen *Chicago State University*
Michael Smith *Norfolk State University*
Sue Ann Thompson *Butler University*
Suzanne Tyson *Clemson University*
Michelle Vandiver Lawrence *Volunteer State Community College*
Martha Vila *Victor Valley College*
Sandra Watts *University of North Carolina at Charlotte*
Shawncey Webb *Taylor University*
Julie Wilhelm *Iowa State University*
Leah Wilkinson *University of Arkansas at Little Rock*
Bridget Yaden *Pacific Lutheran University*
Carlos Yanez *Manchester College*
Mary Zampini *Le Moyne College*
U. Theresa Zmurkewycz *St. Joseph's University*

Spanish is quickly becoming a major second language of the United States. Although southern and coastal states have seen dramatic increases in Spanish-speaking populations for years, the presence of Latino communities in every large city throughout the nation is now a reality. Spanish radio and television stations are multiplying and playing to huge audiences and Latino entertainers are soaring to the top of charts with smash hits. Spanish can be seen on road signs, menus, and in product literature. In the entertainment, leisure, and travel industries, Spanish is more prevalent than ever before. Business people, teachers, civil servants, store clerks, and especially emergency and hospital personnel are scrambling to keep up with an increasingly Spanish-speaking client base.

Just recently, peoples of Hispanic descent have become the largest minority group in the United States and are shaping social and political agendas in a profound way. Real-world incentives to learn Spanish are all around you. *VIAJES* invites you to join a community of Spanish speakers not only in your class, but also in your neighborhood, work environment, or travel destination. *VIAJES* is based on the Five Cs of Language Learning: Communication, Cultures, Connections, Comparisons, and Communities to ensure that your interaction with the Spanish-speaking world is dynamic and profound. In *VIAJES* we introduce you not only to a language, but also to the people—through their history, traditions, and culture—who speak the language.

Learning Spanish successfully requires determination, good study habits, and patience. You must commit yourself to learning the language every day. Mastery is the result of daily study and practice. Everything you learn relies, to a certain extent, on previous material. If you invest your time from the beginning, what you learn later will build naturally upon a solid foundation of understanding and competence.

We wish you the very best in your introduction to Spanish. ¡Sus *viajes* empiezan ya!

Bob Hershberger
Susan Navey-Davis
Guiomar Borrás A.

¡Mucho gusto!

El mundo hispano

Chapter Objectives

Communicative Goals

In this chapter, you will learn how to . . .

- Greet others, introduce yourself, and say good-bye
- Exchange personal information (name, origin, address, etc.)
- Identify quantities of objects
- Ask and answer questions

Structures

- Subject pronouns and the present tense of the verb **ser**
- The verb form **hay** and numbers 0–30
- Question words and inflection

◀ Have you visited any Spanish-speaking countries? If so, which one(s)?

◀ For your next visit to a Spanish-speaking area, would you like to visit a metropolitan area or a small town? A mountainous region or a coastal area? A lush jungle area or an arid region?

◀ Would you like to study in a Spanish-speaking country? Which one and why?

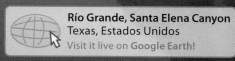

Río Grande, Santa Elena Canyon
Texas, Estados Unidos
Visit it live on **Google Earth!**

© David Muench/Corbis

1

A saludar y a conocer a la gente *(Greeting and meeting people)*

In this section, you will learn how to greet and say good-bye to people in Spanish in both formal and informal situations. How do you greet your professor? How do you greet your friends?

Preguntas formales
Formal questions

¿Cómo está usted? *How are you?*

¿Cómo se llama usted? *What is your name?*

¿De dónde es usted? *Where are you from?*

¿Y usted? *And you?*

Preguntas informales
Informal questions

¿Cómo estás? *How are you?*

¿Cómo te llamas? *What's your name?*

¿De dónde eres? *Where are you from?*

¿Qué hay? *What's new?*

¿Qué tal? *What's up?*

¿Cómo te va? *How's it going?*

Respuestas *Replies*

Bastante bien. *Pretty well.*

Bien, gracias. *Fine, thanks.*

Más o menos. *So-so.*

(Muy) Bien. *(Very) Well.*

Me llamo… *My name is . . .*

(Yo) Soy de… *I'm from . . .*

Títulos *Titles*

señor *Mr.*

señora *Mrs., Ms.*

señorita *Miss*

These personal titles and their abbreviations are used in formal interactions between people. There is no standard Spanish equivalent for Ms.; use **señorita** or **señora**, as appropriate.

Una situación formal *(A formal situation)*

¡Buenos días, señorita!

¡Buenos días, profesor!

Soy el profesor Benjamín Rico Torres.

Encantada. Me llamo Julia.

Mucho gusto.

¿Cómo está usted?

Muy bien, gracias. ¿Y usted?

Bastante bien, gracias.

Hasta luego, Julia.

¡Adiós, profesor!

Una situación informal *(An informal situation)*

¡Hola! ¿Qué tal? Me llamo Tom. ¿Cómo te llamas?

¡Hola! Soy Guadalupe.

Encantado.

El gusto es mío.

¿De dónde eres?

Soy de Colorado. ¿Y tú?

¡Qué casualidad! Yo soy de Denver.

¿Cómo estás?

Más o menos. Y tú, ¿qué tal?

Muy bien, gracias.

¡Chao, Guadalupe!

¡Nos vemos mañana, Tom!

Saludos *Greetings*

Buenos días. *Good morning.*
Buenas tardes. *Good afternoon.*
Buenas noches. *Good evening/night.*
¡Hola! *Hi! (informal)*
Encantada. *Nice to meet you.*
  (women say this)
Encantado. *Nice to meet you.*
  (men say this)
Mucho gusto. *Nice to meet you.*
  (men and women say this)
El gusto es mío. *The pleasure is mine.*
  (men and women say this)

Despedidas *Farewells*

Adiós. *Good-bye.*
Buenas noches. *Good night.*
Chao. *Bye.*
Hasta luego. *See you later.*
Hasta mañana. *See you tomorrow.*
Hasta pronto. *See you soon.*
Nos vemos. *See you later.*

Palabras útiles

con permiso *pardon me, excuse me (to ask permission to pass through)*
disculpe *pardon me (to formally ask for someone's forgiveness or to get someone's attention)*
perdón *pardon me, excuse me (to ask for someone's forgiveness)*
por favor *please*

Palabras útiles are presented to help you enrich your personal vocabulary. The words here will help you interact in Spanish.

Heinle/Cengage Learning

¡A practicar! (Let's practice!)

P-1 **¿Qué dices? (What do you say?)** Match the situations on the left with an appropriate expression from the list on the right. Remember to distinguish between formal and informal situations.

1. You're introduced to Sra. Fuertes. _c_
2. You're asking a child where he/she is from. _b_
3. You're greeting a stranger on the way to class at 8:00 a.m. _e_
4. You're saying good-bye to a friend going on vacation. _f_
5. You're asking your mother's friend how she's doing. _d_
6. You're saying hello to a friend. _a_
7. You're leaving a party at a friend's house at 2:00 a.m. _J/g_
8. You're asking an old man in the park what his name is. _h_
9. You're walking to an afternoon class and you see your TA. _i_

a. ¡Hola!
b. ¿De dónde eres?
c. Mucho gusto, señora.
d. ¿Cómo está usted?
e. ¡Buenos días!
f. ¡Adiós!
g. ¡Chao!
h. ¿Cómo se llama usted?
i. ¡Buenas tardes!
j. ¡Buenas noches!

P-2 **¿Correcto o incorrecto?** Your friend is eager to practice his/her Spanish, but makes mistakes by responding incorrectly to some of the expressions given below. Identify which responses are incorrect, then provide the correct response. Pay attention to whether the address is formal or informal.

Modelo —¿De dónde eres tú?
—Me llamo Jessica.

No es correcto. The student was asked where she was from and she responded with her name. She might have said, "Yo soy de Indiana."

1. —Mucho gusto.
   —*Más o menos.*
2. —¿Cómo se llama usted?
   —*Me llamo Jim.*
3. —Hasta mañana.
   —*¡Hola!*
4. —¡Hola!
   —*¿Qué tal?*
5. —Y tú, ¿qué tal?
   —*Más o menos. ¿Y usted?*
6. —Encantada.
   —*Buenas noches.*

P-3 **¡A conocernos! (Let's get to know each other!)** Complete the following brief dialogues with the appropriate expressions.

1. —¿De dónde eres?
   —Soy de Orlando.
2. —¿Como estás?
   —Bastante bien.
3. —¿De dónde es usted? Como se llama usted
   —Soy Rosario Vargas. ¿Y usted?
   —Me llamo Manuel Ramos.

Capítulo preliminar

Capítulo preliminar

iLrn: Heinle Learning Center, *Capítulo preliminar*

Curiosidades del idioma

In some countries, such as, Chile, Colombia, and Venezuela people say **chao** (**chau** in Argentina, Bolivia, Peru and Uruguay) to express *good-bye,* due to the influence of Italian immigrants. The expressions **nos vemos** and **chao** are used in informal situations with the expectation that you will see the other person(s) in the near future or the following day.

Curiosidades del idioma

Adiós carries a more definitive sense of *good-bye* than **hasta luego.** Use **adiós** when you do not expect to see the other person(s) until much later in the day or the following day.

¡A conversar! *(Let's converse!)*

P-4 **¡Buenos días, profesor(a)!** Working with a partner, decide how you would modify the expressions in activity P-3 so that they would suit a formal conversation with your professor. Role-play the dialogue with another student, with one acting as the student and the other as the professor.

P-5 **Una fiesta** Pretend that you are attending a party given at the beginning of the semester for all students in your Spanish class. You want to speak to as many students in the class as possible.

Part I:
Work with one or two other students to practice the questions and answers that you will use to introduce yourself to all students and find out who they are. Practice asking students their names, how they are doing, and where they are from, and practice answering these questions. Also practice expressing pleasure in meeting each new student.

Part II:
All students move around the classroom, greeting classmates, and asking and answering questions about their names and other information. Speak to as many people as possible and ask as many different questions as you can. Your goal is to speak to each student. Speak only Spanish!

P-6 **Conversaciones** Work with a partner to act out the three conversations depicted in the drawings. Use the information below to help you decide if each interaction is formal or informal. Then include appropriate greetings, ask appropriate questions, and give appropriate answers. After practicing with your partner, be prepared to present at least one conversation to the class.

1. José Ramón and Ricardo, two old friends, happen to see one another on the street at 8 p.m. one evening.

2. Professor Sánchez greets a new colleague in the university medical center where they work, at 9 a.m. The new colleague is Dr. (**doctora**) Matos, but Professor Sánchez does not know her name.

3. At 2 p.m. Mrs. Calderón sees a young neighbor whose family has just moved to the area. She does not know his name but wants to get to know him. Jaime, the young man, politely responds to Mrs. Calderón's questions.

Heinle/Cengage Learning

The following dialogue describes the Ortega family's first meeting with Raquel, the new babysitter, at their home in Miami.

AUDIO CD
CD 1, TRACK 2

Raquel: ¡Buenas noches, señor!

Sr. Ortega: ¡Buenas noches! **¿Es usted la señorita** Gandía?

....

Comentario cultural In Florida, it is common to see Spanish colonial-style houses. These houses feature low roofs with red roof tiles, stucco siding, and numerous arches above doors and main windows. Thick walls provide relief from the hot summer temperatures.

Raquel: Sí, **soy yo. Me llamo** Raquel.

Sr. Ortega: **Mucho gusto,** Raquel. Yo soy Ricardo Ortega.

Raquel: **Encantada,** Señor Ortega.

Sr. Ortega: ¿De dónde es usted?

Raquel: Yo soy de aquí… de Miami. ¿Y ustedes?

....

Comentario cultural According to the 2007 Census, Miami Dade County, Florida, has 62 percent Spanish-speakers as a result of large-scale immigration, especially from Cuba, Puerto Rico, Colombia, Venezuela, and the Dominican Republic. Millions of Spanish-speaking Americans also live in San Diego, Los Angeles, Phoenix, San Antonio, Chicago, and New York City.

Expresiones **en contexto**

aquí *here*	**¡Dios mío!** *My God! My goodness!*
barrio *neighborhood*	**habla tan bien** *speak so well*
de allí *from there*	**Llevamos un año aquí.** *We have been*
mucha gente *a lot of people*	*here for a year.*
nena/nene *used when an adult wants to get*	**Pareces mayor.** *You look older.*
a young person's attention (Puerto Rico)	**¿Sólo nueve años?** *Only nine years old?*
nuestro(a) *our*	**Yo tengo nueve años.** *I am nine years old.*
¿Cuántos años tienes tú? *How old are you?*	

Sr. Ortega: Nosotros somos de La Habana, Cuba. Llevamos un año aquí. ¿Y cómo es que usted habla tan bien el español?

Raquel: Mi padre **es de Puerto Rico** y en mi barrio **hay** mucha gente de allí, de Cuba y de la República Dominicana.

Comentario cultural Cuba is truly a melting pot of several different African and European cultures. This original Creole culture has been further diversified by more recent migrations of French, Chinese, Jamaicans, Haitians, and Mexicans.

Sr. Ortega: Raquel, quiero presentarle a mi hija, María José.

María José: ¡Hola!

Raquel: ¡Hola, María José! **¿Cómo estás?**

María José: Bien, gracias, ¿y usted?

Comentario cultural Notice how Mr. Ortega and Raquel use the formal form of **usted** to address each other. However, when Raquel meets Mr. Ortega's daughter, María José, she talks to the child using the informal **tú** form, appropriate when addressing someone younger than the speaker.

Heinle/Cengage Learning

Raquel: Muy bien, gracias. ¿Y **cuántos** años tienes tú, nena?

María José: Yo tengo **nueve** años.

Raquel: ¡Dios mío! ¿Sólo nueve años? Pareces mayor.

Comentario cultural Certain exclamations carry less of a stigma in the Spanish language than they do in the English language. **¡Dios mío!**, for example, literally translates to *My God!*, yet the strength of its meaning is closer to a phrase like *My goodness!*

¿Comprendiste? (Did you understand?) Decide whether the following statements are **cierto** (true) or **falso** (false). If the statement is false, change it to a true statement. The easiest way to do this is to negate the sentence by placing the word **no** in front of the verb. If the sentence is already negated, remove the **no** before the verb.

Modelo   Raquel es la madre de María José. *(Raquel is María José's mother.)*
Falso: Raquel no es la madre de María José.

1. El señor Ortega es cubano.
2. Raquel es de Nueva York.
3. Raquel habla español muy bien.
4. El padre de Raquel es de Cuba.
5. Hay muchas personas hispanas en Florida.
6. María José tiene siete años.

 Una experiencia como niñera (babysitter) You will be meeting the parents of a child, for whom you will babysit, for the first time. With a partner, take turns role-playing the situation. The babysitter should greet the parents, greet the child, and introduce himself or herself. Each person should invent a background of Hispanic origin. Use the expressions from **En contexto** as a model for your dialogue.

El mundo hispano

ESTADOS UNIDOS

MÉXICO
108.700.891

México, D.F.
28.000.000

NO PACÍFICO

Heinle/Cengage Learning

Pensemos (Let's think)

- What do you know about Mexico?

The population of Mexico is ethnically diverse: 60 percent of the population is **mestizo** (indigenous-Spanish), 30 percent is indigenous, 9 percent is white, and 1 percent is classified as "other." The capital of Mexico, Mexico City, has more than 25 million inhabitants in the greater metropolitan area, which makes it the third largest city in the world after Tokyo, Japan, and Seoul, South Korea. The Yucatán Peninsula in Mexico is popular for its warm beaches and amazing Mayan ruins. Outside of the Yucatán, one can find famous beaches in Acapulco, Puerto Vallarta, Mazatlán, and the trendy Los Cabos in Baja California.

Discutamos (Let's discuss)

1. What is the population of Mexico City? Would you like to live in a big city like Mexico City? Explain why or why not.
2. Which part of Mexico would you prefer to visit: the sandy beaches or the Mayan ruins?

Pensemos

- Can you point out one geographic characteristic that is shared by almost all the countries in Central America?

With the exception of El Salvador and Belize, the countries of Central America have two coasts: one on the Pacific Ocean and one on the Caribbean Sea. This distinguishing characteristic makes beach tourism very popular in these countries. Additionally, Panama's control of the Panama Canal—a 77-kilometer (48-mile) shipping canal that connects the Caribbean Sea (Atlantic Ocean) to the Pacific Ocean—is of international importance. Of the over 7,000 islands in the Caribbean Sea, the three largest islands are Spanish-speaking. The Caribbean nations of Cuba, the Dominican Republic, and Puerto Rico, which were once Spanish colonies, continue to use Spanish as their official language. Puerto Rico, a United States territory with Commonwealth status, has a second official language: English. Spanish, however, remains dominant, as it is the official language of the island's government and is spoken by the majority of its residents.

Golfe de México

La Habana

LA REPÚBLICA
DOMINICANA
9.365.818

GUATEMALA
12.278.111

CUBA
11.394.043

Mar Caribe

San Juan

HONDURAS
7.483.763

Santo
Domingo

PUERTO RICO
3.944.259

Guatemala
San Salvador

Tegucigalpa

NICARAGUA
5.570.129

EL SALVADOR
6.948.073

Managua
San José

CANAL DE PANAMÁ

OCÉANO
PACÍFICO

COSTA RICA
4.133.884

Panamá

PANAMÁ
3.242.173

Heinle/Cengage Learning

Discutamos

1. Why is the Panama Canal important?
2. Puerto Rico has two official languages: Spanish and English. Do you think this is a good idea? Explain why or why not.

Pensemos

1. What effect might the location of South America in the southern hemisphere have on its weather conditions and seasons?
2. Can you name any natural wonders in South America?

Similar to North and Central America, South America is named for Amerigo Vespucci, the first European to suggest that the Americas were not in fact the Indies—as Christopher Columbus had thought—but rather a new continent, unknown to the Europeans. Despite their similar names, their geographic situations make North America and South America opposites of sorts.

Mar
Caribe

Caracas

VENEZUELA
26.023.528

OCÉANO
ATLÁNTICO

Bogotá

Quito

COLOMBIA
44.379.598

PERÚ
28.674.757

ECUADOR
13.755.680

Lima

BOLIVIA
9.119.152

La Paz

OCÉANO
PACÍFICO

PARAGUAY
6.669.086

CHILE
16.284.791

Asunción

URUGUAY
3.460.607

Santiago

Buenos
Aires

Montevideo

ARGENTINA
40.304.927

Heinle/Cengage Learning

Since South America is situated in the southern hemisphere, its seasons are opposite to those of North America. For instance, in South America, in countries such as Argentina and Chile, people ski in June, July, and August, and are at the beaches in December, January, and February.

Discutamos

1. Are you aware of other differences between the southern and northern hemispheres in terms of climate, weather, etc.?
2. Which South American country would you most like to visit? When would you travel there, and what type of trip would you take?

Pensemos

- Do you know anyone from the Iberian Peninsula (Spain or Portugal)?

The Iberian Peninsula is comprised of Spain and Portugal. Spain shares a border with Portugal to the west, France and Andorra to the north, and Gibraltar (a British Colony) to the south, and through its cities in North Africa (Ceuta and Melilla), Morocco. Its population includes speakers of Castilian Spanish, as well as speakers of regional languages in certain autonomous communities. Spain currently is thought to have one of the highest immigration rates within the European Union. The highest immigrant populations represent a number of countries: Equatorial Guinea, Morocco, Central and South America, and more recently Romania, Bulgaria, and Hungary.

Discutamos

1. With what countries does Spain share a border? What effect could this have?
2. Would you like to visit Spain? Why or why not?

Pensemos

- Do you have friends who speak Spanish? Where do they live? Where do they come from?

According to the U.S. Census Bureau, there are more than 45.5 million Hispanics in the United States (2007). Hispanics are now the largest minority group in the nation, making up around 15.1 percent of the total population of the United States. The projected Hispanic population of the United States for July 1, 2050 is 102.6 million people. According to this projection, Hispanics will then constitute 24 percent of the nation's population and by 2042 native speakers of Spanish will outnumber native speakers of English.

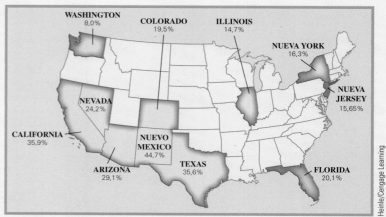

Discutamos

1. In what states do you find the largest concentrations of Hispanics? Why do you think this is?
2. After studying this map, discuss the importance of learning Spanish.

Subject pronouns and the present tense of the verb *ser*

A *verb* is a word that expresses action (*run, jump*, etc.) or indicates a state of being (*is, seems*, etc.). The *subject* of the verb is either a *noun* or *pronoun* that identifies who does the action of the verb. Subjects that are nouns include names, such as *Mary, Fred, Jerome*, and so forth. Subjects that are pronouns include words, such as *you, we, they*, etc. Study the Spanish subject pronouns along with the present-tense forms of the verb **ser.**

ser *(to be)*

Singular		
yo	**soy**	*I am*
tú	**eres**	*you (informal) are*
usted (Ud.), él/ella	**es**	*you (formal) are, he/she is*
Plural		
nosotros(as)	**somos**	*we are*
vosotros(as)	**sois**	*you (informal) are*
ustedes (Uds.), ellos(as)	**son**	*you are, they are*

Note that in most of Spain, the plural form of **tú** is **vosotros** (referring to males only or to a mixed group of males and females) and **vosotras** (referring to females only).

vosotros	*you*	}		David y María, **vosotros sois** mis amigos.
			sois	*David and María, **you are** my friends.*
			are	
vosotras	*you*	}		Alicia y Regina, **vosotras sois** muy sinceras.
				*Alicia and Regina, **you are** very sincere.*

In Latin America, **ustedes** is the plural form for both **tú** and **usted.**

© Ian Tragen/Shutterstock.com

¡A practicar!

P-7 **¿Sí o no?** Say whether you agree (**sí**) or disagree (**no**) with the following statements and repeat the sentence. To make a sentence negative, place **no** before the verb.

Modelos Penélope Cruz es actriz.
Sí. Penélope Cruz es actriz.

Penélope Cruz es profesora.
No. Penélope Cruz no es profesora.

1. Salma Hayek es elegante.
2. Sergio García no es atlético.
3. Mis profesores son cómicos.
4. Marc Anthony es estudiante.
5. Mis amigas son independientes.
6. Mi papá es profesor.
7. Mi mamá es bailarina.
8. Yo soy sentimental.

P-8 **¿Quiénes somos? ¿Quiénes son? (Who are we? Who are they?)** Complete the sentences below with the correct form of the verb **ser**.

Modelo George López *es* un cómico famoso.

1. Nosotros ———— estudiantes de español.
2. Tú ———— mi compañero(a) de clase.
3. América Ferrera y Cristián de la Fuente ———— dos actores famosos.
4. Carlos Santana ———— un músico famoso.
5. Ustedes ———— de Costa Rica.
6. Ella ———— muy inteligente.
7. Yo ———— estudiante de español.
8. Felipe Calderón ———— mexicano.

Student Activities Manual,
Capítulo preliminar

....

Capítulo preliminar

....

iLrn: Heinle Learning Center,
Capítulo preliminar

....

Ser

¡A conversar!

P-9 **¿Quién entre nosotros? (Who among us?)** Working with a partner, form questions using the adjectives listed below to ask your classmate. To ask a question in Spanish, place the verb before the adjective.

Modelo cómica (a woman)
E1: ¿Es cómica Katie?
E2: *Sí, Katie es cómica.*
o *No, Katie no es cómica.*

1. atlético(a) (your professor)
2. sincero(a) (you)
3. extrovertidos (two men)
4. serios (we)
5. inteligentes (a man and a woman)
6. famosas (two women)

P-10 **¿Quién soy yo? ¿Quiénes son Uds.?** Work in groups of four or five students. Make a list of no less than ten well-known people who fit at least one of the criteria listed below. When the list is complete, the first member of the group introduces himself/herself as the first person on the list and gives one additional piece of information. The second person introduces himself or herself as the second person on the list and gives additional information, then repeats who the first person is and the additional information about him/her. Continue around the circle with each person introducing himself or herself as the next person and reviewing names and information about all previous individuals. If time allows, create a new list of people and start again.

Modelo **E1:** *Soy Jeff García. Soy atleta.*
E2: *Soy Salma Hayek. Soy de México.*
Él es Jeff García. Es atleta.

Características	Profesiones	Nacionalidades
arrogante	actor	de España
cómico	atleta	de los Estados
inteligente	músico(a)	Unidos
serio	político(a)	de México
		de Cuba

Hay and numbers 0–30

A useful Spanish verb form is **hay,** which means *there is* and *there are* (or *Is there . . . ?* and *Are there . . . ?* in questions). Use **hay** to indicate the existence of people, places, and things; **hay** may be followed by a singular or plural noun. Be careful not to confuse this verb form with the verb **ser,** which also means *to be* but does not express the idea of *there is/there are.*

> ¿Cuántas personas **hay** en tu clase de español?
> *How many people **are there** in your Spanish class?*

> **Hay** una profesora y veintisiete estudiantes.
> ***There is** one teacher and twenty-seven students.*

Numbers 0–30			
0 cero	8 ocho	16 dieciséis	24 veinticuatro
1 uno	9 nueve	17 diecisiete	25 veinticinco
2 dos	10 diez	18 dieciocho	26 veintiséis
3 tres	11 once	19 diecinueve	27 veintisiete
4 cuatro	12 doce	20 veinte	28 veintiocho
5 cinco	13 trece	21 veintiuno	29 veintinueve
6 seis	14 catorce	22 veintidós	30 treinta
7 siete	15 quince	23 veintitrés	

- Note that **uno** has three different forms.

  1. When counting, the form **uno** is used.

     Uno, dos, tres…   *One, two, three . . .*

  2. When preceding a singular masculine noun, the **-o** is dropped to form **un** (**un señor, un chico**).

     Hay **un** profesor en la clase.
     *There is **one** professor in the class.*

  3. Before a singular feminine noun, **una** is used (**una señora, una chica**).

     Hay **una** cafetería buena en esta universidad.
     *There is **one** good cafeteria in this university.*

- The number **veintiuno** changes to **veintiún** before a plural masculine.

  Hay **veintiún** estudiantes.
  *There are **twenty-one** students.*

- The numbers 16 to 19 and 21 to 29 can be written either as one word (e.g., **dieciséis**) or as three words (e.g., **diez y seis**). In most Spanish-speaking countries, people prefer to use the single word.

- Note that some numbers when written as one word, will need a written accent to maintain stress on the proper syllable: **dieciséis, veintiún, veintiséis.**

¡A practicar!

P-11 **En la clase de español hay...** Fill in the blanks to complete the following statements. Remember to use **hay** to show singular (*there is*) as well as plural (*there are*).

En mi clase de español, _____ _____ estudiantes. _____ _____ chicas y _____ _____ chicos. _____ _____ escritorios (*desks*) y _____ pizarras (*chalkboards*).

P-12 **¿Cuántos hay? (*How many are there?*)** State how many units there are of the following items.

Modelo 18 bolígrafos (*pens*)
Hay dieciocho bolígrafos.

1. 1 auto
2. 5 libros (*books*)
3. 3 mochilas (*backpacks*)
4. 1 chica
5. 27 bicicletas
6. 30 puertas (*doors*)

P-13 **Problemas de matemáticas** Do the following math problems with another student.

Modelos 2 + 2 = ¿? + **más**
E1: *¿Cuántos son dos más dos?*
E2: *Dos más dos son cuatro.*

3 − 1 = ¿? − **menos**
E1: *¿Cuántos son tres menos uno?*
E2: *Tres menos uno son dos.*

1. 11 + 4 = ¿?
2. 16 + 10 = ¿?
3. 7 + 3 = ¿?
4. 25 − 11 = ¿?
5. 7 − 4 = ¿?
6. 30 − 9 = ¿?

Student Activities Manual, *Capítulo preliminar*

Capítulo preliminar

iLrn: Heinle Learning Center, *Capítulo preliminar*

¡A conversar!

P-14 **¿Hay o no hay?** In pairs, answer these questions about your class. Follow the model, then switch roles.

Modelo hombres (*men*)
—*¿Hay hombres en la clase?*
—*Sí. Hay doce hombres.*

1. mujeres (*women*)
2. hombres y mujeres
3. profesores
4. . . .

P-15 **¡BINGO!** Work in groups of four to six students. One student writes a list of numbers between 0 and 30 in random order. Every other student draws a grid of 16 squares, 4 across and 4 down, and puts a different number between 0 and 30 in each square. The student who made the list of numbers calls out a number (in Spanish, of course!), and students who have the number in their grid cross it out. The caller continues until one student crosses out four numbers in a row—vertical, horizontal, or diagonal—and says **¡Bingo!** Continue the game so several students can achieve **Bingo.**

A preguntar

In this section you will learn how to ask questions in Spanish. What questions do you ask people when you first meet them?

Palabras interrogativas
Question words

¿Cómo? *How?*

¿Cuál(es)? *Which?*

¿Cuándo? *When?*

¿Cuánto(a)? *How much?*

¿Cuántos(as)? *How many?*

¿De dónde? *From where?*

¿Dónde? *Where?*

¿Por qué? *Why?*

¿Qué? *What?*

¿Quién(es)? *Who?*

Heinle/Cengage Learning

As an English-speaker, there are a few basic linguistic points to keep in mind when using Spanish question words.

¿Cuál? *(Which?)* is used far more frequently in Spanish than in English. It has the same meaning as *What?* when someone's name, address, or telephone number is being asked. When it refers to a plural noun, it becomes **¿Cuáles?**

¿**Cuál** es tu nombre?	*What's your name?*
¿**Cuál** es tu número de teléfono?	*What's your telephone number?*
¿**Cuál** es tu dirección?	*What's your address?*
¿**Cuáles** son tus amigos?	*Which ones are your friends?*

¿Quién?, like **¿Cuál?**, must be made plural when referring to two or more people.

¿**Quiénes** son tus padres?	*Who are your parents?*

¿Cuánto(a)? and **¿Cuántos(as)?** must agree in number (singular or plural) and gender (masculine or feminine) with the nouns they describe.

¿**Cuántos** hombres hay en la clase?	*How many men are in the class?*
¿**Cuántas** personas hay en tu familia?	*How many people are in your family?*

Notice that all question words carry accents. The accent indicates that the word is being used as an interrogative. For example, **que** without an accent means *that* (e.g., *The one that got away.*) The word means *What?* only when it appears as **¿Qué?**

¡A practicar!

P-16 Preguntas A friend of yours is doing a survey in a Spanish-speaking neighborhood. Help him fill in the missing question words. Are the survey questions addressed formally or informally?

Modelo ¿ *Cómo* se llama usted?

1. ¿De _____ es usted?
2. ¿ _____ es su (*your*) dirección (*address*)?
3. ¿ _____ personas hay en su familia?
4. ¿ _____ son sus padres?
5. ¿ _____ es su número de teléfono?
6. ¿De _____ es su familia?
7. ¿ _____ es su cumpleaños (*birthday*)?
8. ¿ _____ le gusta este barrio (*do you like this neighborhood*)?

P-17 Información personal Read the answers that a student gave to the questions posed by classmates. Write the question that was used to solicit each answer.

Modelo —Soy de España.
—¿*De dónde eres?*

1. Me llamo Carolina.
2. Estoy bien.
3. Los profesores de español son el doctor Garza y la doctora Valenzuela.
4. Hay veinte estudiantes en la clase.
5. El número de teléfono de la profesora Valenzuela es el 765-4589.

Cultura

In most Spanish-speaking countries, telephone numbers have 7 digits, but they have only 5 or 6 in some areas. When expressing a telephone number with an uneven number of digits, it is common to begin with a single digit but express the remaining numbers in groups of two. If your telephone number contains numbers that you are not yet able to express in pairs, you may present each number individually, such as **dos, cuatro, uno, ocho, nueve, seis, cero** for 241-8960.

¡A conversar!

P-18 Información personal Circulate around your classroom to obtain the phone numbers and addresses of at least three different classmates. Be sure to use the appropriate mode of address (informal or formal).

Modelo —¿Cuál es tu número de teléfono?
—Es el dos, veintinueve, quince, once (229-1511). ¿Y el tuyo? (*And yours?*)
—Es el cuatro, veinticinco, diez, trece (425-1013). ¿Cuál es tu dirección?
—Camino Linda Vista, número tres, cinco, cuatro, siete (3547); apartamento número once (11).

© Andresr/Shutterstock.com

P-19 ¿Qué? ¿Cuántos? ¿Cómo? Create questions in Spanish in order to find out personal information about two classmates. You want to get the following information:

- their names,
- where they come from,
- the names of their friends,
- their parents' names,
- their best friend's name, and so on.

Take turns asking each other the questions you come up with.

Let's continue to get acquainted with the Spanish-speaking world.

1. Do you know how many countries use Spanish as an official language? Can you name some of these countries?
2. Do you know how many people speak Spanish as a first language?
3. Do you know what other languages have influenced the Spanish language?

Native speakers of Spanish: 358 million people

There are 21 countries where Spanish is used as an official language: 1 country in Europe, 1 country in Africa, 1 country in North America, 9 countries in Central America and the Caribbean, and 9 countries in South America.

Speakers of Spanish as a second language: 435 million people. Spanish is the fourth most spoken language after Chinese Mandarin, English, and Hindi.

Languages that have influenced the Spanish language: Spanish developed from Latin with influences from Greek, Basque, Arabic, and German, in addition to elements from Nahuatl in Mexico and Quechua in Bolivia, Ecuador, and Peru.

Personalidades ilustres Simón Bolívar, one of South America's greatest generals, was born in Caracas, Venezuela, in 1783 and died in Santa Marta, Colombia, in 1830. His victories over the Spaniards during the War of Independence won independence for Bolivia, Colombia, Ecuador, Peru, and Venezuela. He is known as **El Libertador** (*The Liberator*) throughout Latin America. In Venezuela, on the anniversaries of both his birth and his death, people come together in the Plaza Bolívar to honor his memory.

Who are the freedom-fighters in your community? Is there an important plaza, park, or street in your town or city dedicated to these individuals?

Historia Teotihuacán (300 B.C. – 450 A.C.) is the largest-known pre-Columbian city in the Americas. The city is located approximately 40 km (approx. 25 miles) northeast of present-day Mexico City. Archaeological evidence indicates that Teotihuacán was a multiethnic site. The presence of several different pre-Columbian communities, such as the Zapotecs, the Mixtecs, the Maya, the Nahua, the Totonacs, and finally the Aztecs, has been detected. The name Teotihuacán was coined by the Aztecs centuries after the fall of the city; it translates roughly to "the place where men became gods."

Are there historical monuments in your community that date back to ancient times? Can you describe them?

Lugares mágicos When traveling to Spain, one of the most famous Arabian palaces to visit there is La Alhambra, which is situated on the southeastern border of the city of Granada. This ancient palace, mosque, and fortress complex was the residence of the Muslim kings and their courts. The majority of the structures that visitors appreciate today were constructed between 1333 and 1391. When touring the complex, one can delight in the royal quarters and the salons. One can also visit numerous fountains, interior and exterior patios, and extensive gardens. La Alhambra is an amazing architectural representation of the Arab presence and influence in Spain.

Do you have a building or structure in your town, city, or state that exhibits the presence or influence of other cultures? Can you describe it?

 Visit it live on **Google Earth!**

Ritmos y música In Cuba, many former slaves were forced to join the Catholic Church, which led to the development of a new religion called **Santería.** In **Santería,** each deity is associated with colors, emotions, and a saint from the Catholic Church, plus specific drum patterns called **toques.** By the twentieth century, elements of **Santería** music—particularly the percussion patterns—began appearing in popular and folk music. Some of the resulting popular Cuban rhythms are **conga, son montuno,** and **rumba.**

 Listen to the group Todos Estrellas singing "Mami me gustó." This song is an example of a **son.** Modern-day salsa rhythms are based in part on **son.** *Access the iTunes playlist on the* **Viajes** *website.*

Do you like this type of Cuban music? What do you like about this rhythm?

🌐 **¡Busquen en la red de información!**
www.cengage.com/spanish/viajes
1. Personalidades ilustres: Simón Bolívar, Caracas, Venezuela
2. Historia: Teotihuacán, México
3. Lugares mágicos: La Alhambra, Granada, España
4. Ritmos y música: El son cubano, Orquesta Todos Estrellas

VOCABULARIO ESENCIAL

 AUDIO CD
CD 1, TRACK 3

 Personal Tutor

Cómo saludar — How to greet

Buenos días.	Good morning.
Buenas tardes.	Good afternoon.
Buenas noches.	Good evening/ night.
¿Cómo estás?	How are you? (informal)
¿Cómo está usted?	How are you? (formal)
¡Hola!	Hi! (informal)
¿Qué tal?	What's up? (informal)
¿Qué hay?	What's new? (informal)

Cómo contestar — How to answer

Bastante bien.	Pretty well.
Bien, gracias. ¿Y usted?	Fine, thanks. And you?
Más o menos.	So-so.
(Muy) Bien.	(Very) Well.

Cómo despedirse — How to say good-bye

Adiós.	Good-bye.
Buenas noches.	Good night.
Chao.	Bye. (informal)
Hasta luego.	See you later.
Hasta mañana.	See you tomorrow.
Hasta pronto.	See you soon.
Nos vemos.	See you later.

Cómo pedir información — How to ask for information

¿Cómo se llama usted?	What's your name? (formal)
¿Cómo te llamas?	What's your name? (informal)
¿Cómo te va?	How's it going?
¿Cuál es tu nombre?	What's your name? (informal)
¿Cuál es tu número de teléfono?	What's your telephone number? (informal)
¿Cuál es tu dirección?	What's your address?
¿De dónde es usted?	Where are you from? (formal)
¿De dónde eres tú?	Where are you from? (informal)

Títulos — Titles

señor	Mr.
señora	Mrs., Ms.
señorita	Miss

Presentaciones — Introductions

Encantado(a).	Nice to meet you.
El gusto es mío.	The pleasure is mine.
Me llamo…	My name is …
Mucho gusto.	Nice to meet you.
(Yo) Soy de…	I'm from …

Palabras interrogativas — Question words

¿Cómo?	How?
¿Cuál(es)?	Which?
¿Cuándo?	When?
¿Cuánto(a)?	How much?
¿Cuántos(as)?	How many?
¿De dónde?	From where?
¿Dónde?	Where?
¿Por qué?	Why?
¿Qué?	What?
¿Quién(es)?	Who?

Pronombres — Pronouns

yo	I
tú	you (informal)
usted (Ud.)	you (formal)
él	he
ella	she
nosotros(as)	we
vosotros(as)	you (informal)
ustedes (Uds.)	you
ellos(as)	they

Verbos — Verbs

hay	there is, there are
ser	to be

Los números del 0 al 30 — Numbers from 0 to 30

0	cero
1	uno
2	dos
3	tres
4	cuatro
5	cinco
6	seis
7	siete
8	ocho
9	nueve
10	diez
11	once
12	doce
13	trece
14	catorce
15	quince
16	dieciséis
17	diecisiete
18	dieciocho
19	diecinueve
20	veinte
21	veintiuno
22	veintidós
23	veintitrés
24	veinticuatro
25	veinticinco
26	veintiséis
27	veintisiete
28	veintiocho
29	veintinueve
30	treinta

En una clase de español

Los Estados Unidos

Chapter Objectives

Communicative Goals

In this chapter, you will learn how to . . .

- Identify people and things in the classroom
- Indicate relationships and specify colors
- Describe everyday activities
- Talk about academic courses and university buildings
- Tell time and specify days of the week

Structures

- Definite and indefinite articles, the gender of nouns, and how to make nouns plural
- Present tense of regular **-ar** verbs

◄ Look at the pictures and describe this university in San Antonio.

◄ Guess what these students are studying.

◄ What are you studying and why?

© Yellow Dog Productions/Getty

Estudiantes en la universidad. San Antonio, Texas, Estados Unidos
Visit it live on Google Earth!

En la clase de la profesora Muñoz *(In Professor Muñoz's class)*

In this section, you will learn how to identify people and things in the classroom.
How does Professor Muñoz's class compare to your own?

Cosas *Things*
el dinero *money*
el examen *exam*
la lección *lesson*
la palabra *word*
la tarea *homework*

Personas *People*
el (la) amigo(a) *friend*
el (la) compañero(a) de clase
   classmate
el (la) compañero(a) de cuarto
   roommate
el hombre *man*
la mujer *woman*
el (la) novio(a) *boyfriend/girlfriend*

Palabras útiles

el (la) bibliotecario(a)
librarian
el (la) presidente/ rector(a) de la universidad
president of the university
el (la) consejero(a)
adviser

el decano
dean
el (la) maestro(a)
teacher
la sala de clase
classroom
el (la) secretario(a)
secretary

Palabras útiles are presented to help you enrich your personal vocabulary. The terms provided here will help you talk about your classes and the people you interact with on campus.

Curiosidades del idioma

In Spain, the most common word for *computer* is **el ordenador**.

la luz (las luces)

la pizarra

la profesora

Hoy es miércoles

la tiza

el borrador

la computadora

la silla

la calculadora

el diccionario

el escritorio

la pluma

haber hablar

Heinle/Cengage Learning

Los colores *colors*

        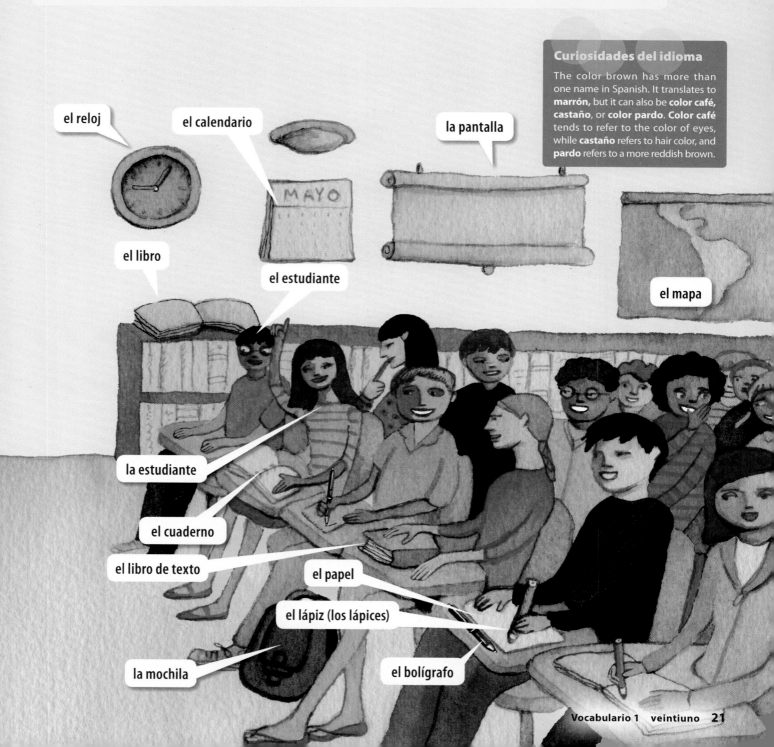

| blanco | negro | rojo | anaranjado | amarillo | verde | azul | morado | marrón |

Heinle/Cengage Learning

Like other adjectives, colors must agree in gender and number with the noun they describe.

El papel es roj**o**.   Los papeles son roj**os**.

La mochila es roj**a**.   Las mochilas son roj**as**.

The colors **verde** and **azul** do not change when used with a feminine noun.

La pizarra es verde.   La mochila es azul.

> ### Curiosidades del idioma
>
> The color brown has more than one name in Spanish. It translates to **marrón**, but it can also be **color café**, **castaño**, or **color pardo**. **Color café** tends to refer to the color of eyes, while **castaño** refers to hair color, and **pardo** refers to a more reddish brown.

el reloj

el calendario

la pantalla

el libro

el estudiante

el mapa

la estudiante

el cuaderno

el libro de texto

el papel

el lápiz (los lápices)

la mochila

el bolígrafo

¡A practicar!

1-1 **¿De qué color es?** Match each of the following foods with the color or colors most often associated with it. **¡Ojo!** The foods are cognates so you should be able to identify them.

1. _____ la banana
2. _____ el café
3. _____ el tomate
4. _____ el chocolate
5. _____ el limón

a. rojo o verde
b. amarillo
c. marrón
d. amarillo o verde
e. negro

1-2 **¿Cierto o falso?** Study the drawing of Professor Muñoz's classroom and decide whether each of the following statements is true (**cierto**) or false (**falso**). If a statement is false, correct it.

Modelo Hay tres mapas en la pared.
Falso. Hay un mapa en la pared.

1. Hoy es martes.
2. La señorita Muñoz es profesora de francés.
3. Todos los estudiantes son hombres.
4. La mochila es verde.
5. Todos los estudiantes tienen *(have)* el libro de texto.
6. Es una clase de matemáticas.
7. Hay una pluma en el escritorio de la profesora.
8. Un chico escribe con *(writes)* con un bolígrafo verde.

1-3 **¿Cuántos hay en la clase?** Say how many of each of the following items appear in Professor Muñoz's classroom. Remember that **uno** changes to **una** before a singular feminine noun and changes to **un** before a singular masculine noun.

Modelo Hay ____*quince*____ estudiante(s) en la clase.

1. Hay _____ tiza(s) en la clase.
2. Hay _____ calculadora(s) en la clase.
3. Hay _____ computadora(s) en la clase.
4. Hay _____ luz (luces) en la clase.
5. Hay _____ mapa(s) en la clase.
6. Hay _____ cosas *(things)* en la pared *(wall)*.
   Son: el reloj, _____, _____, _____.

Student Activities Manual, *Capítulo 1*

Capítulo 1

iLrn: Heinle Learning Center *Capítulo 1*

¡A conversar!

1-4 **Cosas y colores** Ask a partner if the following items are in his/her backpack. If they are, he/she should state the color of the object. Your partner may also choose to identify another object.

Modelo un bolígrafo
E1: *¿Hay un bolígrafo?*
E2: *Sí, hay un bolígrafo. Mi bolígrafo es azul.*
o E2: *No, no hay un bolígrafo. Hay un lápiz. Mi lápiz es rojo.*

1. una mochila
2. un diccionario
3. un lápiz
4. un cuaderno
5. una calculadora
6. una computadora

1-5 **La clase ideal** Working with a partner, design the ideal classroom. One person describes the room to the other person who draws it. The one who draws the classroom should explain the design to the class.

Modelo *En la clase ideal hay muchos* (a lot of) *amigos, pero no hay profesor…*

1-6 **Una clase** With a partner, look at the photo of an English class at a Latin American university and identify as many items as possible. Note colors and numbers whenever possible. Compare the class to a typical classroom in your institution. Follow the model.

Modelo *En la clase hay tres mapas, un profesor y nueve estudiantes. En la clase de español hay una profesora y veinte estudiantes.*

© Davis Barber/PhotoEdit

1-7 **Una encuesta** *(A survey)* Form groups of four or five students. As a group, make a list of ten things a student might have in his/her dorm room or apartment. One person in the group asks every other group member if that item is in his/her room and records the number of *yes* and *no* responses.

Modelo E1: *¿Hay un mapa?*
E2: *Sí, hay un mapa.*
E3: *No, no hay mapa.*

Continue until all group members have answered and all questions have been asked. Conclude with a summary: *Hay cinco sillas y cinco relojes. Hay dos mapas.*

Curiosidades del idioma

The indefinite article (**un/una**) is often omitted after **no hay**. **No hay mapa en la clase** means *There is no map in the class* or *There isn't a map in the class.*

AUDIO CD
CD 1, TRACK 4

Ana Guadalupe Camacho Ortega, a prospective student at the University of Chicago whose family plans to move to Illinois from Puerto Rico next year, is talking to Claudio Fuentes, a teaching assistant for Professor Muñoz. Ana is telling Claudio about her studies at the Universidad de San Juan.

Claudio: ¡Hola! Soy Claudio Fuentes. ¿Cómo te llamas?

Ana: Ana Camacho. Mucho gusto.

Claudio: El gusto es mío. ¿De dónde eres, Ana?

Ana: Soy de Puerto Rico. Ahora **estudio** en la Universidad de San Juan. ¿Y tú?

Comentario cultural The University of Puerto Rico was established in 1903 and today has 11 campuses. Approximately 70,000 students attend the university under the instruction of over 5,000 professors.

Claudio: Este… Originalmente mi familia es de Mérida, Yucatán, pero yo soy de los Estados Unidos. **Estudio** en esta universidad hace dos años. ¿Qué **estudias** allí en Puerto Rico, Ana?

Comentario cultural Kukulkan's pyramid is the most popular attraction of the Mayan ruins in Chichén Itzá, located near the city of Mérida. This pyramid marks the spring and fall equinoxes by illuminating seven isosceles triangles on the western side of the pyramid to form the body of a serpent over 100 feet long. The shadow of the body joins the massive stone head of the serpent at the base of the pyramid.

Ana: **Estudio** sicología, geografía, francés, alemán e inglés.

Claudio: Ah, eres estudiante de lenguas, ¿verdad?

Ana: Sí. **Deseo** ser intérprete. Y tú, ¿qué **estudias** aquí en Chicago?

Comentario cultural El Morro is a fortress located in Old San Juan, Puerto Rico. The fort has a labyrinth of tunnels, and features dungeons, ramps, barracks, and sentry boxes. The circular sentry boxes are known as **garitas** and have become a national symbol of Puerto Rico.

Curiosidades del idioma

The word **y** (and) becomes **e** before a word beginning with *i* or *hi*. The conjunction **o** (or) becomes **u** before a word beginning with **o** or **ho**. Both of these changes occur for pronunciation reasons. Note examples: **Hablo español e inglés. Padre e hijo son amables. ¿Te llamas Omar u Óscar? ¿Estudiamos mañana u hoy?**

Expresiones en contexto

a ellos les gusta estudiar *they like to study / lit. studying is pleasing to them*	**deseo ser** *I want to be*
ahora *right now*	**la verdad es que** *the truth is that*
allí *there*	**lo usan después** *they use it later*
hace dos años *for two years*	**parece que** *it appears that*
hispanohablantes *Spanish-speakers*	**por eso** *for this reason*
intérprete *interpreter*	**que hablan** *that speak*
varios *several*	**que toman** *that take*
cuando trabajan *when they work*	**tienen** *they have*

Claudio: Yo **estudio** literatura y cultura latinoamericana.

Ana: ¡Genial! ¿Hay muchos hispanohablantes en tus clases?

Comentario cultural The U.S. Census Bureau indicates that approximately 44.3 million Hispanics reside in the United States; this number equates to 15.1 percent of the U.S. population. Sixty-four percent of Hispanics in the United States are of Mexican descent. Nine percent are of Puerto Rican background, 3.4 percent Cuban, 3.1 percent Salvadoran, and 2.8 percent Dominican.

Claudio: Sí, hay varios. Algunos de ellos tienen dos especialidades. Ahora hay estudiantes que combinan el español con el inglés, con la computación, con la administración de empresas o con las ciencias...

Ana: ¡Parece que el español es muy popular!

Comentario cultural Most academic institutions in the United States offer a broad liberal arts education as part of their undergraduate degrees, which allows students to take several elective courses outside of their majors. Conversely, universities in a Spanish-speaking countries offer a curriculum in which a student focuses on single subject.

Claudio: ¡Sí! Pues, la verdad es que ahora hay muchas personas en los Estados Unidos que **hablan** español. Los estudiantes que **toman** clases de español aquí frecuentemente lo **usan** después cuando **trabajan** en ciudades como aquí en Chicago, Miami, Nueva York, Phoenix o Los Ángeles. Por eso, **a ellos les gusta estudiar** español en la universidad.

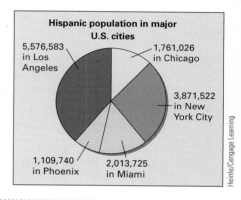

Hispanic population in major U.S. cities

- 5,576,583 in Los Angeles
- 1,761,026 in Chicago
- 3,871,522 in New York City
- 2,013,725 in Miami
- 1,109,740 in Phoenix

Heinle/Cengage Learning

Comentario cultural

- California (13.2 million) had the largest Hispanic population of any state as of July 1, 2007, followed by Texas (8.6 million) and Florida (3.8 million). Texas had the largest numerical increase between 2006 and 2007 (308,000), followed by California (268,000) and Florida (131,000). In New Mexico, Hispanics comprised the highest proportion of the total population (44 percent), with California and Texas (36 percent each) next in line.

- The Hispanic population in 2007 had a median age of 27.6, compared with the population as a whole at 36.6. Almost 34 percent of the Hispanic population was younger than 18, compared with 25 percent of the total population.

¿Comprendiste? Indicate whether each of the following statements is true (**cierto**) or false (**falso**). If the statement is false, correct it.

1. Ana es estudiante en la Universidad de Chicago.
2. Ana es de Yucatán.
3. Claudio estudia historia española.
4. Ana estudia ciencias.
5. Hay pocos hispanohablantes en el departamento de español.
6. Muchos estudiantes usan el español cuando (*when*) trabajan en otros países.

 ¡Buenos días, profesor(a)! Working with a partner, take turns role-playing the situation of a student from a Spanish-speaking country talking to a classmate that he/she is meeting for the first time. Be sure to vary the nationalities and interests of the two speakers. Use the expressions from **En contexto** as a model for your dialogue.

Definite and indefinite articles, gender, and how to make nouns plural

A noun names a person (**Ana, estudiante**), a place (**Mérida, ciudad**), a thing (**libro, computadora**), or a concept (**clase, español**). In Spanish, all nouns are classified as having a gender—either masculine or feminine. This gender is indicated by an article that precedes the noun. There are definite articles, **el, la, los, las** *(the)*, and indefinite articles, **un, una** *(a, an)*, **unos, unas** *(some)*. The words **un** and **una** can also mean *one*, depending on the context. Both definite and indefinite articles agree in gender and number with the nouns they modify.

el libro	**las** mochilas
the book	*the backpacks*
un libro	**unas** mochilas
a book	*some backpacks*

How to determine gender of nouns

1. In Spanish, nouns referring to males and most nouns ending in -**o** are masculine. Nouns referring to females and most nouns ending in -**a** are feminine. Definite and indefinite articles must match the gender (masculine or feminine) of the nouns they refer to.

el/un amig**o**	**la/una** amig**a**
el/un escritori**o**	**la/una** bibliotec**a**

2. Most nouns ending in -**l** or -**r** are masculine, and most nouns ending in -**d** or -**ión** are feminine.

el/un pape**l**	**la/una** universida**d**
el/un borrado**r**	**la/una** lecc**ión**

3. Many words that end in -**ma** and -**ta** are masculine:

el problema	*problem*
el programa	*program*
el sistema	*system*
el tema	*theme*
el cometa	*comet*
el planeta	*planet*

4. Some nouns do not conform to the rules stated above. One way to remember the gender of these nouns is to learn the definite articles and the nouns together, for example: **la clase, el día** *(day)*, **el mapa,** and **la mano** *(hand)*.

How to make nouns plural

Like in English, in Spanish, all nouns are either singular or plural. Definite and indefinite articles (**el, la, los, las; un, una, unos, unas**) must match the number (singular or plural) of the nouns they refer to. To make Spanish nouns plural, add -**s** to nouns ending in a vowel, and -**es** to nouns ending in a consonant.

Definite articles

Singular	Plural
el amig**o**	**los** amig**os**
la amig**a**	**las** amig**as**

Indefinite articles

Singular	Plural
una clas**e**	**unas** clas**es**
un profeso**r**	**unos** profeso**res**
una universida**d**	**unas** universida**des**

Here are two additional rules for making nouns plural:

1. For nouns ending in -**án**, -**és**, or -**ión**, drop the accent mark before adding -**es**.

el/un alem**án**	**los/unos** alem**anes**
el/un japon**és**	**los/unos** japon**eses**
la/una lecc**ión**	**las/unas** lecc**iones**

2. For nouns ending in -**z**, drop the -**z**, then add -**ces**.

el/un lápi**z**	**los/unos** lápi**ces**

Spanish speakers do not consider nouns as being male or female (except when referring to people or animals). Therefore, the terms "masculine" and "feminine" are simply labels for classifying nouns.

¡A practicar!

1-8 **¿El, la, los o las?** Supply the definite article for each noun below.

Modelo ___las___ mochilas

1. _____ mapa
2. _____ universidad
3. _____ exámenes
4. _____ tarea
5. _____ bolígrafo
6. _____ lecciones
7. _____ compañero de clase
8. _____ salas de clase.

1-9 **¿Qué es? ¿Qué son?** Identify the following objects using the indefinite articles **un, una, unos,** or **unas.**

Modelo calendario
Es un calendario.

1.

2.

3.

4.

5.

Heinle/Cengage Learning

1-10 **¿Qué necesitas?** *(What do you need?)* Indicate at least one item that you need in each of the following situations.

Modelo En la clase de español:
Necesito un lapiz.

1. En la clase de matemáticas:
2. En la clase de geografía:
3. En la clase de computación:
4. En la biblioteca:
5. En el centro estudiantil:
6. En la residencia:

¡A conversar!

1-11 **Cuestionario: ¿Cuántos hay?** Form the plural of each of the nouns below and then ask two of your classmates how many of each there are.

Modelo libro
E1: *¿Cuántos libros hay?*
E2: *Hay tres libros de texto en la mochila.*

CUESTIONARIO

En esta clase
1. compañero(a) de clase _____
2. amigo(a) _____

Este semestre
3. compañero(a) de cuarto _____
4. profesor(a) _____
5. clase _____

En la mochila
6. libro _____
7. bolígrafo _____

En el cuarto
8. computadora _____
9. silla _____
10. televisor _____

1-12 **En la universidad** Write a short composition about people and things that are part of your university. Include at least five different items and include the location of at least three things or people. Write five to six sentences and follow the model.

Modelo *Hay dos libros de texto en mi mochila y cinco libros de texto en mi cuarto.*

✎ *Capítulo 1*

🌐 *Capítulo 1*

iLrn iLrn: Heinle Learning Center, *Capítulo 1*

Los Estados Unidos

▶ Watch the video about the United States and discuss the following questions.

1. Do you know why San Antonio, Texas, is such an interesting and cheerful city?
2. Mention some facts that you already know about Miami, Florida.
3. What Hispanic city would you like to visit in the United States? Why?

✎ See the *Workbook,* **Capítulo 1, Los Estados Unidos** for additional activities.

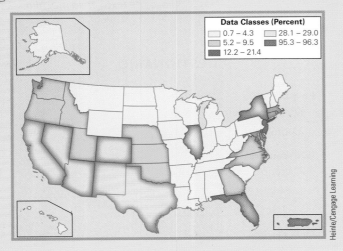

Data Classes (Percent)

0.7 – 4.3	28.1 – 29.0
5.2 – 9.5	95.3 – 96.3
12.2 – 21.4	

Heinle/Cengage Learning

At least one-in-five residents of Arizona, California, New Mexico, and Texas spoke Spanish at home in 2007.

About 97 percent of the foreign-born population from Mexico and the Dominican Republic age five and over speak Spanish at home. Those born in Nicaragua, El Salvador, Honduras, and Ecuador also have high rates of speaking Spanish at home.

More than half of the residents over age five in the Los Angeles metro area (53.6 percent) speak Spanish at home. With about 49.1 percent, Miami is second among the twenty largest metro areas in this category.

© David Mercado/Reuters/Landov

Personalidades ilustres Jaime Escalante es de La Paz, Bolivia. En 1974 llega a la escuela Garfield High School en Los Ángeles, California, para enseñar matemáticas y cálculo. En 1982, el maestro Escalante ayuda a un grupo de 18 estudiantes con problemas económicos para tomar el examen avanzado (*Advanced Placement*) de cálculo, que pasan (*pass*) después de estudiar mucho. En 1987, Hollywood presenta la película *Stand and Deliver* que describe los problemas de Escalante en la escuela por ayudar a los estudiantes. En 2001, Escalante regresa a Bolivia y enseña en la universidad.

¿Hay un(a) maestro(a) especial en tu escuela? ¿Te gusta mirar películas de biografías como *Stand and Deliver*?

Lugares mágicos La ciudad de San Agustín en Florida es la ciudad más antigua (*oldest*) de origen hispano en los Estados Unidos. La ciudad abre (*opens*) sus puertas en 1565, gracias al trabajo del español Pedro Menéndez de Avilés. La escuela más antigua de madera (*wood*) está en San Agustín también (*as well*). Es la primera escuela en América que recibe a niños y niñas en una sala de clase.

¿Cómo es tu escuela secundaria? ¿Cómo es tu universidad o colegio universitario? ¿Es grande? ¿Es histórico/a?

© Bob Pardue/Alamy

🌐 Visit it live on **Google Earth!**

© Omni Photo Communications Inc./Photolibrary

Creencias y costumbres En la Pequeña Habana en Miami, Florida, la gente mantiene las costumbres de Cuba como el dominó. Los padres enseñan a los hijos a jugar dominó. Con el dominó, se toma café, que en Cuba y en Miami se llama café cubano y es un café fuerte *(strong)*, servido en una tacita pequeña *(very small cup)*. La gente toma café cubano por la mañana, por la tarde y por la noche.

¿Qué tomas por la mañana o por la tarde? ¿Tomas café, té o soda?

Ritmos y música En los Estados Unidos hay muchos grupos musicales que buscan sus orígenes en su cultura latina. Los nuevos grupos musicales tocan ritmos como el funk, el hip-hop, el ska y el reggae, y los combinan con la salsa, el son, la cumbia y la música mexicana.

El grupo musical Ozomatli, de California, combina en la canción "Cumbia de los muertos" *(Cumbia of the Dead)* los ritmos de la cumbia mexicana, el reggae y el hip-hop, y expresa los problemas de violencia en los barrios de Los Ángeles. *Access the iTunes playlist on the* **Viajes** *website.*

© Carlo Allegri/Getty Images

¿Escuchas música de crítica social? ¿Qué tipo de música escuchas? ¿Bailas mucho?

⊕ **¡Busquen en la red de información!**
www.cengage.com/spanish/viajes

1. Personalidades ilustres: Jaime Escalante, Estados Unidos y Bolivia
2. Lugares mágicos: San Agustín, Florida *(Oldest Wooden School)*
3. Creencias y costumbres: La Pequeña Habana, Miami, Florida
4. Ritmos y música: Ozomatli

Los cursos universitarios y las lenguas extranjeras

(University courses and foreign languages)

In this section, you will learn how to talk about foreign languages, academic courses, and university buildings in Spanish. What classes are you taking this semester?

Más cursos y especializaciones *More courses and majors*

la administración de empresas *business administration*

el arte *art*

la computación *computer science*

el derecho *law*

la economía *economics*

la educación *education*

la historia *history*

la ingeniería *engineering*

las lenguas extranjeras *foreign languages*

la literatura *literature*

la medicina *medicine*

el periodismo *journalism*

la sicología *psychology*

la sociología *sociology*

Lugares y edificios *Locations and buildings*

el apartamento *apartment*

el colegio universitario *community college or 2 year college*

la biblioteca *library*

la cafetería *cafeteria*

el centro estudiantil *student center*

el gimnasio *gymnasium*

la librería *bookstore*

la oficina *office*

la residencia *residence hall, dormitory*

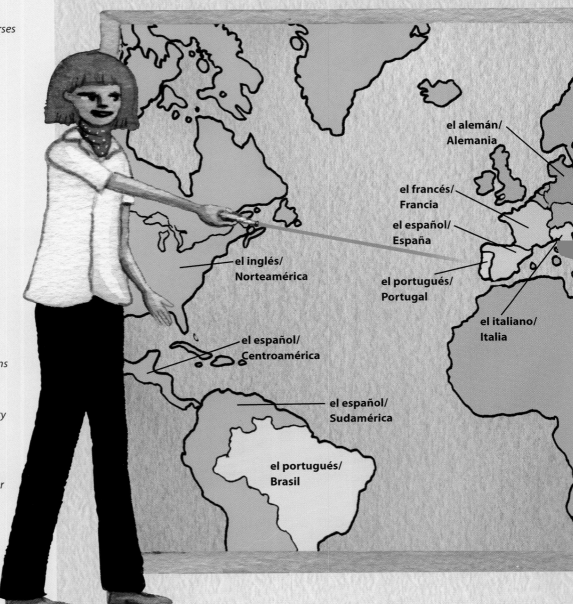

el alemán/ Alemania

el francés/ Francia

el español/ España

el inglés/ Norteamérica

el portugués/ Portugal

el italiano/ Italia

el español/ Centroamérica

el español/ Sudamérica

el portugués/ Brasil

Curiosidades del idioma

It is not uncommon for Spanish speakers to shorten words. For example, **la universidad** becomes **la u**, and **el profesor** becomes **el profe.**

Palabras útiles

la arquitectura *architecture*	**la contabilidad** *accounting*	**la física** *physics*	**las materias** *subjects, courses*
la biología *biology*	**la filosofía** *philosophy*	**las humanidades** *humanities*	**la química** *chemistry*

Lenguas extranjeras, materias y lugares universitarios

Cursos y especializaciones *Courses and majors*

Las ciencias

La geografía

Las matemáticas

La música

El teatro

Heinle/Cengage Learning

el ruso/
Rusia

el chino/
China

el japonés/
Japón

Heinle/Cengage Learning

Curiosidades del idioma

In many Spanish-speaking countries, the name for the language **el español** alternates with **el castellano**, or "Castillian Spanish." **El castellano** originated from the language spoken in north central Spain in the region of Castilla. It is one of the four main languages that are spoken in Spain. The other languages are Basque in the Basque country and Navarre in the north; Catalan in Catalonia in the northeast; and Galician in Galicia in the northwest.

¡A practicar!

1-13 ¿Qué palabra es diferente? *(Which word is different?)* Indicate which item in each group does not belong and explain why.

1. biología, ~~derecho~~, ciencias
2. historia, literatura, ~~medicina~~
3. administración de empresas, economía, ~~arte~~
4. ~~matemáticas~~, sociología, sicología
5. chino, ~~periodismo~~, ruso
6. teatro, música, ~~ingeniería~~
7. ~~educación~~, computación, matemáticas

1-14 ¿Dónde... ? During a typical day, Pilar visits many parts of the campus. Identify the places where she does the following activities.

Modelo Aquí tomo *(I have)* un café después de las clases.
Here ✓ *en el centro estudiantil*

1. Aquí compro *(I buy)* mis libros de texto. *la libraria*
2. Aquí estudio *(I study)* para los exámenes. *la biblioteca*
3. Aquí hablo *(I speak)* con mis compañeros de clase y compro comida. *la cafetería*
4. Aquí toco *(I play)* la trompeta para los partidos de baloncesto *(basketball games)*. *el gymnasio*

1-15 Profesiones What subjects did the people in the following professions study in school? More than one answer may be possible for a profession.

1. economista _____
2. actor _____
3. sicólogo(a) _____
4. médico(a)/doctor(a) _____
5. artista _____
6. periodista _____
7. educador(a) _____
8. sociólogo(a) _____

1-16 ¿Qué lengua habla? *(What language does he/she speak?)* Note where each of the following people is from and identify the native language he/she speaks (**él habla, ella habla**). Do you speak any other languages besides English and Spanish?

1. Angela Merkel es de Alemania. Habla _el alemon_ .
2. Nicolas Sarkozy es de Francia. Habla _franceis_ .
3. Yao Ming es de China. Habla _chino_ .
4. Fernanda Montenegro es de Brasil. Habla _portugues_ .
5. Vladimir Vladimirovich Putin es de Rusia. Habla _ruso_ .
6. Yo soy de _Turqua_ y hablo *(I speak)* _Turco_ , _ingles_ , ...

¡A conversar!

1-17 **¿Cierto o falso?** Alternating with a classmate, make each of the following statements. If the statement your classmate makes is false, correct it.

> **Modelo**   E1: Estudiamos *(We study)* español en el gimnasio.
> E2: *No, es falso. Estudiamos español en la biblioteca.*

1. Hay libros de español en la sala de clase de ~~ciencias~~. *Falso* → *las lenguas extranjeros*
2. Hay muchas copias de *Viajes* en la librería. *Cierto*
3. Hay ~~comida~~ buena en el centro estudiantil. *Cierto* ← *food*
4. En nuestra *(our)* universidad el departamento de matemáticas es grande. *cierto*
5. Por la noche *(At night)*, hay muchos estudiantes en la biblioteca.
6. En mi residencia, hablo ~~francés~~ con mis compañeros(as). *ingles*

1-18 **En la librería** You work in the campus bookstore and are helping Daniela and Fernando, two international students, find the textbooks they need for the courses they have jotted down. Of course, they've written their lists in Spanish! With a classmate in the role of either Daniela or Fernando, ask what general subject area each course is in just to make sure you read their lists correctly. Then, describe the book(s) they need including the title (in English), the color(s) of the book cover, and any other details you may wish to add.

> **Modelo**   Cálculo 130
> E1: *Es una clase de matemáticas, ¿verdad?*
> E2: *Sí, correcto.*
> E1: *El libro de texto se llama* Five Easy Steps to Calculus. *Es verde y azul.*

> **Fernando:**   Escritores británicos; Interacción social; Fonética francesa; Sicología anormal; Revolución mexicana

> **Daniela:**   Economía y finanzas; Diez dramas; Guitarra 1: clásica; Televisión 101; Estadística

1-19 **Mis clases** Prepare a list of your classes, in Spanish. Include classes from the current semester as well as others you will take this academic year. Share your list with a partner saying **Este año estudio...** *(This year I'm studying . . .)* and have your partner tell you what he/she is studying. Use the following expressions to comment on your classes and those of your partner. Choose the plural form when appropriate. Follow the model.

> **Modelo**   *Este año estudio biología. Es interesante.*
> *Estudio matemáticas...*

Es interesante / Son interesantes	Es necesario(a) / Son necesarios(as)
Es fascinante / Son fascinantes	Es fácil *(It's easy)* / Son fáciles
Es importante / Son importantes	Es difícil *(It's hard)* / Son difíciles

1-20 **Las lenguas extranjeras** Think of all the people you know who speak languages other than English. Tell a classmate who the people are and what languages they speak.

> **Modelo**   *Karl es estudiante. Habla* (He speaks) *alemán.*
> *La profesora Chang y el profesor Li son profesores de sicología.*
> *Hablan* (They speak) *chino.*

Present tense of regular -ar verbs

How to form the present tense

An infinitive is an unconjugated verb form, such as **hablar** *(to speak; to talk)*. In Spanish, infinitives end in **-ar, -er,** or **-ir.** All Spanish infinitives have two parts: a stem (**habl-**) and an ending (**-ar**).

To form the present tense of Spanish verbs ending in **-ar,** drop the infinitive ending and add a personal ending to the stem.

hablar		
yo	habl**o**	*I speak*
tú	habl**as**	*you* (informal) *speak*
usted, él/ella	habl**a**	*you* (formal) *speak, he/she speaks*
nosotros(as)	habl**amos**	*we speak*
vosotros(as)	habl**áis**	*you* (informal) *speak*
ustedes, ellos/ellas	habl**an**	*you* (formal) *speak, they speak*

How to use the present tense

Use the present tense to express

(1) what people do in a general sense: Anita studies languages.

(2) what they're doing in a particular instance: Anita is studying languages this semester.

(3) what they do habitually: She studies a lot in the evening.

(4) what they intend to do at a later time: Tomorrow she's studying with Laura.

In this sense the present tense in Spanish is more flexible than in English.

(1) Anita estudia lenguas.
Anita studies languages.

(2) Anita estudia lenguas este semestre.
Anita is studying languages this semester.

(3) Ella estudia mucho por la noche.
She studies a lot in the evening.

(4) Mañana estudia con Laura.
Tomorrow she's studying with Laura.

In this chapter, you have already seen some **-ar** verbs in the **En contexto** section on pages 24–25. Now study the following verbs with useful example phrases:

descansar por una hora	to rest for an hour	Yo descanso por una hora.
escuchar música	to listen to music	Tú escuchas música en tu cuarto *(room)*.
estudiar en la biblioteca	to study in the library	Él estudia español en la biblioteca.
llegar a la clase	to arrive at class	Ella llega a la clase de historia.
mandar cartas	to send letters	Usted manda cartas a su mamá.
regresar a casa	to return home	Vosotros regresáis a casa.
tomar clases/exámenes	to take classes/tests	Nosotros tomamos un examen mañana.
trabajar por la noche	to work at night	Ellos trabajan por la noche.

Here are some more common **-ar** verbs:

ayudar	*to help*	**llamar**	*to call; to phone*
bailar	*to dance*	**mirar**	*to watch*
buscar	*to look for*	**necesitar***	*to need*
caminar	*to walk*	**pagar**	*to pay*
cantar	*to sing*	**pasar tiempo**	*to spend (time); to pass*
comprar	*to buy*	**practicar**	*to practice*
contestar	*to answer*	**preguntar**	*to ask (a question)*
desear	*to want, to wish*	**terminar**	*to finish*
dibujar	*to draw*	**tocar**	*to touch; to play an instrument*
enseñar	*to teach*	**usar**	*to use*
entrar	*to enter*	**viajar**	*to travel*
esperar	*to hope; to expect*	**visitar**	*to visit*

*Much like the phrases in English *to have to* and *to need to*, the Spanish verb **necesitar** is often followed by the infinitive of another verb. **Necesito estudiar** means *I need to study.*

The following words and phrases are used in Spanish to express how well, how often, or how much you do something:

(muy) bien	*(very) well*
(muy) mal	*(very) poorly*
todos los días	*everyday*
siempre	*always*
a veces	*sometimes*
nunca	*never*
mucho	*a lot*
(muy) poco	*(very) little*

Florencia y Antonio **estudian** en la biblioteca. ¿Dónde **estudias** tú?

¡A practicar!

1-21 **¡Juan tiene una vida loca!** *(Juan has a crazy life!)* Juan's busy student life is described in the following paragraph. Conjugate the verbs in parentheses to agree with the subjects.

Yo soy Juan y yo tengo una vida loca. Mi compañero de cuarto, Miguel, y yo ___tomamos___ *(1. tomar) seis clases este semestre. Miguel también* ___trabaja___ *(2. trabajar) quince horas a la semana (a week) en la biblioteca. Yo* ___necesito___ *(3. necesitar) más (more) dinero pero no* ___trabajar___ *(4. trabajar) porque (because) yo* ___toca___ *(5. tocar) el saxofón para una banda de jazz. Dos días a la semana yo* ___enseño___ *(6. enseñar) español a unos chicos (kids) de la escuela primaria (elementary school). ¡Ellos* ___practican___ *(7. practicar) mucho! Por la noche, Miguel y yo* ___estudiamos___ *(8. estudiar),* ___hablamos___ *(9. hablar) por teléfono con las novias o* ___descansamos___ *(10. descansar). Yo* ___bailo___ *(11. bailar) en las fiestas (parties) con mi novia, Carmen. Mis padres y yo* ___visitamos___ *(12. visitar) a la abuela y* ___pasamos___ *(13. pasar) tiempo (time) con la familia.*

roommate

rest

grandma

1-22 **La vida estudiantil** *(Student life)* Describe what the following people do, using appropriate phrases from the right column and conjugating the verbs correctly.

Modelo nosotros bailar los fines de semana
Nosotros bailamos los fines de semana.

1. yo   desear tocar la guitarra
2. mi amiga   mirar la televisión
3. mis compañeros de clase   descansar por la noche
4. nosotros   pagar los libros de texto
5. el (la) profesor(a)   cantar con la música del radio
6. ¿...?   escuchar la música del grupo mexicano Maná

1-23 **El primer** *(first)* **día en la universidad** Complete the paragraph by selecting the correct verb for each blank and conjugating it in the proper form. Each verb will be used only one time.

ayudar	comprar	mandar
buscar	contestar	necesitar
caminar	llegar	regresar

El primer día en la universidad, Liliana 1. _____ rápidamente a la clase de español y 2. _____ a clase temprano (early). Los estudiantes 3. _____ las preguntas de la profesora. Un estudiante 4. _____ ayuda, y Liliana 5. _____ al estudiante. Después (After) de clase, Liliana y otros estudiantes 6. _____ la librería en el mapa. En la librería ellos 7. _____ los libros. Más tarde, Liliana 8. _____ a la residencia y 9. _____ correo electrónico (e-mails) a muchos amigos.

¡A conversar!

1-24 Mi rutina diaria *(My daily routine)* In pairs, read each of the following statements and decide whether it is **cierto** *(true)* or **falso** *(false)* for you. Correct false statements to make them true for you.

Modelo Yo hablo mucho español en la clase.
 E1: *Sí, yo hablo mucho español en la clase.*
 E2: *Sí, yo también* (also) *hablo mucho español en la clase.*
 o *No, no hablo mucho español en la clase.*

1. Yo descanso después de la clase.
2. Mis compañeros y yo estudiamos en la cafetería.
3. El (La) profesor(a) llega tarde a la clase.
4. Después de la clase mis compañeros regresan a casa.
5. Yo trabajo por la noche.
6. Nosotros practicamos el vocabulario en la clase.
7. Yo tomo cinco clases este semestre.
8. Nosotros necesitamos estudiar mucho.

1-25 Entrevista *(Interview)* Ask a classmate what he/she does around campus. Why is the **tú** form used in this activity?

1. ¿Estudias mucho en la biblioteca? ¿Qué estudias?
2. ¿Hablas por teléfono con personas en otras residencias? ¿Con quién hablas?
3. ¿Compras comida en el centro estudiantil? ¿Es buena la comida?
4. ¿Qué compras en la librería?
5. ¿Llegas a la universidad en auto, en autobús, en bicicleta, en motocicleta o a pie *(on foot)*?
6. Cuando regresas a tu cuarto, ¿estudias, trabajas o descansas?
7. ¿Practicas un deporte *(sport)* en el gimnasio?
8. ¿Tocas un instrumento?
9. ¿Miras muchos programas de televisión?
10. ¿Caminas mucho en el campus?

 Student Activities Manual, *Capítulo 1*

 Capítulo 1

iLrn: Heinle Learning Center, *Capítulo 1*

1-26 Nuevos amigos *(New friends)* The people in the photo have just arrived at the home they will be sharing in Puerto Rico. They are getting to know one another and sharing information about their favorite activities. Form sentences to learn something about each one and then tell your partner if you and your friends enjoy the same activities.

Modelo Alejandra: bailar
 Alejandra baila. Yo bailo mucho. Mi amiga Sally baila, pero mis amigos Tom y Linda no bailan.

1. Sofía: estudiar mucho; viajar a Italia frecuentemente; buscar un apartamento en Puerto Rico
2. Antonio: escuchar música; pasar tiempo con amigos; estudiar administración de empresas
3. Javier: mirar fútbol en la tele; practicar fútbol con amigos; no desear ser médico
4. Alejandra: tomar clases de fotografía; desear tomar más clases; bailar mucho
5. Valeria: viajar mucho; comprar mucho; hablar con amigos por teléfono

Heinle/Cengage Learning

La hora y los días de la semana

¿Qué hora es? *(What time is it?)* can be answered in different ways, depending on the time and whether you are using the 12-hour or the 24-hour system.

- The 12-hour system is used in informal situations such as when you are speaking with friends and family.
- The 24-hour system is used for class schedules, airline and train schedules, medical and business appointments, and formal and official gatherings. In this system 1 a.m. is the first hour of the day and hours are numbered consecutively to 24.

On the hour

Informal: **Es la una de la tarde.**

Formal: **Son las trece (horas).**
It's one o'clock p.m.

Informal: **Son las siete de la mañana.**
Formal: **Son las siete (horas).**
It's seven o'clock a.m.

On the quarter or the half hour

Son las siete y cuarto de la mañana.
Son las siete y quince.

It's a quarter past seven a.m.
It's seven fifteen.

Son las siete y media de la mañana.
Son las siete y treinta.

It's seven thirty a.m.

Son las ocho menos cuarto de la mañana.
Son las siete y cuarenta y cinco.

It's a quarter till eight a.m.
It's seven forty-five.

Minutes before and after the hour

Es la una y diez de la mañana.
Es la una y diez.

It's ten after one a.m.
It's one ten.

Heinle/Cengage Learning

Son las ocho menos diez de la noche.
Son las diecinueve y cincuenta.

It's ten till eight p.m.
It's seven fifty

Use **es** to tell time between 12:31 (**Es la una menos veintinueve.**) and 1:30 (**Es la una y media.**). Otherwise, use **son** because it refers to more than one hour (it is plural).

To ask or tell what time an event occurs, use the word **a**: **¿A qué hora es la fiesta? A las nueve de la noche.**

Other time expressions

a tiempo *on time*
en punto *on the dot*
ahora *now*
tarde *late, tardy*
temprano *early*
la medianoche *midnight*
el mediodía *noon*

Days of the week

el lunes *Monday*
el martes *Tuesday*
el miércoles *Wednesday*
el jueves *Thursday*
el viernes *Friday*
el sábado *Saturday*
el domingo *Sunday*

Other important words and expressions

el día *day*
la semana *week*
el fin de semana *weekend*
todos los días *every day*
hoy *today*
mañana *tomorrow*

¡A practicar!

1-27 ¿Qué hora es? Indicate the time shown on each of the clocks below. Use the 12-hour system.

1. *Son las* (uno) *y diez*
   es la = only 1 +

2. *Seis y media*

3. *diez menos cinco*

4. *siete y veinte*

5. *tres y cuarto*

Heinle/Cengage Learning

1-28 ¿Qué día es mañana? Complete the following sentences.

1. Hoy es domingo. Mañana es __lunes__.
2. Hoy es viernes. Mañana es __sabado__.
3. Hoy es jueves. Mañana es __Viernes__.
4. Hoy es sábado. Mañana es __domingo__.
5. Hoy es lunes. Mañana es __martes__.
6. Hoy es martes. Mañana es __miercoles__.

¡A conversar!

1-29 Mi horario (My schedule) You have just received your schedule of classes for your study-abroad experience in Venezuela. Tell your partner at what time and on which days your classes meet. Note that the schedule uses the 24-hour-clock system, but when you speak informally with a friend you will use the 12-hour-clock system and indicate if classes are in the morning, the afternoon, or the evening.

Modelo *Mi clase de economía es a la una y media de la tarde los martes y jueves.* *días*

HORARIO DE CLASES		
Universidad Central de Venezuela **Facultad de Ciencias Sociales**		
LUNES/MIÉRCOLES	9.45	Introducción a la sociología
MIÉRCOLES /VIERNES	11.15	Técnicas de investigación
MARTES/JUEVES	13.30	Economía
MARTES/JUEVES	15.00	Sicología
MARTES/JUEVES	16.30	Análisis demográfico
LUNES/MIÉRCOLES	18.45	Biología humana

1-30 Los días Ask your partner when he or she is doing the following things.

Modelo estudiar en la casa
—¿Cuándo estudias en la casa?
—Estudio en la casa el lunes.

1. mirar televisión
2. bailar en el cuarto
3. comprar libros
4. trabajar en el campus
5. mirar una película (movie) con amigos
6. comprar comida en Walmart

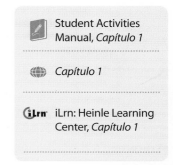

Student Activities Manual, *Capítulo 1*

Capítulo 1

iLrn: Heinle Learning Center, *Capítulo 1*

Definite and indefinite articles

A noun is often preceded by a definite article: **el, la, los, las** *(the)*, or by an indefinite article: **un, una** *(a, an)*, **unos, unas** *(some)*. Both definite and indefinite articles agree in number and gender with the nouns they modify.

el libro, **un** libro	**las** mochilas, **unas** mochilas

¡A recordar! 1 In Spanish, what endings typically denote masculine nouns? What about feminine nouns?

How to make nouns plural

To make Spanish nouns plural, add **-s** to nouns ending in a vowel, and **-es** to nouns ending in a consonant.

Singular	Plural	Singular	Plural
el amigo	**los** amigos	un profesor	**unos** profesores
la amiga	**las** amigas	una universidad	**unas** universidades

¡A recordar! 2 How is the plural formed for nouns ending in **-án**, **-és**, or **-ión**? What about for nouns ending in **-z**?

Present tense of regular -ar verbs

To form the present tense of Spanish verbs ending in **-ar**, drop the infinitive ending and add a personal ending to the stem.

hablar	
(yo)	habl**o**
(tú)	habl**as**
(usted, él/ella)	habl**a**
(nosotros/nosotras)	habl**amos**
(vosotros/vosotras)	habl**áis**
(ustedes, ellos/ellas)	habl**an**

¡A recordar! 3 In what four instances might someone use the present tense?

Common -ar verbs

ayudar, bailar, cantar, comprar, dibujar, enseñar, entrar, mirar, necesitar, practicar, preguntar, usar, viajar, visitar

¡A recordar! 4 What other common **-ar** verbs can you remember from Chapter 1?

Telling time

The 12-hour system is used in informal situations such as when you are speaking with friends and family: **Son las tres de la tarde.**

The 24-hour system is used for class schedules, airline and train schedules, medical and business appointments, and formal and official gatherings. In this system 1 a.m. is the first hour of the day and hours are numbered consecutively to 24: **Son las quince horas.**

¡A recordar! 5 How do you say *It is one o'clock in the afternoon?*

Days of the week

lunes *(Monday)*, martes *(Tuesday)*, miércoles *(Wednesday)*, jueves *(Thursday)*, viernes *(Friday)*, sábado *(Saturday)*, domingo *(Sunday)*

¡A recordar! 6 Hoy es viernes, mañana es _____.

Actividad 1   Los artículos For each item, write the appropriate definite article (**el, la, los, las**) in the first blank and the appropriate indefinite article (**un, una, unos, unas**) in the second blank.

1. __el__ domingo es __un__ día.
2. __la__ medianoche es __una__ hora.
3. __el__ educación es __un__ curso.
4. __la__ ingeniería es __una__ profesión.
5. __las__ lápices son __unos__ objetos útiles.
6. __El__ mapa es __una__ representación de parte del mundo *(world)*.
7. __Las__ profesores son __unos__ personas importantes de la universidad.
8. __El__ Golfo de México es parte de __un__ océano.
9. __El__ gimnasio es __un__ edificio.
10. __Las__ ciencias son __unos__ clases interesantes.

Actividad 2   Una noche en la residencia estudiantil Complete the paragraph with the correct form of each verb in parentheses.

Yo __llego__ (llegar) a la residencia y yo __visito__ (visitar) a mis amigos. Mario __estudia__ (estudiar) y __toma__ (tomar) café. Él y yo __hablamos__ (hablar) un poco. Luisa __escucha__ (escuchar) música y __prepara__ (preparar) una presentación para una clase. Diana __ayuda__ (ayudar) con la presentación. Ramón y Tonia __practican__ (practicar) español. Catalina y Javier __usan__ (usar) la computadora. Paco __necesita__ (necesitar) estudiar, pero __desea__ (desear) dormir una siesta. Él __descansa__ (descansar) por quince minutos. Pilar __toca__ (tocar) la guitarra y __canta__ (cantar). Los amigos __bailan__ (bailar). Jorge y Carlos __miran__ (mirar) la televisión. Federico __trabaja__ (trabajar) en la cafetería y yo __llamo__ (llamar) a la cafetería porque yo __deseo__ (desear) hablar con él.

Actividad 3   Las actividades de los estudiantes
Choose the correct verb from the list to complete each sentence and write the appropriate form in the blank.

caminar	hablar	practicar
comprar	mandar	regresar
descansar	pagar	tomar
enseñar	pasar	usar

1. Los amigos de Marta _____ español porque son de España.

2. Mi madre _____ los libros de texto que _____ en mis clases.

3. Yo _____ mucho tiempo en la biblioteca.

4. Los estudiantes _____ libros en la librería.

5. Mi amigo y yo _____ café en la cafetería estudiantil.

6. Tú _____ mucho correo electrónico, ¿no?

7. Mis compañeros _____ a clase.

8. Muchos estudiantes _____ a la residencia tarde los sábados y _____ los domingos.

9. Mis amigos y yo _____ fútbol y tenis.

10. La profesora _____ clases en dos universidades.

Actividad 4   Los días de la semana   Complete each sequence of days of the week.

1. lunes, _____, miércoles

2. viernes, _____, _____

3. _____, jueves, viernes

4. domingo, _____, martes

5. _____, _____, sábado

Actividad 5   ¿Qué hora es?   Tell the time shown by the clocks.

Modelo   *Son las cinco* de la tarde.

1. _____ de la mañana.

2. _____ de la noche.

3. _____ de la tarde.

4. _____ de la tarde.

5. _____ de la mañana.

Refrán

El propósito de _____ *(to work)*
es llegar a _____ *(to rest).*

¡A VER!

You are about to meet five young people who will be sharing a house in Puerto Rico. Throughout the **Viajes** video episodes you will observe the roommates interact, get to know each other, form friendships, and make plans for the future.

In this segment, the new roommates meet each other for the first time and explore their new home **Hacienda Vista Alegre.** You will learn where they are from, what they are studying, and a little bit about their personalities.

Javier

Sofía

Alejandra

Antonio

Valeria

Expresiones útiles

The following are some new expressions you will hear in the video.

¡Bienvenida!	*Welcome!*
¿Cómo te va?	*How's it going?*
Qué aburrido ¿no?	*How boring!*
¡Ay... es una broma!	*Oh, it's just a joke!*

Antes de ver

 Expresiones What expressions have you learned to use to introduce yourself and greet others? What are the typical responses when you meet someone? Introduce yourself to a classmate and be sure to include where you are from and what you study.

Después de ver

¿Cómo te llamas? Now that you have seen the video, can you complete the statements below that each person might make about himself or herself? Use the word bank to help you.

Argentina   Colombia   cómico   España   hablar por teléfono ✗
inteligente   medicina   Texas   tomar fotos   Venezuela ✗

- Mi nombre es Alejandra. Soy de _Colombia_ y me gusta _tomar fotos_
- Mi nombre es Valeria. Soy de _Venezuela_ y me gusta _hablar por teléfono_
- Mi nombre es Sofía. Soy de _España_ y soy muy _inteligente_
- Mi nombre es Antonio. Soy de _Texas_ y soy muy _cómico_.
- Mi nombre es Javier. Soy de _Argentina_ y estudio _medicina_

Personajes y carreras After you have watched the video a few times, see if you can match each roommate with his/her academic major (**carrera**).

Javier estudia   filología española.
Antonio estudia   medicina.
Sofía estudia   danza moderna.
Valeria estudia   administración de empresas.
Alejandra estudia   diseño. (design)

> **filología:** the study of language use in literature

Entre nosotros Now that you have identified what each roommate of **Hacienda Vista Alegre** studies, do a similar inventory of your classmates. Talk to at least five different students and record the information on the chart below. Be sure to ask the appropriate question for each category of information.

Nombre	Lugar de origen	Especialización académica

Presentaciones Choose one of your classmates that you interviewed for **Entre nosotros** and present this individual to the class. Have students guess what he or she studies.

See the *Lab Manual*, **Capítulo 1, ¡A ver!** for additional activities.

VOCABULARIO ESENCIAL

 AUDIO CD
CD 1, TRACK 5   **Personal Tutor**

Objetos en la clase	Objects in the classroom
el bolígrafo	ballpoint pen
el borrador	eraser
la calculadora	calculator
el calendario	calendar
la computadora	computer
el cuaderno	notebook
el diccionario	dictionary
el dinero	money
el escritorio	desk
el examen	test
el lápiz (los lápices)	pencil(s)
la lección	lesson
el libro (de texto)	(text)book
la luz (las luces)	light(s)
el mapa	map
la mochila	backpack
la palabra	word
la pantalla	screen
el papel	paper
la pizarra	chalkboard
la pluma	fountain pen
el reloj	watch
la silla	chair
la tarea	homework
la tiza	chalk

Colores	Colors
amarillo	yellow
anaranjado	orange
azul	blue
blanco	white
marrón	brown
morado	purple
negro	black
rojo	red
verde	green

Cursos y especializaciones	Courses and majors
la administración de empresas	business administration
el arte	art
las ciencias	science
la computación	computer science
el derecho	law
la economía	economics
la educación	education
la geografía	geography
la historia	history
la ingeniería	engineering
las lenguas extranjeras	foreign languages
la literatura	literature
las matemáticas	math
la medicina	medicine
la música	music
el periodismo	journalism
la sicología	psychology
la sociología	sociology

Las lenguas extranjeras	Foreign languages
el alemán	German
el chino	Chinese
el español	Spanish
el francés	French
el inglés	English
el italiano	Italian
el japonés	Japanese
el portugués	Portuguese
el ruso	Russian

Personas	People
el (la) amigo(a)	friend
el (la) compañero(a) de clase	classmate
el (la) compañero(a) de cuarto	roommate
el (la) estudiante	student
el hombre	man
la mujer	woman
el (la) novio(a)	boyfriend/girlfriend
el (la) profesor(a)	professor

Lugares y edificios universitarios	University locations and buildings
el apartamento	apartment
la biblioteca	library
la cafetería	cafeteria
el centro estudiantil	student center
el colegio universitario	community college, 2-year college
el gimnasio	gymnasium
la librería	bookstore
la oficina	office
la residencia	dormitory

La hora	Time
ahora	now
a tiempo	on time
de (por) la mañana (tarde/ noche)	in the morning (afternoon/evening)
en punto	on time
el fin de semana	weekend
hoy	today
mañana	tomorrow
la medianoche	midnight
el mediodía	noon
el reloj	clock
tarde, temprano	late, early
todos los días	every day
¿A qué hora...?	At what time . . . ?
¿Qué hora es?	What time is it?

Los días de la semana	Days of the week
el lunes	Monday
el martes	Tuesday
el miércoles	Wednesday
el jueves	Thursday
el viernes	Friday
el sábado	Saturday
el domingo	Sunday

Artículos	Articles
el	*the (masc.)*
la	*the (fem.)*
los	*the (masc. pl.)*
las	*the (fem. pl.)*
un(o)	*a (masc.)*
unos	*some (masc.)*
una	*a (fem.)*
unas	*some (fem.)*

Verbos	Verbs
ayudar	to help
bailar	to dance
buscar	to look for
caminar	to walk
cantar	to sing
comprar	to buy
contestar	to answer
descansar	to rest
desear	to want, to wish
dibujar	to draw
enseñar	to teach
entrar	to enter
escuchar	to listen
esperar	to hope; to expect
estudiar	to study
llamar	to call; to phone
llegar	to arrive
mandar	to send
mirar	to watch
necesitar	to need
pagar	to pay
pasar tiempo	to spend (time); to pass
practicar	to practice
preguntar	to ask (a question)
regresar	to return
terminar	to finish
tocar	to touch; to play an instrument
tomar	to take
trabajar	to work
usar	to use
viajar	to travel
visitar	to visit

En una reunión familiar

México

Una familia celebra la vida. Tabasco, México
Visit it live on Google Earth!

© Jenny Acheson/Getty

Chapter Objectives

Communicative Goals

In this chapter, you will learn how to . . .

- Define and ask about family relationships
- Indicate ownership and possession
- Describe people and things
- Indicate nationality
- Describe daily activities at home or at school
- Express possession, age, and physical states
- Count from 30 to 100

Structures

- Possessive adjectives
- Possession with **de(l)**
- Common uses of the verb **ser**
- Agreement with descriptive adjectives
- Present tense of **-er** and **-ir** verbs
- Common uses of the verb **tener**
- Numbers 30-100

◀ When do you get together with your family?

◀ Whom do you include when you mention family?

◀ What do you know about family reunions in the United States? Where do families meet and what do they do?

45

La familia de Juan Carlos García Martínez

In this section, you will practice talking about family relationships by learning about the family of Juan Carlos. Do you know of any families like Juan Carlos's that have relatives living in two or more countries?

Parientes *Relatives*

el (la) abuelo(a) *grandfather/ grandmother*

el (la) cuñado(a) *brother-in-law/ sister-in-law*

el (la) esposo(a) *husband/wife*

el (la) hermano(a) *brother/sister*

el (la) hijo(a) *son/daughter*

el (la) nieto(a) *grandson/ granddaughter*

la nuera *daughter-in-law*

los padres *parents*

el (la) primo(a) *cousin*

el (la) sobrino(a) *nephew/niece*

el (la) suegro(a) *father-in-law/ mother-in-law*

el yerno *son-in-law*

Mascotas *Pets*

el pájaro *bird*

el pez *fish*

Nombres *Names*

el apellido *last name*

el nombre *first name*

Palabras útiles

casado(a) *married*

divorciado(a) *divorced*

el (la) hermanastro(a) *stepbrother/ stepsister*

la madrastra *stepmother*

la madrina *godmother*

el (la) medio(a) hermano(a) *half brother (sister)*

el padrastro *stepfather*

el padrino *godfather*

separado(a) *separated*

soltero(a) *single*

Palabras útiles are presented to help you enrich your personal vocabulary. The words here will help you talk about family relationships.

Pedro

Elena

Paco

Esperanza

El D.F. stands for *Distrito Federal* and is commonly used to refer to Mexico City.

Mi **padre** se llama Jorge y mi **madre** se llama Ana María. Papá es del D.F. y mamá de Los Ángeles. Mi **hermana** Juana es muy guapa. Nuestro **gato** se llama Tigre. Mis **abuelos**, Pedro y Elena, son muy simpáticos. Mi **tío** Tomás es soltero. Mi **tía** Esperanza es una mujer **casada**. Su **esposo** es Paco. Gabriela y Soledad, sus **hijas** y mis **primas**, tienen una **perra**, Lola.

Gabriela Soledad Tomás Jorge Ana María Lola Juana Tigre Juan Carlos

Heinle/Cengage Learning

¡A practicar!

2-1 **¿Cierto o falso?** Indicate if each of the statements about Juan Carlos's family is **cierto** or **falso.**

_____ 1. Juan Carlos tiene *(has)* dos primas.

_____ 2. Pedro y Elena tienen tres nietos en total.

_____ 3. Tomás tiene dos hijas.

_____ 4. Ana María y Tomás son cuñados.

_____ 5. Hay dos mascotas en la familia.

_____ 6. Pedro es el suegro de Jorge.

_____ 7. Ana María es la nuera de Elena.

2-2 **La familia de Juan Carlos** Complete the following sentences with the correct relationship based on the drawing.

Modelo Ana María es _____*la esposa*_____ de Jorge.

1. Juan Carlos es _____ de Juana.
2. Soledad es _____ de Esperanza.
3. Gabriela y Soledad son _____.
4. El esposo de Esperanza es _____ de Tomás.
5. Elena es _____ de la hija de Jorge y Ana María.
6. La hija de Jorge y Ana María es _____ de Esperanza.
7. Tomás es _____ de los hijos de Jorge y Ana María.

2-3 **En otras palabras** Indicate the relationships between the family members listed below.

Modelo yo / mi tía
Yo soy el (la) sobrino(a) de mi tía.

mi abuelo / mi padre
Mi abuelo es el padre de mi padre.

1. mi hermano(a) / mi abuelo
2. mi hijo(a) / mi hermano(a)
3. mi madre / mi hijo(a)
4. mi primo / mi mamá
5. mi padre / mi abuela
6. mi tío / mi primo(a)
7. mi padre / mi madre
8. mi abuela / mi padre

¡A conversar!

 2-4 **Adivinanzas** *(Riddles)* Ask a classmate the following questions, keeping in mind that some of them may be purely hypothetical. Then, add three questions of your own.

> **Modelo** E1: *¿Quién es el padre de tu madre?*
> E2: *mi abuelo*

¿Quién es... ?

1. la madre de tu padre
2. el (la) hermano(a) de tu madre
3. la hija de tu tío
4. el (la) hijo(a) de tu padre
5. el hijo de tu hija

2-5 **Un árbol genealógico**

Primera parte Create your own family tree, real or imagined, based on the categories below. Be artistic if you'd like!

Mis abuelos

_____   _____   _____   _____

Mis padres

Mis tíos	**(papá)**	**(mamá)**	**Mis tíos**
_____	_____	_____	_____
_____			_____

Mis primos	**Mis hermanos**	**Yo**	**Mis primos**
_____	_____	_____	_____
_____	_____		_____

Segunda parte Now describe your family relationships in Spanish to a partner. You should also mention your family pet(s). Your partner will then review your family tree with you before presenting it to the class.

2-6 **¿Quién en tu familia... ?** Identify people in your family who fit the characteristics listed below. Tell your partner the name of the person and his/her relationship to you. Continue by identifying people who do not fit the characteristics.

> **Modelo** *Mi primo Jamal es cómico. Mi tía Elizabeth es muy inteligente. Mi madre Claire no es artística.*

artístico(a)	dramático(a)	paciente
atlético(a)	generoso(a)	responsable
cómico(a)	inteligente	sincero(a)

Student Activities Manual, *Capítulo 2*

Capítulo 2

iLrn: Heinle Learning Center, *Capítulo 2*

AUDIO CD
CD 1, TRACK 6

Juan Carlos and his sister, Juana, live in Los Angeles and are always eager to share their experiences in the United States with their grandparents, who continue to live in Mexico.

Juana: ¡Hola, abuelos! ¿Cómo están? ¡Qué lindo el departamento! ¡Qué chido!

Juan Carlos: ¡Hola, abuelito! ¡Hola, abuelita! ¿Cómo están? ¡**Tengo** muchas noticias sobre **mi vida** en los Estados Unidos!

Comentario cultural Spanish-speakers use the diminutive forms of certain nouns to express affection. Juan Carlos addresses his grandparents as abuelito and abuelita (literally *"little grandfather"* and *"little grandmother"*). Another term of affection commonly used in Mexico is the contraction m'hijo or m'hija (from mi hijo, mi hija) to mean *my son, my daughter.*

Elena: ¡Ay, qué bueno, Juan Carlos! **Tenemos** tus cartas y tus postales, pero deseamos **tener** más información. Y Juana, las fotos que **tenemos** de **tu escuela** son **preciosas.**

Comentario cultural The Aztec calendar you see on the wall, also known as the Sun Stone, has two distinct functions. As a religious calendar, called the **tonalpohualli,** the sun stone marks a 260-day ritual cycle. As a day calendar, called the **xiuhpohualli,** it marks 365 days. These two cycles together form a 52-year-long "century." The Aztec calendar provides fascinating insights into the ancient civilization of the Aztecs and the structuring of their universe and beliefs. A number of models exist to provide correlations between our date system and the ancient calendar of the Aztecs.

Pedro: Y ahora **viven** en un **barrio nuevo. Debe ser** muy **diferente.** ¿**Tienen** muchos amigos allí?

Comentario cultural In 1531, Juan Diego, an Aztec descendant, had a vision of the Virgin Mary, who instructed him to build a church on the site. After the visit, Mary left her impression on Juan's tilma, a cloak made of cactus cloth. The cloth is displayed in a basilica in Mexico City where it is visited by over 10 million people a year. The image of la Virgen de Guadalupe from this cloth is reproduced in wall hangings and other items.

Expresiones **en contexto**

el barrio *neighborhood*	**las noticias** *news*
las cartas *letters*	**¡Qué lindo...!** *How cute...!*
debe ser *it must be*	**nunca crecen** *never grow up*
en la próxima manzana *on the next block*	**por supuesto** *of course*
entonces *so*	**las postales** *postcards*
mis cuates *my friends (Mexico)*	**¡Qué chido!** *Cool! (Mexico)*
la misma edad *the same age*	

Juan Carlos: Sí, abuelito. **Tengo** muchos compañeros, ¡y dos de **mis cuates** hablan español! Los padres de **mis amigos** son mexicanos, del D.F., y **sus abuelos viven** aquí. Los **abuelos de mi amigo** Enrique, don Ramón y doña Lucía, **son muy simpáticos.**

Comentario cultural The forms **don** and **doña** may be used before first names to show respect or affection (while maintaining formality); they are generally used for addressing one's elders or superiors. Juan Carlos's grandparents, for example, might be addressed as **don Pedro** and **doña Elena.** At one time, **don** stood for **de origen noble.**

Elena: ¡Entonces, muchas personas **tienen** nietos en los Estados Unidos!

Juan Carlos: Sí, por supuesto. Hay una **familia cubana** que **vive** en la calle cuarenta y dos, en la próxima manzana, y ellos **tienen** una hija de catorce años, de la misma edad que Juana.

Juana: Sí, ella se llama Lupe, y es **mi mejor amiga.** También **tengo** algunos amigos.

Comentario cultural The Tree of Life, **Árbol de la Vida,** is a product of the ceramic industry of Metepec, Mexico. The clay pieces are in the shape of a tree, which is covered with flowers, leaves, and biblical figures. The design concept is a blend of Aztec customs and the teachings of Franciscan monks. Today one can find these ceramic creations depicting popular legends or icons of Mexico. Some are even autobiographical in nature.

Pedro: **¿Mi Juanita tiene catorce años y tiene amigos?** ¡Imposible!

Elena: **¿Ves** cómo tu abuelo **vive** en el pasado, m'hija? Él **cree** que los niños nunca crecen.

Heinle/Cengage Learning

¿Comprendiste? Based on the dialogue, indicate whether each of the following statements is **cierto** or **falso.** If the statement is false, correct it.

1. Los abuelos no tienen información sobre la vida de Juan Carlos en los Estados Unidos.
2. Juan Carlos no tiene muchos amigos en el nuevo barrio.
3. Todos los amigos de Juan Carlos hablan español.
4. Juana tiene una amiga que habla español y es de México.

 Diálogo entre abuelo(a) y nieto(a) Working with a partner, take turns role-playing the situation you have just studied in **En contexto.** Be sure to vary the nationalities and interests of the speakers. Use the expressions from **En contexto** as a model for your dialogue.

Possession with *de(l)* and possessive adjectives

Possession with *de(l)*

One way English-speakers express possession is to attach an '*s*' to a noun. Spanish-speakers show the same relationship by using **de** before the noun. Note that when using **de** + **el,** Spanish-speakers form the contraction **del.**

> Ariana es la hermana **de** Juan.
> *Ariana is Juan's sister.*

> El libro es **de la** tía Julia.
> *The book is Aunt Julia's.*

> Aquí está el perro **del** abuelo.
> *Here's the grandfather's dog.*

Possessive adjectives

Another way to indicate relationships or ownership is to use *possessive adjectives*. In Spanish, possessive adjectives must match the number (singular or plural) and, in the cases of **nosotros (as)** and **vosotros (as),** the gender (masculine or feminine) of the nouns they describe.

	Singular	Plural
my	**mi** abuelo	**mis** abuelos
your (informal)	**tu** gato	**tus** gatos
his, her, its, your (formal, singular)	**su** familia	**sus** familias
our	**nuestro** hijo	**nuestros** hijos (masculine)
	nuestra hija	**nuestras** hijas (feminine)
your (informal)	**vuestro** primo	**vuestros** primos (masculine)
	vuestra prima	**vuestras** primas (feminine)
their, your (formal, plural)	**su** madre	**sus** madres

Nuestro perro se llama Kinko. ¿Cómo se llama **tu mascota**?

¡A practicar!

2-7 Cada uno con lo suyo (To each his own) Members of Juan Carlos' family have strong preferences for certain colors. Use **del, de la, de las,** or **de los** to indicate to whom the following objects belong.

Modelo La pluma _____ es _____ esposo de Ana María.
La pluma azul es del esposo de Ana María.

1. La bicicleta _____ es _____ abuela.
2. Las computadoras _____ son _____ esposo de Ana María.
3. Las mochilas _____ son _____ nieta.
4. El coche _____ es _____ tíos de Juan Carlos.

2-8 Las memorias de Maximiliano Imagine you are listening to Maximiliano, emperor of Mexico, describe his family and residence in Mexico. Complete the following paragraph with the indicated possessive adjective.

1. _____ (My) padres y abuelos viven en Austria, pero 2. _____ (our) familia vive en México. 3. _____ (My) hermano Francisco José es emperador de Austria. 4. _____ (His) palacio es enorme. 5. _____ (My) palacio, en el parque de Chapultepec, también es grande y majestuoso. Es aquí donde mi esposa y yo pasamos la mayoría de 6. _____ (our) tiempo. El nombre de mi esposa es Marie-Charlotte-Amélie-Augustine-Victoire-Clémentine-Léopoldine, pero para 7. _____ (her) amigas es Carlota.

Cultura
Maximilian was born in Austria in 1832. He was a member of the Hapsburg dynasty. He went to Mexico in 1864 with his wife Carlota to rule over a new empire in Mexico, after President Benito Juárez decided not to pay interest on foreign loans.

¡A conversar!

2-9 ¿Es tu libro o mi libro? Working in groups of three or four, take turns role-playing a forgetful student. When the student asks the others to whom an item in the classroom belongs, they respond in either the affirmative or negative. Use as many items as you can.

Modelos libro
  E1: *¿Es mi libro?*
  E2: *No, no es tu libro. Es el libro de David.*

  bolígrafos
  E1: *¿Son mis bolígrafos?*
  E2: *No, no son tus bolígrafos. Son los bolígrafos de Karen.*

1. la mochila
2. el reloj
3. los lápices
4. el escritorio
5. el cuaderno
6. las calculadoras
7. el libro de español
8. los diccionarios
9. los papeles

2-10 Entrevista Ask a classmate the following questions to learn more about his/her family and friends.

1. ¿Es grande tu familia? ¿De dónde son tus padres? ¿Viven otras personas con ellos en su casa? ¿Tienes mascotas? ¿Tienes hermanos o hermanas? ¿Desea tu familia visitar tu universidad?

2. ¿Son tus mejores amigos(as) de aquí? ¿Tienes amigos(as) en nuestra clase? ¿Tienen tus amigos(as) los mismos intereses que tú o son diferentes sus intereses?

Student Activities Manual, *Capítulo 2*

Capítulo 2

iLrn: Heinle Learning Center, *Capítulo 2*

Common uses of the verb *ser*

As you learned in **Capítulo preliminar,** the present tense of **ser** is formed as follows:

yo	**soy**	*I am*
tú	**eres**	*you* (informal) *are*
Ud., él/ella	**es**	*you* (formal) *are, he/she is*
nosotros(as)	**somos**	*we are*
vosotros(as)	**sois**	*you* (informal) *are*
Uds., ellos(as)	**son**	*you* (formal) *are, they are*

The verb **ser** *(to be)* is used:

1. to identify essential characteristics of people and things.

   Carlos Fuentes **es** inteligente y creativo.
   Carlos Fuentes is intelligent and creative.

   Sus libros **son** interesantes.
   His books are interesting.

2. to indicate profession or vocation.

   Carlos Fuentes **es** escritor. Carlos Fuentes is a writer.

   Yo **soy** músico. *I am a musician.*

   Tú **eres** doctora. *You are a doctor.*

3. to express nationality . . .

   Carlos Fuentes **es** mexicano. *Carlos Fuentes is Mexican.*

   . . . and origin with the preposition **de.**

   El Sr. Fuentes **es de** México. *Mr. Fuentes is from Mexico.*

4. to talk about time.

   Son las cinco. *It's five o'clock.*

   Es la una. *It's one o'clock.*

5. to talk about days of the week, months, and dates.

   Hoy **es** lunes. *Today is Monday.*

   Mañana **es** el 4 de mayo. *Tomorrow is May 4.*

Yo también **soy** mexicano. ¿Y tú?
¿De dónde **eres** tú?

¡A practicar!

2-11 ¡A emparejar! Choose the item(s) on the right that best complete(s) each statement on the left.

1. Yo soy _____.
2. Son las _____.
3. Susana es _____.
4. Carlos es _____.
5. Hoy es _____.
6. Los exámenes de mi clase son _____.

a. difíciles.
b. el cinco de mayo y celebramos la Batalla de Puebla.
c. estudiante.
d. maestro de español.
e. dos de la tarde.
f. simpática y sincera.

2-12 Imágenes de una civilización Fill in the blanks with the appropriate form of **ser** to learn some interesting facts about Mexico.

Modelo *Juan es de Aguascalientes, México.*

1. El Popocatépetl _____ un volcán activo cerca de la ciudad de México.
2. El emperador Maximiliano y su esposa _____ de Austria.
3. El Día de los Muertos _____ un día festivo muy importante para los mexicanos.
4. Felipe Calderón _____ el presidente de México.
5. Vosotros _____ españoles, pero en México, en vez de usar **vosotros,** la forma correcta _____ **ustedes.**
6. Rocío y Memo _____ estudiantes en la Universidad Nacional Autónoma de México.
7. El Zócalo _____ la plaza más grande y más conocida de México.
8. Las playas de México _____ muy hermosas.

Student Activities Manual, *Capítulo 2*

Capítulo 2

iLrn: Heinle Learning Center, *Capítulo 2*

¡A conversar!

2-13 Una reunión familiar Draw a picture of a scene from a family reunion. Each drawing should portray the five uses of **ser** explained in this section. Next describe the scene to your partner and ask at least two questions about your partner's drawing. Be sure to include the following:

- Who each person is
- The profession or vocation of at least one person
- The nationality of at least one person
- The time of day
- The day and the date

2-14 ¿Quiénes son las personas de la clase?

Paso 1:
Work in groups of three or four students to identify all the students in your class by name. Start by speaking with your group members, using the verb **ser** to identify as many students as possible. If you do not know the names of some students, you will have to get out of your seats and speak to students to ask them their names—in Spanish, of course!

Paso 2:
Your instructor will call up to ten students at a time to come to the front of the class and will ask one of those students to identify himself or herself and as many others as possible. If the student cannot identify someone or is not sure of a name, he or she can ask the student. After all students in one group have been identified, another group is called forward and one of the students is asked to make the identifications.

Modelo *Soy Anna. Ella es Kari, ella es Sujata, él es Dre y ellos son Marcus y Zhou. Y tú, ¿quién eres? ¿Eres Samuel? Sí, eres Samuel.*

2-15 Una escena dramática Working with a partner, compose a theatrical scene that represents an encounter between two students during the first day of Spanish class. Your dialogue should contain all five uses of the verb **ser** presented in this section.

Agreement with descriptive adjectives

delgado   gordo   alta   baja   joven   vieja   bonita   guapo

grande   pequeños   rubias   morenas   corto   largo

Heinle/Cengage Learning

Curiosidades del idioma

It is common for Mexicans to use the word **güero(a)** to describe someone who is blond. **Pelirrojo** means red-haired.

Refer to the grammar index in the back of the book to learn more about the grammar terms appearing in italics.

The words modeled in the drawings are *adjectives* and are used to describe *nouns* or *pronouns*. In Spanish, descriptive adjectives must match the *gender* (masculine or feminine) and the *number* (singular or plural) of the noun or pronoun they describe.

How to match adjectives with their nouns

1. Spanish adjectives agree in number and gender with the nouns they modify. Adjectives ending in -**o** change to -**a** to indicate feminine gender and add an -**s** to indicate plural.

	Singular	Plural
Masculine	abuelo generos**o**	abuelos generos**os**
Feminine	abuela generos**a**	abuelas generos**as**

2. Adjectives ending in -**e** or in most consonants are invariable for gender. That is, they use the same form for the masculine and the feminine. For the plural of adjectives ending in -**e**, add -**s.** For the plural of adjectives ending in a consonant, add -**es.**

	Singular	Plural
Masculine	tío interesante	tíos interesant**es**
	hermano intelectual	hermanos intelectual**es**
Feminine	tía interesante	tías interesant**es**
	hermana intelectual	hermanas intelectual**es**

3. Most adjectives of nationality ending in a consonant add -**a** for the feminine form. To form the plural, add -**es** to masculine adjectives and -**s** to feminine adjectives. Most adjectives that end in -**dor, -án, -ón,** and -**ín** also follow this pattern.

	Singular	Plural
Masculine	primo español	primos español**es**
	primo trabaja**dor**	primos trabajador**es**
	tío alem**án**	tíos aleman**es**
Feminine	prima español**a**	primas español**as**
	prima trabajador**a**	primas trabajador**as**
	tía aleman**a**	tías aleman**as**

Where to place adjectives

1. Most Spanish adjectives follow the nouns they describe.

   La **música bonita** de los mariachis…   *The mariachi's beautiful music . . .*

   Son **personas simpáticas.**   *They are nice people.*

2. Spanish adjectives of quantity precede the nouns they describe, as in English. Note that in Spanish, when the number *one* is used to quantify a singular masculine noun, speakers drop the **-o: un libro, un papel.**

   Yo tengo **cuatro** hermanos y **dos** hermanas.   *I have four brothers and two sisters.*

3. The adjectives **bueno** and **malo** can be placed before or after the noun they describe. When they come before a singular masculine noun, the **-o** is dropped: **buen** and **mal.**

   Rudy Moreno es un **buen** cómico.   *Rudy Moreno is a good comedian.*
   Rudy Moreno es un cómico **bueno.**

   Alejandro Fernández no es un **mal** hombre.   *Alejandro Fernández is not a bad man.*
   Alejandro Fernández no es un hombre **malo.**

The adjective **grande** can also be used before or after the noun it describes. When it precedes a singular noun (either masculine or feminine), it drops the **-de** to become **gran.** When **gran** precedes a noun, it takes on the figurative meaning of *great* or *impressive.* When **grande** follows a noun, it assumes its more literal meaning of *large* or *big.* For example,

   Es una gran casa.   *It's a great house.*
   Es una casa grande.   *It's a big house.*

Cultura
Rudy Moreno is a Mexican-American comedian who has appeared on numerous television shows in the U.S. He was named the 1998–1999 Latino Comedian of the Year.

Cultura
Alejandro Fernández is a famous Mexican singer who specializes in traditional music such as mariachi and ranchera. First trained as an architect, he has now been singing professionally for more than 25 years and reportedly has sold over 20 million records.

Commonly used adjectives

cobarde coward	**rico(a)** rich
listo(a) smart, ready	**tacaño(a)** stingy
perezoso(a) lazy	**tonto(a)** silly, foolish
pobre poor	**trabajador(a)** hardworking

Cognates

Cognates are words of similar or identical spelling that share the same meaning between two languages. Many adjectives are cognates in Spanish and English.

arrogante arrogant	**introvertido(a)** introverted
artístico(a) artistic	**irresponsable** irresponsible
atlético(a) athletic	**liberal** liberal
bilingüe bilingual	**moderno(a)** modern
cómico(a) humorous, comical	**paciente** patient
conservador(a) conservative	**progresista** progressive
dramático(a) dramatic	**rebelde** rebellious
extrovertido(a) outgoing, extroverted	**reservado(a)** reserved
generoso(a) generous	**responsable** responsible
honesto(a) honest	**sincero(a)** sincere
indeciso(a) indecisive	**tímido(a)** timid
intelectual intellectual	**tolerante** tolerant
inteligente intelligent	**valiente** brave

¡A practicar!

2-16 **Descripciones de familiares y amigos** Choose from the adjectives you've learned in this section to describe what the following people are and are not like. Be sure the adjectives agree in gender and number with the nouns they describe. Compare your answers with those of a classmate.

Modelo *Mi madre es trabajadora pero no es atlética.*

1. Mi mejor amigo(a) es...   pero no es...
2. Mis abuelos son...   pero no son...
3. Mis compañeros de clase son...   pero no son...
4. Mi padre es...   pero no es...
5. Los estudiantes de esta universidad son...   pero no son...
6. El (La) profesor(a) es...   pero no es...
7. Mi hermano(a) es...   pero no es...
8. Yo soy...   pero no soy...

2-17 **¿Cómo es/son?** Describe the following people, using descriptive adjectives and the appropriate form of the verb **ser.** Use adjectives that precede a noun in at least three of your sentences.

Modelo Ana Bárbara
Ana Bárbara es alta, morena y bonita.

1. Óscar de la Hoya
2. Thalía
3. Luis Miguel
4. mi profesor(a) de español
5. mi mejor amigo(a)
6. yo
7. mi familia y yo
8. mis hermanos(as)

Cultura

Ana Bárbara is a famous singer of Mexican **ranchera** music, a style that is rooted in Mexican folklore, includes trumpets, guitars, and accordions, and is popular for dancing. **Óscar de la Hoya,** nicknamed "The Golden Boy," is a Mexican-American boxer who has won ten world titles in six different weight classes. **Thalía** was born in Mexico City and is best known as an actress and singer. She has appeared in several **telenovelas** (similar to soap operas in the U.S.), has acted in independent films, and has been a record producer, composer, radio and TV host, and model. **Luis Miguel** is an award-winning Mexican pop singer known as **El Sol de México** (The Sun of Mexico) and **El Rey** (The King). He has won four Grammys and five Latin Grammys.

2-18 **Mi familia** In groups of four or five, prepare two lists, one list of family members and another of personal characteristics. One person in the group presents a family member and a characteristic and the others form sentences about that member of their families with the characteristic, telling if it is accurate or not. Take turns presenting the words from the lists. Follow the model and pay attention to agreement of nouns and adjectives.

Modelo padre, perezoso → *Mi padre no es perezoso.*
abuela, simpático → *Mi abuela es muy simpática.*

¡A conversar!

2-19 **¿Quién puede ser?** *(Who could it be?)* Describe someone in the class for your classmates to identify.

> **Modelo** E1: *Es alta, delgada y atlética. Es morena.*
> E2: *¿Es Michelle?*
> E1: *¡Sí!*

2-20 **Personas ideales** Working with a partner, develop an ideal profile for the following people.

> **Modelo** El profesor ideal
> E1: *Para mí* (For me), *el profesor ideal es inteligente, tolerante y paciente.*
> E2: *Para mí, el profesor ideal es liberal, intelectual y un poco rebelde.*

1. el (la) compañero(a) de cuarto
2. los amigos
3. la abuela
4. los padres
5. el presidente
6. el (la) hermano(a)

2-21 **Un picnic** A student who is studying abroad in Mexico sends her parents a photograph and an e-mail describing a family picnic that she recently attended. In the photograph, don Francisco and his wife, doña Adela, are enjoying time with several family members. Work with a partner to identify and describe at least five members of the family; base your description on what you see in the photo and on the information presented in the e-mail. For each family member:

1. identify his/her relationship to at least one other person in the photo;
2. state at least one physical characteristic; and
3. state at least one personality trait.

Also, compare the family members in the photograph with members of your family.

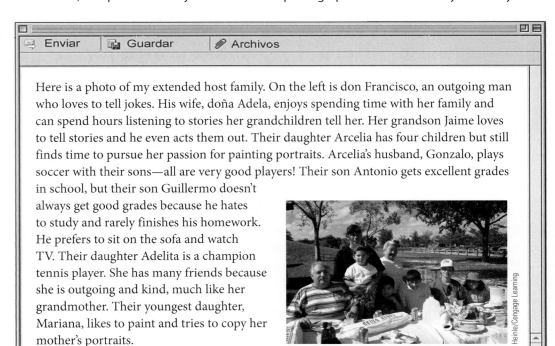

| Enviar | Guardar | Archivos |

Here is a photo of my extended host family. On the left is don Francisco, an outgoing man who loves to tell jokes. His wife, doña Adela, enjoys spending time with her family and can spend hours listening to stories her grandchildren tell her. Her grandson Jaime loves to tell stories and he even acts them out. Their daughter Arcelia has four children but still finds time to pursue her passion for painting portraits. Arcelia's husband, Gonzalo, plays soccer with their sons—all are very good players! Their son Antonio gets excellent grades in school, but their son Guillermo doesn't always get good grades because he hates to study and rarely finishes his homework. He prefers to sit on the sofa and watch TV. Their daughter Adelita is a champion tennis player. She has many friends because she is outgoing and kind, much like her grandmother. Their youngest daughter, Mariana, likes to paint and tries to copy her mother's portraits.

Heinle/Cengage Learning

Student Activities Manual, *Capítulo 2*

Capítulo 2

iLrn: Heinle Learning Center, *Capítulo 2*

México

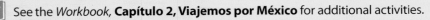

▶ Watch the video about Mexico and discuss the following questions.

1. Where was Mexico City built?
2. What is the "Zócalo"? Why is this place so important in the city?
3. Why is the Anthropology Museum so relevant to Mexican culture?
4. Have you ever visited Mexico? Where did you go and why? If you've never been, what part of Mexico would you choose to visit and why?

See the *Workbook,* **Capítulo 2, Viajemos por México** for additional activities.

Heinle/Cengage Learning

Población: 109.955.400

Área: 1.952.201 km², representa un quinto del territorio de los Estados Unidos. México es casi tres veces el tamaño *(size)* de Texas.

Capital: Distrito Federal, 28.000.000

Ciudades principales: Guadalajara, 4,0 millones; Monterrey, 3,7 millones; Puebla, 2,8 millones; Tijuana, 1,3 millones

Moneda: el peso

Lenguas: el español, lenguas indígenas (el maya, el náhuatl y otras)

La familia de Felipe Calderón, presidente de México 2006–2012

© Alfredo Guerrero/EFE//Corbis

Personalidades ilustres El Sr. Felipe Calderón es el presidente de México hasta el año 2012. El presidente y su familia viven en la ciudad de México o Distrito Federal (D.F.). Su esposa se llama Margarita Zavala y sus hijos se llaman María, Luis Felipe y Juan Pablo. Hasta las elecciones del año 2000, en México solamente había *(there was)* un partido político, el Partido Revolucionario Institucional (PRI). Ahora en México hay tres partidos importantes: el Partido Acción Nacional (PAN) (Vicente Fox y Felipe Calderón son de este partido), el Partido de la Revolución Democrática (PRD) y el Partido Revolucionario Institucional (PRI).

¿Cómo se llama el presidente de México? Describe a la familia presidencial de México. Describe a la familia presidencial de los Estados Unidos. ¿Son similares?

🌐 Visit it live on **Google Earth!**

Historia Algunas de los grupos indígenas que viven en la región de México y Centroamérica, desde hace más de 4.000 años, son los olmecas, toltecas, zapotecas, aztecas y mayas. En la cultura maya, las mujeres son muy importantes para la economía familiar porque preparan la comida para la familia y para las celebraciones religiosas, trabajan en cerámica y cuidan a *(take care of)* los animales. En la cultura maya, los padres deciden el matrimonio *(marriage)* de los hijos para tener más poder económico y político dentro de la sociedad. El esposo vive bajo *(under)* las órdenes del suegro por un período de hasta cinco años.

¿Qué responsabilidades tienen las mujeres hoy en día en tu comunidad?

© Qing Ding/Shutterstock

Ruinas mayas, Uxmal, Yucatán

Arte y artesanía Unos esposos importantes dentro del arte mexicano son Frida Kahlo (1907–1954) y Diego Rivera (1886–1957). El tema de los cuadros de Kahlo es personal y autobiográfico con elementos de fantasía, mientras que el tema de la obra de Rivera es político y presenta la lucha del pueblo trabajador. Hoy en día la casa de Frida y Diego en la ciudad de México es un museo que se llama "La casa azul". Es importante visitar también el Museo Mural Diego Rivera y el Museo de Bellas Artes.

¿Visitas museos? ¿Cuál es tu museo favorito y por qué?

Frida (Frieda) Kahlo. *Frida and Diego Rivera, 1931.* Oil on canvas. 100.01 cm x 78.74 cm. San Francisco Museum of Modern Art. Albert M. Bender Collection. Gift of Albert M. Bender. © 2009 Banco de México Diego Rivera Frida Mueseums Trust, Mexico, D.F. / Artists Rights Society (ARS).

Ritmos y música El «son» mexicano es un tipo de música con influencias indígenas, españolas y africanas. Los instrumentos varían de región en región. Un grupo de «sones» se llama «jarabe». Existen jarabes como el Tapatío, el Mixteco, el del Valle, etcétera. La música mexicana moderna incluye entre otros tipos de música el rock en español. Como el son, el rock es también una mezcla de estilos musicales.

Desde 1980 uno de los grupos musicales más importantes dentro del rock en español es el grupo Maná. Más de 500.000 personas tienen su último álbum, que se llama *Amar es combatir*. La canción «Labios compartidos» es una de las más escuchadas, al igual que la canción «Bendita tu luz». *Access the iTunes playlist on the **Viajes** website.*

¿Qué tipo de música escuchas? ¿Cuál es tu grupo de música favorito?

© Victor Chavez/WireImage

....

🌐 **¡Busquen en la red de información!**

www.cengage.com/spanish/viajes

1. Personalidades ilustres: El presidente de México, Felipe Calderón y su familia
2. Historia: La cultura maya
3. Arte y artesanía: Frida Kahlo y Diego Rivera
4. Ritmos y música: El son mexicano, El rock en español, Maná

El mundo

In this section, you will learn to talk about nationalities of individuals who live in many different parts of the world. Do you know someone who is from another country?

ASIA

ruso(a)

chino(a)

japonés (japonesa)

coreano(a)

OCÉANO PACÍFICO

canadiense

AMÉRICA DEL NORTE
estadounidense

mexicano(a)

guatemalteco(a)
salvadoreño(a)
nicaragüense
costarricense
panameño(a)
ecuatoriano(a)
peruano(a)
boliviano(a)

AMÉRICA CENTRAL

EL CARIBE

cubano(a)
haitiano(a)
dominicano(a)
puertorriqueño(a)
hondureño(a)
venezolano(a)
colombiano(a)
brasileño(a)
paraguayo(a)
uruguayo(a)

AMÉRICA DEL SUR

chileno(a)   argentino(a)

alemán (alemana)
inglés (inglesa)
francés (francesa)
español(a)
italiano(a)

EUROPA

ASIA

egipcio(a)

ÁFRICA

árabe

indio(a)

guineano(a)

OCÉANO ATLÁNTICO

Heinle/Cengage Learning

¡A practicar!

2-22 **Lenguas y nacionalidades** Identify the nationalities of the following people. In some cases there may be various possibilities.

1. Jorge es de América del Sur y habla portugués. Él es _____.
2. Zhou es de Asia y habla japonés. Ella es _____.
3. Paquita y Mar son de Europa y hablan español. Ellas son _____.
4. Teresita es de San Juan y habla español. Ella es _____.
5. Tito y Florentina viven en Roma. Ellos son _____.
6. Hans es de Bonn y habla alemán. Él es _____.
7. Margarita es de América del Norte y habla español. Ella es _____.
8. Pierre es de América del Norte y habla francés e inglés. Él es _____.
9. María es de América del Sur y habla español. Ella es _____.
10. Yo soy _____.
11. Mi profesor(a) es _____.

2-23 **Orígenes** Use adjectives of nationality to indicate the origins of the following items.

1. El sushi es una comida _____.
2. El BMW es un automóvil _____.
3. El tango es un baile _____.
4. Las enchiladas son _____.
5. Los espaguetis son _____.
6. El mejor *(The best)* café del mundo es _____.

✎ Student Activities Manual, *Capítulo 2*

🌐 *Capítulo 2*

iLrn iLrn: Heinle Learning Center, *Capítulo 2*

¡A conversar!

2-24 **¿De dónde son?** Take turns naming as many people as possible of a given nationality and have your partner state the nationality. Start with the examples below and continue with lists that you create.

Modelo **E1:** Gloria Estefan, Andy García y Fidel Castro
E2: *Ellos son cubanos.*

1. Shakira, Carlos Vives y Sofía Vergara (de la película *Medea Goes to Jail*)
2. Hugo Chávez, Andrés Galarraga y Carolina Herrera
3. Gael García Bernal, Carlos Fuentes y Carlos Santana
4. Penélope Cruz, Sergio García y Plácido Domingo
5. Óscar de la Renta, Manny Ramírez y Dania Ramírez ("Callisto" en la película *X-Men: The Last Stand*)
6. Los príncipes William y Harry, David Beckham y su esposa Victoria Beckham

2-25 **Categorías** Working in groups of four, begin by dividing into pairs and setting a timer for five minutes. Each pair should make a list of professions along with a list of well-known people in those professions, such as sports figures, musicians, actors, politicians, and the like. Then, in each category, identify people from as many different countries as possible and write the nationality (in Spanish!) next to each one. At the end of five minutes, one pair will present a profession to the group, and other members will identify a person in the profession and state his/her nationality. If the presenters of the list have someone of that nationality (the same person or a different one), they score a point. If the other group members identify a nationality not represented on the original list, they score a point. After one pair presents a list and others identify individuals of as many nationalities as possible, another pair presents its list to the group, and the competition continues.

Profesiones	Personajes	Nacionalidades

Present tense of *-er* and *-ir* verbs

In Spanish, in order to form the present tense of infinitives ending in **-er** and **-ir,** you need to add the appropriate personal ending to the stem.

com + er *(to eat)*			viv + ir *(to live)*	
yo	com**o**	*I eat*	viv**o**	*I live*
tú	com**es**	*you* (informal) *eat*	viv**es**	*you* (informal) *live*
Ud., él/ella	com**e**	*you* (formal) *eat, he/she eats*	viv**e**	*you* (formal) *live, he/she lives*
nosotros(as)	com**emos**	*we eat*	viv**imos**	*we live*
vosotros(as)	com**éis**	*you* (informal) *eat*	viv**ís**	*you* (informal) *live*
Uds., ellos(as)	com**en**	*you* (formal) *eat, they eat*	viv**en**	*you* (formal) *live, they live*

The following are several useful **-er** and **-ir** verbs presented in sentences.

abrir	*to open*	Abro la puerta cuando entro a la sala de clase. *I open the door when I enter the classroom.*
aprender	*to learn*	Tú aprend**es** español. *You learn (are learning) Spanish.*
asistir a	*to attend*	Ella asist**e** a clase. *She attends class.*
beber	*to drink*	Ud. beb**e** mucho café. *You drink a lot of coffee.*
comprender	*to understand*	Él comprend**e** la tarea. *He understands the homework.*
creer	*to believe*	Nosotros cre**emos** en la importancia de nuestra familia. *We believe in our family's importance.*
deber	*ought to, must*	Vosotros deb**éis** hablar con mi primo. *You must talk to my cousin.*
escribir	*to write*	Ustedes escrib**en** cartas. *You write (are writing) letters.*
leer	*to read*	Ellos le**en** un libro. *They read a book.*
recibir	*to receive*	Yo recib**o** una tarjeta de mi sobrino. *I receive a card from my nephew.*
vender	*to sell*	¿Vend**es** tú mis libros? *Are you selling my books?*
vivir	*to live*	Viv**imos** con nuestros amigos. *We live with our friends.*

Curiosidades del idioma

Deber is used before other verbs to communicate the idea of obligation. In Spanish, as in English, when two verbs are used together the first is conjugated and the second appears in the infinitive form: **Yo debo ir a la fiesta.** *I should (must, ought to) go to the party.*

¡A practicar!

2-26 Mi compañero y yo Complete the following sentences with the appropriate form of the **-er** and **-ir** verbs in parentheses to learn about Tomás's roommate at UNAM.

1. José, mi compañero de cuarto, y yo _____ (vivir) en un apartamento.
2. Nosotros _____ (asistir a) la universidad de la UNAM en México.
3. Todos los días él _____ (recibir) noticias *(news)* de su familia.
4. Su hermana _____ (escribir) mucho por correo electrónico *(e-mail)*.
5. A veces yo _____ (leer) los mensajes *(messages)* de ella.
6. Mis abuelos _____ (creer) que las computadoras son importantes, pero todavía no tienen computadora en casa.

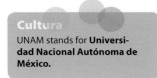

Cultura
UNAM stands for **Universidad Nacional Autónoma de México.**

2-27 Dos compañeros Complete the following paragraph with the correct form of the verb.

asistir a   beber   comer   aprender

¡Hola! Soy estudiante de la UNAM, donde estudio para ser intérprete. 1. _____ mucho de la cultura y la lengua de los estadounidenses en mis clases. Yo 2. _____ clases con mi amigo Juan. Él es mi compañero en la clase de inglés. Juan y yo estudiamos en la cafetería donde también 3. _____ café y 4. _____ sándwiches.

¡A conversar!

2-28 Actividades diarias Working with a partner, take turns sharing information, selecting items from each of the three columns to form logical sentences.

Modelo   E1: *¿Bebe café tu familia?*
               E2: *Mis padres beben mucho café. Mi hermano y yo bebemos café por la mañana.*

¿Quién?	¿Qué?	¿Dónde?
nosotros	leer el periódico	en el cuarto
tu compañero(a)	comer	en casa
tú	aprender el	en la cafetería
el (la) profesor(a)	vocabulario	en clase
tus padres	beber café	en la biblioteca
	escribir cartas	

2-29 Entrevista Find out more about your classmate by asking him/her the following questions. Then report your findings to the rest of the class.

1. ¿Dónde vives ahora? ¿Con quién vives? ¿Cuál es tu dirección *(address)*?
2. ¿Aprendes mucho en tus clases? ¿Debes estudiar mucho?
3. En general, ¿eres un(a) estudiante bueno(a) o malo(a)?
4. ¿Lees mucho o poco? ¿Lees novelas, el periódico o páginas de Internet?
5. ¿Dónde comes? ¿Qué tipo de comida comes?

2-30 Mi compañero(a) Using the information gathered in your interview, write a short composition about your classmate. Write 5 to 7 sentences and include at least 5 of the verbs listed below.

aprender	escribir
beber	estudiar
comer	leer
comprender	ser
deber	vivir

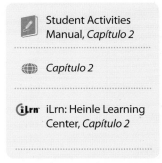

Student Activities Manual, *Capítulo 2*

Capítulo 2

iLrn: Heinle Learning Center, *Capítulo 2*

Common uses of the verb *tener*

The verb **tener** is irregular and conjugated as follows:

yo	**tengo**	*I have*
tú	**tienes**	*you* (informal) *have*
usted, él/ella	**tiene**	*you* (formal) *have, he/she has*
nosotros(as)	**tenemos**	*we have*
vosotros(as)	**tenéis**	*you* (informal) *have*
ustedes, ellos(as)	**tienen**	*you* (formal) *have, they have*

Common uses of the verb *tener*

- The verb **tener** *(to have)* is frequently used to indicate possession.

  —¿Cuántas hermanas **tienes**?
  How many sisters do you have?

  —Yo **tengo** dos hermanas.
  I have two sisters.

  —¿**Tienen** hijos tus hermanas?
  Do your sisters have any children?

  —No, no **tienen** hijos.
  No, they don't have any children.

- Another common use of **tener** is to express age.

  Mirta **tiene** solamente **dieciocho** años
  y Margarita **tiene veinte** años.
  *Mirta is only eighteen years old and Margarita
  is twenty years old.*

- **Idiomatic expressions**

tener calor	*to be hot*
tener celos	*to be jealous*
tener éxito	*to be successful*
tener frío	*to be cold*
tener hambre	*to be hungry*
tener miedo (de)	*to be afraid (of)*
tener paciencia	*to be patient*
tener prisa	*to be in a hurry*
tener razón	*to be right*
tener sed	*to be thirsty*
tener sueño	*to be tired/sleepy*

Note that although Spanish speakers use **hacer** to say *it is cold* or *it is hot* (**hace frío, hace calor**), the verb **tener** is used with these two nouns when a person says *I am cold* (**Yo tengo frío**) or *She is hot* (**Ella tiene calor**).

Tener ganas de + infinitive

When you want to say that you feel like doing something, use the expression **tener ganas de** + *infinitive*. Simply conjugate **tener** and use the infinitive form of the verb that expresses what you feel like doing.

¿**Tienes ganas de pintar** la casa?
Do you feel like painting the house?

Tenemos ganas de ver una película.
We feel like watching a movie.

Tener que + infinitive

The verb **tener** is also used in the construction **tener que** + *infinitive,* which means *to have to do something.* It is used in the same way as the verb **deber,** but it carries a stronger sense of obligation. **Deber** normally carries the meaning of *should,* whereas **tener que** often means *must*. Note that both of these verb forms must be followed by an infinitive.

Yo deseo mirar la televisión, pero yo **tengo que estudiar.**
I want to watch TV, but I have to (must) study.

Tenemos que regresar a casa. ¡Es tarde!
We have to (must) return home. It's late!

¡A practicar!

2-31 **¿Qué tienen?** Provide the correct form of **tener** to complete each sentence.

Modelo   Yo *tengo* una mochila nueva.

1. Nosotros _____ calor en Cancún en julio (*July*).
2. Ellos _____ el nuevo CD de Maná.
3. Roberto estudia mucho y _____ éxito en su clase de español.
4. Después de hacer ejercicio yo _____ sed.
5. Mi hermanita, Paqui, _____ nueve años.
6. Mi profesor siempre _____ razón.
7. ¡Tú siempre _____ sueño! Debes descansar más.
8. Yo _____ hambre. Yo quiero comer un taco.
9. Mi novia _____ celos cuando hablo con otras chicas.
10. Las otras chicas _____ paciencia con mi novia.

2-32 **¿Qué tienen que hacer?** Complete the following sentences with **tener que** + *infinitive* in order to tell what the students have to do.

Modelo   los estudiantes / descansar más los fines de semana
Los estudiantes tienen que descansar más los fines de semana.

1. nosotros / tomar cuatro clases este semestre
2. Juan y Antonio / trabajar por la noche
3. Marta / estudiar en la biblioteca
4. Guadalupe / visitar a su familia este fin de semana
5. tú / hablar por teléfono con la Profesora Menéndez
6. ¿yo?

¡A conversar!

2-33 **Conversemos** Ask the following questions of a partner and compare answers.

1. ¿Cuándo tienes sueño? ¿En clase o por la noche?
2. ¿Cuándo tienes prisa? ¿Siempre llegas a tiempo a la clase?
3. ¿Tienes mucho éxito en tu vida? ¿Tienen éxito tus compañeros(as)?
4. ¿Tenemos mucha tarea en esta clase? ¿Tienes miedo de los exámenes?
5. ¿Tienes celos de un(a) amigo(a)? ¿Por qué?
6. ¿Siempre tiene razón el (la) profesor(a)?
7. ¿Tienes mucha paciencia cuando estudias español? ¿Tienes que estudiar mucho?
8. ¿Tienes hambre ahora? ¿Tienes sed?
9. ¿Dónde tienes calor? ¿Frío?
10. ¿Cuándo tienes miedo?

2-34 **¿Cuántos hermanos tienes?** Working with a partner, find out more about each other's family by asking questions with **tener.**

Modelo   E1: *¿Cuántos hermanos tienes?*
E2: *Yo tengo tres hermanos, una hermana y dos hermanos. Y tú, ¿tienes hermanos?*
E1: *Sí, yo tengo una hermana. Mi hermana se llama Carolina.*
E2: *¿Y cuántos años tiene Carolina?*
E1: *Ella tiene dieciocho años...*

2-35 **Preferencias y obligaciones** Working with a partner, form five sentences that express something that you feel like doing in combination with something that you have to do.

Modelo   esta noche:
Yo tengo ganas de ir al cine, pero yo tengo que estudiar.

1. hoy por la tarde:
2. esta noche:
3. mañana por la mañana:
4. este fin de semana:
5. en el verano:

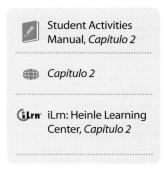

Student Activities Manual, *Capítulo 2*

Capítulo 2

iLrn: Heinle Learning Center, *Capítulo 2*

Numbers 30 to 100

Remember, the numbers 16–29 are often written as one word: **dieciocho, veintitrés.** Some will require written accents to maintain stress on the proper syllable.

dieciséis
diecisiete
dieciocho
diecinueve
veintiuno
veintidós
veintitrés
veinticuatro
veinticinco
veintiséis
veintisiete
veintiocho
veintinueve

30 treinta	39 treinta y nueve
31 treinta y uno	40 cuarenta
32 treinta y dos	50 cincuenta
33 treinta y tres	60 sesenta
34 treinta y cuatro	70 setenta
35 treinta y cinco	80 ochenta
36 treinta y seis	90 noventa
37 treinta y siete	100 cien/ciento
38 treinta y ocho	

The numbers **treinta y uno, cuarenta y uno, cincuenta y uno,** etc. are used in counting. When followed by a noun, they change to agree with the noun in gender. When preceding a masculine noun, the –**o** is dropped to form **un.**

> treinta y **un** libros
> cincuenta y un**a** sillas

Note that the short form of **cien** is used before nouns and in counting. You will practice **ciento** later when you learn to count above one hundred.

> **cien** libros
> *one hundred books*

> noventa y nueve, **cien**
> *ninety-nine, one hundred*

Numbers 30–90 always end in -**a**—**setenta, noventa**—and numbers 31–99 must be written as three words.

Hoy, la mamá de Mónica cumple 39 años.
¿Cuántos años tiene tu madre?

¡A practicar!

2-36 Problemas de matemáticas Working with a partner, quiz each other using the following equations. Take turns reading the questions to one another.

| + y/más | – menos | = son |

Modelos 37 + 41=

E1: *¿Cuántos son treinta y siete **y** cuarenta y uno?*

E2: *Treinta y siete **más** cuarenta y uno **son** setenta y ocho.*

50 – 25 =

E1: *¿Cuántos **son** cincuenta **menos** veinticinco?*

E2: *Cincuenta **menos** veinticinco **son** veinticinco.*

1. 15 + 15 = _____
2. 80 + 17 = _____
3. 77 – 22 = _____
4. 60 – 19 = _____
5. 59 + 7 = _____
6. 100 – 25 = _____
7. 22 + 24 = _____
8. 16 + 36 = _____
9. 99 – 10 = _____

2-37 ¿Cuántos...? Answer each question with the correct number between 0 and 100. Spell out each number. Use your knowledge of cognates (words that are the same or similar in Spanish and English) to help you understand any unfamiliar words.

1. ¿Cuántas horas hay en dos días? ¿en tres días? ¿en cuatro días?
2. ¿Cuántos estados hay en los Estados Unidos? ¿en México?
3. ¿Cuántos puntos son necesarios para aprobar *(pass)* un examen de cien puntos en tu universidad? ¿para sacar *(get)* una "A"? ¿una "B"? ¿una "C"?
4. ¿Cuántas semanas hay en un año?
5. ¿Cuántos años debe tener una persona para votar en las elecciones en los Estados Unidos? ¿para ser presidente de los Estados Unidos? ¿para ser presidente de México?

Student Activities Manual, *Capítulo 2*

Capítulo 2

iLrn: Heinle Learning Center, *Capítulo 2*

¡A conversar!

2-38 ¿Qué número es? Working in groups of three or four, have one student think of a number between 30 and 100. The other students try to guess the number with hints from the first student, who will guide them with **más** *(more)* or **menos** *(less)*. The first group to guess four numbers wins.

Modelo
E1: *¿Es cincuenta?*
E2: *No, no es cincuenta. Es menos.*
E3: *¿Es cuarenta?*
E2: *No, no es cuarenta. Es más.*
E1: *¿Es cuarenta y nueve?*
E2: *¡Sí! Tienes razón.*

2-39 Más números Work in groups of four to five students. Each student should make ten flashcards and write one number on each card, beginning with 0 and ending with 9. The group leader will designate two people to each hold up one card. The leader calls on another group member to state the two-digit number that those two people are holding up. For example, one student holds up a 3 and the other holds up a 6. The number to be stated is 36, **treinta y seis.** After completing several numbers, designate a new group leader. Be sure that all students participate!

2-40 ¿Qué hacen Uds.? Work with a partner to form sentences about what you and other people do in a week, a month, a semester, and so on.

Modelo *En una semana yo asisto a catorce clases.*

Período: En un día / En una semana / En un mes / En un semestre / En un año / En cuatro años
Personas: yo / mi amigo(a) / mis amigos / mis amigos y yo / mis padres / ¿...?
Actividades: asistir a / aprender / comprar / escribir / leer / recibir / tener / vender
¿Número?
Cosas (Things): clases / palabras en español / composiciones libros / mensajes de correo / electrónico / exámenes

Possession with *de(l)* and possessive adjectives

Spanish speakers show possession in one of two ways: using **de** before the noun, and using a possessive adjective.

Singular	Plural	Singular	Plural
mi	mis	nuestro(a)	nuestros(as)
tu	tus	vuestro(a)	vuestros(as)
su	sus		

¡A recordar! 1 In Spanish, how is the combination **de + el** simplified? Which possessive adjectives must agree in gender and number with the object?

Present tense of the verb *ser*

yo	soy	nosotros(as)	somos
tú	eres	vosotros(as)	sois
él, ella, Ud.	es	ellos, ellas, Uds.	son

¡A recordar! 2 For what purposes is the verb **ser** used?

Agreement with descriptive adjectives

In Spanish, descriptive adjectives must agree in *gender* and *number* with the noun or pronoun they modify.

una mujer **alta**   dos hombres **tímidos**

¡A recordar! 3 Do adjectives ending in **-e** or in a consonant change to match gender? How are plural forms generated for adjectives ending in **-e** or in a consonant? How is the feminine form for adjectives of nationalities formed? What about plural forms of these same adjectives? What are the agreement rules for adjectives that end in **-dor, -án, -ón,** and **-ín**?

Present tense of *-er* and *-ir* verbs

To form the present tense of Spanish infinitives ending in **-er** and **-ir**, add the appropriate personal ending to the stem of each.

	com + er	viv + ir
yo	com**o**	viv**o**
tú	com**es**	viv**es**
él, ella, Ud.	com**e**	viv**e**
nosotros(as)	com**emos**	viv**imos**
vosotros(as)	com**éis**	viv**ís**
ellos, ellas, Uds.	com**en**	viv**en**

¡A recordar! 4 How many **-er** or **-ir** verbs can you recall from the chapter?

Common uses of the verb *tener*

The verb **tener** *(to have)* can be used to indicate possession or to express age. **Tener** is also part of a number of idiomatic expressions and special constructions.

¡A recordar! 5 How many **tener** idioms can you remember from the chapter?

Numbers 30-100

30	**treinta**	31	**treinta y uno**	70	**setenta**	75	**setenta y cinco**
40	**cuarenta**	42	**cuarenta y dos**	80	**ochenta**	86	**ochenta y seis**
50	**cincuenta**	53	**cincuenta y tres**	90	**noventa**	97	**noventa y siete**
60	**sesenta**	64	**sesenta y cuatro**	100	**cien/ciento**		

¡A recordar! 6 How would you say the following numbers: 38, 43, 62, 77, 96?

Actividad 1   Un correo electrónico *(An e-mail)* Complete the following e-mail with the correct possessive adjectives.

Enviar	Guardar	Archivos

Querida Verónica:

¿Cómo es _____ *(your)* familia? _____ *(My)* padres se llaman Alfredo y Pilar y _____ *(my)* hermano mayor es Pepe. _____ *(His)* esposa se llama Miranda. _____ *(Their)* hijo se llama Juan Carlos y _____ *(their)* perros son Paco y Fifi. Visitamos a _____ *(our)* abuelos mucho y _____ *(our)* familia tiene una reunión todos los años en julio.

Actividad 2   Personas y lugares *(People and places)* Choose the correct form of the verb **ser** to complete each sentence.

1. Yo _____ alto.
   a. soy   b. eres   c. es

2. Carolina y yo _____ estudiantes.
   a. somos   b. sois   c. son

3. El D. F. _____ la capital de México.
   a. soy   b. son   c. es

4. Tú _____ inteligente.
   a. eres   b. es   c. sois

5. Perú y Bolivia _____ países de Sudamérica.
   a. soy   b. eres   c. son

6. Mis amigos y yo _____ jóvenes.
   a. soy   b. somos   c. son

Actividad 3 ¿De dónde son? *(Where are they from?)*
Complete each sentence with the correct adjective of
nationality in the correct form.

1. Los tacos son _____.

2. El tango es un baile _____.

3. Sergio García y Penélope Cruz son _____.

4. Hugo Chávez, el presidente de Venezuela, es
_____.

5. Michelle Bachelet, la presidenta de Chile, es de Santiago.
Es _____.

6. El mejor café del mundo es _____.

7. Sammy Sosa y Manny Ramírez son _____.

8. El Toyota y el Honda son automóviles _____.

Actividad 4 Los estudiantes Complete the following
paragraph about the activities of some university students.
Choose the correct verb from the list to complete each
sentence in a logical manner and write the correct form
of each verb.

abrir	aprender
asistir	beber
comer	comprender
creer	deber
escribir	leer
recibir	tener que
vender	vivir

Yo _____ a mi clase de español los martes y jueves. Yo _____
mucho y generalmente _____ las lecciones. Mis
compañeros y yo _____ el libro y _____ con lápiz
o bolígrafo en la clase. Mi amigo José _____ buenas notas en la
clase. Todos nosotros _____ estudiar mucho todo el
semestre.
Después de *(After)* clase unos estudiantes _____ café y _____
sándwiches en la cafetería de la residencia. Yo _____ en un
apartamento y yo voy allí *(go there)* después de clase. Yo _____
el libro inmediatamente porque yo _____ estudiar.
Al fin del semestre tú _____ tu libro, ¿no? ¡Yo no! ¡Yo _____
que el libro es muy importante!

Actividad 5 ¡A emparejar! Match the elements below
with the logical **tener** expression.

_____ 1. Preparo tacos y burritos.

_____ 2. Mi nota en la clase
de español es A⁺.

_____ 3. Necesito agua.

_____ 4. Estoy *(I am)* en el sur
de Chile.

_____ 5. Estoy en Cancún.

_____ 6. Deseo descansar.

_____ 7. Escribo en mi cuaderno
«El D.F. es la capital
de México».

_____ 8. Son las dos menos uno
y mi clase es a las dos.

_____ 9. ¡Veo un perro muy grande!

_____ 10. Mi amiga va a México
y yo deseo ir.

a. Tengo prisa.
b. Tengo sueño.
c. Tengo éxito.
d. Tengo hambre.
e. Tengo miedo.
f. Tengo frío.
g. Tengo calor.
h. Tengo razón.
i. Tengo sed.
j. Tengo celos.

Actividad 6 Los números Write the numbers below
in Spanish.

1. 83 _____

2. 47 _____

3. 69 _____

4. 53 _____

Refrán

Heinle/Cengage Learning

A casa de _____ *(your)* _____ *(sister)*, una vez a la semana.
A casa de _____ *(your)* _____ *(brother)*, una vez al año.
A casa de _____ *(your)* _____ *(aunt)*, más pero no cada día.

In this segment, the five housemates begin to settle in and get to know each other. After they share a little information about their families, they begin to reveal opinions they are forming about their new housemates. You will also begin to form your own opinions about each character as you watch them interact on a typical morning.

Expresiones útiles

The following are some new expressions you will hear in the video.

hace un rato   *a little while ago*
se trae un rollo   *has a big problem*

Antes de ver

 ¿Cómo son? How would you describe the personalities of each of the following people? Write at least three adjectives for each one and then compare your list with that of a classmate. Did you both use any of the same adjectives? Be creative!

Mi mamá/papá _____

Mi hermano(a) _____

Mi profesor(a) favorito(a) _____

El (La) Presidente _____

Mi mejor *(best)* **amigo(a)** _____

Después de ver

¿Cierto o falso? Now that you have watched the video segment, recall what each housemate said about his/her family, then decide if each of the following statements is **cierto** or **falso,** and correct those that are false.

1. Alejandra tiene dos gatos, Gitano y Lady. _____.

2. Javier solamente *(only)* tiene una hermana. _____
_____.

3. La madre de Valeria es arquitecta. _____
_____.

4. Valeria tiene dos hermanas que practican el modelaje. _____.

5. La madre de Alejandra es alta y rubia. _____
_____.

Heinle/Cengage Learning

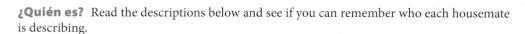

¿Quién es? Read the descriptions below and see if you can remember who each housemate is describing.

Valeria

Alejandra

Sofía

Antonio

Valeria: ———— es atractivo, pero es también vanidoso. ———— y ———— son bonitas.

Alejandra: ———— es muy linda y es una muchacha inteligente.

Sofía: Creo que a ———— no le gusta su carrera para nada.

Antonio: ¡———— es guapísima!

Resúmen de la acción Use the correct form of the verbs below to complete the paragraph summarizing the events of the video.

abrir	entrar	contestar	tener éxito	tener prisa
necesitar	ser	llamar	impaciente	treinta y cinco

1. _____ las ocho y 2. _____ de la mañana. Sofía 3. _____
porque ya es muy tarde, pero Valeria está en el baño. Todos 4. _____ usar el baño
y se ponen muy 5. _____ con Valeria. Por fin, Antonio 6. _____ a Valeria.
Ella no 7. _____, entonces Antonio 8. _____ la puerta, 9. _____ al baño
y sorprende a Valeria. Su plan 10. _____. Valeria grita y sale del baño muy rápidamente.

¿Qué opinas tú? Write a detailed description of each housemate from the video using your own opinions. Share your descriptions with a classmate and see if he/she can guess who you are describing. Share some of your descriptions with the class. Do your descriptions match those of other classmates?

See the *Lab Manual,* **Capítulo 2, ¡A ver!** for additional activities.

Antes de leer

Recognizing cognates

As we have seen on page 57 cognates (**cognados**) are words of similar or identical spelling that share the same meaning between two languages, in this case, Spanish and English. Your ability to recognize them and guess their meaning will help you to read Spanish more efficiently. However, you should also be aware of "false cognates" such as **éxito,** which means *success*, **dirección,** which means *address*, **lectura,** which means *reading*, and **librería,** which means *bookstore*.

Skimming and scanning

In addition to using cognates to make reading material more comprehensible, you will find the following strategies useful.

- Skimming is useful for quickly getting the gist or the general idea.
- Scanning allows you to find specific information.

Scan the reading and write down any cognates and their meanings.

After identifying the cognates, skim the reading to gain a general understanding of what it is about. Use this information to answer the following questions.

1. What type of document is this?
2. What is its purpose?

¡A leer!

Underline the cognates in the document to the right and then skim it to get the gist of the message. Then, answer the following questions.

1. What type of document is this?
2. What is its purpose?
3. Where would you get this document? In what country or from what country?

GLORIA & TOMÁS

Desean invitar a su admirable

familia a su matrimonio

el viernes 2 de octubre

a las 8 de la noche

en el Hotel y Restaurante

Centro Monterrey

Corregidora 519

Monterrey, Nuevo León

Heinle/Cengage Learning

¡Es una celebración de quinceañera para Alejandra!

Los padres de Alejandra,

los señores Alejandro Martínez Escribano y

Teresa Hernández de Martínez

desean invitar a Ud. y a su distinguida familia a la

fiesta de cumpleaños de su hija Alejandra

con motivo de sus **Quince Años**.

El sábado 7 de agosto a las nueve de la noche.

En el Hotel Guadalajara Inn
Centro Histórico
Avenida Juárez, Guadalajara
Jalisco 44100

Heinle/Cengage Learning

Después de leer

Detalles Scan the document in order to answer the following questions.

1. What occasion is being celebrated?
2. Who are the hosts? What are their names?
3. When and where is the celebration taking place?
4. What type of gifts do you think Alejandra would like to receive?

¿Cierto o falso? Indicate whether each statement is **cierto** or **falso**. Then correct the false statements.

1. _____ Alejandra is celebrating her sweet sixteen birthday.
2. _____ Alejandra's whole family is hosting the party.
3. _____ The party will be in a hotel.
4. _____ In the invitation, the guests are asked to reply if they are coming to the party.

 A conversar With two or three of your classmates, discuss the differences and similarities between the celebrations in Spanish-speaking countries and those in the United States, in particular the celebration of the **quinceañera** and sweet sixteen.

- Who hosts the party
- Replies to the invitations (RSVP vs. no RSVP)
- Time to arrive at the party
- Time to leave the party
- Appropriate gifts

A escribir With a classmate write an invitation:

- Decide what type of invitation you will write
- Who the hosts are
- Time and place of the invitation
- Accepting or not gifts
- Decide if you need to know the number of people attending this event

After you write the invitation, share it with the rest of the class and explain why or why not you need to know the number of guests for the event.

VOCABULARIO ESENCIAL

Miembros de la familia y otros parientes — Members of the family and other relatives

el (la) abuelo(a)	grandfather/grandmother
el (la) cuñado(a)	brother-in-law/ sister-in-law
el (la) esposo(a)	husband/wife
el (la) hermano(a)	brother/sister
el (la) hijo(a)	son/daughter
la madre (mamá)	mother
el (la) nieto(a)	grandson/ granddaughter
la nuera	daughter-in-law
el padre (papá)	father
el (la) primo(a)	cousin
el (la) sobrino(a)	nephew/niece
el (la) suegro(a)	father-in-law/ mother-in-law
el (la) tío(a)	uncle/aunt
el yerno	son-in-law

Las mascotas — House pets

el gato	cat
el pájaro	bird
el perro	dog
el pez	fish

Los nombres — Names

el apellido	last name
el nombre	first name

Verbos

abrir	to open
aprender	to learn
asistir a	to attend
beber	to drink
comprender	to understand
creer	to believe
deber	ought to, must
escribir	to write
leer	to read
recibir	to receive
vender	to sell
vivir	to live

Los números

treinta	30
treinta y uno	31
treinta y dos	32
treinta y tres	33
treinta y cuatro	34
treinta y cinco	35
treinta y seis	36
treinta y siete	37
treinta y ocho	38
treinta y nueve	39
cuarenta	40
cincuenta	50
sesenta	60
setenta	70
ochenta	80
noventa	90
cien/ciento	100

Las nacionalidades — Nationalities

alemán(-ana)	German
árabe	Arab
argentino(a)	Argentinian
boliviano(a)	Bolivian
brasileño(a)	Brazilian
canadiense	Canadian
chileno(a)	Chilean
chino(a)	Chinese
colombiano(a)	Colombian
coreano(a)	Korean
costarricense	Costa Rican
cubano(a)	Cuban
dominicano(a)	Dominican
ecuatoriano(a)	Ecuadorian
egipcio(a)	Egyptian
español(-a)	Spanish
estadounidense	from the United States
francés (-esa)	French
guatemalteco(a)	Guatemalan
guineano(a)	Guinean
haitiano(a)	Haitian
hondureño(a)	Honduran
indio(a)	Indian
inglés (-esa)	English
italiano(a)	Italian
japonés (-esa)	Japanese
mexicano(a)	Mexican
nicaragüense	Nicaraguan
panameño(a)	Panamanian
paraguayo(a)	Paraguayan
peruano(a)	Peruvian
puertorriqueño(a)	Puerto Rican
ruso(a)	Russian
salvadoreño(a)	Salvadorean
uruguayo(a)	Uruguayan
venezolano(a)	Venezuelan

Expresiones con *tener*

tener... años	to be ... years old
tener calor	to be hot
tener éxito	to be successful
tener frío	to be cold
tener hambre	to be hungry
tener prisa	to be in a hurry
tener razón	to be right
tener sed	to be thirsty
tener sueño	to be tired/sleepy

Adjetivos

alto(a)	tall
arrogante	arrogant
artístico(a)	artistic
atlético(a)	athletic
bajo(a)	short
bilingüe	bilingual
bonito(a)	pretty
cobarde	coward
cómico(a)	humorous
conservador(a)	conservative
corto(a)	short
delgado(a)	thin
dramático(a)	dramatic
extrovertido(a)	outgoing
generoso(a)	generous
gordo(a)	fat
grande	big
guapo(a)	handsome
honesto(a)	honest
humilde	humble
indeciso(a)	indecisive
intelectual	intellectual
inteligente	intelligent
introvertido(a)	introverted
irresponsable	irresponsible
joven	young
largo(a)	long
liberal	liberal
listo(a)	smart, ready
moderno(a)	modern
moreno(a)	brunette
paciente	patient
pequeño(a)	small
perezoso(a)	lazy
pobre	poor
progresista	progressive
rebelde	rebellious
reservado(a)	reserved
responsable	responsible
rico(a)	rich
rubio(a)	blonde
sincero(a)	sincere
tacaño(a)	stingy
tímido(a)	timid
tolerante	tolerant
tonto(a)	silly, foolish
trabajador(a)	hardworking
valiente	brave
viejo(a)	old

El tiempo libre

Colombia

Chapter Objectives

Communicative Goals

In this chapter, you will learn how to . . .

- Express likes and dislikes
- Describe basic actions, places, and activities in town
- Express plans and intentions
- Describe leisure-time activities
- Express knowledge and familiarity
- Talk about the months, seasons, and the weather

Structures

- **Gustar** + *infinitive* and **gustar** + *nouns*
- Irregular **yo** verbs
- **Ir a** + *destination* or *infinitive*
- **Saber, conocer,** and the personal **a**

◄ What do you like to do during your free time? What are your favorite pastimes?

◄ What sport do you like to practice?

◄ What place would you like to visit in Colombia and what activity would you like to do there?

Cartagena, Colombia
Visit it live on Google Earth!

© GlowImages/Alamy

77

El tiempo libre (Spare time/Free time)

In this section, you will learn how to talk about sports and leisure-time activities. What do you like to do in your spare time?

Los pasatiempos *Pastimes/Hobbies*

bailar *to dance*

dar un paseo, pasear *to go for a walk*

hacer un picnic (planes, ejercicio) *to go on a picnic (to make plans, to exercise)*

ir... *to go . . .*

  a tomar un café *to drink coffee*

  a un bar *to a bar*

  a un club *to a club*

  a un concierto *to a concert*

  a una discoteca *to a dance club*

  a una fiesta *to a party*

  al cine *to the movies*

  de compras *shopping*

mirar la tele *to watch TV*

practicar deportes *to play sports*

sacar fotos *to take pictures*

tocar la guitarra *to play the guitar*

tomar el sol *to sunbathe*

ver una película *to watch a movie*

visitar un museo *to visit a museum*

Otras palabras relacionadas *Other related words*

SUSTANTIVOS *NOUNS*

el baloncesto *basketball*

el béisbol *baseball*

el campo de fútbol (de golf) *football field (golf course)*

el fútbol (americano) *soccer (football)*

el golf *golf*

el partido *game*

el voleibol *volleyball*

VERBOS *VERBS*

correr *to run*

ganar *to win*

levantar pesas *to lift weights*

montar a caballo *to go horseback riding*

nadar (la natación) *to swim (swimming)*

patinar en línea *to inline skate*

esquiar

caminar por las montañas

jugar al tenis

El tiempo libre

la cámara (digital) *(digital) camera*

la conexión *connection*

el disco compacto *compact disc (CD)*

el Internet *Internet*

el teléfono (celular) *telephone (cell phone)*

estar conectado(a) (en línea) *to be online*

grabar *to record*

navegar la red *to surf the net*

encendido(a) *on*

andar en bicicleta (el ciclismo)

esquiar en el agua

pescar (la pesca)

Palabras útiles

la bicicleta *bicycle*	**el juego** *game*
la cámara *camera*	**el (la) jugador(a)** *player*
la cancha (de tenis) *(tennis) court*	**los palos de golf** *golf clubs*
los esquíes (acuáticos) *(water) skis*	**los patines (en línea)** *(in-line) skates*
el estadio *stadium*	**los zapatos de tenis** *tennis shoes, sneakers*
las gafas de sol *sunglasses*	

Palabras útiles are presented to help you enrich your personal vocabulary. The terms provided here will help you talk about leisure-time activities.

¡A practicar!

3-1 **Asociaciones** What activities do you associate with the following people?

Modelo Carlos Vives, Shakira, Juanes
cantar, bailar, ir a un concierto

1. Roberto Alomar, Manny Ramírez, Alex Rodríguez
2. Esteban Batista, Felipe López, Eduardo Nájera
3. Carlos "El Pibe" Valderrama, Diego Maradona, David Beckham
4. Carlos Santana, Eric Clapton, Paco de Lucía
5. Angel Cabrera, Lorena Ochoa, Tiger Woods
6. Miguel Indurain, Lance Armstrong, Alberto Contador
7. Pancho González, Rafael Nadal, Mary Joe Fernández
8. John Leguizamo, Penélope Cruz, Gael García Bernal

3-2 **¿En qué puedo servirle?** Imagine that you work in a department store and that you need to guess your clients' activities or sports in order to send them to the appropriate section of the store. In a few cases there may be several possibilities.

Modelo Un señor: Yo necesito un traje de baño.
¡Ah! Usted nada.

1. Dos chicos: Nosotros necesitamos una cámara.
2. Una chica: Necesito más pesas.
3. Dos señoras: ¿Dónde están los patines?
4. Un hombre: Necesito una computadora con conexión a Internet.
5. Dos chicos: ¿Hay zapatos de tenis en esta tienda?
6. Tu amiga: ¿Tienen gafas de sol?
7. Tu mamá: ¿Hay bicicletas a buenos precios?
8. Tus abuelos: Vamos a comprar otros esquíes acuáticos.

3-3 **¿Qué podemos hacer?** (*What can we do?*) List as many activities as possible that you and your friends can do in the following places.

Modelo En las montañas podemos...
esquiar y caminar.

1. En la casa podemos...
2. En el parque podemos...
3. En el centro comercial (*shopping center, mall*) podemos...
4. En el gimnasio podemos...
5. En la playa (*beach*) podemos...

¡A conversar!

3-4 **Un fin de semana típico** Incorporate the items below in questions to ask a classmate about his/her weekend activities. Upon answering the questions, change the information in the questions so that it is true for you.

> **Modelo** tú / pasear en el parque / los sábados
> **E1:** *¿Paseas en el parque los sábados?*
> **E2:** *Sí, paseo en el parque con mi amiga Jill.*
> o **E2:** *No, mis amigas y yo hacemos un picnic los sábados.*

1. tú / bailar en las fiestas / los viernes por la noche
2. tú y tu compañero(a) de cuarto / mirar la tele / los sábados por la tarde
3. tú y tu(s) amigo(a)(s) / tomar café / los sábados por la noche
4. tú / visitar un museo / los domingos por la mañana
5. tú / andar en bicicleta / los domingos por la tarde
6. tú y tus padres / tocar el piano y cantar / los domingos por la noche
7. tú / estar en línea / los sábados por la mañana
8. tus amigos / sacar fotos con una cámara digital / los sábados por la noche

Curiosidades del idioma

To form **sí/no** questions, make your voice rise at the end of the questions. Another way is to invert the order of the subject and verb, in addition to making your voice rise at the end of the question:

¿Miguel regresa a las seis?
¿Regresa Miguel a las seis?

3-5 **Actividades en el parque** Work with a partner to ask and answer questions about what the people in the picture do in the park. Also indicate if you do those activities or not. If you do, tell on which day or days you most often do them.

Heinle/Cengage Learning

3-6 **¿Cuándo y con quién?** Discuss with your partner when you do the activities on the list and with whom.

> **Modelo** bailar en una discoteca: *Bailo en una discoteca los sábados por la noche. Bailo con mis amigos Paul, Gabe y Caroline.*

1. tomar un café
2. mirar una película
3. practicar deportes
4. tocar la guitarra
5. navegar la red

6. visitar un museo
7. mirar la tele
8. pescar
9. nadar
10. sacar fotos

 Student Activities Manual, *Capítulo 3*

Capítulo 3

 iLrn: Heinle Learning Center, *Capítulo 3*

EN CONTEXTO

Three Colombian students, Catalina, Isabel, and Gerardo, are discussing plans for an upcoming party at Catalina's apartment in Bogotá, Colombia. As you listen to their conversation, pay attention to the form of address used among the three friends.

AUDIO CD
CD 1, TRACK 8

Gerardo: ¡Hola, Catalina! Isabel dice que usted **va a hacer una fiesta** este fin de semana.

Catalina: ¡Sí! Los invito a usted y a su hermano Pepe. Ustedes tienen que venir.

Comentario cultural In Bogotá, the capital of Colombia , it's common to use the **usted** form even when addressing friends and family.

Gerardo: Mmm... ¿Cuándo es?

Catalina: El sábado a las nueve en mi casa. Cuento con usted para la música y con su hermano para **sacar fotos.**

Comentario cultural Young people in Colombia can often be seen wearing indigenous products, such as backpacks, handbags, and hats. These products are typically made from cabuya, a locally harvested plant. Yellow, blue, and red—often the colors of choice—are the colors of the Colombian flag; the yellow represents gold; the blue, the two oceans that border Colombia; and the red, the blood spilled during the conquest and struggle for independence.

Gerardo: Bueno, **no sé.** No **toco la guitarra** mucho en estos días y...

Isabel: ¡Venga, Gerardo! Va a ser una fiesta chévere y usted nunca practica. ¡Es un maestro de la guitarra!

Comentario cultural Colombian-born Juanes (Juan Esteban Aristizábal Vásquez) is a very popular artist in the Latin music scene. Juanes won five Latin Grammys in 2008.

Expresiones **en contexto**

chévere *fantastic, cool (Colombia, Venezuela, and the Caribbean)*
Cuento con usted *I'm counting on you*
en estos días *these days*
puede venir *can come*

sensible *sensitive*
un buen rato *a good time*
un poquitico *a little bit (Colombia)*
¡Venga! *Come on!*

Gerardo: Es un poquitico complicado. **Tengo** planes con una amiga para **ir a un club** el sábado. No sé si...

Catalina: ¡Pues! ¡Ella también puede venir a pasar un buen rato con nosotros!

Comentario cultural Colombia is renown in the world marketplace for its exquisite coffee, beautiful orchids, and flowers as well as emeralds.

Isabel: Vamos a bailar mucho y **yo sé** cómo **le gusta bailar a su hermano.**

Gerardo: Bueno, acepto, pero mi compañera es muy sensible y...

Comentario cultural Cumbia is the national music of Colombia and is derived from Spanish and African influences. Salsa, of Cuban origin and then popularized by Puerto Ricans in New York City, is also highly popular in Colombia. Both types of music are associated with dances by the same names.

Catalina: ¡Ay! La mujer misteriosa de Gerardo debe ser muy especial.

Isabel: ¡Claro que sí! **Tú sabes,** Catalina, que todas las amigas de Gerardo son especiales.

Comentario cultural Fernando Botero is Colombia's most famous painter. Botero, influenced by the works of Spanish painters Velázquez and Goya, is known for his corpulent subjects and playful themes.

Heinle/Cengage Learning

¿Comprendiste? Based on the dialogue, indicate whether each of the following statements is **cierto** or **falso.** If a statement is false, correct it.

1. Isabel va a hacer una fiesta.
2. Gerardo practica la guitarra todos los días.
3. La fiesta es el sábado por la noche en la casa de Catalina.
4. La amiga de Gerardo es muy tímida.
5. Gerardo no va a ir a la fiesta.

 Diálogo entre compañeros Working with a partner, take turns role-playing the situation you have just studied in **En contexto,** using only two speakers. Be sure to vary the interests of the speakers. Use the expressions from **En contexto** as a model for your dialogue.

Gustar + infinitive and gustar + nouns

To express likes and dislikes, Spanish speakers often use the verb **gustar** (to be pleasing [to someone]). The verb **gustar** can be used in two constructions: **gustar** + *infinitive* and **gustar** + *nouns*.

—¿Qué **te gusta hacer?**
What do you like to do?

—**Me gusta correr.**
I like to run (go running).

—A mi papá **le gusta correr** también.
My dad likes to run (go running), too.

—Pero a mi madre y a mí **nos gusta ir de compras.**
But my mom and I like to go shopping.

—Y a mi hermano **le gusta el baloncesto.**
And my brother likes basketball.

Gustar + infinitive

The verb **gustar** can be used with infinitives to express that an activity or action is pleasing to someone. To express to whom an action or activity— talking, running, shopping—is pleasing, use one of the following pronouns with the verb form **gusta** plus an infinitive. Note that these indirect object pronouns below indicate *to whom* or *for whom* an action is pleasing.

Indirect object pronoun		
me	*to me*	
te	*to you* (informal)	
le	*to you* (formal), *to him/her*	
nos	*to us*	+ **gusta** + infinitive
os	*to you* (informal, plural)	
les	*to you* (formal and informal, plural), *to them*	

Gustar + nouns

When you use **gustar** with nouns, its form changes depending on whether you are talking about one thing or more than one thing.

—A Carlos le **gusta** el tenis.
Carlos likes tennis.

—A Carlos le **gustan** los deportes.
Carlos likes sports.

El tenis, in the first example, is singular, so you use the singular form of **gustar: gusta. Los deportes,** in the second example, is plural, so you use the plural form of the verb **gustar: gustan.** Note that with the **gustar** + *noun* construction, the noun is usually preceded by the definite article (**el** tenis, **los** deportes).

In order to clarify or emphasize to whom something is pleasing, you can use the preposition **a** plus the subject's (person) name(s) or a pronoun. For instance, **a Catalina** and **a tus amigos** in the examples below are used to clarify to whom something is pleasing. However, **a mí, a ti,** and **a nosotros** are used for emphasis.

—**¿A Catalina le** gusta tomar el sol?
Does Catalina like to sunbathe?

—Sí. También **le** gusta nadar.
Yes. She also likes to swim.

—**¿A ti te** gusta nadar?
Do you like to swim?

—Sí, **a mí me** gusta mucho nadar.
I very much like to swim.

—**¿A tus amigos les** gusta tomar café?
Do your friends like to drink coffee?

—Sí, **les** gusta tomar café colombiano.
Yes, they like to drink Colombian coffee.

—**¿A ustedes les** gusta esquiar en el agua?
Do you like to water ski?

—Sí, **a nosotros nos** gusta.
Yes, we do.

¡A practicar!

3-7 **Los fines de semana** Use **me, te, le, nos,** or **les** to complete the following statements describing the likes of Gerardo, Pepe, and their friends.

1. A ti _____ gusta sacar fotos.
2. A mí _____ gusta tocar la guitarra.
3. A Catalina y a Isabel _____ gusta escuchar música.
4. A la familia de Isabel _____ gustan los partidos de fútbol.
5. A un compañero de Pepe _____ gusta ir al cine con su novia.
6. A nosotros _____ gusta hacer fiestas los fines de semana.

3-8 **Un niño difícil** Use the correct form of the verb **gustar** and the appropriate indirect object pronoun to complete the following dialogue between a babysitter and a difficult child.

Niñera: Pepito, *¿te gusta* mirar la tele?

Pepito: No. A mí no 1. _____ los programas de esta noche.

Niñera: Pues, yo sé que a tu hermana 2. _____ los dibujos animados *(cartoons).*

Pepito: No es cierto. A mi hermana y a mí solamente 3. _____ mirar las películas de horror.

Niñera: ¿A ustedes 4. _____ las canciones de Shakira? Yo tengo el nuevo CD de ella.

Pepito: No. No 5. _____ escuchar música porque a mí no 6. _____ cantar y a mi hermana no 7. _____ bailar. Por eso no 8. _____ la música.

- Student Activities Manual, *Capítulo 3*
- *Capítulo 3*
- **iLrn** iLrn: Heinle Learning Center, *Capítulo 3*

¡A conversar!

3-9 **Preferencias personales** Ask a classmate about his/her family members' preferences regarding the following objects, persons, and activities. When necessary, use **a** + *pronoun* to specify the family members.

Modelo el fútbol
   E1: *¿A tu papá le gusta el fútbol?*
   E2: *Sí, le gusta el fútbol.*
   o E2: *No, no le gusta el fútbol. A mi papá le gusta el tenis.*

1. la música de Shakira
2. caminar por las montañas
3. las películas románticas
4. el café colombiano
5. el fútbol americano
6. bailar

3-10 **¿Qué te gusta hacer?** Write five sentences about pastimes you like to do alone. Next, write five sentences about things that you and your friends enjoy. Finally, compare your sentences to those of another classmate. Do you have a lot in common?

Modelo *A mí me gusta escuchar música en mi cuarto. A mis amigos y a mí nos gustan las discotecas porque bailamos mucho...*

3-11 **Más gustos** Compose sentences using items from the three columns in order to discuss with a partner what you and other people like to do, where, and with whom.

Modelo E1: *Me gusta nadar en la piscina con mis amigos. ¿Te gusta nadar?*
   E2: *Sí, me gusta nadar.*
   E1: *¿Dónde y con quién?*
   E2: *Me gusta nadar en la piscina con mi familia.*

¿Qué?	¿Dónde?	¿Con quién?
sacar fotos	el parque	mis amigos(as)
tomar el sol	el centro	mi amigo(a)
bailar	comercial	mi familia
ir de compras	la piscina	mis padres
hacer ejercicio	las fiestas	mi hermano(a)
	el gimnasio	

Colombia

▶ Watch the video about Colombia and discuss the following questions.

1. Describe the historic places you will be able to visit when in Bogotá, Colombia's capital.
2. What products does Colombia export?
3. What places would you like to visit and what activities would you like to do when visiting Colombia?

✎ See the *Workbook,* **Capítulo 3, Viajemos por Colombia** for additional activities.

Población: 45.013.674

Área: 1.138.910 km², casi dos veces el tamaño de Texas

Capital: Santa Fe de Bogotá, 7.033.914 millones de habitantes

Ciudades principales: Cali, 2,2 millones; Medellín, 2,4 millones; Barranquilla, 2,2 millones

Moneda: el peso colombiano

Lenguas: el español

Catalina Sandino Moreno

Personalidades ilustres En los Estados Unidos, hay muchos cantantes y artistas colombianos en el cine y la televisión. En el mundo del cine, Catalina Sandino Moreno es nominada al Óscar (2005) como mejor actriz en la película *María llena eres de gracia* (2004). En el mundo de la televisión, Ana María Orozco es la protagonista de la telenovela colombiana *Yo soy Betty, la fea,* que ahora aparece en los Estados Unidos, como una serie gracias a la compañía de producción de Salma Hayek. La joven América Ferrera hace el papel de Betty en la versión estadounidense en el canal ABC. Otro colombiano en el mundo del cine y de la televisión es John Leguizamo (1964), que aparece por primera vez en la televisión estadounidense en un episodio de *Miami Vice* en 1984. Algunas de sus películas son *Ice Age: Dawn of the Dinosaur* (2009), *Miracle at St. Anna* (2008), *The Happening* (2008), *Love in the Time of Cholera* (2007), *The Alibi* (2006), *The Groomsmen* (2006).

¿Te gusta ir al cine en tu tiempo libre? ¿Te gustan las películas extranjeras *(foreign)*?

Lugares mágicos El Parque Nacional Natural Tayrona es uno de los parques más importantes del país. Situado al norte de Colombia, en Santa Marta, este parque fascinante tiene bahías, playas, manglares *(mangroves),* bosques, más de 100 especies de mamíferos, 200 especies de aves *(birds),* 50 especies de reptiles y algunas ruinas arqueológicas de los indígenas tayronas, uno de los pueblos prehispánicos más interesantes de Colombia. La gente puede visitar el parque y hacer muchos deportes, como caminar por las montañas, nadar, esquiar en el agua, pescar, bucear *(scuba-dive)* y caretear (hacer esnórquel), además de jugar al fútbol, al voleibol y al baloncesto.

¿Te gusta visitar los parques nacionales en los Estados Unidos? ¿Te gusta caminar por las montañas o los bosques? ¿Te gusta nadar en el mar *(sea)* o en la piscina? ¿Te gusta observar los animales?

Visit it live on **Google Earth!**

Oficios y ocupaciones Los cantantes y músicos colombianos tienen mucho éxito en los Estados Unidos. En el mundo de los cantantes están: Carlos Vives, famoso por su música de vallenatos (una música popular con influencia de la cumbia), y Juanes, con diecisiete premios Grammys desde el año 2002. Juanes canta canciones políticas y es reconocido por *Time* en el año 2005 como una de las 100 personas más influyentes en el mundo. Trabaja para Colombia en una organización contra las minas en la tierra *(against land mines)*; Vives también ayuda a esta organización. Shakira, cantante colombiana, es conocida internacionalmente por sus canciones y sus bailes "Whenever, Wherever", "Underneath Your Clothes", "La Tortura", "Hips Don't Lie" y "She Wolf". Ella también trabaja por la paz en Colombia con su Fundación Pies Descalzos para ayudar a los niños afectados por la guerra en Colombia.

¿Te gustan las canciones de Carlos Vives, de Juanes o de Shakira? ¿Tus cantantes favoritos tienen organizaciones que ayudan a las personas necesitadas?

Carlos Vives (Colombia), Juanes (Colombia), Luis Fonsi (Puerto Rico) y Juan Luis Guerra (República Dominicana), entre otros, en el concierto *Todos por Colombia sin minas.*

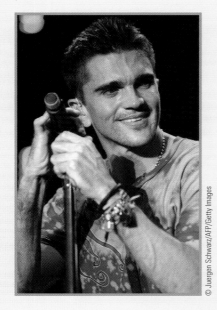

Ritmos y música En Colombia, el ritmo nacional es la cumbia. La cumbia es una mezcla de música española y africana. En el siglo XIX, aparece la influencia de la música indígena, con el vallenato y el porro. Ahora, la música colombiana moderna tiene influencias de la música electrónica, del rock, del punk, del mariachi, del son cubano, del bolero y del flamenco.

Un ejemplo de música colombiana moderna es la de Juanes. Tiene muchas canciones políticas, como "Fíjate bien", una canción que le recomienda a la gente tener cuidado *(to be careful)* cuando camine, debido a las minas colocadas en la tierra *(land mines)* por grupos militantes. *Access the iTunes playlist on the **Viajes** website.*

¿Te gusta ir a conciertos? ¿Qué tipo de música te gusta escuchar: música clásica, rock, hip-hop, reggae, ska?

¡Busquen en la red de información!
www.cengage.com/spanish/viajes

1. Personalidades ilustres: Artistas colombianos en el cine y la televisión estadounidense
2. Lugares mágicos: Parque Nacional Natural Tayrona
3. Oficios y ocupaciones: Músicos por Colombia
4. Ritmos y música: Cumbia, Juanes

Siempre Verde, un pueblo colombiano

In this section, you will learn the names of places in a town. How does the imaginary town of **Siempre Verde** compare with your own?

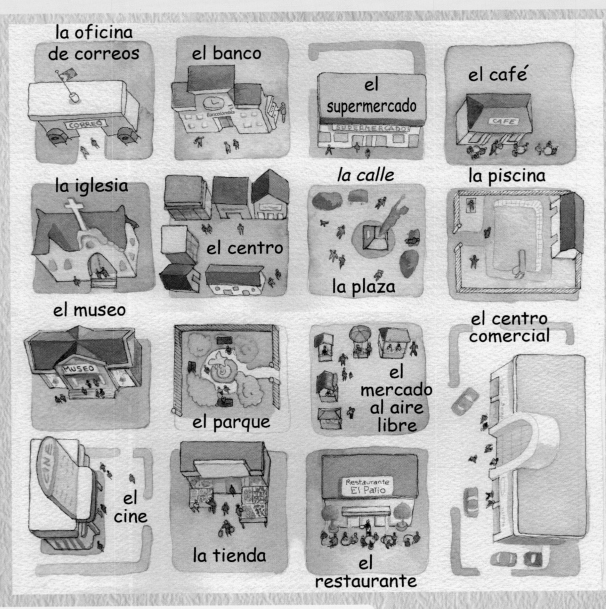

la oficina de correos

el banco

el supermercado

el café

la iglesia

el centro

la calle

la plaza

la piscina

el museo

el parque

el mercado al aire libre

el centro comercial

el cine

la tienda

el restaurante

Heinle/Cengage Learning

Palabras útiles

la carnicería *butcher shop*	**la frutería** *fruit store*	**la joyería** *jewelry store*	**la tienda de antigüedades (de música [de discos], de ropa)** *antiques (music, clothing) store*
la ferretería *hardware store*	**la gasolinera** *gas station*	**la papelería** *stationery store*	
		la peluquería *hair salon*	

Curiosidades del idioma

El almacén is another word for **la tienda;** it can sometimes mean *department store, warehouse,* or even *grocery store,* depending on the region.

¡A practicar!

3-12 Lugares y actividades
Match each place with the activity or activities most commonly done in that location.

_____ 1. El museo
_____ 2. La iglesia
_____ 3. El parque
_____ 4. El supermercado
_____ 5. La calle

a. Compramos vegetales, frutas y otras cosas que comemos.

b. Miramos obras (*works*) de arte.

c. Pasamos en auto o motocicleta.

d. Participamos en una misa (*mass*) u otro servicio religioso.

e. Caminamos, practicamos deportes y hablamos con amigos.

3-13 Asociaciones
What places do you associate with the following activities?

Modelo estacionar *(to park)* el carro
la calle

1. ir de compras
2. ir a tomar un café
3. comer
4. mandar cartas
5. ver una película
6. nadar
7. depositar dinero
8. jugar deportes

3-14 En mi pueblo hay... / no hay...
Form sentences to describe the place where you live or study.

Modelo *En mi pueblo hay seis restaurante(s). Mi restaurante favorito se llama Marvin's.*

1. En mi pueblo hay _____ parques. Mi parque favorito es _____.
2. En mi pueblo hay _____ supermercados. Generalmente compro cosas en _____.
3. En mi pueblo hay _____ cafés. El café más popular es _____.
4. En mi pueblo hay _____ cine(s). Generalmente voy al cine _____.
5. Vivo en la calle _____.
6. En mi pueblo hay _____ piscina(s) pública(s).

¡A conversar!

3-15 ¿Te gusta el cine?
Ask a classmate whether he/she likes the following places in your town or city. If your classmate does like a particular place, ask what he/she does there.

Modelo el café
E1: *¿Te gusta el café Maggie's?*
E2: *Sí, me gusta el café Maggie's.*
E1: *¿Qué haces en Maggie's?*
E2: *Hablo y tomo café con mis amigos.*

1. la plaza
2. el mercado
3. la tienda
4. el centro comercial
5. el parque
6. la oficina de correos
7. el restaurante
8. el banco
9. la discoteca
10. el museo

3-16 Un estudio de mi pueblo
Ask a partner to identify the number of places in his/her town and then to indicate what places or buildings he/she feels are needed. Your partner should also express what kinds of buildings or places are not needed.

Modelo *En mi pueblo hay seis bancos, tres cines, ocho restaurantes, dos parques y tres tiendas de video. Nosotros necesitamos un museo y una discoteca. No necesitamos más restaurantes de comida china.*

Student Activities Manual, *Capítulo 3*

Capítulo 3

iLrn: Heinle Learning Center, *Capítulo 3*

Ir and *ir a*

In this section, you will learn how to talk about future plans with the verb **ir** *(to go)*. First you will learn how to conjugate the verb **ir** and then you will learn about two structures that you can use with this verb, **ir a** + *destination*, and **ir a** + *infinitive*, in order to express plans.

Present tense of the verb *ir (to go)*

The verb **ir** has the following irregular conjugation in the present tense:

yo	**voy**	*I go*
tú	**vas**	*you (informal) go*
Ud., él/ella	**va**	*you (formal) go, he/she goes*
nosotros(as)	**vamos**	*we go*
vosotros(as)	**vais**	*you (informal) go*
Uds., ellos(as)	**van**	*you (formal and informal) go, they go*

Ir a + destination

To tell where people are going, use a form of the verb **ir** plus the preposition **a,** followed by a destination.

—¿Adónde **van** Uds.?　　*Where are you going?*

—Yo **voy a** la piscina.　　*I'm going to the pool.*

—Y yo **voy al** parque.　　*And I'm going to the park.*

—Nosotros **vamos a** la plaza.　　*We're going to the plaza.*

—José **va al** museo.　　*José is going to the museum.*

In **Capítulo 2,** you learned how to form the contraction **del** in talking about possessive constructions. Another common contraction in Spanish is **a + el = al,** as shown in the example **Yo voy al parque.** The preposition **a** *(to)* combines with the definite article **el** *(the)* to form the word **al** *(to the).*

Ir a + infinitive

To express future plans, use a form of the verb **ir** plus the preposition **a,** followed by an infinitive.

—¿Qué **vas a hacer** ahora?　　*What are you going to do now?*

—**Voy a jugar** al tenis.　　*I'm going to play tennis.*

—Ellos **van a comprar** al centro comercial.　　*They're going shopping at the mall.*

—Tú **vas a comer** al restaurante italiano.　　*You're going to an Italian restaurant.*

Rocío está en el centro comercial. ¿Adónde vas tú esta tarde?

¡A practicar!

3-17 **Una invitación** Complete this conversation between two friends who are planning to go to a party with a group of students from the United States. Use **ir, voy, vas, va, vamos,** and **van.** After completing the dialogue, practice the conversation with a classmate.

Ana: ¡Hola, Paco! ¿Adónde 1. _____ ahora?

Paco: (Yo) 2. _____ al cine. ¿Quieres *(Do you want)* 3. _____ conmigo?

Ana: No puedo *(I can't)*. Mi hermana y yo 4. _____ al parque.

Paco: ¿Qué 5. _____ a hacer este fin de semana, Ana?

Ana: ¡(Yo) 6. _____ a una fiesta! ¿Quieres 7. _____?

Paco: Bueno, gracias. ¿Quiénes 8. _____ con nosotros?

Ana: 9. _____ mi amiga Ramona y su novio Tomás.

Paco: ¿10. _____ (nosotros) en auto o en metro?

Ana: En auto. La fiesta 11. _____ a ser en otra ciudad.

3-18 **¡Vamos a conocer Bogotá!** A group of students arrive in Bogotá for the first time. Imagine that you are the professor and that you are explaining to Claire, a student, what the other students are going to do in the city. Use the contraction **al** as necessary.

Modelo Megan / el Banco Nacional
Megan va al Banco Nacional.

1. Roger y Erika / el parque Simón Bolívar _____
2. tú y Claire / el estadio El Campín _____
3. Mark / el concierto en la Plaza Bolívar _____
4. Amber y Darius / el Museo del Oro _____
5. nosotros / el Centro Histórico de Santa Fe de Bogotá _____
6. yo / el bar Shamua _____

3-19 **¿Qué hacemos?** It's Saturday night, and you and your friends are deciding what to do. Write sentences with the construction **ir a** + *infinitive*.

Modelo Juan / descansar en el cuarto
Juan va a descansar en el cuarto.

1. Helen y Claire / dar un paseo
2. nosotros / visitar los monumentos
3. Ali / ir al cine
4. las chicas / bailar en la discoteca
5. tú y Jason / sacar fotos
6. ¿yo?

¡A conversar!

3-20 **Planes para un fin de semana** Using the subjects listed below, ask a classmate questions about his/her activities for the next weekend. Choose a day for each subject listed.

Modelo tú / el viernes por la noche
E1: *¿Qué vas a hacer* (what are you going to do) *el viernes por la noche?*
E2: *Yo voy a ir al cine y luego mis amigas y yo vamos a una fiesta.*

1. tú — el viernes por la noche
2. tu compañero(a) de cuarto — el sábado por la mañana
3. tus padres — el sábado por la tarde
4. tú y tus amigos(as) — el sábado por la noche
5. tus abuelos — el domingo por la tarde
6. tu hermano(a) — el domingo por la noche

3-21 **¡Vamos al festival de música!** Look at the schedule for the **Festival de música** and decide what performances you wish to attend. Working with a partner, discuss where you will go and try to figure out if you can go to some of the performances together.

Modelo E1: *Quiero ir al escenario amarillo a las cinco y cuarto para escuchar Ritmo caribeño.*
E2: *Muy bien, voy también y después voy al escenario rojo a las seis y media para ver Decadencia. ¡Tengo que correr!*

VIVELATINO 09
¡Viva la música!
Festival de música
13 y 14 de mayo
Parque Metropolitano
Simón Bolívar

Escenario rojo: Música Rock
15:00 – 16:15 Los brujos
16:45 – 18:00 Alicia y los tigres
18:30 – 19:45 Decadencia
20:15 – 21:30 Terror en las calles
22:15 – 23:15 Atracción fatal

Escenario verde: Música Latina
15:30 – 16:45 Los del sol
17:15 – 18:30 Ritmo caribeño
19:00 – 20:15 El cuarteto
20:45 – 22:00 Escuela latina
22:30 – 23:45 Humberto Loíza

Escenario azul: Música Pop
16:00 – 17:15 El secreto
17:45 – 19:00 Paco Mendoza y su trio
19:30 – 20:45 Los perdidos
21:15 – 22:30 No manches
23:00 – 24:15 Julieta Vergara

Heinle/Cengage Learning

ESTRUCTURA Y USO 3

Verbs with irregular *yo* forms

Present tense of the verb *hacer*

The verb **hacer** *(to do; to make)* is a regular **-er** verb except for the **yo** form **(yo hago).** You have already seen the verb **hacer** used in this chapter to pose questions.

¿Qué **haces** en tu tiempo libre? — *What do you do in your free time?*

¿Qué **hacen** tus amigos durante los fines de semana? — *What do your friends do on the weekends?*

Hacer is conjugated as follows:

yo	hago	*I do*
tú	haces	*you* (informal) *do*
Ud., él/ella	hace	*you* (formal) *do, he/she does*
nosotros(as)	hacemos	*we do*
vosotros(as)	hacéis	*you* (informal) *do*
Uds., ellos(as)	hacen	*you* (formal and informal) *do, they do*

There are several other Spanish verbs that, like **hacer,** have irregular **yo** forms only in the present tense.

Curiosidades del idioma

Some common idioms with **hacer** are **hacer un viaje, hacer planes, hacer una pregunta, hacer una fiesta.**

Verbs with irregular *yo* forms and *ir*

conocer *to know; to meet*
conozco **Conozco** a Carlos Suárez.

dar *to give*
doy **Doy** una fiesta el viernes.

estar *to be (location and health)*
estoy **Estoy** en la discoteca. **Estoy** enfermo.

hacer *to do; to make*
hago **Hago** mucho ejercicio.

poner *to put (on)*
pongo **Pongo** música rock en casa.

saber *to know (how)*
sé **Sé** jugar bien al béisbol.

salir *to leave; to go out*
salgo **Salgo** todos los sábados.

traer *to bring*
traigo **Traigo** mis discos compactos a la fiesta.

ver *to see*
veo **Veo** a mi profesora en la tienda.

The other present-tense forms of these verbs are regular with the small exception of **dar** and **ver,** which do not carry an accent on the **-e** of the **vosotros(as)** form as other **-er** verbs do.

	hacer	estar	saber	conocer	dar	traer	ver	poner	salir
yo	hago	estoy	sé	conozco	doy	traigo	veo	pongo	salgo
tú	haces	estás	sabes	conoces	das	traes	ves	pones	sales
Ud., él/ella	hace	está	sabe	conoce	da	trae	ve	pone	sale
nosotros(as)	hacemos	estamos	sabemos	conocemos	damos	traemos	vemos	ponemos	salimos
vosotros(as)	hacéis	estáis	sabéis	conocéis	dais	traéis	veis	ponéis	salís
Uds., ellos(as)	hacen	están	saben	conocen	dan	traen	ven	ponen	salen

¡A practicar!

3-22 **Un mensaje electrónico de Bogotá** Claire is writing an e-mail in Spanish to her friend Ramón in the United States. Help her conjugate the verbs in parentheses.

| Enviar | Guardar | Archivos |

¿Cómo estás? ¡Bogotá es increíble! 1. Yo _____ *(salir)* mucho con mis compañeros de clase por la ciudad, especialmente durante los fines de semana. Normalmente los sábados nosotros 2. _____ *(hacer)* muchas actividades juntos. A veces *(Sometimes)* 3. _____ *(ver)* películas en el cine o en casa. Anne, mi compañera de casa, casi nunca *(almost never)* 4. _____ *(estar)* en casa los sábados por la tarde porque 5. _____ *(salir)* con su novio, Juanjo. Pero por la noche todos 6. _____ *(estar)* juntos para ir a fiestas. Por ejemplo, una amiga colombiana, Luisa Gómez, 7. _____ *(dar)* una fiesta en su casa mañana. Yo 8. _____ *(saber)* que tú no 9. _____ *(conocer)* a Luisa, pero es una chica muy simpática. Nosotros 10. _____ *(salir)*, pero generalmente 11. _____ *(estar)* en la casa de un amigo o una amiga y 12. _____ *(poner)* música en la radio. Anne siempre 13. _____ *(poner)* música rock y yo siempre cambio de música y 14. _____ *(poner)* jazz. Durante la semana, en casa *(yo)* 15. _____ *(hacer)* mucho ejercicio. Ahora yo 16. _____ *(estar)* en casa y voy a descansar un poco.

¡A conversar!

3-23 **Correspondencia** Using the e-mail from Julieta as a guide, tell your partner about your life at the university. Include information about going to class, doing homework, playing sports, listening to or playing music, going out with friends, and weekend activities. Listen as your partner tells you about his/her activities. Ask questions and share as much information as possible.

Queridos papis:

Pues, estoy aquí en Cartagena —¡qué increíble! Ya *(Already)* conozco a mucha gente de todas partes del mundo. Todos los días voy a clase por cuatro horas y hago la tarea después. Generalmente pongo música cuando estudio y a veces toco mi guitarra cuando no deseo estudiar más. Mis amigos Sofía y Jesús tocan un poco, pero no muy bien. A veces les doy lecciones a ellos y a otras personas. También tengo tiempo para jugar un poco. Practico deportes con mis amigos por la tarde y por la noche salgo con ellos a las discotecas. Sí, sí, sé que necesito tener cuidado —no salgo sola y llevo *(take)* mi celular. En la residencia veo la tele o escucho música otra vez antes de dormirme *(go to sleep)*. Este fin de semana voy a la playa con mi amigo Jorge Luis y sus primos. Pues, debo estudiar. ¡Escríbanme pronto!

Besitos, Julieta

3-24 **Entrevista** In order to know what your classmate does during the weekend and to compare that with your activities, ask a classmate the following questions with the verbs **hacer, estar, saber, conocer, dar, traer, salir, poner,** and **ver.**

1. ¿Cuándo haces planes para el fin de semana? ¿Qué vas a hacer este fin de semana? ¿Vas a estar en casa o vas a salir? ¿Sales mucho durante la semana?

2. Cuando tienes una fiesta, ¿qué tipo de música pones? ¿Llevan tus amigos comida *(food)* a la fiesta? ¿Saben tus padres que vas a tener una fiesta? ¿Sabe tu compañero(a) de cuarto? ¿Siempre conoces a todas las personas de la fiesta?

3. Cuando haces ejercicio, ¿sales de tu cuarto? ¿Ves videos cuando haces ejercicio? ¿Pones la tele o el estéreo cuando haces ejercicio?

Saber, conocer, and the personal a

As you have seen earlier, the verbs **saber** and **conocer** both mean *to know*, and they have irregular **yo** forms (**sé/conozco).** These verbs represent two different kinds of knowledge, however.

Saber

Use the verb **saber** to express knowing something (information) or knowing how to do something.

—¿**Saben ustedes que** Juanes es de Medellín, Colombia?
Do you know that Juanes is from Medellín, Colombia?

—¿**Sabes que** Carlos Vives canta vallenatos?
*Do you know that Carlos Vives sings **vallenatos?***

—¿**Sabes jugar** al tenis?
Do you know how to play tennis?

—No, pero **sé jugar** al golf.
No, but I know how to play golf.

—¿**Sabes qué?** ¡Me gusta el golf!
Do you know what? I like golf!

Conocer and the personal a

Use the verb **conocer** to express being acquainted with a person, place, or thing. Note that Spanish speakers use the preposition **a** immediately before a direct object that refers to a specific person or persons.

—¿Quieres **conocer a** mi amiga?
Do you want to meet my friend?

—Ya **conozco a** tu amiga, Luisa.
I already know your friend, Luisa.

—¿**Conoces** Bogotá?
Do you know Bogota?

—No, pero **conozco** Cali.
No, but I know Cali.

—¿**Conocen** la música de **vallenato?**
*Do you know the music **vallenato?***

—¿**Conoces** la música de Juanes?
Do you know the music of Juanes?

Note in the first example the use of the personal **a** with a direct object that is a person. The direct object of a verb is the person or thing that receives the action of the verb. For example, in the sentence *I know Carlos,* the direct object is **Carlos.** The personal **a,** which has no English equivalent, is usually used before each noun or pronoun; however, it is usually not used with the verb **tener** even when the direct object is a person.

Conozco **a** Carlos.
I know Carlos.

Conozco **a** Carlos y **a** Juan.
I know Carlos and Juan.

Carlos y Juan tienen muchos amigos.
Carlos and Juan have many friends.

The Street, 1995. Oil on canvas, 56" x 42" by Fernando Botero. ©Fernando Botero, courtesy, Marlborough Gallery, New York.

The Street (La calle), Fernando Botero

Cultura

Fernando Botero is one of Colombia's most famous artists. He is especially known for his satirical portraits of political, military, and religious figures who are portrayed as rotund.

¡A practicar!

3-25 *¿Saber o conocer?* Decide whether to use **saber** or **conocer** to talk about the following people, places, and activities.

1. jugar al tenis _____
2. mi amigo José Alfredo _____
3. el arte de Botero _____
4. Barranquilla, Colombia _____
5. Cartagena, Colombia _____
6. bailar vallenato _____
7. hablar español _____
8. Gabriel García Márquez _____

> **Cultura**
> **Vallenato** is a type of Colombian folk music—usually played on the accordion—that celebrates everyday events, passions, and village folklore. Carlos Vives, a Colombian musician, has become internationally famous for his **vallenato** sound.

> **Cultura**
> Gabriel García Márquez is the most famous Colombian writer. He received the Nobel Prize for literature in 1982.

3-26 **La *a* personal** When should you use the personal **a?** Decide whether or not you need to use the construction in the following sentences. Don't forget that **a + el = al!**

1. Yo no conozco _____ Bogotá.
2. Mis amigos conocen _____ mi hermano Pablo.
3. Joaquín conoce _____ (el) novio de Anne.
4. Julieta y Penélope conocen bien _____ la música de Carlos Vives.
5. ¿Conoces tú _____ (el) profesor de francés?
6. ¿Tienes _____ amigos en tu clase de español?

¡A conversar!

3-27 **¡Yo sé…! ¡Yo conozco…!** Now, with a classmate, talk about your familiarity with the items of activity **3-25.**

Modelo jugar al tenis
E1: *Yo no sé jugar al tenis. ¿Sabes tú jugar al tenis?*
E2: *Sí, sé jugar al tenis.*
o **E2:** *No, no sé jugar al tenis.*

3-28 **Entrevista** You are going to interview a classmate. You need to know who he/she knows, the places he/she is familiar with, and what things he/she knows how to do. Write four questions; then take turns answering.

Modelo *¿Conoces Bogotá?*
¿Sabes esquiar?
¿Conoces el arte de Fernando Botero?

© John Vizcaíno/Reuters/Corbis

Barranquilla, una ciudad en el norte de Colombia, es famosa por sus playas y el carnaval.

> ✎ Student Activities Manual, *Capítulo 3*
>
> 🌐 *Capítulo 3*
>
> **iLrn** iLrn: Heinle Learning Center, *Capítulo 3*
>
> 🎧 **Saber** and **conocer**

Expressing time and weather with *hacer* and *estar*

In this section, you will learn how to talk about the months, seasons, and weather conditions.

Los meses

ENERO	FEBRERO	MARZO
L M M J V S D	L M M J V S D	L M M J V S D
1 2 3 4 5 6 7	1 2 3 4	1 2 3 4
8 9 10 11 12 13 14	5 6 7 8 9 10 11	5 6 7 8 9 10 11
15 16 17 18 19 20 21	12 13 14 15 16 17 18	12 13 14 15 16 17 18
22 23 24 25 26 27 28	19 20 21 22 23 24 25	19 20 21 22 23 24 25
29 30 31	26 27 28	26 27 28 29 30 31

ABRIL	MAYO	JUNIO
L M M J V S D	L M M J V S D	L M M J V S D
1	1 2 3 4 5 6	1 2 3
2 3 4 5 6 7 8	7 8 9 10 11 12 13	4 5 6 7 8 9 10
9 10 11 12 13 14 15	14 15 16 17 18 19 20	11 12 13 14 15 16 17
16 17 18 19 20 21 22	21 22 23 24 25 26 27	18 19 20 21 22 23 24
23/30 24 25 26 27 28 29	28 29 30 31	25 26 27 28 29 30

JULIO	AGOSTO	SEPTIEMBRE
L M M J V S D	L M M J V S D	L M M J V S D
1	1 2 3 4 5	1 2
2 3 4 5 6 7 8	6 7 8 9 10 11 12	3 4 5 6 7 8 9
9 10 11 12 13 14 15	13 14 15 16 17 18 19	10 11 12 13 14 15 16
16 17 18 19 20 21 22	20 21 22 23 24 25 26	17 18 19 20 21 22 23
23/30 24/31 25 26 27 28 29	27 28 29 30 31	24 25 26 27 28 29 30

OCTUBRE	NOVIEMBRE	DICIEMBRE
L M M J V S D	L M M J V S D	L M M J V S D
1 2 3 4 5 6 7	1 2 3 4	1 2
8 9 10 11 12 13 14	5 6 7 8 9 10 11	3 4 5 6 7 8 9
15 16 17 18 19 20 21	12 13 14 15 16 17 18	10 11 12 13 14 15 16
22 23 24 25 26 27 28	19 20 21 22 23 24 25	17 18 19 20 21 22 23
29 30 31	26 27 28 29 30	24/31 25 26 27 28 29 30

Heinle/Cengage Learning

In Spanish, the names of the months do not begin with a capital letter as in English, although calendars may print the months in all uppercase letters.

Mi cumpleaños es el **19 de diciembre.**
*My birthday is **December 19.***

Las estaciones

el invierno

la primavera

el verano

el otoño

Heinle/Cengage Learning

El tiempo

The verb **hacer** is used to talk about the weather in the following phrases.

hace buen tiempo *the weather is nice*   **hace fresco** *it's chilly*

hace calor *it's hot*   **hace sol** *it's sunny*

hace frío *it's cold*   **hace viento** *it's windy*

The verbs **llover** *(to rain)* and **nevar** *(to snow)* are used in the third person.

llueve *it's raining*   **nieva** *it's snowing*

The nouns derived from these verbs are:

la nieve *snow*   **la lluvia** *rain*

The verb **estar** is used to indicate whether the sky is overcast or clear.

está despejado *it's clear*   **está nublado** *it's cloudy*

¡A practicar!

3-29 Los días festivos (Holidays) Complete the following sentences with the appropriate months.

> **Los días festivos de Colombia**
>
> 20/7   Día de la Independencia
> 1/11   Día de Todos los Santos
> 12/10   Día de la raza
> 8/12   Fiesta de la Inmaculada Concepción

1. El Día de la raza es el 12 de _____.
2. El primer (first) día del año es el primero de _____.
3. La Navidad (Christmas) es el 25 de _____.
4. El Día de la Independencia de Colombia es el 20 de _____.
5. La fiesta de la Inmaculada Concepción es el 8 de _____.
6. Mi cumpleaños (My birthday) es el _____ de _____.

3-30 ¿Qué tiempo hace? Look at the drawings and complete the statements.

En el _____ hace mucho _____ y a veces _____. El cielo (sky) está _____.

En la _____ hace _____ y a veces _____.

En el _____ hace _____ y _____. El cielo está _____.

En el _____ hace _____.

Heinle/Cengage Learning

¡A conversar!

3-31 ¿Qué fecha es? ¿Qué estación del año es? ¿Qué tiempo hace? State the following dates to a classmate. Next, identify the season and state the weather for that date for the area in which you live. Finally, mention what you typically like to do on that date.

Modelo   13/4
Es el trece de abril. Es la primavera. En abril hace sol en Barranquilla.
Me gusta dar paseos en la playa.

1. 22/12
2. 25/7
3. 3/9
4. 1/5
5. 29/8
6. 7/10
7. 27/4
8. hoy

> **Curiosidades del idioma**
>
> In Latin America and Spain, the date is typically written differently from the United States. The day is presented first and the month is presented second. **20/7 La independencia de Colombia es el 20 de julio.**

3-32 La realidad y la fantasía Working with a partner, identify what you generally *like* to do during the following periods and then tell what you *have* to do.

Modelo   los sábados (Saturdays in general)
Me gusta descansar los sábados pero tengo que estudiar.

1. los veranos
2. los fines de semana
3. por la tarde
4. los días festivos
5. por la mañana

Student Activities Manual, *Capítulo 3*

Capítulo 3

iLrn: Heinle Learning Center, *Capítulo 3*

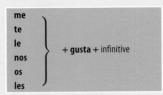

Gustar + infinitive

me	
te	
le	+ **gusta** + infinitive
nos	
os	
les	

Spanish-speakers use indirect object pronouns to indicate *to whom* or *for whom* an action is pleasing.

¡A recordar! 1 In Spanish, how does one clarify to whom something is pleasing?

Gustar + nouns

When you use **gustar** with nouns, its form changes to reflect whether you are talking about one thing or more than one thing.

—A Carlos le **gusta** la piscina.   —A Carlos le **gustan** los deportes.

¡A recordar! 2 Which type of article (definite or indefinite) usually precedes the noun in the **gustar** + *noun* construction?

Verbs with irregular *yo* forms and *ir*

conocer	**Conozco** a Carlos Suárez.
dar	**Doy** una fiesta el viernes.
estar	**Estoy** en la discoteca.
hacer	**Hago** mucho ejercicio.
poner	**Pongo** música rock en casa.
saber	**Sé** jugar bien al béisbol.
salir	**Salgo** todos los sábados.
traer	**Traigo** mis discos compactos a la fiesta.
ver	**Veo** a mi profesora en la tienda.

¡A recordar! 3 How are the conjugations of **dar** and **ver** different from the conjugations of the other verbs listed above?

To tell where people are going, use a form of the verb **ir** plus the preposition **a,** followed by a destination. To express future plans, use a form of the verb **ir** plus the preposition **a,** followed by an infinitive.

¡A recordar! 4 What does the combination **a + el** yield in Spanish?

Saber, conocer, and the personal *a*

Use the verb **saber** to express knowledge of something (information) or of how to do something.

—¿**Sabes jugar** al tenis?

Use the verb **conocer** to express an acquaintance with a person, place, or thing.

—¿**Conoces** Bogotá?

—¿Quieres **conocer a** mi amiga?

¡A recordar! 5 In what instances do you use the personal **a**?

Expressing time and weather with *hacer* and *estar*

The verb **hacer** is used to talk about the weather. The verb **estar** is used to indicate whether the sky is overcast or clear.

hace sol *it's sunny*   **hace frío** *it's cold*

está despejado *it's clear*   **está nublado** *it's cloudy*

¡A recordar! 6 What's the weather like in July in the Southern hemisphere?

Actividad 1   **Los gustos** Complete each sentence to express what various people like. Write the correct indirect object pronoun in the first blank and the correct form of **gustar** in the second blank.

1. A mis hermanos _____ _____ practicar tenis.
2. A mí _____ _____ el baloncesto. También _____ _____ los deportes acuáticos.
3. A nuestro padre _____ _____ los conciertos.
4. A mi primo _____ _____ montar a caballo.
5. A todos nosotros _____ _____ la natación.
6. A ti _____ _____ el béisbol y el fútbol, ¿no?

Actividad 2   **¿Qué hacen estas personas?** Complete each sentence with the appropriate verb forms to express things these people do. Use the verb that is in the first sentence and write the correct forms according to the new subjects.

1. Luisa *hace* la tarea por la mañana. Yo _____ la tarea por la noche. ¿Cuándo _____ la tarea tú?
2. Muchas personas *ponen* la tele cuando estudian. Mi hermano _____ la tele frecuentemente. Tú _____ la tele cuando descansas, ¿no?
3. Jorge y yo *damos* una fiesta el sábado. Jorge _____ muchas fiestas pero yo no _____ muchas fiestas.
4. Todos los estudiantes *traen* sus libros a clase. Yo _____ mi libro y la profesora _____ su libro todos los días.
5. Mis amigos y yo *salimos* los viernes y los sábados. Unos amigos _____ los jueves también pero yo _____ solamente el fin de semana.
6. Yo no *veo* mucha tele, pero mis amigos _____ mucho fútbol en la tele. Y tú, ¿_____ mucha tele?
7. *Estoy* en la residencia. Gerardo y David _____ en la residencia. ¿Dónde _____ Mariana?
8. Alejandra *sabe* montar a caballo. Yo no _____ montar a caballo, pero mis primos tienen muchos caballos y _____ montar.

Actividad 3   El fin de semana Form sentences with the given elements and the correct form of the verb **ir** to express where people are going and what they are going to do.

1. Sofía / el parque

2. Mis amigos y yo / mirar un partido de fútbol.

3. Tú / el concierto

4. Celia / la piscina

5. Celia y sus amigos / nadar

6. Antonio / las montañas

Actividad 4   Cosas familiares Choose the correct verb to complete each sentence in order to tell what various people know. Pay careful attention to context and to form.

1. ¿ Uds. _____ a mi hermano?
   a. saben   c. conoces
   b. sabe   d. conocen

2. Yo _____ Bogotá, la capital de Colombia.
   a. sé   c. sabe
   b. conozco   d. conocen

3. Manolo y yo _____ esquiar en el agua.
   a. sabes   c. sabemos
   b. conocemos   d. conocen

4. Mi amiga _____ muchos verbos en español.
   a. sabe   c. conoces
   b. conoce   d. sabes

5. Los jóvenes _____ jugar al fútbol.
   a. sabes   c. conocen
   b. saben   d. conocemos

6. ¿Tú _____ a Fernando Botero? ¡Imposible!
   a. conoces   c. sabes
   b. conozco   d. saben

Actividad 5   ¿Qué tiempo hace? Match each sentence in the first column with the most closely associated weather expression in the second column.

_____ 1. En julio en Tampa, Florida.

_____ 2. En Chile en los Andes en agosto.

_____ 3. En Puerto Rico en un huracán (*hurricane*)

_____ 4. En Nueva York en octubre.

_____ 5. En Seattle muchos días del año.

a. Hace viento.
b. Hace calor.
c. Llueve.
d. Hace fresco.
e. Hace frío.

Refrán

Treinta días _____ *(bring)* _____ *(?)*, con _____ *(?)*, _____ *(?)* y _____ *(?)*. Veintiocho sólo _____ *(bring)* uno y los demás treinta y uno.

¡A VER!

In this segment, the housemates are about to go on an excursion to Old San Juan. As they get ready, they talk about some of the things they like to do in their free time. When they arrive in the heart of Old San Juan, each person shares his or her plan for the day. Watch and see if the day turns out the way they expect it to!

Heinle/Cengage Learning

Expresiones útiles

The following are some new expressions you will hear in the video.

Pensándolo bien...	*Now that I think about it . . .*
Estoy de acuerdo...	*I agree . . .*
No vale la pena...	*It's not worth the trouble . . .*
Es hora de vernos con los demás...	*It's time to meet up with the others . . .*

Antes de ver

Actividades Make a list of activities you like to do in your free time and then share it with a classmate. Next, work with your classmate and guess what the housemates might like to do.

_____

_____

_____

_____

Después de ver

¿Qué les gusta hacer? Read the statements below and fill in the blanks with the appropriate activities based on what the housemates said in the video.

- A Javier le gustan _____, el alpinismo, el buceo, el esnórkel y todas las actividades al aire libre.

- A Antonio le gusta ver el hockey sobre hielo por televisión y le gustan también _____ y _____.

- Sofía practica _____.

- A Alejandra no le gustan _____. Practica la danza y le gusta _____.

- Valeria practica _____ y _____.

While they are discussing sports and other activities, Valeria uses the phrase **"Fui porrista en el colegio."** Based on what you know about her, do you think that means that she was a bowler, track and field star, or a cheerleader? _____

¿Qué quieren hacer? Complete the following statements with the activity each of the housemates originally had in mind.

- Alejandra va _____.
- Sofía va _____.
- Valeria va _____.
- Antonio va _____.

¿Qué hacen al final? Did all of the housemates do exactly what they originally planned to do? If not, how did what they actually do differ from what they said they were going to do?

Heinle/Cengage Learning

¿Qué opinas tú? Imagine that you have a three-day weekend coming up. Work with three or four classmates and plan a trip based on the pastimes that you have in common. Where are you going to go? What activities are you going to do there? Don't forget to use your list from **Antes de ver.**

See the *Lab Manual,* **Capítulo 3, ¡A ver!** for additional activities.

VOCABULARIO ESENCIAL

 AUDIO CD
CD 1, TRACK 9   **Personal Tutor**

Los deportes — Sports

andar en bicicleta	to ride a bike
caminar por las montañas	to hike/walk in the mountains
el ciclismo	cycling
correr	to run
esquiar en el agua	to water-ski
jugar (ue) al tenis	to play tennis
levantar pesas	to lift weights
montar a caballo	to go horseback riding
la natación	swimming
patinar en línea	to in-line skate
pescar	to fish

Los lugares en el pueblo — Places in town

el banco	bank
el café	café
la calle	street
el centro	downtown
el centro comercial	mall
el cine	movie theater
la iglesia	church
el mercado (al aire libre)	(outdoor) market
el museo	museum
la oficina de correos	post office
el parque	park
la piscina	pool
la plaza	plaza
el restaurante	restaurant
el supermercado	supermarket
la tienda	store

Las estaciones — Seasons

el invierno	winter
el otoño	fall
la primavera	spring
el verano	summer

El tiempo

está despejado	it's clear
está nublado	it's cloudy
hace calor	it's hot
hace frío	it's cold
hace sol	it's sunny
hace viento	it's windy
llueve	it's raining
la lluvia	rain
nieva	it's snowing
la nieve	snow

Verbos

conocer	to know; to meet
dar	to give
estar	to be (location and health)
hacer	to do; to make
poner	to put (on)
saber	to know (how)
salir	to leave; to go out
traer	to bring
ver	to see

Otras palabras relacionadas — Other related words

el baloncesto	basketball
el béisbol	baseball
el campo	field
de fútbol	soccer/football field
de golf	golf course
el fútbol	soccer
el fútbol americano	football
ganar	to win
el golf	golf
nadar	to swim
el partido	game
patinar en línea	to in-line skate
el voleibol	volleyball

Los meses del año — Months of the year

enero	January
febrero	February
marzo	March
abril	April
mayo	May
junio	June
julio	July
agosto	August
septiembre	September
octubre	October
noviembre	November
diciembre	December

Los pasatiempos — Pastimes

bailar	to dance
dar un paseo, pasear	to go for a walk
hacer	to do, make
un picnic	to go on a picnic
planes	to make plans
ejercicio	to exercise
ir	to go
a tomar un café	to drink coffee
a un bar	to a bar
a un club	to a club
a un concierto	to a concert
a una discoteca	to a dance club
a una fiesta	to a party
al cine	to the movies
de compras	shopping
practicar deportes	to play sports
mirar la tele	to watch TV
sacar fotos	to take pictures
tocar la guitarra	to play the guitar
tomar el sol	to sunbathe
visitar un museo	to visit a museum

El tiempo libre — Spare time/ Free time

la cámara (digital)	(digital) camera
la conexión	connection
el disco compacto	compact disc (CD)
el Internet	Internet
el teléfono (celular)	telephone (cell phone)
estar conectado(a) (en línea)	to be online
grabar	to record
navegar la red	to surf the net
encendido(a)	on

En la casa

El Alcázar de Segovia, España
Visit it live on Google Earth!

Chapter Objectives

Communicative Goals

In this chapter, you will learn how to . . .

- Describe the features of your home or personal residence
- Talk about furniture and appliances
- Describe household chores
- Make commands
- State locations
- Describe feelings
- Describe actions in progress
- Count from 100 and higher

Structures

- Present tense of stem-changing verbs (**e → ie, o → ue/u → ue, e → i**)
- Affirmative **tú** commands
- **Estar** and the present progressive

◀ ¿Deseas visitar España con tu familia o con tus amigos? Explica con quién y por qué.

◀ ¿En qué estación del año deseas visitar España?

◀ ¿Qué actividades deseas hacer: caminar por las montañas, montar a caballo, nadar en la piscina o en el océano, andar en bicicleta, esquiar en agua o en nieve, etc?

© Philip Lange/Shutterstock.com

En la Casa de la Troya de doña Rosa

In this section, you will practice talking about household rooms and furniture.
Are there any student houses on your campus? How do they compare
with doña Rosa's?

Sustantivos

el coche/el carro car

el control remoto remote control

los (aparatos) electrodomésticos electrical appliances

el equipo (electrónico) (electronic) equipment

los muebles furniture

Verbos

apagar to turn off

(des)conectar to disconnect

(des)enchufar to plug in (to unplug)

Adjetivos

apagado(a) off

enchufado(a) plugged in

prendido(a) on

Palabras útiles

el apartamento / el departamento *apartment*	**el cuadro** *painting*
el aire acondicionado *air conditioning*	**el garaje** *garage*
el balcón *balcony*	**el hogar** *home*
la calefacción *heat*	**el techo** *roof*
la chimenea *fireplace, chimney*	**la terraza** *terrace/patio*
el condominio *condominium*	**el tocador** *dresser*
	la vivienda *housing*

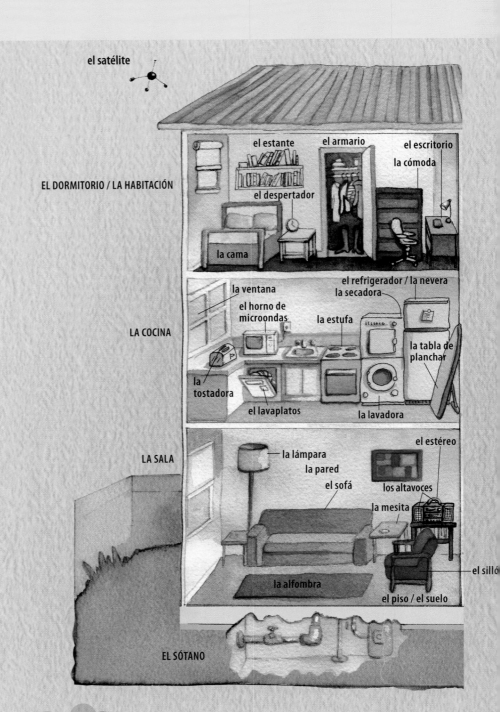

el satélite

EL DORMITORIO / LA HABITACIÓN

el estante
el armario
el escritorio
la cómoda
el despertador
la cama

LA COCINA

la ventana
el horno de microondas
el refrigerador / la nevera
la secadora
la estufa
la tostadora
el lavaplatos
la lavadora
la tabla de planchar

LA SALA

la lámpara
la pared
el sofá
el estéreo
los altavoces
la mesita
la alfombra
el silló
el piso / el suelo

EL SÓTANO

Cultura

Santiago de Compostela, located in Galicia in northwest Spain, is home to one of the major universities in Spain. **La Casa de la Troya** is Santiago de Compostela's most famous student residence. It provides lodging for students studying at the School of Medicine and is the birthplace of Santiago's most prestigious student musical group. Musical groups from different university schools are called **tunas** and feature talented musicians who dress up in medieval costumes to serenade young women.

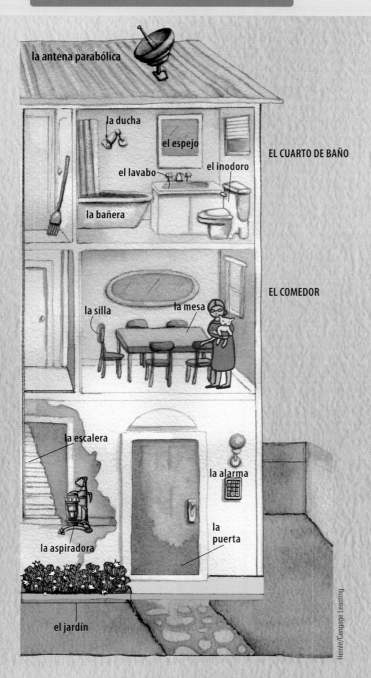

la antena parabólica

EL CUARTO DE BAÑO

la ducha
el espejo
el lavabo
el inodoro
la bañera

EL COMEDOR

la silla
la mesa

la escalera

la alarma

la aspiradora

la puerta

el jardín

Heinle/Cengage Learning

¡A practicar!

4-1 **¿Dónde pongo los muebles nuevos?** Doña Rosa necesita poner los muebles nuevos en la Casa de la Troya. Indica el cuarto apropiado para cada *(each)* mueble.

Modelo Usted debe poner el estante *en el dormitorio*.

1. Es lógico poner el estéreo en _____.
2. Usted debe poner la cama y la cómoda en _____, ¿no?
3. El sofá debe estar en _____.
4. La nevera debe estar en _____.
5. ¿La ducha, la bañera, el inodoro y el lavabo? En _____, ¡por supuesto!
6. Es necesario poner la mesa y las sillas en _____.

4-2 **¿Qué hay en la casa de doña Rosa?** Describe los muebles y las otras cosas de cada cuarto de la casa con la expresión verbal **hay...**

Modelo el dormitorio/la habitación:
En el dormitorio/la habitación hay un estante, un armario, una cómoda, una cama, un escritorio y un despertador.

1. la sala: _____
   _____
   _____
2. el comedor: _____
3. la cocina: _____
   _____
   _____
4. el cuarto de baño: _____
   _____

4-3 **¿Y qué hay en tu casa?** Completa las siguientes oraciones con los muebles y electrodomésticos de tu casa o residencia.

Modelo En el cuarto de baño hay *un lavabo, un inodoro, una bañera y unas toallas* (towels).

1. En mi casa hay _____ (#) dormitorio(s)/ habitación (habitaciones) y _____ (#) cuarto(s) de baño.
2. Hay _____ (#) puerta(s) y _____ (#) ventana(s).
3. En la cocina hay _____.
4. En el dormitorio/la habitación hay _____.
5. En la sala hay _____.
6. En el comedor hay _____.
7. En el garaje hay _____.
8. Hay aparatos electrónicos como _____. El equipo enchufado ahora incluye (*includes*) _____.

¡A conversar!

4-4 **Lugares preferidos** Habla con un(a) compañero(a) sobre las siguientes actividades. Dile en qué parte de la casa te gusta hacer estas actividades.

Modelo leer libros
Me gusta leer libros en el dormitorio.

1. estudiar
2. comer con la familia
3. mirar la tele
4. comer solo(a)

5. hablar por teléfono
6. escuchar música
7. descansar
8. jugar a las cartas

4-5 **Entrevista a la familia real española** *(Spanish royal family)* España es el único país de habla hispana que tiene una familia real. Juan Carlos I es el rey *(king)* y Sofía, su esposa, es la reina *(queen)*. Trabajando con un(a) compañero(a), imagina que una persona es o *(either)* Juan Carlos I o Sofía. El rey o la reina debe usar la imaginación para contestar las siguientes preguntas sobre el Palacio Real.

EL PALACIO REAL, PLANTA PRINCIPAL

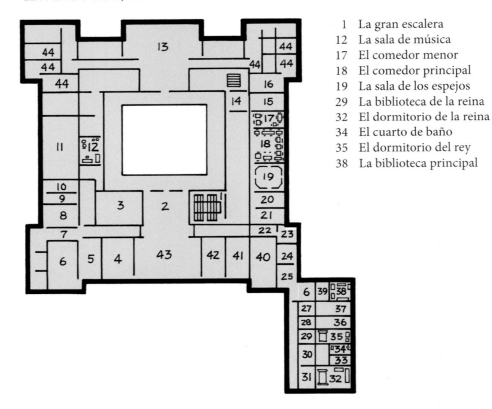

1	La gran escalera
12	La sala de música
17	El comedor menor
18	El comedor principal
19	La sala de los espejos
29	La biblioteca de la reina
32	El dormitorio de la reina
34	El cuarto de baño
35	El dormitorio del rey
38	La biblioteca principal

1. ¿Cómo es el Palacio Real? ¿Es grande? ¿elegante? ¿cómodo? ¿Cuántos dormitorios tiene? ¿Cuántos cuartos de baño hay en la planta principal? ¿Por qué no tiene una cocina? ¿Hay un sótano en el palacio? ¿Hay muchas escaleras?

2. ¿A usted le gusta vivir en el palacio? ¿Cuál es su cuarto favorito? Generalmente, ¿qué hace en este cuarto? ¿Cuál es el cuarto favorito de su esposo(a)?

3. ¿Quiere usted comprar muebles, equipo electrónico o electrodomésticos nuevos para algunos *(some)* cuartos? ¿Qué objetos busca usted y para qué cuartos?

4-6 **Se alquila piso** Tú y un(a) amigo(a) van a pasar dos semanas de vacaciones en España y desean alquilar un piso o una casa pequeña. Uds. leen en el Internet información sobre una casa y un apartamento. Tienen que decidir cuál de los dos prefieren y explicar por qué.

Estudiante A:
Encuentras un anuncio para un apartamento en Granada

> ▸ 2 habitaciones: 1 habitación con una cama matrimonial y armario; 1 habitación con 2 camas sencillas y un escritorio
>
> ▸ salón con sofá cama, mesa y televisión
>
> ▸ cocina con horno microondas, mesa de comedor y tostadora
>
> ▸ baño moderno con ducha, lavabo e inodoro y paredes azulejadas (*tiled*)
>
> ▸ electricidad incluida en el precio
>
> ▸ 5 minutos caminando al centro de la ciudad, donde hay muchos bares de tapas, tiendas, iglesias y plazas; en una zona muy segura
>
> ▸ Precio: 60 euros/noche (mínimo 3 noches); 360 euros/semana; 1.200 euros/mes

Estudiante B:
Encuentras un anuncio para una casa pequeña en Granada

> ▸ 2 habitaciones: 1 habitación con cama matrimonial y un armario; 1 habitación con 2 camas sencillas y un escritorio
>
> ▸ cocina: nevera, microondas, plancha y mesa de planchar; comestibles básicos (aceite, vinagre, sal, azúcar, café, té)
>
> ▸ salón comedor: sofá cama (para 2 personas), mesa de centro, mesa de comedor extensible con 4 sillas, TV a color por cable, ordenador con conexión permanente de Internet
>
> ▸ baño: lavabo, WC, ducha, espejo
>
> ▸ una terraza fuera de la casa donde se puede sentar, comer, tener barbacoas, etc.
>
> ▸ situación: está a sólo 1 minuto de la parada de autobuses más cercana y a 15 minutos a pie del centro de la ciudad
>
> ▸ cerca: tiendas, bares, restaurantes, bancos, farmacias y supermercado
>
> ▸ Precio: 150 euros/día; 856 euros/semana; 3.424 euros/mes

¿Prefieres la casa o el apartamento para tus vacaciones en Granada?

Alberto, un estudiante de medicina de la Universidad de Santiago de Compostela, expresa sus opiniones sobre un apartamento desastroso que él visita con su amigo Francisco.

AUDIO CD
CD 1, TRACK 10

En la calle…

Alberto: Vaya… las plantas en el balcón **están muertas.** ¡No puedo entrar!

Francisco: ¿Tienes miedo? ¡Hombre! **Espera** un momento para ver el interior. Seguro que **está mejor.**

Comentario cultural Large lawn areas are uncommon in Spain; however, apartment-dwellers often take great pride in their flowerboxes and it is not uncommon to hear caged songbirds singing from balconies.

En el salón…

Alberto: ¡Dios mío! ¡Qué desastre de apartamento! Hay ropa por todas partes y en el sillón hay un montón de libros.

Francisco: Seguro que las personas que viven aquí son estudiantes. ¿**Quieres** ver la cocina?

Comentario cultural In Spain, it is more common for students to have cell phones in lieu of a traditional land line due to the expense of having a permanent phone installed.

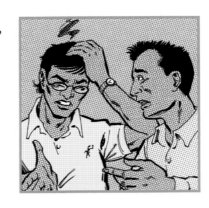

En la cocina…

Alberto: ¡Qué barbaridad! Todos los platos **están sucios.** Y todavía no han quitado la mesa. Parece que nadie limpia aquí. Y para colmo, ¡una bolsa de basura en la terraza!… No **puedo** imaginar cómo viven aquí.

Comentario cultural In Spain, washing machines are typically located in the kitchen. Dryers are rarely used; instead, clothes are hung on clothes lines or on indoor drying racks. To fuel hot water heaters and gas stoves or ovens, Spaniards often use orange, refillable propane containers.

Francisco: **Ten** paciencia, Alberto. ¿Vamos a ver la habitación?

En la habitación…

Alberto: No veo la cama… Ah, allí está. Apenas **puedo** verla debajo de la ropa. Y ni siquiera hay un libro en el estante.

Francisco: Creo que **todos están en el sillón** del salón. Bueno, Alberto, … tienes razón. El piso **está un poco desordenado.** Pero **ven** conmigo para ver el cuarto de baño antes de decidir.

....

Comentario cultural Fernando Alonso, the world-champion formula 1 race-car driver, and Raúl, the team captain who plays for Real Madrid, are popular figures among Spanish youth.

En el cuarto de baño…

Alberto: Mira cómo está la bañera… y qué mal huele aquí. No **puedo** vivir con esta gente… Los inquilinos de este piso son unos desastres. Y el alquiler es súper alto. **Prefiero** vivir al aire libre. En fin, ya me voy …. ¡No puedo más!

....

Comentario cultural In Spain, not all apartments have a bathtub because of space. It is also common in parts of Europe for bathrooms to have a **bidet,** which is used for personal hygiene.

Heinle/Cengage Learning

Expresiones en contexto

el alquiler *rent*
antes de *before*
apenas puedo verla *I can barely see it*
qué mal huele *it smells badly*
inquilinos *tenants*
un montón *a lot (informal, Spain)*
ni siquiera *not even*
…no han quitado la mesa …*have not cleared the table*

¡No puedo más! *I can't take anymore!*
para colmo *and on top of that*
vivir al aire libre *to live outdoors*
¡Qué barbaridad! *How atrocious!*
¡Qué desastre de apartamento! *What a disastrous apartment!*
salón *living room (Spain)*
seguro *surely*
súper *really (adverb, Spain)*

¿Comprendiste? ¿Cuáles son algunos de los problemas que Alberto encuentra con el apartamento? Escribe una lista de cuatro cosas que están mal.

Modelo *Todo está sucio y desordenado.*

1. _____
2. _____
3. _____
4. _____

 Donde yo vivo Haz un dibujo *(drawing)* de tu casa, piso o cuarto en la residencia, e incluye por lo menos 3 detalles *(details)* desagradables. Luego, explica tu dibujo a un(a) compañero(a) de clase y comenta el dibujo de él/ella.

Present tense of stem-changing verbs (e → ie; o → ue; u → ue; e → i)

In this section, you will learn how to conjugate verbs that change—either **e** to **ie**, **o** to **ue**, **u** to **ue**, or **e** to **i**—in the stem of the verb. The stem is the part of an infinitive to which one adds personal endings. For example, the stem of **hablar** is **habl-.** The above-mentioned types of vowel changes occur in all stressed syllables. Since the stress does not fall on the stem in the **nosotros(as)** and **vosotros(as)** forms, there is no stem change.

The present tense of e → ie stem-changing verbs

Note that two verbs that have stem changes from **e** to **ie** have an irregular **yo** form (**tengo** and **vengo**). You have already learned the endings for **tener** in **Capítulo 2.**

Infinitive	comenzar (ie)	pensar (ie)	preferir (ie)	querer (ie)	tener (ie)	venir (ie)
	(to begin)	(to think)	(to prefer)	(to want; to love)	(to have)	(to come)
Stem	comienz-	piens-	prefier-	quier-	tien-	vien-
	comienzo	pienso	prefiero	quiero	tengo	vengo
	comienzas	piensas	prefieres	quieres	tienes	vienes
	comienza	piensa	prefiere	quiere	tiene	viene
	comenzamos	pensamos	preferimos	queremos	tenemos	venimos
	comenzáis	pensáis	preferís	queréis	tenéis	venís
	comienzan	piensan	prefieren	quieren	tienen	vienen

Other frequently used **e** to **ie** stem-changing verbs are:

cerrar (ie)	*to close*	**perder (ie)**	*to lose; to miss (an event)*
empezar (ie)	*to begin*	**regar (ie)**	*to water*
entender (ie)	*to understand*		

The present tense of o → ue/u → ue stem-changing verbs

Infinitive	almorzar (ue)	dormir (ue)	jugar (ue)	volver (ue)	poder (ue)
	(to have lunch)	(to sleep)	(to play)	(to return)	(to be able)
Stem	almuerz-	duerm-	jueg-	vuelv-	pued-
	almuerzo	duermo	juego	vuelvo	puedo
	almuerzas	duermes	juegas	vuelves	puedes
	almuerza	duerme	juega	vuelve	puede
	almorzamos	dormimos	jugamos	volvemos	podemos
	almorzáis	dormís	jugáis	volvéis	podéis
	almuerzan	duermen	juegan	vuelven	pueden

The present tense of e → i stem-changing verbs

Infinitive	decir (i)	pedir (i)	servir (i)
	(to say; to tell)	(to ask for)	(to serve)
Stem	dic-	pid-	sirv-
	digo (irregular **yo** form)	pido	sirvo
	dices	pides	sirves
	dice	pide	sirve
	decimos	pedimos	servimos
	decís	pedís	servís
	dicen	piden	sirven

¡A practicar!

4-7 Entrevista a doña Rosa Raquel Navarro es reportera. Ella quiere escribir un artículo sobre la gente de edad *(the elderly)*. En este momento ella habla con doña Rosa. Completa su conversación con la forma correcta de los siguientes verbos:

comenzar   pensar   preferir   querer   tener   venir

Raquel: Yo 1. _____ hablar con usted, doña Rosa. ¿Está bien?

Doña Rosa: Sí. 2. ¿ _____ (nosotras) con mi vida *(life)* personal?

Raquel: Muy bien. 3. ¿ _____ usted hijos?

Doña Rosa: Sí, 4. _____ cuatro. Dos de ellos viven aquí.

Raquel: Y los otros… 5. ¿ _____ a visitar mucho?

Doña Rosa: Bueno, no 6. _____ mucho porque viven en Madrid.

Raquel: Sé que Ud. tiene que trabajar mucho pero, ¿qué hace cuando no trabaja?

Doña Rosa: Me gusta mirar la tele. (Yo) 7. _____ ver telenovelas. Mi telenovela favorita se llama «Amar en tiempos revueltos». El programa 8. _____ en una hora. 9. ¿ _____ Ud. verlo conmigo esta tarde?

Raquel: Sí, gracias. Me gusta mucho el programa. ¡Qué guay! *(Cool!)* ¿Y qué 10. _____ usted de las telenovelas españolas, doña Rosa?

Doña Rosa: Bueno, … me gustan mucho.

4-8 ¿Cierto o falso? Ahora tienes que corregir *(correct)* algunos de los errores del artículo de Raquel, antes de publicarlo en el periódico *(newspaper)*. Si la oración es falsa, escribe la información correcta.

Modelo Doña Rosa: Yo tengo tres hijos.
Es falso. Doña Rosa tiene cuatro hijos.

1. Doña Rosa: Mis hijos vienen a visitar mucho.
2. Doña Rosa: Prefiero ver deportes en la tele.
3. Doña Rosa: No tengo un programa favorito.
4. Doña Rosa: Pienso que las telenovelas españolas son malas.

4-9 Planes para el sábado Beti y su compañero, Tomás, dos estudiantes de medicina en Santiago de Compostela, hablan de sus planes. Completa su conversación con la forma correcta de los siguientes verbos:

almorzar   dormir   jugar   poder   volver

Beti: ¿Por qué no 1. _____ (nosotros) al tenis esta tarde?

Tomás: Yo no 2. _____ bien al tenis, Beti. Y después de *(after)* mi accidente, no 3. _____ hacer mucho ejercicio por una semana.

Beti: Pues, vamos al cine. ¿Quieres? (Nosotros) 4. _____ ver la nueva película de Almodóvar.

Tomás: Bien. Antes *(before)* del cine, 5. ¿ _____ (nosotros) en la calle Franco?

Beti: ¡Perfecto! Y después de almorzar, (nosotros) 6. _____ a casa. Yo siempre 7. _____ la siesta.

Tomás: ¿Cómo? Tú 8. _____ dormir la siesta, si quieres, pero yo no.

> **Cultura**
>
> La calle Franco is one of the more popular streets for dining in Santiago de Compostela. The street is in the old part of the city where car traffic is prohibited and features numerous street musicians and other attractions.

¡A conversar!

4-10 **¿Es verdad?** Con un(a) compañero(a) de clase, respondan a las siguientes observaciones. En este ejercicio los verbos **pedir, servir** y **decir** son importantes.

Modelos Tú siempre *(always)* pides mucha comida en la cafetería.
No es verdad. Yo no pido mucha comida en la cafetería.

Tú y tus amigos siempre dicen la verdad.
Sí, es verdad. Nosotros siempre decimos la verdad.

1. Tú y tus amigos(as) siempre dicen cosas buenas sobre los profesores.
2. Tus amigos sirven tapas en las fiestas.
3. Tú siempre dices cosas interesantes de tus compañeros de clase.
4. Tú siempre pides ayuda cuando no entiendes una cosa.
5. Vosotros pedís tarea adicional a los profesores.
6. Los restaurantes de la universidad sirven buena comida.

4-11 **¿Quién...?** ¿Quién en tu clase hace las siguientes cosas *(following things)*? Con las siguientes frases, forma preguntas para tus compañeros(as) para saber si ellos(as) hacen o no hacen esas cosas.

Modelo querer una casa con chimenea
E1: *¿Quieres una casa con chimenea?*
E2: *Sí, yo quiero una casa con chimenea.*

1. almorzar en la terraza
2. preferir una casa a un apartamento
3. pensar tener una fiesta en la casa de sus padres
4. poder ir a tomar un café
5. tener que lavar los platos
6. pedir postres *(desserts)* en los restaurantes
7. decir cosas atrevidas *(bold)*
8. servir comida deliciosa en las fiestas

4-12 **Entrevista: Preguntas sobre la vivienda** Hazle las siguientes preguntas sobre su vivienda a un(a) compañero(a) de clase.

1. ¿Prefieres vivir en un apartamento, una casa o una residencia? ¿Almuerzas en casa o en una cafetería? ¿Vienen tus padres a visitar mucho?
2. ¿Cierras las ventanas de tu dormitorio por la noche? ¿Duermes bien cuando estás solo(a) en casa?
3. ¿Haces muchas fiestas en tu casa? ¿En qué lugar de la casa prefieres recibir a tus amigos? ¿Pierdes muchas fiestas porque *(because)* tienes que estudiar? ¿A qué hora vuelves de una fiesta, generalmente?
4. ¿Pierdes muchas cosas en tu dormitorio? ¿Puedes estudiar bien en tu dormitorio? ¿Duermes bien en tu dormitorio? ¿Qué muebles tienes en tu dormitorio?

4-13 Acorazado (Battleship) Clasifica las palabras de la siguiente lista de verbos en estas categorías —según el tipo de cambio: **e → i, e → ie, o → ue, u → ue** y escríbelas en los lugares apropiados de la rejilla (grid).

almorzar	empezar	pensar (en)	servir
cerrar	entender	poder	tener
comenzar	jugar	preferir	venir
decir	pedir	querer	volver
dormir	perder	regar	

e → i	e → ie	o → ue / u → ue

Ahora vas a jugar el juego **Acorazado.** Usa la rejilla que aparece a continuación (below). Dibuja cinco submarinos en diferentes partes de la rejilla, pero —¡nadie debe verlos! Quieres destruir los submarinos de tu compañero(a) y vas a hacer preguntas con los verbos en la rejilla.

Modelo la profesora / preferir ¿La profesora prefiere café? Si tu compañero(a) tiene un submarino en ese lugar, él/ella contesta: Sí, prefiere café, y ¡tú ganas el punto!

Si tu compañero no tiene un submarino en ese lugar, él/ella contesta: No, no prefiere café.

Túrnense (Take turns) para hacerse preguntas hasta que una persona destruya todos los submarinos de la otra persona.

	poder hablar francés	jugar al tennis	dormir ocho horas	preferir café
tú				
la profesora				
Rosa y Luis				
nosotros				

Student Activities Manual, *Capítulo 4*

Capítulo 4

iLrn: Heinle Learning Center, *Capítulo 4*

España

▶ Veamos (*Let's see*) el video de España para luego discutir.

1. ¿Qué lugares pueden visitar en Madrid, la capital de España?
2. ¿Qué es y qué hay en la Gran Vía?
3. ¿Qué actividades pueden hacer en el Parque del Retiro?

✎ See the *Workbook*, **Capítulo 4, Viajemos por España** for additional activities.

Población: 40.525.002

Área: 504.782 km², más o menos dos veces el tamaño de Oregón

Capital: Madrid, más de 5,5 millones

Ciudades principales: Barcelona, más de 4,9 millones, Bilbao, 879.300, Málaga, 1,3 millones, Sevilla, 1,8 millones, Valencia, 2,3 millones

Moneda: el euro

Lenguas: el español, el catalán, el euskera (vasco), el gallego

Personalidades ilustres Antonio Gaudí y Cornet (1852–1926) es uno de los arquitectos más creativos y prestigiosos de España. Original de Barcelona, Gaudí hace muchas obras importantes, como La Sagrada Familia *(Church of the Holy Family),* el Parque Güell y la Casa Milá o La Pedrera. La casa tiene dos escaleras, siete chimeneas, dos patios y acceso al techo donde la gente va a ver la magnífica vista de la ciudad de Barcelona, a tomar una soda y a escuchar música por la noche.

¿Adónde vas con tus amigos a escuchar música y a tomar una soda?

Casa Milá o La Pedrera en Barcelona, España

Lugares mágicos El Palacio de la Zarzuela es la residencia del Rey de España, don Juan Carlos I, y su esposa, la Reina doña Sofía. El palacio está cerca de Madrid y tiene una colección muy interesante de porcelanas, muebles y relojes. El hijo de los Reyes de España, el Príncipe Felipe de Asturias, su esposa la Princesa Letizia y sus hijas la Infanta Leonor y la Infanta Sofía viven en un nuevo palacio dentro del área del Palacio de la Zarzuela.

¿Deseas vivir en un palacio? ¿Por qué sí o por qué no?

Visit it live on **Google Earth!**

La Familia Real Española

Creencias y costumbres Las tapas son una costumbre española del siglo XII, cuando el rey Alfonso X decide que en los bares no se debe beber alcohol sin *(without)* comer sólido. La palabra 'tapa' *(lid)* se usa para describir lo que se pone en la copa de vino, como un pedazo de pan *(piece of bread)* o jamón *(ham)* para tapar *(to cover)* y evitar *(to avoid)* el polvo *(dust)* en el vino. En España, las personas van a los bares de tapas de las 11:00 a las 2:00, antes *(before)* de almorzar y de las 7:00 a las 11:00 de la noche, antes de cenar.

¿A qué hora cenas por la noche? ¿Cuál es tu restaurante favorito? ¿Cuál es el restaurante más famoso de tu ciudad?

Ritmos y música En España, las regiones tienen su música y sus bailes. Por ejemplo, en el siglo XVIII, en Andalucía, al sur *(south)* de España, se origina el flamenco. Las personas que cantan, tocan la guitarra y bailan flamenco expresan sentimientos muy profundos y con mucha emoción.

Uno de los cantantes más importantes hoy en día es David Bisbal. Comienza a cantar en el 2002 y en el 2004 aparece el CD *Bulería,* que canta a su tierra, Andalucía, donde el flamenco es una manera de vivir. Vende un millón de copias en España y en Latinoamérica. Escuchen del CD *Bulería* que se define como un baile flamenco de mucho movimiento y que se acompaña con palmas *(clapping)* y expresiones de alegría *(happiness)*. *Access the iTunes playlist on the* **Viajes** *website.*

¿Te gusta bailar o escuchar música? ¿Qué tipo de música te gusta?

¡Busquen en la red de información!
www.cengage.com/spanish/viajes
1. Personalidades ilustres: Antonio Gaudí y Cornet (1852–1926)
2. Lugares mágicos: El Palacio de la Zarzuela
3. Creencias y costumbres: Las tapas
4. Ritmos y música: El flamenco, David Bisbal

Quehaceres en la Casa de la Troya

In this section, you will talk about the chores that are done in and outside the house. What chores do you do?

Limpiar la casa

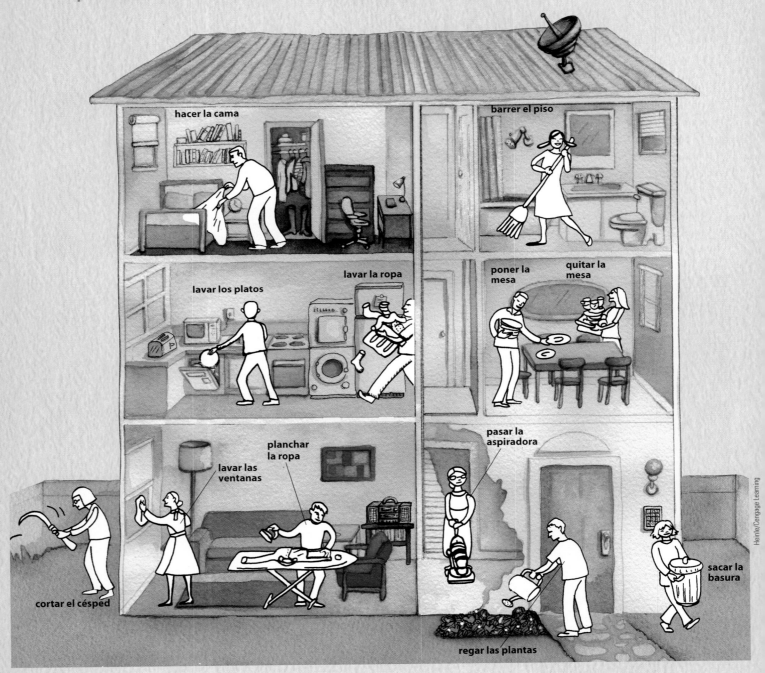

hacer la cama

barrer el piso

lavar los platos

lavar la ropa

poner la mesa

quitar la mesa

lavar las ventanas

planchar la ropa

pasar la aspiradora

cortar el césped

regar las plantas

sacar la basura

Heinle/Cengage Learning

¡A practicar!

4-14 ¿Quién hace qué? (Who is doing what?) Doña Rosa siempre ayuda a los estudiantes con los quehaceres domésticos. Completa las siguientes oraciones para identificar lo que cada uno hace en la casa.

1. Manuel y David: Nosotros _____ la mesa antes de comer.
2. Carlos _____ la mesa después de comer.
3. Doña Rosa y Marcos _____ los platos en la cocina.
4. Doña Rosa: Pepe, tú _____ la basura.
5. Manuel y David _____ la casa los fines de semana.
6. Ramón: Yo _____ el césped y _____ las plantas en junio, julio y agosto.
7. Los estudiantes _____ la cama todas las mañanas.
8. La hija de doña Rosa _____ la ropa y _____ el piso.

4-15 ¿Te ayudo? Manuel siempre ayuda a su madre con los quehaceres en la casa, especialmente cuando hay mucho que hacer. ¿Qué tiene que hacer Manuel?

Modelo   La cama está sin hacer (unmade).
Manuel tiene que hacer la cama.

1. Los platos están sucios (dirty).
2. Hay mucha basura en la casa.
3. La ropa está arrugada (wrinkled).
4. La casa está sucia.
5. El piso está sucio.
6. Las plantas necesitan agua.

¡A conversar!

4-16 ¿Qué haces para limpiar la casa? Pregúntale a un(a) compañero(a) de clase si hace los siguientes quehaceres. Si tu compañero(a) no hace el quehacer, debe indicar quién lo hace.

Modelo   sacar la basura
E1: *¿Sacas la basura?*
E2: *No, no saco la basura. Mi padre saca la basura.*

1. poner la mesa
2. lavar los platos
3. planchar la ropa
4. lavar la ropa
5. pasar la aspiradora
6. hacer la cama
7. cortar el césped
8. barrer el piso
9. regar las plantas

4-17 Entrevista Trabaja con un(a) compañero(a) de clase y pregúntale sobre los quehaceres domésticos que él/ella hace en casa.

1. ¿Tienes muchos quehaceres domésticos? ¿Cuáles son?
2. ¿Te gusta cocinar? ¿poner la mesa? ¿quitar la mesa? ¿lavar los platos?
3. ¿Qué hace(n) tu(s) hermano(a)(s)?
4. ¿Quién plancha la ropa en la familia? ¿Usas la lavadora y la secadora?
5. ¿Cuántas veces al mes limpias la casa? ¿la nevera?
6. ¿Tienes que cortar el césped?
7. ¿Quién riega las plantas en la familia?
8. ¿Tienes que barrer el suelo? ¿el patio? ¿el garaje?

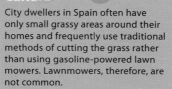

Cultura

City dwellers in Spain often have only small grassy areas around their homes and frequently use traditional methods of cutting the grass rather than using gasoline-powered lawn mowers. Lawnmowers, therefore, are not common.

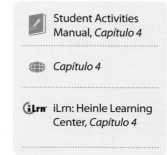

Student Activities Manual, *Capítulo 4*

Capítulo 4

iLrn: Heinle Learning Center, *Capítulo 4*

Affirmative *tú* commands

Spanish speakers use affirmative informal commands mainly to tell children, close friends, relatives, and pets to do something. You have already seen these commands in the direction lines of each exercise telling you (**tú**) what to do.

For most Spanish verbs, use the third-person singular (the **él/ella** verb forms) of the present indicative for the **tú** command form.

> **Espera** un momento.
> *Wait a minute.*

> **Pide** un postre, si quieres.
> *Order dessert, if you want to.*

In Spain, to form the informal **vosotros** command, replace the final **-r** in the infinitive with **-d:**
hablar → hablad,
comer → comed,
escribir → escribid.

Infinitive	3rd person present indicative	*tú* command
hablar	habla	**habla (tú)**
comer	come	**come (tú)**
escribir	escribe	**escribe (tú)**
cerrar	cierra	**cierra (tú)**
dormir	duerme	**duerme (tú)**

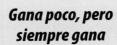

Gana poco, pero siempre gana

Eight verbs have irregular affirmative **tú** commands.

decir	**di**	salir	**sal**
hacer	**haz**	ser	**sé**
ir	**ve**	tener	**ten**
poner	**pon**	venir	**ven**

> —**Ven** conmigo para ver el piso.
> *Come with me to see the apartment.*

> —Sí, pero **ten** paciencia, Alberto.
> *Yes, but be patient, Alberto.*

> —**Pon** la dirección en el bolsillo, Francisco.
> *Put the address in your pocket, Francisco.*

> —**Dime** tus opiniones del piso.
> *Tell me your opinion of the apartment.*

Dime con quién andas y te diré quién eres

¡A practicar!

4-18 **A sus órdenes, doña Rosa** Completa la siguiente conversación entre doña Rosa y los chicos de la casa, usando los mandatos informales *(informal commands)* de la lista. Puedes usar los verbos más de una vez *(time)*.

espera   llama   quita   ten
haz   pon   riega   ven

Doña Rosa: ¡Chicos! Ya es tarde. Ayudadme a limpiar la casa. Tengo mucho que hacer.

Manuel: Ahora mismo *(Right now)*, señora. Alberto, 1. _____ conmigo para lavar los platos.

Alberto: 2. _____ un minuto. Tengo que terminar la tarea.

Manuel: Alberto, 3. _____ la tarea después. La señora necesita nuestra ayuda ahora.

Alberto: ¿No me oyes, Manuel? 4. _____ paciencia. ¿No puedes esperar dos minutos?

Manuel: En dos minutos entonces. Te espero en el comedor.

Alberto: Muy bien. 5. _____ la mesa y te ayudo en la cocina con los platos.

Francisco: Manuel, ¿necesitas ayuda?

Manuel: ¡Sí! Gracias. 6. _____ los platos en el lavaplatos y luego 7. _____ las plantas del patio. Antes de empezar, 8. _____ a Alberto. Él está un poco vago *(lazy)* hoy.

4-19 **Nuevo apartamento** Te mudas *(You are moving)* a un nuevo piso en Madrid. ¿Qué le dices a tu compañero(a) de casa? Siguiendo el modelo, usa los siguientes verbos para dar cinco mandatos.

Modelo ir a la cocina
¡Ve a la cocina!

1. poner la mesa
2. hacer la cama
3. limpiar el baño
4. barrer el piso
5. lavar los platos
6. quitar la mesa

Cultura Unlike in the U.S., in Spanish homes it is rare to find carpeted floors. Most floors are either hardwood or tiled.

¡A conversar!

4-20 **Consejos *(Advice)* para un nuevo estudiante** La supervisora hace recomendaciones a un nuevo estudiante de la casa. ¿Qué le dice? Trabaja con un(a) compañero(a) para dar consejos. Usa mandatos informales afirmativos.

Modelo ayudar / con los quehaceres domésticos
Ayuda con los quehaceres domésticos.

1. barrer / el piso de tu habitación todas las semanas
2. lavar / tu ropa los fines de semana
3. comer / a las horas establecidas
4. hacer / la cama todos los días
5. salir / para hacer ejercicio con los otros chicos
6. ir / al mercado los domingos por la mañana
7. dormir / la siesta
8. llamar / a tus padres todas las semanas

Curiosidades del idioma Many Spaniards will say **echar una siesta.** It is still common for Spaniards to return home for lunch and then take a short nap, before returning to work or school.

4-21 **¿Qué recomiendas?** Ahora un estudiante universitario de España te escribe una carta. Dale consejos para tener éxito en tu universidad. Trabaja con un(a) compañero(a) de clase para hacer una lista de mandatos afirmativos. Luego practica con el (la) otro(a) estudiante.

Modelo *Come en la cafetería grande. ¡La comida en la otra es horrible!*

Student Activities Manual, *Capítulo 4*

Capítulo 4

iLrn: Heinle Learning Center, *Capítulo 4*

The verb *estar*

The verb *to be* in English is translated in Spanish by either the verb **ser** or **estar**. As you learned in **Capítulo 2, ser** is used to identify essential or inherent characteristics, profession, nationality or origin, time, and dates. You learned the conjugation of **estar** in **Capítulo 3**. In this section, you will learn three functions of the verb **estar.**

Location

To state the location of people and things, use **estar** + *preposition of location* + *location*.

Papá **está en** el comedor.	*Dad is in the dining room.*
La aspiradora está **detrás del** sofa, **en** la sala.	*The vacuum cleaner is behind the sofa in the living room.*
La tarea **está encima de** la mesa, **debajo del** libro de texto.	*The homework is on top of the table under the textbook.*

Prepositions of location often used with the verb **estar:**

al lado de	*next to, beside*	**detrás de**	*behind*
cerca de	*near*	**en**	*in; on*
con	*with*	**encima de**	*on top of*
debajo de	*under, below*	**entre**	*between, among*
delante de	*in front of*	**lejos de**	*far from*
dentro de	*inside of*	**sobre**	*on; over*

Emotional and physical states

To describe how people are feeling or the physical state of something, use **estar** + *adjective*.

¿Cómo **estás**, Elena?	*How are you, Elena?*
Estoy muy cansada, pero contenta.	*I'm very tired, but happy.*

Here are some adjectives commonly used with **estar** to describe emotional and physical states:

aburrido(a)	*bored*	**limpio(a)**	*clean*
contento(a)	*happy*	**ocupado(a)**	*busy*
desordenado(a)	*messy*	**ordenado(a)**	*neat*
emocionado(a)	*excited*	**preocupado(a)**	*worried*
enfermo(a)	*sick*	**sucio(a)**	*dirty*
enojado(a)	*angry*	**triste**	*sad*
furioso(a)	*furious*	**vago(a)**	*lazy*

Note that **estar** can also be used with the adverbs **bien** and **mal.**

¿Cómo **estás**?	*How are you?*
Yo **estoy bien (mal).**	*I'm well (bad).*

Actions in progress

The **present progressive** tense is used to describe actions in progress. To form the present progressive, use a present tense form of **estar** plus a present participle, which is formed by adding **-ando** to the stem of **-ar** verbs and **-iendo** to the stem of **-er** and **-ir** verbs.

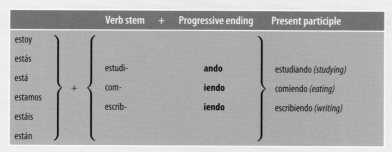

		Verb stem	+	Progressive ending	Present participle
estoy					
estás					
está		estudi-		**ando**	estudiando *(studying)*
estamos	+	com-		**iendo**	comiendo *(eating)*
estáis		escrib-		**iendo**	escribiendo *(writing)*
están					

Two irregular present participles are **leyendo** *(reading)* and **trayendo** *(bringing)*. Verbs that end in **-ir** and have a stem change, such as the verbs **dormir, pedir,** and **servir,** change in the stem from **o** to **u** or **e** to **i** (forming **durmiendo, pidiendo,** and **sirviendo,** respectively).

While Spanish speakers often use the simple present tense to describe routine or habitual actions, they use the present progressive tense to describe what is happening right now—at this very moment. Compare the two examples.

Happens habitually

Generalmente, Lorena **come** con su familia en casa.

Generally, Lorena eats with her family at home.

Happening right now

Pero en este momento Lorena **está comiendo** en una cafetería.

But right now Lorena is eating in a cafeteria.

© Monkey Business Images/Shutterstock.com

La cocina está sucia y Pilar está lavando los platos. ¿Tu cocina está desordenada también?

¡A practicar!

4-22 **¿Dónde está...?** Ayuda a doña Rosa a encontrar las siguientes cosas en la casa. Usa **estar** + *preposition* para indicarle dónde están.

Modelo la escoba *(the broom)* *La escoba está detrás del cuarto de baño.*

1. la aspiradora
2. los libros
3. el espejo
4. la ropa
5. el sofá
6. el gato

4-23 **¿Cómo está(n)?** Mira los siguientes dibujos y decide cómo están las personas. Usa la forma apropiada de los adjetivos de la lista en la página 120 y el verbo estar.

1. _____
2. _____
3. _____
4. _____

5. _____
6. _____
7. _____
8. _____

4-24 **¿Qué están haciendo?** Usa el presente progresivo (**estar** + *present participle*) para describir las acciones de estas personas.

Modelo Ramón / bailar
Ramón está bailando.

1. nosotros / poner la mesa
2. los estudiantes / limpiar la casa
3. tú / dormir
4. Uds. / servir la comida

5. Carlos / quitar la mesa
6. la hija de doña María / planchar la ropa
7. yo / pasar la aspiradora
8. Miguel / leer el periódico

¡A conversar!

4-25 **¿Dónde está Joaquín?** En parejas, usando la siguiente información, indiquen dónde están Joaquín y su esposa Silvia. Varias respuestas son posibles.

Modelo   Silvia y Joaquín almuerzan juntos.
Están en el comedor.

1. Joaquín duerme profundamente *(deeply).*
2. Silvia comienza a leer una novela.
3. Joaquín piensa sacar la basura.
4. Silvia y Joaquín juegan a las cartas.
5. Joaquín empieza a cantar una canción.
6. Silvia y Joaquín vuelven de su trabajo y cierran la puerta.
7. Joaquín piensa en los ingredientes de la tortilla española.
8. Joaquín cierra con llave *(to lock)* el coche.

> **Cultura**
> **Tortilla española** is a popular dish that is served either hot or cold. It is made with eggs, potatoes, and onions.

4-26 **Situaciones y emociones** Trabajando con un(a) compañero(a) de clase, túrnense *(take turns)* para identificar sus emociones en las siguientes situaciones, y expliquen por qué.

Modelo   Cuando hace sol, estoy…
Cuando hace sol, estoy muy contento(a); me gusta mucho el sol.

1. Cuando saco una mala nota *(bad grade)*, estoy…
2. Cuando tengo que hablar en español, estoy…
3. Cuando mi hermano tiene que limpiar el cuarto de baño, está…
4. Cuando estoy con mis amigos, nosotros estamos…
5. Cuando mi compañero(a) pierde un documento en la computadora, está…
6. Cuando los estudiantes no tienen clase, están…

4-27 **La nueva estudiante** Ellen, una chica de los EE.UU., es una nueva estudiante que vive en la casa de doña Rosa. Hazle preguntas a ella con el verbo **estar** sobre los siguientes temas. Tu compañero(a) va a ser Ellen y debe contestar las preguntas. Túrnense.

Modelo   sobre su estado emocional/físico
E1: *¿Cómo estás?*
E2: *Estoy bien, pero un poco cansada.*

1. sobre lo que ella está haciendo en Santiago de Compostela
2. sobre sus planes académicos en Santiago de Compostela
3. si *(if)* ella trabaja en Santiago de Compostela
4. si ella sabe si doña Rosa está en la casa
5. si sus compañeras de cuarto estudian en este momento

4-28 **¡Actuemos!** En grupos de tres personas, túrnense para actuar y adivinar *(guess)* varios quehaceres domésticos. Una persona hace la pantomima y los otros del grupo hacen preguntas sobre lo que está haciendo, usando el presente progresivo.

Modelo   **E1:** *¿Estás lavando la ropa?*
E2: *No, estoy en la cocina.*
E3: *¿Estás lavando los platos?*
E2: *¡Sí! Estoy lavando los platos porque están muy sucios.*

Student Activities Manual, *Capítulo 4*

Capítulo 4

iLrn: Heinle Learning Center, *Capítulo 4*

Ser and **estar**

Numbers 100 to 1,000,000

100 cien (ciento + *número*)		**700** setecientos(as)
200 doscientos(as)		**800** ochocientos(as)
300 trescientos(as)		**900** novecientos(as)
400 cuatrocientos(as)		**1.000** mil
500 quinientos(as)		**1.000.000** millón
600 seiscientos(as)		

1. The **y** never occurs directly after the number **ciento: ciento uno(a).**

2. Numbers ending in **un-** and **cien-** agree in gender with the nouns they modify: **doscientos libros,** but **doscientas sillas.**

3. The word **mil,** which can mean *a thousand* or *one thousand,* is not usually used in the plural form when counting but can be in other contexts. **Un millón** *(a million or one million),* however, has the plural form **millones,** in which the accent is dropped.

4. When expressing numbers greater than 1,000, use **mil.** For expressing hundreds of thousands, numbers ending in **un-** and **cien-** must agree in gender with the nouns they modify.

2.000	dos mil
300.055	trescient**os** mil cincuenta y cinco **estudiantes**
200.000	doscient**as** mil **personas**

5. For expressing dates, the numbers 200-900 will be plural masculine to agree with the implied or stated masculine plural noun **años.**

1835	mil ochocientos treinta y cinco
1998	mil novecientos noventa y ocho
2009	dos mil nueve

   Use the preposition **de** to connect the day, month, and year.

   Nací *(I was born)* el 24 **de** junio **de** 1986.

6. Note that when writing numbers, Spanish uses a period where English uses a comma, and vice versa.

   English: $1,500.75
   Spanish: $1.500,75

   As in English, years are never written with a period nor a comma.

   1999   1969   1492

   Unlike in English, years must be spelled out (**mil, novecientos, noventa y nueve**) rather than broken into two-digit groupings *(nineteen, ninety-nine).*

¿Qué? ¿239 euros? ¿Están locos?

¡A practicar!

4-29 **Eventos históricos de España** Para cada fecha histórica, escribe la fecha y luego dile la frase completa a un compañero(a) de clase.

Modelo Barcelona celebra los Juegos Olímpicos en 1992.
Barcelona celebra los Juegos Olímpicos en mil novecientos noventa y dos.

1. Los romanos llegan a España en el año 218 a. C. (antes de Cristo).
2. Los árabes invaden desde África en el año 711 d. C. (después de Cristo).
3. Los Reyes Católicos, Fernando e Isabel, conquistan Granada en 1492.
4. El príncipe Juan Carlos de Borbón es nombrado sucesor del trono de España en 1969.

4-30 **¿Cuánto cuesta?** *(How much does it cost?)* Escribe los precios en español.

1. un pequeño condominio en Madrid, España: 227.834,00 euros
2. un año de estudios en una universidad privada en los Estados Unidos: 42.000,00 dólares
3. un coche en España: 19.595,00 euros
4. un televisor plasma: 1.300,00 dólares
5. un sofá: 2.199,00 euros
6. una casa con 2 habitaciones y un baño en El Faro, Costa del Sol, España: 379.500,00 euros

> **Cultura**
>
> The **Costa del Sol,** or Sun Coast, is the southern coast of Spain on the Mediterranean Sea that includes the city of Málaga and numerous smaller coastal towns. It is a popular tourist destination for Spaniards as well as visitors from all parts of the world.

 Student Activities Manual, *Capítulo 4*

 Capítulo 4

 iLrn: Heinle Learning Center, *Capítulo 4*

> **Cultura**
>
> Salvador Dalí (1904–1989) is most famous for his surrealist style, which features interior landscapes of the unconscious mind. Diego Velázquez (1599–1660) was the official court painter for Philip IV. *Las Meninas,* featuring one of the king's daughters posing for a portrait, is his most famous work.

¡A conversar!

4-31 **¿Cómo se dice... en español?** Escribe los siguientes números y luego exprésalos a un(a) compañero(a) de clase. Indica si el número es o no es importante para ti.

Modelo la fundación de esta universidad
1825: mil ochocientos veinticinco

1. el año de tu nacimiento
2. el número de estudiantes de tu universidad
3. la cantidad de dinero que esperas tener en el banco en el año 2020
4. el número de días en el año
5. el número de correos electrónicos que recibes en un año
6. el número de personas en tu ciudad o pueblo

4-32 **Obras maestras** *(Masterpieces)* Hay una subasta *(auction)* de dos obras maestras del arte español. Uds. pueden ver las obras, *La hora triangular* de Salvador Dalí y *Las Meninas* de Diego Velázquez, y los precios iniciales para la subasta. Trabajen en grupos de 4 o 5 estudiantes para ver quién puede comprar cada obra. Sigan las instrucciones:

The Triangular Hour, 1933 by Salvador Dalí. Erich Lessing/Art Resource, NY. © 2009 Salvador Dalí, Gala-Salvador Dalí Foundation/ Artists Rights Society (ARS), New York.

Las Meninas or The Family of Philip IV, 1656. Oil on canvas, 276 x 318 cm by Diego Rodríguez Velázquez. © Erich Lessing/Art Resource, NY.

La hora triangular de Salvador Dalí
€87.329.200,00

Las Meninas de Diego Velázquez
€655.450.150,00

1. Todos los estudiantes escriben en español un precio más alto que *(higher than)* el precio inicial de cada una *(each one)* de las dos obras.
2. Un(a) estudiante dice su precio para *La hora triangular* en voz alta *(aloud)* y todos los otros estudiantes escriben el nombre del (de la) estudiante y el precio en números.
3. Todos los otros estudiantes dicen sus precios y todos escriben todos los precios con los nombres de los estudiantes.
4. El (La) estudiante con el precio más alto puede comprar la obra.
5. Uds. deben continuar con los precios para *Las Meninas*.

Present tense of *e > ie* verbs

Infinitive	pensar (ie)	querer (ie)	preferir (ie)
Stem	piens-	quier-	prefier-
	pienso	quiero	prefiero
	piensas	quieres	prefieres
	piensa	quiere	prefiere
	pensamos	queremos	preferimos
	pensáis	queréis	preferís
	piensan	quieren	prefieren

¡A recordar! 1 What other common **e > ie** verbs did you learn in this chapter? Which common **e > ie** verbs have irregular yo forms?

Present tense of *o > ue, u > ue* verbs

Infinitive	jugar (ue)	poder (ue)	dormir (ue)
Stem	jueg-	pued-	duerm-
	juego	puedo	duermo
	juegas	puedes	duermes
	juega	puede	duerme
	jugamos	podemos	dormimos
	jugáis	podéis	dormís
	juegan	pueden	duermen

¡A recordar! 2 What other common **o > ue** verbs did you learn in this chapter?

Present tense of *e > i* verbs

Infinitive	pedir (i)	decir (i)
Stem	pid-	dic-
	pido	digo
	pides	dices
	pide	dice
	pedimos	decimos
	pedís	decís
	piden	dicen

¡A recordar! 3 What other common **e > i** verbs did you learn in this chapter? Why is **digo** the **yo** form of **decir?**

Affirmative *tú* commands for regular verbs

Infinitive	3rd person present indicative	*tú* command
hablar	habla	**habla (tú)**
comer	come	**come (tú)**
escribir	escribe	**escribe (tú)**

¡A recordar! 4 What are the **tú** commands for the verbs **dormir** and **cerrar?** What are the nine verbs that have irregular affirmative **tú** commands?

Estar and the present progressive

	Verb stem	+	Progressive ending	Present participle
estoy				
estás	estudi-		**ando**	estudiando
está	com-		**iendo**	comiendo
estamos	escrib-		**iendo**	escribiendo
estáis		+		
están				

¡A recordar! 5 What are the present participle endings for **leer** and **traer?** What are the participles for stem-changing verbs such as **dormir, pedir,** and **servir?** What other uses of **estar** do you remember from the chapter?

Numbers 100 to 1,000,000

100 cien (ciento + *número*)
200 doscientos(as)
300 trescientos(as)
400 cuatrocientos(as)
500 quinientos(as)
600 seiscientos(as)
700 setecientos(as)
800 ochocientos(as)
900 novecientos(as)
1.000 mil
1.000.000 millón

¡A recordar! 6 Which numbers agree in gender and number with the noun they modify?

Actividad 1 Los planes de esta noche Completa el diálogo entre unos amigos sobre los planes de esta noche, usando la forma apropiada de los verbos que están entre paréntesis.

— ¿Uds. pueden salir a las nueve esta noche? Nosotros 1. _____ (pensar) ver una película.

— Mi hermano 2. _____ (tener) que limpiar su dormitorio y se 3. _____ (dormir) temprano, pero yo 4. _____ (poder) salir a las nueve. Yo 5. _____ (preferir) ir a un restaurante a cenar, porque no 6. _____ (tener) ganas de ver una película.

— Sí, yo 7. _____ (entender). Entonces, nosotros 8. _____ (querer) pasar por tu casa a las ocho. Hay un restaurante muy bueno en la calle Segovia. Ellos 9. _____ (servir) una paella muy rica.

— Sí. Mi madre también 10. _____ (decir) que es excelente. Ella 11. _____ (almorzar) allí con mi tía y ellas siempre 12. _____ (pedir) paella.

Actividad 2 La rutina de dos chicos Usa los verbos de la lista para completar el párrafo sobre los hijos de los señores Saavedra.

almorzar	jugar	preferir	venir
dormir	pensar	tener	volver

Los señores Saavedra 1. _____ dos hijos. Jorge, el mayor, 2. _____ al tenis pero Ramón, el menor, 3. _____ jugar al fútbol. Él 4. _____ que el tenis es aburrido. Los sábados los niños practican deportes por la mañana. Ellos 5. _____ a casa y 6. _____ a las dos de la tarde. A veces ellos 7. _____ la siesta después de comer, pero generalmente unos amigos 8. _____ a su casa y no hay tiempo para la siesta.

Actividad 3 ¿Qué dice? Forma el mandato afirmativo de los verbos que están entre paréntesis para saber qué tienes que hacer.

1. ¡ _____ (Venir) aquí!
2. ¡ _____ (Limpiar) la cocina!
3. ¡ _____ (Poner) la mesa!
4. ¡ _____ (Hacer) la cama!
5. ¡ _____ (Regar) las plantas!
6. ¡ _____ (Barrer) el piso!
7. ¡ _____ (Ir) a la tienda con tu madre!
8. ¡ _____ (Escribir) un correo electrónico a tu tía!
9. ¡ _____ (Tener) paciencia con tu hermana!
10. ¡ _____ (Ser) simpático!

Actividad 4 ¿Qué pasa en la casa? Rellena los espacios en blanco con la forma correcta del verbo **estar**.

¡Hola, Silvia! ¿Cómo 1. _____? Yo 2. _____ bien. Eduardo 3. _____ en la cocina con Carolina y ellos 4. _____ preparando la cena. Maricarmen y Raúl 5. _____ limpiando las habitaciones porque 6. _____ desordenadas. Raúl tiene que limpiar el baño y él 7. _____ enojado porque el baño 8. _____ muy sucio. Isabel y su hermana 9. _____ en el centro comercial. En general, todos nosotros 10. _____ bien.

Actividad 5 ¿Qué están haciendo? Completa cada frase con la forma apropiada del verbo en el presente progresivo para saber qué están haciendo los residentes de la Casa de la Troya según doña Rosa.

1. Nosotros _____ (preparar) la cena.
2. Yo _____ (poner) la mesa.
3. Dos estudiantes _____ (trabajar) en la cocina.
4. Una estudiante _____ (abrir) el refrigerador.
5. Tú _____ (hacer) la tortilla, ¿no?

Actividad 6 Los precios Escribe los siguientes precios.

1. 111.999,00
2. 235.784,00
3. 1.666,00
4. 34.814.000,00

Refrán

_____ bien; pero _____ cómo y a quién.

En este segmento del video, los cinco compañeros de casa ya se conocen bien y están muy contentos en su nueva casa, la Hacienda Vista Alegre. Vas a ver varias escenas en la casa, incluso escenas del primer día en la Hacienda. Los jóvenes recuerdan *(remember)* las diferentes partes de la casa y cómo dividieron *(how they divided)* las habitaciones.

Expresiones útiles

The following are some new expressions you will hear in the video.

si no les molesta	*if it doesn't bother you all*
vale	*okay*

Antes de ver

 ¿Cómo es la Hacienda? Con un(a) compañero(a) de clase, basándose en lo que ya saben *(know)* de la Hacienda Vista Alegre y usando su imaginación, describan la Hacienda. ¿Es grande o pequeña? ¿Tiene muchos muebles y electrodomésticos? Hagan *(Make)* una lista de los cuartos, muebles y electrodomésticos que hay en la Hacienda Vista Alegre.

Cuartos   **Muebles y electrodomésticos**

_____   _____

_____   _____

_____   _____

Después de ver

La Hacienda Vista Alegre Describe la Hacienda Vista Alegre y luego contesta las siguientes preguntas.

¿Cuántas habitaciones tiene la Hacienda Vista Alegre? _____

¿Cuántos baños hay? _____

¿Dónde está la habitación de Antonio? _____

¿Qué muebles tiene la habitación de Alejandra? _____

¿Con quién vive? ¿Quiénes comparten las habitaciones? Escribe los nombres de las personas que comparten las habitaciones.

——————— y ——————— comparten una habitación.

——————— y ——————— comparten una habitación.

——————— tiene una habitación sola.

Emociones ¿Cómo se sienten los compañeros de la Hacienda Vista Alegre? Completa las siguientes oraciones con la emoción apropiada en la forma correcta.

contento   emocionado   enojado   triste

Sofía está ——————— porque la habitación no tiene escritorio.

Antonio está ——————— porque le gusta molestar *(to bother)* a Valeria.

Valeria está ——————— con Antonio porque siempre hace bromas *(jokes around)*.

Alejandra está ——————— porque va a compartir el cuarto con Sofía.

Heinle/Cengage Learning

¿Qué opinas tú? Ahora que sabes cómo es la Hacienda Vista Alegre, piensa en tu casa ideal. ¿Cuántas habitaciones tiene? ¿Tiene piscina? ¿Qué muebles hay? ¿Cómo son los cuartos? Escribe un párrafo para describir tu hacienda ideal y luego comparte tu descripción con un(a) compañero(a). ¿Son similares sus casas ideales? ¿Qué aspectos tienen en común?

See the *Lab Manual,* **Capítulo 4, ¡A ver!** for additional activities.

Antes de leer

Using context and background knowledge to anticipate content

In addition to previous reading strategies such as identifying cognates and skimming and scanning; efficient readers like you may use your own background knowledge and context as well as other strategies to determine the meaning of unfamiliar words and phrases in a reading selection. You may ascertain the context of a reading selection in the following ways:

- by looking at the photos or images that accompany the reading
- by reading the headlines or title of the selection, and
- by using your background knowledge of the subject

Información Observa la próxima lectura y contesta las preguntas.

Fotos y títulos

1. ¿Quién está en la foto?
2. ¿Cuál es el título de la lectura?

Predicción

1. ¿Qué tipo de lectura es?
2. ¿Quién es el autor de la lectura? ¿Es la persona en la foto?
3. ¿Quiénes son los lectores?

Conocimiento previos *(Previous knowledge)*

1. ¿Cuál es el tema *(topic)* de la lectura?
2. ¿Qué saben del tema?
3. ¿Qué hacen las personas en una casa?

¡A leer!

Estrategias Escribe los cognados con sus significados. Lee la selección para comprender la idea principal y luego contesta las siguientes preguntas:

- ¿De quién es la casa?
- ¿De qué colores son las habitaciones?
- ¿Qué hora del día es?
- ¿Qué hacen las personas de la casa?

Federico García Lorca, poeta y dramaturgo español (1898–1936)

La casa de Bernarda Alba por Federico García Lorca

Acto primero

Habitación blanquísima, del interior de la casa de Bernarda.

Muros gruesos *(thick)*. Puertas en arco con cortinas de yute *(jute fabric)*. Sillas de anea *(a plant used for chair seats)*. Cuadros con paisajes *(landscapes)* inverosímiles de ninfas o reyes de leyenda. Es verano. Un gran silencio umbroso *(shadowed)* se extiende por la escena. Al levantarse el telón *(curtain)*, está la escena sola.

Acto segundo

Habitación blanca, del interior de la casa de Bernarda. Las puertas de la izquierda dan a los dormitorios. Las hijas de Bernarda están sentadas en sillas bajas cosiendo *(sewing)*.

Acto tercero

Cuatro paredes blancas ligeramente *(slightly)* azuladas del patio interior de la casa de Bernarda. Es de noche. El decorado ha de ser *(should be)* de una perfecta simplicidad. Las puertas iluminadas por la luz de los interiores dan un tenue fulgor *(subdued glow)* a la escena. En el centro, una mesa con un quinqué *(oil lamp)*, donde están comiendo Bernarda y sus hijas.... Al levantarse el telón hay un gran silencio, interrumpido por el ruido *(noise)* de los platos y los cubiertos.

Después de leer

A escoger Después de leer las descripciones del decorado para los tres actos, contesta las siguientes preguntas:

1. En el primer acto, ¿qué estación se describe?
   a. La primavera   b. El otoño   c. El verano
2. En el segundo acto, ¿qué están haciendo las hijas de Bernarda Alba?
   a. Ellas están comiendo.
   b. Ellas están sentadas cosiendo.
   c. Ellas están hablando.
3. En el tercer acto, ¿qué interrumpe el gran silencio que hay en la casa?
   a. El ruido de los platos y cubiertos.
   b. El ruido de las hijas que hablan.
   c. El ruido de Bernarda que habla.
4. ¿Cómo es la decoración de la habitación en los tres actos?
   a. Es una decoración simple.
   b. Es una decoración compleja.
   c. Es una decoración oscura.

¿Cierto o falso? Indica si las siguientes oraciones son **ciertas** o **falsas**. Corrige las oraciones falsas.

1. _____ La habitación es blanquísima en el acto primero.
2. _____ Los cuadros tienen paisajes irreales.
3. _____ Las hijas de Bernarda siempre están hablando.
4. _____ Las paredes son blancas ligeramente azuladas en el acto segundo.
5. _____ Hay una mesa en el centro de la habitación con una lámpara eléctrica, en el acto tercero.
6. _____ La luz da un tenue fulgor a la escena, en el acto tercero.

 A conversar Con tres de tus compañeros de clase discutan la casa de sus sueños *(dreams)*.

Describan la casa que ustedes desean, considerando lo siguiente *(considering the following)*:

- el tamaño *(size)* de la casa y el número de habitaciones
- el tamaño de la cocina
- los electrodomésticos

A escribir Después de conversar sobre la casa o el apartamento ideal, diseña *(design)* y escribe un anuncio para alquilar o vender un piso o una casa en la red. ¿Qué tipo de información vas a incluir? Para ver ejemplos, puedes buscar "Alquiler de pisos en España" en Internet. Preséntale tu anuncio a la clase.

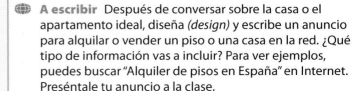

VOCABULARIO ESENCIAL

La casa — The house

la alarma	alarm
la alfombra	carpet
los altavoces	speakers
la antena parabólica	satellite dish
la bañera	bathtub
la cocina	kitchen
el comedor	dining room
el control remoto	remote control
el cuarto de baño	bathroom
el carro/el coche	car
el dormitorio	bedroom
la ducha	shower
el equipo (electrónico)	(electronic) equipment
la escalera	stairs
el estéreo	stereo
la habitación	(bed)room
el inodoro	toilet
el jardín	garden
el lavabo	bathroom sink
la pared	wall
el piso	floor (apartment, Spain)
la puerta	door
la sala	living room
el salón	living room (Spain)
el satélite	satelite
el sótano	basement
el suelo	floor
la tabla de planchar	ironing board
la ventana	window

Los muebles — Furniture

el armario	wardrobe, armoire, closet
la cama	bed
la cómoda	dresser
el escritorio	desk
el espejo	mirror
el estante	bookshelf
la lámpara	lamp
la mesa	table
la mesita	coffee (side) table
la silla	chair
el sillón	easy chair, arm chair
el sofá	sofa, couch

Los electrodomésticos — Appliances

la aspiradora	vacuum cleaner
el despertador	alarm clock
la estufa	stove
el horno (de microondas)	(microwave) oven
la lavadora	washing machine
el lavaplatos	dishwasher
la nevera	refrigerator
la plancha	iron
el refrigerador	refrigerator
la secadora	clothes dryer
la tostadora	toaster

Verbos

apagar	to turn off
(des)conectar	to disconnect
(des)enchufar	to plug in (to unplug)

Los quehaceres domésticos — Chores

barrer el piso	to sweep the floor
cortar el césped	to mow the lawn
hacer la cama	to make one's bed
lavar (los platos, la ropa, las ventanas)	to wash (dishes, clothes, windows)
limpiar la casa	to clean the house
pasar la aspiradora	to vacuum
planchar (la ropa)	to iron (clothes)
poner la mesa	to set the table
quitar la mesa	to clear the table
regar (ie) las plantas	to water the plants
sacar la basura	to take out the garbage

Preposiciones de lugar

al lado de	next to, beside
cerca de	near
con	with
debajo de	under, below
delante de	in front of
dentro de	inside of
detrás de	behind
en	in; on
encima de	on top of
entre	between; among
lejos de	far from
sobre	on; over

Adjetivos

aburrido(a)	bored
apagado(a)	off
contento(a)	happy
desordenado(a)	messy
emocionado(a)	excited
enchufado(a)	plugged in
enfermo(a)	sick
enojado(a)	angry
furioso(a)	furious
limpio(a)	clean
ocupado(a)	busy
ordenado(a)	neat, orderly
prendido(a)	turned on
preocupado(a)	worried
sucio(a)	dirty
triste	sad
vago(a)	lazy

Los números 100 y más

100	cien
200	doscientos(as)
300	trescientos(as)
400	cuatrocientos(as)
500	quinientos(as)
600	seiscientos(as)
700	setecientos(as)
800	ochocientos(as)
900	novecientos(as)
1.000	mil
1.000.000	millón

Verbos

almorzar (ue)	to have lunch
cerrar (ie)	to close
comenzar (ie)	to begin
decir (i)	to say, to tell
dormir (ue)	to sleep
empezar (ie)	to begin
entender (ie)	to understand
jugar (ue)	to play
pedir (i)	to ask for
pensar (ie)	to think
perder (ie)	to lose; to miss (an event)
poder (ue)	to be able to
preferir (ie)	to prefer
querer (ie)	to want, to love
regar (ie)	to water
servir (i)	to serve
tener (ie)	to have
venir (ie)	to come
volver (ue)	to return

La salud

Bolivia, Ecuador y Perú

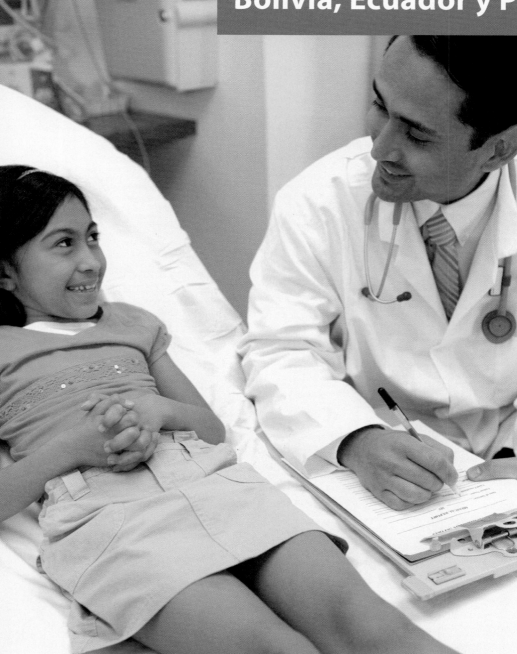

Chapter Objectives

Communicative Goals

In this chapter, you will learn how to . . .

- Identify parts of the body
- Describe daily routines and hygienic practices
- Talk about what you have just finished doing
- Talk about illnesses and health conditions
- Describe people, things, and conditions
- Point out people and things

Structures

- Reflexive pronouns and present tense of reflexive verbs
- **Acabar de** + *infinitive*
- **Ser** vs. **estar**
- Demonstrative adjectives and pronouns

....

◀ ¿Cómo estás? ¿Estás enfermo(a) o estás preocupado(a) o estás triste?

◀ ¿Cuándo visitas al (a la) doctor(a) o al (a la) dentista?

◀ ¿Qué tomas cuando estás enfermo(a)?

Quito,
Ecuador
Visit it live on **Google Earth!**

En el consultorio del Dr. Chávez

In this section, you will learn how to talk about parts of the body by viewing a scene in the office of Dr. Chávez, a medical doctor in Bolivia who is examining a young patient by the name of Carolina Mendoza. Does this office resemble medical offices that you have visited?

Otras palabras

el cerebro *brain*
el consultorio *medical office*
el oído *(inner) ear*
respirar *to breathe*

Curiosidades del idioma

El cabello and **el pelo** are words that refer to hair. It is usually more polite to refer to **el cabello** when describing a person's hair.

Palabras útiles

la cadera	**el órgano**
hip	*organ*
las cejas	**las pantorrillas**
eyebrows	*calves*
los huesos	**el pecho**
bones	*chest*
los labios	**las pestañas**
lips	*eyelashes*
la lengua	**la piel**
tongue	*skin*
las mejillas	**las uñas**
cheeks	*fingernails*
los muslos	
thighs	

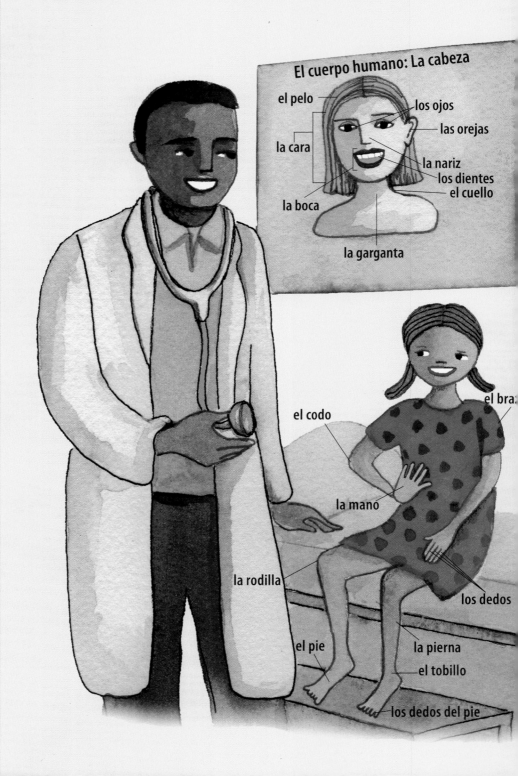

El cuerpo humano: La cabeza

el pelo
los ojos
la cara
las orejas
la nariz
los dientes
la boca
el cuello
la garganta

el codo
el bra[zo]
la mano
la rodilla
los dedos
la pierna
el pie
el tobillo
los dedos del pie

¡A practicar!

5-1 **¡No es lógico!** Identifica la palabra que no va con el grupo y explica por qué.

> **Modelo** los dedos, las manos, los dientes
> *Los dientes son parte de la cabeza;*
> *los dedos y las manos son parte del brazo.*

1. la boca, la cara, el brazo
2. el corazón, el pelo, el estómago
3. los pulmones, la nariz, el músculo
4. los dedos, las rodillas, los tobillos
5. la garganta, las orejas, el estómago
6. los pies, los codos, los dedos de los pies
7. el codo, los dientes, las manos
8. los ojos, la boca, la espalda, las orejas, los dientes

5-2 **Asociaciones** ¿Qué parte del cuerpo asocias con las siguientes actividades?

> **Modelo** respirar
> *la nariz, la boca, los pulmones*

1. hablar
2. comer
3. pensar
4. escribir
5. beber
6. caminar
7. escuchar
8. leer

5-3 **Los deportes y los pasatiempos** ¿Qué deportes y pasatiempos asocias con estas partes del cuerpo? Menciona tantos deportes y actividades como sea posible *(as many . . . as possible)* para cada parte del cuerpo.

1. las piernas y los pies
2. los brazos y las manos
3. las manos y los dedos
4. los ojos
5. la cabeza y los pies

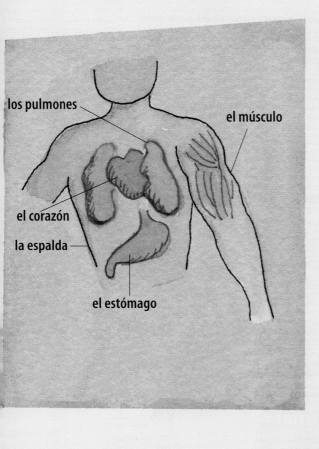

los pulmones

el músculo

el corazón

la espalda

el estómago

¡A conversar!

5-4 **Personas famosas** Trabajen en grupos de cuatro o cinco personas. Cada estudiante escribe una lista de personas famosas por varias partes del cuerpo. Pueden ser atletas, actores, músicos, etcétera. Un(a) estudiante presenta el nombre de la persona famosa y los otros *(others)* identifican la parte del cuerpo más asociada con él o ella. Continúen hasta que todos presenten todos los nombres de las listas.

5-5 **Anatomía** Trabaja con un(a) compañero(a) para repasar las partes del cuerpo. Una persona describe una parte del cuerpo y la otra persona identifica la parte y escribe la palabra en el lugar apropiado del dibujo. Después, cambien de papel *(change parts)*. En las descripciones pueden identificar otras partes del cuerpo u otras actividades asociadas con la parte del cuerpo.

Modelo   E1: *Se asocian con la boca y con la actividad de comer.*
E2: *¿Son los dientes?*
E3: *Sí.*

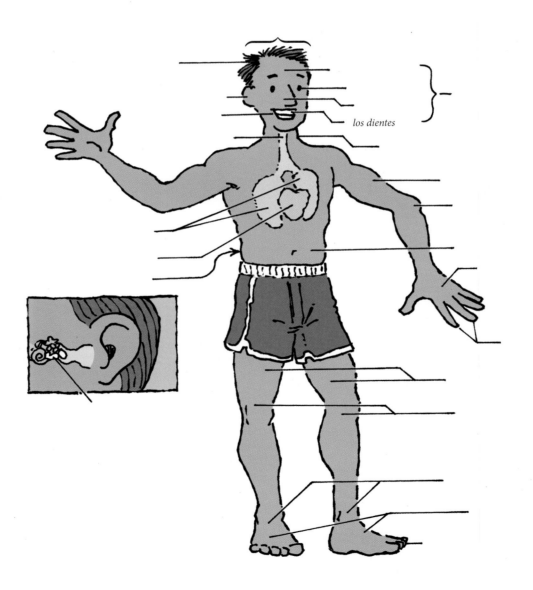

los dientes

5-6　**Entrevista**　Hazle a tu compañero(a) las siguientes preguntas.

> **Modelo**　E1: *¿Tienes la nariz grande o pequeña?*
> E2: *Tengo la nariz grande.*

1. ¿De qué color tienes el pelo?
2. ¿De qué color tienes los ojos?
3. ¿Tienes las orejas grandes o pequeñas?
4. ¿Usas las manos para hablar?
5. Cuando haces ejercicio, ¿qué parte del cuerpo usas más?
6. ¿Por qué es malo el tabaco?

5-7　**Retratos (*Portraits*) de un extraterrestre**　Descríbele a un(a) compañero(a) las características físicas de un extraterrestre (*an alien*) mientras (*while*) tu compañero(a) lo dibuja. Después de dibujar, tu compañero(a) tiene que explicarte los atributos.

> **Modelo**　*El extraterrestre tiene piernas cortas, pero dos brazos muy largos. Tiene pelo azul y largo. Tiene ojos anaranjados. La cara es pequeña, pero la boca es grande. Tiene dos orejas grandes.*

5-8　**¡Manos a la obra!**　Muchas partes del cuerpo son importantes en varios trabajos académicos, actividades profesionales y quehaceres domésticos. Trabajando en grupos de dos o tres personas, miren la lista de actividades asociadas con varios tipos de trabajo y discutan las partes del cuerpo que necesitan usar. Identifiquen más actividades en cada categoría y continúen la discusión.

> **Modelo**　*Cuando escribo la tarea, necesito los brazos, las manos y los dedos, escribo con bolígrafo o lápiz, o uso la computadora. Leo el papel o la computadora con los ojos.*

Los trabajos académicos	Las actividades profesionales	Los quehaceres domésticos
escribir la tarea	trabajar en un banco	cortar el césped
leer un libro	vender ropa en una tienda	hacer la cama
escuchar el disco compacto de español	ayudar a los clientes en la oficina de correos	poner la mesa
dibujar en la clase de arte	trabajar en una piscina	limpiar el baño
cantar una canción y tocar el piano en la clase de música	recibir dinero de los clientes en un restaurante	sacar la basura
tomar un examen de matemáticas	dar información a los visitantes en el museo	preparar la cena

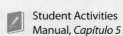

Student Activities Manual, *Capítulo 5*

Capítulo 5

 iLrn: Heinle Learning Center, *Capítulo 5*

La señora Mendoza y su hija Carolina están en una clínica médica. Acaban de llenar su historial clínico y ahora están hablando con el doctor Chávez. Carolina piensa que está muy enferma.

AUDIO CD
CD 1, TRACK 12

Dr. Chávez: ¿Cómo **se siente** su hija hoy, señora Mendoza?

Sra. Mendoza: Dice que **está muy mal** y que no puede asistir a la escuela. Hoy por la mañana empiezan las clases y es la primera vez que Carolina va solita a la escuela. Lleva tres días en cama mirando la tele. Generalmente **es** una niña muy **sana.**

Comentario cultural The two highland Indian groups, the Quechua and Aymara, account for roughly 55 percent of the population in Bolivia. **Mestizos** or **cholos** (those of mixed ancestry) constitute about 30 percent. European descendants of Spaniards constitute less than 15 percent of the population.

Dr. Chávez: Mmm... Carolina, **¿te duele el estómago?**

Carolina: ¡Ayyy! Sí, **me duele mucho el estómago.**

Comentario cultural Numerous diseases, including hepatitis A and typhoid fever, are transmitted in Bolivia by contaminated water. Rural wastewater treatment rates are at only 40 percent in Bolivia. With more and more people migrating to the large cities of La Paz and Santa Cruz from the countryside, supplying safe drinking water is becoming increasingly challenging. Rural populations are most at risk for becoming ill from untreated water.

Dr. Chávez: ¿Tienes fiebre?

Sra. Mendoza: Dice que sí, pero **acabo de tomarle la temperatura** y tiene 37 grados, o sea, normal.

Comentario cultural Bolivia, similar to most other countries worldwide, uses the metric system. Initially, this posed a challenge to United States-based medical teams visiting the area. To convert Celsius temperatures into Fahrenheit, begin by multiplying the Celsius number by 9. Next, divide the answer by 5 and then add 32. To convert Fahrenheit temperatures into Celsius, begin by subtracting 32 from the Fahrenheit number. Next, divide the answer by 9 and then multiply that answer by 5.

Expresiones **en contexto**

el historial clínico *medical history*	**me encuentro** *I'm feeling*
hoy por la mañana *this morning*	**o sea** *I mean, in other words*
la primera vez *the first time*	**solito(a)** *all by him/herself*
llenar *to fill out*	
llevar + *time* + *present participle*	
to have been experiencing a condition	
for a period of time	

Dr. Chávez: Vamos a ver... ¿Tienes **dolor de cabeza?**

Carolina: ¡Sí! Y **tengo tos,** y **estoy mareada** y... y... y **este** lado del cuerpo me duele mucho.

Comentario cultural Often known as the "Tibet" of South America, Bolivia is traversed by three very high and long Andean ranges. For those unaccustomed to the altitude of the **Altiplano** (at roughly 3,658 meters or 12,000 feet high) headaches, dizziness, and difficulty sleeping are common. High-altitude sickness in Bolivia is called **el soroche** and is often treated with **mate de coca,** a local herbal tea derived from the coca plant.

Dr. Chávez: Parece que **estás muy grave,** Carolina. Tenemos que **operarte** inmediatamente. Creo que tienes la «escuelacitis». Es una condición del cerebro.

Comentario cultural Bolivia has a population of 9 million people with an under-five mortality rate of 65 per 1,000 births, down from a previous estimate of 125 per 1,000 births. As vaccinations for measles, mumps, rubella, diphtheria, and tuberculosis are sometimes financially unavailable to Bolivia's poor, world health organizations, such as UNICEF, support free vaccination programs that target children.

Carolina: ¿Una operación? ¿El cerebro? Pues... la verdad es que ahora **me encuentro** un poco mejor.

Comentario cultural Bolivia often hosts brigades of international medical volunteers, including plastic surgeons, anesthesiologists, nurses, pediatricians, dentists, and speech pathologists, who provide free medical evaluations and reconstructive surgery to children suffering with facial deformities, such as cleft lip and cleft palate.

¿Comprendiste? Contesta las siguientes preguntas basándote en el diálogo.

1. ¿Está realmente enferma Carolina?
2. ¿Qué síntomas tiene?
3. ¿Por qué recomienda una operación el doctor Chávez? ¿Quiere asustarla *(to scare her)*?
4. ¿Por qué se siente mejor Carolina al final?

 Diálogo entre doctor y paciente Trabajando con un(a) compañero(a) de clase, túrnense *(take turns)* para practicar el diálogo que acaban de estudiar en **En contexto.** Deben cambiar *(change)* las nacionalidades y condiciones de los hablantes. Usen expresiones de **En contexto** como modelo para su diálogo.

Reflexive pronouns and present tense of reflexive verbs

A reflexive construction consists of a **reflexive pronoun** and a verb. In English, reflexive pronouns end in *-self* or *-selves*; for example: *myself, yourself, ourselves*. In Spanish, reflexive pronouns are used with some verbs (called **reflexive verbs**) that reflect the action back to the subject of a sentence, meaning that the subject of the verb also receives the action of the verb. In the following example, notice how Juan Carlos is both the subject and recipient of the action of getting himself up.

Subject	Reflexive Pronoun	Verb	
↓	↓	↓	
Juan Carlos	**se**	levanta	a las ocho.
Juan Carlos	*gets (himself) up*		*at eight.*

Conjugating reflexive constructions

Reflexive verbs are identified by the pronoun **-se** attached to the end of the infinitive form of the verb. To conjugate these verbs, use a reflexive pronoun (e.g., **me**) with its corresponding verb form (e.g., **levanto**), according to the subject of the sentence (e.g., **yo**).

Reflexive infinitive: levantarse *(to get up)*

Subject	Reflexive Pronoun + Verb Form	
yo	**me** levant**o**	*I get up*
tú	**te** levant**as**	*you (informal) get up*
Ud., él/ella	**se** levant**a**	*you (formal) get up, he/she gets up*
nosotros(as)	**nos** levant**amos**	*we get up*
vosotros(as)	**os** levant**áis**	*you (informal) get up*
Uds., ellos(as)	**se** levant**an**	*you (formal and informal) get up, they get up*

Note that when reflexive verbs are used with parts of the body or with clothing items, the definite article (**el, la, los, las**) precedes the noun.

Juan Carlos se cepilla **los** dientes.
Juan Carlos brushes his teeth.

Tomás va a lavarse **el** cabello.
Tomás is going to wash his hair.

Placing reflexive pronouns

- Place the pronoun in front of the conjugated verb.

  Juan Carlos **se levanta** a las ocho.
  Juan Carlos gets up at eight.

- When a reflexive verb is used as an infinitive or as a present participle, place the pronoun either before the conjugated verb (if there are two or more verbs used together) or attach it to the infinitive or to the present participle.

  Sara **se va a levantar** pronto.

  or

  Sara **va a levantarse** pronto.
  Sara is going to get up soon.

  Sara **se está levantando** ahora.

  or

  Sara **está levantándose** ahora.
  Sara is getting up now.

- When a reflexive pronoun is attached to a present participle (e.g., **levantándose**), an accent mark is added to maintain the correct stress.

Reflexive vs. nonreflexive verbs

When the action is performed on another person (as indicated by the addition of the personal **a** before **mi mamá**) a reflexive pronoun is not used. Compare these two examples:

Me despierto a las ocho.
I wake up at eight o'clock.

Despierto a mi mamá a las ocho.
I wake up my mom at eight.

Verbos reflexivos de la rutina diaria y personal

acostarse (ue) to go to bed	**levantarse** to get up
afeitarse to shave	**maquillarse** to put on makeup
bañarse to take a bath	**peinarse** to comb one's hair
cepillarse los dientes to brush one's teeth	**pintarse** to put on makeup
cuidarse to take care (of oneself)	**ponerse (la ropa)** to put on (one's clothes)
despertarse (ie) to wake up	**quitarse (la ropa)** to take off (one's clothes)
dormirse (ue) to fall asleep	**secarse (el cuerpo)** to dry off (one's body)
ducharse to take a shower	**vestirse (i)** to get dressed
lavarse to wash up	

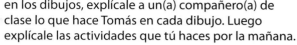

¡A practicar!

5-9 **Los domingos por la mañana** Completa las siguientes oraciones, usando las formas correctas de los verbos entre paréntesis y tu información personal.

Modelo (afeitarse) Todos los días Juan Carlos _se afeita_ pero yo nunca _me afeito_.

1. (levantarse)
   Los domingos Juan Carlos y Sara _____ a las ocho, y Tomás, su hijo, _____ a las nueve. Yo _____ a las diez.

2. (cepillarse)
   Después, el esposo y la esposa siempre _____ los dientes.

3. (ducharse)
   Juan Carlos y Tomás se bañan en la bañera, pero Sara prefiere _____. Yo también prefiero _____.

4. (vestirse)
   Juan Carlos y Sara _____ con ropa elegante y Tomás _____ de jeans. Yo _____ de jeans también.

5-10 **¡Qué mujer más ocupada!** Para comprender la vida diaria que tiene Sara durante la semana, completa las siguientes descripciones conjugando los verbos entre paréntesis.

Sara:
Los días de trabajo yo _____ (1. despertarse) a las siete. Primero, voy al baño, donde _____ (2. ducharse) por diez minutos. Después, _____ (3. secarse) bien todo el cuerpo y _____ (4. peinarse).

Juan:
Entonces Sara _____ (5. vestirse) con ropa elegante, _____ (6. maquillarse) la cara y _____ (7. ponerse) un poco de perfume. Luego ella _____ (8. cepillarse) los dientes y sale de la casa. Sara trabaja por cinco horas hasta _(until)_ la una de la tarde. Luego vuelve a casa. Ella _____ (9. lavarse) las manos y almuerza con nosotros.

¡A conversar!

5-11 **Las actividades diarias de Tomás** Basándote en los dibujos, explícale a un(a) compañero(a) de clase lo que hace Tomás en cada dibujo. Luego explícale las actividades que tú haces por la mañana.

Modelos _Tomás se despierta a las seis. Me despierto a las ocho._

1. Primero   2. Luego

3. Después   4. Más tarde

5. Finalmente

5-12 **Mi rutina** Explícale tu rutina diaria a un(a) compañero(a) de clase. Tu compañero(a) debe dibujar tus actividades y usar el dibujo para explicarle las actividades a la clase.

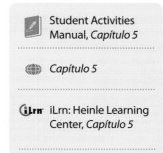

Student Activities Manual, _Capítulo 5_

Capítulo 5

iLrn: Heinle Learning Center, _Capítulo 5_

Acabar de + infinitive

Acabar de + *infinitive* is a way speakers of Spanish talk about things that have just taken place without using the past tense. Literally, **acabar de** + *infinitive* means *to have just finished doing something.* The verb **acabar** is regular and is used in all forms of the present tense to communicate what has just been done.

yo	**acabo**
tú	**acabas**
Ud., él/ella	**acaba**
nosotros(as)	**acabamos**
vosotros(as)	**acabáis**
Uds., ellos(as)	**acaban**

Acabamos de abrir una clínica en Bolivia.
We have just opened a clinic in Bolivia.

El doctor Chávez **acaba de ver** a tres pacientes.
Dr. Chávez has just seen three patients.

Cuatro pacientes **acaban de llegar** a la clínica.
Four patients have just arrived at the clinic.

Acabo de hablar con dos pacientes.
I have just spoken to two patients.

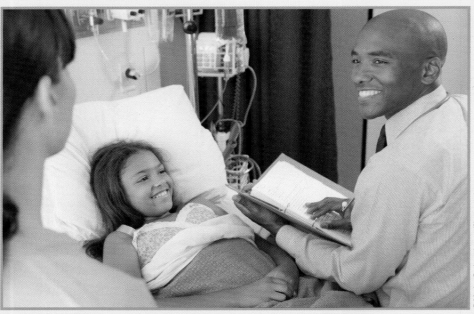

El Dr. Rodríguez acaba de examinar a Manuela y ahora está hablando con la enfermera. ¿Qué acabas de hacer tú?

¡A practicar!

5-13 Mamá, ¡acabo de hacerlo! Tu mamá sugiere varias actividades para algunas personas de la familia. Dile que ya están hechas *(are done),* usando **acabar de.**

> **Modelo** ¿Por qué no te bañas?
> *(Yo) me acabo de bañar.*
> o *(Yo) acabo de bañarme.*

1. ¿Por qué no se cepillan los dientes tú y tu hermana después del almuerzo?
2. ¿Por qué no se visten ellos para la fiesta de sus amigos?
3. ¿Por qué no se afeita tu padre?
4. ¿Por qué no tomas una siesta?
5. ¿Por qué no se peina tu mejor amiga?

5-14 ¡Adivina lo que acaba de hacer esa gente! Las siguientes personas acaban de hacer algo. Tú y un(a) compañero(a) de clase tienen que adivinar *(guess)* lo que acaban de hacer, basándose en la información que tienen.

> **Modelo** Sara sale del baño. Tiene el cabello mojado *(wet).*
> *Sara acaba de bañarse.*

1. Tomás se levanta de la cama.
2. Sarita y Tomás se levantan de la mesa. Son las ocho de la mañana.
3. Juan Carlos sale de su cuarto. Tiene puesta *(He's wearing)* ropa elegante para una fiesta.
4. El doctor Chávez entra por la puerta de la clínica. Son las nueve de la mañana.
5. La señora Martínez sale del consultorio *(doctor's office)* del doctor Chávez.
6. Juan Carlos y Sara están en la cama y apagan la luz *(turn off the light).*

¡A conversar!

5-15 Antes y después Mira los dibujos y di qué acaban de hacer estas *(these)* personas y qué van a hacer. Luego, indica si tú acabas de hacer la actividad o no, y/o cuándo vas a hacerla. Después pregúntale a tu compañero(a) de clase si él/ella acaba de hacer la actividad o no, y/o cuándo va a hacerla.

> **Modelo** **E1:** *Acaba de ducharse y va a vestirse. Acabo de ducharme y vestirme. ¿Y tú?*
> **E2:** *No, no acabo de ducharme y vestirme. Me ducho a las siete de la mañana y ahora son las diez. Voy a ducharme y vestirme mañana.*

1.

2.

3.

4.

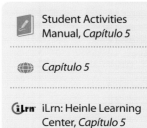

5.

Heinle/Cengage Learning

🖊 Student Activities Manual, *Capítulo 5*

🌐 *Capítulo 5*

iLrn iLrn: Heinle Learning Center, *Capítulo 5*

Bolivia, Ecuador y Perú

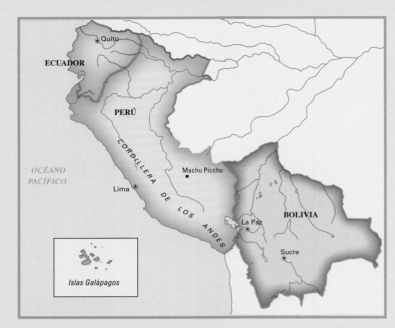

▶ Veamos el video de Bolivia, Ecuador y Perú para luego discutir.

1. Describan la población boliviana.

2. ¿Qué ciudades o lugares interesantes pueden visitar en Bolivia?

3. ¿Por qué Quito, la capital de Ecuador, es el segundo centro histórico más importante de América? (El primer centro histórico es La Habana, Cuba.)

4. Si visitan Lima, la capital de Perú, prefieren visitar la parte moderna de la ciudad o la parte antigua? ¿Qué van a ver en cada parte?

5. ¿Qué pueden comprar en los mercados indígenas de Bolivia y de Ecuador?

See also the *Workbook,* **Capítulo 5, Viajemos por Bolivia, Ecuador y Perú** for additional activities.

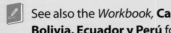

Bolivia

Población: 9.247.816

Área: 1.098.580 km², más o menos tres veces el tamaño de Montana

Capital: La Paz (sede del gobierno), 2,5 millones; Sucre (sede jurídica), 227.000

Moneda: el peso boliviano

Lenguas: el español y las lenguas indígenas oficiales: el quechua y el aymara

Ecuador

Población: 13.927.650

Área: 283.560 km², más o menos el tamaño de Nevada

Capital: Quito, 3.224.600

Moneda: el dólar estadounidense

Lenguas: el español y el quichua y otras lenguas indígenas

Perú

Población: 29.180.900

Área: 1.285.215 km², casi el tamaño de Alaska

Capital: Lima, 15.209.928

Moneda: el nuevo sol

Lenguas: el español y el quechua y otras lenguas indígenas

© Shirley Vanderbilt/Photolibrary

Historia El imperio inca (S. XI–XV) incluye *(includes)* Perú, Ecuador, Bolivia, el norte de Chile y el noroeste de Argentina. Las ruinas de Machu Picchu, ciudad inca, están situadas en las montañas de los Andes cerca de Cusco, Perú. Los edificios de esta ciudad están compuestos por viviendas de una sola habitación alrededor *(around)* de un patio interior. Hay edificios más grandes que las viviendas que sirven para practicar ritos religiosos. Aunque *(Even though)* los incas no conocen la rueda *(wheel),* sus construcciones en piedras *(stones)* son perfectas. Estas ruinas son abandonadas por más de tres siglos hasta que el explorador y educador estadounidense Hiram Bingham (1875–1956) las redescubre *(re-discover)* en 1911. La ciudad no está descrita en los documentos españoles y Bingham piensa que Machu Picchu es el último lugar adonde escapan los incas de Cusco a la llegada de los españoles.

¿Quieres visitar Machu Picchu? ¿Por qué?

Lugares mágicos Las islas *(islands)* Galápagos o Archipiélago de Colón están en el océano Pacífico a 1.050 kilómetros (650 millas) de la costa de Ecuador. El archipiélago está compuesto por trece islas importantes como Isabela, San Cristóbal, San Salvador, Santiago, Santa María y Santa Cruz y muchas islas pequeñas situadas muy cerca del ecuador. Las islas Galápagos se conocen por su variedad de animales incluyendo 85 tipos de pájaros *(birds)*, reptiles y seis especies de tortugas gigantes o galápagos de donde viene el nombre de las islas. En 1978, la Organización de las Naciones Unidas llamada UNESCO declara las islas Galápagos "Patrimonio de la Humanidad" por su importancia en el estudio de las especies animales y vegetales.

¿Deseas visitar las islas Galápagos? ¿Quieres trabajar en la Estación Charles Darwin que está en la isla Santa Cruz para investigar y estudiar las plantas y los animales?

Visit it live on **Google Earth!**

Creencias y costumbres En ciertos países *(certain countries)* de los Andes, como Bolivia, Perú y Ecuador, las hojas *(leaves)* de coca se usan antes *(before)* de la llegada de los españoles. Las hojas de coca se usan en los ritos religiosos y en la medicina tradicional de la región. Las hojas se utilizan para aliviar el dolor de cabeza *(headache)* el hambre, el cansancio *(tiredness)* y el mareo *(dizziness)*.

¿Qué tomas cuando estás enfermo(a)? ¿Te gusta tomar té? ¿Toman los miembros de tu familia algo específico cuando están enfermos?

Ritmos y música Los instrumentos musicales de Bolivia, Ecuador y Perú incluyen la flauta, la guitarra, el charango *(a small string instrument made out the armadillo's shell)*, la quena, que es una flauta de aire, la antara, que son varias flautas, y la tinya, que es una especie de tambor *(drum)* de mano.

El grupo Pukaj Wayra son músicos bolivianos jóvenes que cantan canciones *(songs)* tradicionales y tocan instrumentos también tradicionales de Bolivia. Escucha la selección que se llama «Tambores paganos» *("Pagan Drums")*. *Access the iTunes Playlist on the **Viajes** website.*

¿Es importante valorar la música original de cada país? ¿Por qué? ¿Te gusta la flauta en esta canción? ¿Te gusta el ritmo de la música andina?

¡Busquen en la red de información!
www.cengage.com/spanish/viajes

1. Historia: Machu Picchu
2. Lugares mágicos: Islas Galápagos
3. Creencias y costumbres: Hierbas y hojas de coca
4. Ritmos y música: Pukaj Wayra

En la clínica del Centro de Salud Rural Andino

In this section, you will learn how to talk about common illnesses and discuss treatments and remedies. In the drawing below, Dr. Carlos Dardo Chávez, the director of the clinic, is busy treating patients. How often do you go to the doctor?

Otras palabras y expresiones relacionadas con la salud

la alergia *allergy*

la enfermedad *illness*

doler (ue) (a alguien) *to be painful (to someone); to hurt*

enfermarse *to get sick*

estar enfermo(a) *to be sick*

estar resfriado(a) *to have a cold*

guardar cama *to stay in bed*

resfriarse *to catch a cold*

tener gripe *to have a cold or flu*

Palabras útiles

la ambulancia *ambulance*

el antiácido *antacid*

el diagnóstico *diagnosis*

la inyección *shot*

las lentillas/los lentes de contacto *contact lenses*

la radiografía *X-ray*

el tratamiento *treatment*

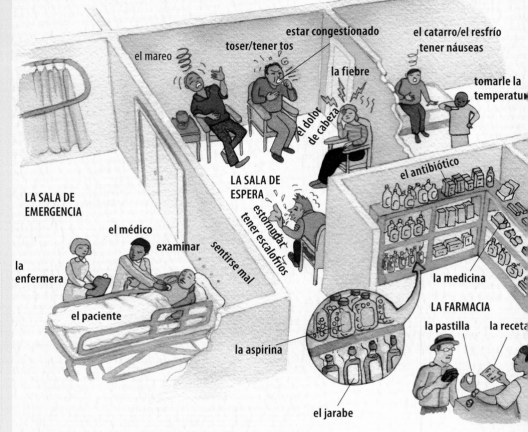

el mareo · estar congestionado · toser/tener tos · el catarro/el resfrío · tener náuseas · la fiebre · tomarle la temperatura · el dolor de cabeza

LA SALA DE EMERGENCIA · LA SALA DE ESPERA · estornudar · tener escalofríos · sentirse mal · el antibiótico

la enfermera · el médico · examinar · la medicina · LA FARMACIA · la pastilla · la receta

el paciente · la aspirina · el jarabe

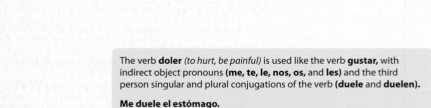

The verb **doler** *(to hurt, be painful)* is used like the verb **gustar**, with indirect object pronouns (**me, te, le, nos, os,** and **les**) and the third person singular and plural conjugations of the verb (**duele** and **duelen**).

Me duele el estómago.
My stomach hurts.

Spanish speakers literally say *my stomach is painful to me.*

As with reflexive verbs, when one is using **doler** to talk about a body part, the definite articles (**el, la, los, las**) are used. If you want to clarify who is in pain, use the **a personal** *(personal a)* plus the person:

A Carolina le duele el estómago.
Caroline's stomach hurts.

¡A practicar!

5-16 Asociaciones ¿Qué partes del cuerpo están afectadas por cada enfermedad?

> **Modelo** estar resfriado(a)
> *la nariz y los pulmones*

1. el catarro
2. las alergias
3. el mareo
4. la tos

5-17 ¿Qué recomiendas? Empareja cada enfermedad con el tratamiento *(treatment)* apropiado.

> **Modelo** Una persona que tiene *catarro* debe *tomar jarabe.*

Una persona que tiene...	debe...
1. fiebre	tomar jarabe
2. gripe	descansar un poco
3. dolor de cabeza	tomar Pepto-Bismol
4. tos	tomar antibióticos
5. un problema grave	tomar aspirina
6. dolor de estómago	hablar con un(a) médico(a)
7. náuseas	ir a una clínica
8. escalofríos	guardar cama

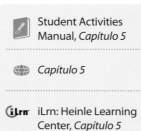

Student Activities Manual, *Capítulo 5*

🌐 *Capítulo 5*

iLrn iLrn: Heinle Learning Center, *Capítulo 5*

¡A conversar!

5-18 Los dolores En parejas, miren los dibujos y para cada uno completen la oración *(sentence)* para indicar qué le duele y expliquen por qué.

> **Modelo** A Esteban... *le duele la mano porque tiene un accidente.*

1. A mí...

2. A ellos...

3. A ti...

4. A nosotros...

Heinle/Cengage Learning

5-19 Conversación sobre la salud Con un(a) compañero(a) de clase, contesta las siguientes preguntas sobre la salud.

1. ¿Qué haces cuando tienes catarro? ¿Tomas alguna medicina? ¿Tienes escalofríos cuando tienes catarro?

2. ¿Tienes dolor de cabeza mucho o poco? ¿Qué haces cuando tienes dolor de cabeza? ¿Tomas aspirina?

3. ¿Qué haces cuando tienes náuseas? ¿Tomas Pepto-Bismol? ¿Te sientes mareado(a) frecuentemente *(frequently)*? Si tienes náuseas, ¿guardas cama?

4. ¿Estás resfriado(a) más frecuentemente en el verano o en el invierno? ¿Tienes fiebre? ¿Qué otros síntomas tienes cuando estás resfriado(a)? ¿Estornudas a veces? ¿Tienes tos?

Ser vs. estar

As you have learned, the verbs **ser** and **estar** both mean *to be*, but they are used to express different kinds of information. In this section you will review the uses of **ser** and **estar**, two verbs that express the idea *to be* in English, and learn to better distinguish between the contexts for both verbs.

The verb **ser** often implies a fundamental quality or characteristic that describes or defines the essence of a person, thing, place, or idea. Use **ser** to express the following information:

ser	
Identity	—**Soy** el doctor Carlos Dardo Chávez. —¡Mucho gusto!
Origin and nationality	**Soy** de Bolivia. **Soy** boliviano.
Profession	El Dr. Chávez **es** médico.
Characteristics of people and places	El doctor **es** alto e inteligente. La Paz **es** una de las ciudades más altas del mundo.
Possession	La clínica **es** de la comunidad.
Time of day and dates	**Son** las dos de la tarde. **Es** sábado. **Es** el 22 de julio.
Intentions	**Es** para ti, Sara. **Es** para tu cumpleaños.
Impersonal statements	**Es** importante comer frutas y vegetales.
Mathematical equations	Cinco más treinta **son** treinta y cinco.
Location of events	La fiesta **es** en mi casa.

The verb **estar** often indicates a state or condition of a person, place, thing, or action at a given moment, which may be the result of a change or a deviation from the norm. Use **estar** to express the following information:

estar	
Location of people	**Estoy** en casa.
Location of things	La clínica **está** en Lima.
Location of places	Lima **está** en Perú.
Physical condition	**Estoy** cansado.
Emotional condition	**Estoy** preocupada.
Action in progress	**Estoy** trabajando.
Weather expressions	**Está** despejado. **Está** lloviendo.

Ser and **estar** can be used with the same adjectives to communicate different ideas. In some cases, the choice of **ser** or **estar** can radically change the meaning of the sentence. Consider the following examples:

ser	estar
Carlos **es guapo.** *Carlos is handsome.*	Carlos **está** muy **guapo** hoy. *Carlos looks unusually handsome today.*
Los voluntarios **son listos.** *The volunteers are smart.*	Los voluntarios **están listos.** *The volunteers are ready.*
Sara **es aburrida.** *Sara is boring.*	Sara **está aburrida.** *Sara is bored.*
La fruta **es verde.** *The fruit is green (color).*	La fruta **está verde.** *The fruit is unripe.*

Curiosidades del idioma

Marital status: Most speakers use **ser** with **soltero(a): Grace es soltera.** Most speakers use **estar** with **casado(a),** since it is an adjective that comes from a verb, for example, **Sofía está casada con Manuel.**

¡A practicar!

5-20 **Una visita a Ecuador: ¿Ser o estar?** Las personas que visitan Ecuador deben aprender un poco sobre el país. Indica si debes usar **ser** o **estar** para completar las siguientes oraciones de una guía turística *(guidebook for tourists)* sobre este país.

Modelo Ecuador es / está un país de América del Sur.
Ecuador es un país de América del Sur.

1. Quito es / está la capital de Ecuador.
2. La ciudad de Quito es / está en la cordillera de los Andes.
3. Quito es / está el segundo centro histórico de América del Sur.
4. La ciudad de Guayaquil es / está el puerto *(port)* más importante de Ecuador.
5. El presidente de Ecuador es / está presidente durante cuatro años.
6. Las Islas Galápagos son / están en la costa del Ecuador.
7. Los turistas dicen que los ecuatorianos son / están muy simpáticos.
8. Hay muchos conciertos de música andina, la música típica de la región. Esta noche el concierto es / está en la ciudad de Quito.
9. Muchas personas no saben que el volcán Cotopaxi es / está cerca de Quito.
10. Esta guía turística es / está para las personas que van a visitar el país.

5-21 **La fiesta de los voluntarios** Completa la siguiente descripción y conversación con las formas correctas de los verbos **ser** y **estar**.

Hoy 1. _____ sábado, 22 de julio. 2. _____ las dos de la tarde. Hace calor y 3. _____ lloviendo un poco. La temperatura 4. _____ a 26 grados centígrados. Juan Carlos, su familia y unos amigos del Centro Salud Rural Andino 5. _____ comiendo un pastel con Roberto, un voluntario de los Estados Unidos. La fiesta 6. _____ en su apartamento. Roberto 7. _____ hablando con su amiga Rachel.

Roberto: Mmm. ¡Qué pastel más rico, Rachel!

Rachel: ¿Te gusta? 8. _____ mi pastel favorito.

Roberto: Pero 9. _____ muy grande, Rachel.

Rachel: Sí, claro. El pastel 10. _____ para muchas personas que 11. _____ aquí hoy.

Roberto: Perdón, ¿dónde 12. _____ el Dr. Chávez?

Rachel: Él 13. _____ durmiendo ahora, Roberto.

Roberto: ¿14. _____ enfermo?

Rachel: No, 15. _____ un poco cansado.

Roberto: Él 16. _____ trabajando mucho estos días.

Rachel: Sí. Él 17. _____ muy dedicado.

¡A conversar!

5-22 **Datos personales** Con un(a) compañero(a) de clase, haz y contesta preguntas con los verbos **ser** y **estar** sobre los siguientes temas.

1. **La personalidad:** Ask about his/her personality in general.
2. **La salud:** Ask about his/her emotional and physical state today.
3. **El pueblo:** Ask about his/her hometown, where it is, what it looks like, and whether it's big or small.
4. **La familia:** Ask about his/her family (size, ages, physical features, personalities).

5-23 **Busca a alguien que...** Tienes dos minutos para buscar a una persona de tu clase para cada una de las siguientes categorías. Después de identificar a una persona para una categoría, la persona debe escribir su nombre en tu papel. Al final del juego, habla con tus compañeros(as) sobre lo que acabas de averiguar *(find out)*. Ten cuidado con el uso de **ser** y **estar** en esta actividad.

Modelo ser de Indiana
Tú: *Brian, ¿eres de Indiana?*
Brian: *Sí, soy de Indianápolis.* (Brian firma tu lista.)
o **Brian:** *No, no soy de Indiana. Yo soy de Colorado.*
Al final: *Brian (no) es de Indiana... Cecilia está contenta... Bob es estudiante de medicina...*

1. estar enfermo(a) _____
2. ser una persona muy sana _____
3. estar contento(a) _____
4. ser estudiante de ciencias _____
5. estar congestionado(a) _____
6. ser trabajador(a) _____

5-24 **¿Quién soy yo?** Juega con un(a) compañero(a) este juego. Sigue los siguientes pasos:

1. Completa estas preguntas con la forma correcta de **ser** o **estar**:
   ¿De dónde _____ tú?
   ¿Dónde _____ (tú) ahora?
   ¿Cómo _____ (tú) físicamente *(physically)*?
   ¿y tu personalidad?
   ¿Cuál _____ tu profesión?
   ¿Qué _____ (tú) haciendo ahora?
   ¿Cómo _____ tú ahora? ¿Por qué?
2. Cada estudiante tiene una nueva identidad. Puede ser una persona famosa o una persona de la clase.
3. Un(a) estudiante hace las preguntas para determinar la nueva identidad de su compañero(a). (Si no sabes una respuesta, debes responder de una manera lógica.)
4. Después de determinar la identidad de la primera persona, cambien de papeles para identificar a la otra persona.

5-25 Un cuento *(A story)* Trabaja con un(a) compañero(a) para escribir un cuento original. Sigue estos pasos *(steps):*

A. Cada persona escribe en su papel la siguiente información:

1. El nombre de una persona (persona famosa, estudiante de la clase, etcétera)
2. Una profesión
3. Una característica física
4. Una característica de personalidad
5. Una ciudad, un país
6. Un número entre 1 y 28
7. Un mes
8. Un número entre 1 y 12
9. Un número entre 1 y 29
10. Una característica del tiempo
11. Una ciudad, un país
12. Una emoción
13. Un verbo de acción en la forma progresiva (**-ando, -iendo**)

B. Intercambien los papeles. Cada persona escribe los elementos de su lista en los blancos con los números correspondientes. Luego, debe escribir las formas de **ser** y **estar** apropiadamente según *(according to)* el contexto. Es importante prestar *(pay)* mucha atención al contexto para escoger el verbo apropiado en cada caso.

_____ _____ *(forma correcta de* **ser** *o* **estar)** _____ . _____ *(forma correcta de* **ser** *o* **estar)**
  1   2
_____ y _____ . _____ *(forma correcta de* **ser** *o* **estar)** *de* _____ , _____ . *Hoy* _____ *(forma*
  3   4   5   5
correcta de **ser** *o* **estar)** *el* _____ *de* _____ *y ahora* _____ *(forma correcta de* **ser** *o* **estar)** *las*
                                       6   7
_____ y _____ *según el reloj. El cielo* _____ *(forma correcta de* **ser** *o* **estar)** _____ . *Ahora*
  8   9   10
_____ *(forma correcta de* **ser** *o* **estar)** *en* _____ , _____ . _____ *(forma correcta de* **ser** *o* **estar)**
                                                  11   11
_____ *porque* _____ *(forma correcta de* **ser** *o* **estar)** _____ .
  12   13

C. Después de terminar los cuentos, intercambien los papeles otra vez. Cada persona le lee su cuento a su compañero(a). Algunas personas pueden leerle su cuento a la clase.

Silvio, Fernando, Analía y Ester son de Quito, Ecuador, pero ahora están en Miami. ¿De dónde eres tú y dónde estás ahora?

Student Activities Manual, *Capítulo 5*

Capítulo 5

iLrn: Heinle Learning Center, *Capítulo 5*

Ser and **estar**

Demonstrative adjectives and pronouns

In this section, you will learn how to specify people, places, things, and ideas.

Demonstrative adjectives

You can use demonstrative adjectives to point out a specific noun. Note that these adjectives must agree in gender (masculine or feminine) and number (singular or plural) with the noun to which they refer.

Singular	Plural
este(a) *this*	**estos(as)** *these*
ese(a) *that*	**esos(as)** *those*
aquel (aquella) *that (over there)*	**aquellos(as)** *those (over there)*

Note that in order to point out people, things, and places that are far from the speaker and from the person addressed and to indicate something from a long time ago, Spanish speakers use forms of the demonstrative adjective **aquel.** For example:

> **Este paciente** tiene dolor de estómago, **ese paciente** en la otra cama tiene fiebre y **aquel paciente** en la otra sala tiene náusea. **Estos pacientes** que tenemos hoy no están tan enfermos como (*as sick as*) **aquellos pacientes** del mes pasado.

Demonstrative pronouns

Demonstrative pronouns are used in place of nouns and must agree with them in gender (masculine or feminine) and number (singular or plural). These forms all carry accents to distinguish them from the demonstrative adjectives:

Singular	Plural
éste(a)	**éstos(as)**
ése(a)	**ésos(as)**
aquél (aquélla)	**aquéllos(as)**

The Real Academia ruled in 2005 that the use of accents with demonstrative pronouns is optional.

—¿Quieres ir a esa farmacia?	*Do you want to go to that pharmacy?*
—Sí, a **ésa.**	*Yes, to **that one.***
—¿Son tuyos aquellos libros?	*Are those books (over there) yours?*
—Sí, **aquéllos** son míos.	*Yes, **those** are mine.*

Neuter demonstrative pronouns

The words **esto** (*this*), **eso** (*that*), and **aquello** (*that over there*) can refer either to nonspecific things that are not yet identified or to ideas that were already mentioned. Note that neuter demonstrative pronouns never carry accents.

—¿Qué es **esto,** mamá?	*What's **this,** Mom?*
—Es un termómetro.	*It's a thermometer.*
La clínica no tiene muchas ambulancias, y **eso** es grave.	*The clinic doesn't have many ambulances, and **that** is serious.*

The Real Academia Española was founded as an institution in 1713 by Juan Manuel Fernández Pacheco and approved by Felipe V in 1714 to have royal protection. Its purpose was to study and maintain beauty, elegance, and purity in the Spanish language. Today, its purpose is to explain and keep track of the changes in the language.

¡A practicar!

5-26 La nueva clínica de la Cruz Roja Al doctor Chávez le gusta mucho la nueva clínica de la Cruz Roja. Habla con unos visitantes en la clínica, Roberto y Rachel. Completa sus comentarios usando **este, esta, estos** o **estas.**

Dr. Chávez: Amigos, entramos aquí, por <u>esta</u> puerta.

Roberto: ¡Qué bonita! 1. _____ clínica tiene de todo.

Dr. Chávez: Sí, por fin la gente de 2. _____ barrio tiene un buen lugar para recibir tratamiento médico.

Rachel: ¿Y 3. _____ personas? ¿Todas vienen para consultas *(consultations)* hoy?

Dr. Chávez: Sí, en 4. _____ días tenemos muchos pacientes.

Roberto: ¿Cuánto tienen que pagar 5. _____ personas por las consultas?

Dr. Chávez: 6. _____ consultas no son totalmente gratis *(free)*, pero solamente cobramos *(we charge)* según la capacidad *(according to the means)* de cada persona.

5-27 Para aclarar Imagínate que estás en la librería de tu universidad comprando cosas para tus clases. Responde a las preguntas de modo positivo o negativo usando los adjetivos demostrativos **ese, esa, esos** o **esas.** Luego repite tus respuestas a las preguntas usando los pronombres demostrativos.

Modelo ¿Quieres este libro?
Sí, quiero ese libro. o *No, no quiero ese libro. Quiero éste/ése/aquél.*

1. ¿Quieres estos bolígrafos?
2. ¿Necesitas estas mochilas?
3. ¿Quieres ver este cuaderno?
4. ¿Compras este libro de texto?
5. ¿Buscas esta alfombra para tu cuarto?
6. ¿Estás aquí con estas personas?

¡A conversar!

5-28 Una venta *(sale)* en la clase Trabajando con tres o cuatro compañeros(as) de clase, arregla *(arrange)* las siguientes cosas en una mesa: dos libros, dos mochilas y dos bolígrafos. Una persona es el (la) vendedor(a) *(the seller)* y los otros son los clientes *(customers)*. El (La) vendedor(a) y los clientes deben usar las formas correctas de los adjetivos o pronombres demostrativos en la conversación.

Modelo E1: *¿Quieres comprar este libro?*
E2: *No, no quiero ese libro. Prefiero aquel libro.*
E1: *¿Ése?*
E2: *Sí, aquél.*

5-29 ¿Conoces a aquel chico? Trabajando con un(a) compañero(a) de clase, haz preguntas sobre los miembros de tu clase, usando adjetivos o pronombres demostrativos. Cada persona debe hacer cinco preguntas y dos de ellas deben ser en la forma plural.

Modelo E1: *¿Conoces a aquellos chicos?*
E2: *¿Esos chicos altos y morenos?*
E1: *Sí, aquéllos.*
E2: *Sí, son Darius y Renault.*

📝 Student Activities Manual, *Capítulo 5*

🌐 *Capítulo 5*

iLrn iLrn: Heinle Learning Center, *Capítulo 5*

Reflexive pronouns and the present tense of reflexive verbs

Reflexive verbs are identified by the pronoun **-se** attached to the end of the infinitive form of the verb. To conjugate these verbs, use a reflexive pronoun (e.g., **me**) with its corresponding verb form (e.g., **levanto**), according to the subject of the sentence (e.g., **yo**).

Subject	Reflexive pronoun + Verb form
yo	me levanto
tú	te levantas
Ud., /él/ella	se levanta
nosotros(as)	nos levantamos
vosotros(as)	os levantáis
Uds., ellos(as)	se levantan

¡A recordar! 1 When are definite articles used with reflexive verbs? Where are reflexive pronouns placed in relation to the verb?

Acabar de + infinitive

Acabar de + infinitive means *to have just finished doing* something.

¡A recordar! 2 How is **acabar** conjugated in the present tense?

Ser versus estar

Ser implies a fundamental quality or characteristic that describes or defines the essence of a person, thing, place, or idea. **Estar** indicates the location or the state or condition of a person, thing, place, or action at a given moment, which may be the result of a change or a deviation from the norm.

¡A recordar! 3 Which qualities or conditions require the use of the verb **ser**? Which states or conditions are expressed by the verb **estar**? Which adjectives can change meaning depending on their use with either **ser** or **estar**?

Demonstrative adjectives and pronouns

Demonstrative adjectives must agree in gender (masculine or feminine) and number (singular or plural) with the noun to which they refer.

Singular	Plural
este(a)	estos(as)
ese(a)	esos(as)
aquel (aquella)	aquellos(as)

Demonstrative pronouns are used in place of nouns and must agree with them in gender (masculine or feminine) and number (singular or plural). These forms all carry accents to distinguish them from the demonstrative adjectives.

Singular	Plural
éste(a)	éstos(as)
ése(a)	ésos(as)
aquél (aquélla)	aquéllos(as)

¡A recordar! 4 When are the neuter demonstrative pronouns used?

Actividad 1   Las actividades de un día típico Completa cada frase con las formas correctas del verbo indicado. Escoge las formas reflexivas y no reflexivas apropiadamente según el contexto.

1. **levantar(se):** Sara y su esposo Mario _____ a las seis. A las seis y media Sara _____ a sus hijos.

2. **bañar(se):** Sara _____ por la mañana, pero ella _____ a su hijo menor (*youngest*) por la noche.

3. **afeitar(se):** ¡Sara y Mario no _____ a los niños! Mario _____ por la mañana.

4. **peinar(se):** Generalmente, los niños _____ solos, pero si es un día especial, como el día de fotografías en la escuela, Sara _____ a su hijo menor.

5. **poner(se):** Yo _____ mis libros en la mochila y después _____ la chaqueta (*jacket*) y salgo para la escuela.

6. **dormir(se):** Yo _____ siete u ocho horas cada noche. ¡Yo no _____ en la clase!

7. **maquillar(se), pintar(se):** ¿_____ tú todos los días? ¡Yo no! Yo _____ a veces (*at times*) cuando tengo tiempo.

8. **lavar(se):** Nosotros _____ las manos antes de comer y _____ los platos después.

Actividad 2   ¿Qué acaban de hacer? Forma oraciones con la expresión **acabar de** para expresar las actividades que las personas acaban de hacer.

1. Mis amigos / jugar al tenis

_____

2. Nuestro tío / levantar pesas

_____

3. Yo / correr en el parque

_____

4. Tú / bailar con amigos

_____

5. Mi amigo y yo / hablar por teléfono

_____

Actividad 3　Preguntas　Escoge el verbo correcto para completar cada pregunta.

1. ¿Dónde es / está la sala de emergencia?

2. ¿Quién es / está la médica?

3. ¿Es / Está necesario completar un historial clínico?

4. ¿Están / Son Uds. enfermos?

5. ¿Son / Están simpáticos los enfermeros?

6. ¿Qué está / es leyendo Ud.?

Actividad 4　Una médica en el Hospital INEN　Completa cada oración con la forma correcta de **ser** o **estar,** según el contexto.

© Diana Lundin/Shutterstock.com

Cristina Vargas Ramos 1. _____ médica en el Hospital INEN, un hospital en Lima. El hospital 2. _____ cerca de su casa y ella camina al trabajo. Ahora ella 3. _____ caminando al hospital y 4. _____ un poco preocupada porque hay muchos pacientes que 5. _____ muy enfermos esta semana. Todos los médicos 6. _____ inteligentes y dedicados, pero hay mucho trabajo y 7. _____ difícil ayudar a todos. Hace buen tiempo y el cielo 8. _____ despejado. Por eso las personas en la calle 9. _____ contentas. Cristina sabe que su trabajo 10. _____ importante y que ella ayuda a muchas personas.

Actividad 5　Unas cosas importantes　Identifica la palabra apropiada para completar cada oración.

1. _____ libro de anatomía que está aquí es interesante.

2. _____ papeles que están allí son de David.

3. El médico escribe _____ recetas que están aquí para Felipe.

4. Los enfermeros recomiendan _____ medicina que está aquí.

5. —Debes tomar las pastillas que están allí, para la infección.
   —¿Cuáles?¿ _____?

6. Necesito hablar con _____ médica que está allí.

7. Necesito _____ documentos que están aquí.

8. —¿Trabaja tu amiga en el hospital que está allí, cerca de la plaza?
   —Sí, trabaja en _____.

a. este

b. esta

c. estos

d. estas

e. ése

f. esa

g. esos

h. ésas

Refrán

_____ (Eyes) que no _____ (see), _____ (heart) que no _____ (feel)

En este segmento del video, los compañeros de casa van a aprender un baile folclórico llamado la bomba puertorriqueña. Desafortunadamente, uno de ellos también sufre de un problema de salud.

Expresiones útiles

The following are some new expressions you will hear in the video.

¿Qué les parece?	*How does that sound to you?*
Me lastimé el tobillo.	*I hurt my ankle.*
De acuerdo.	*Okay.*
No me quedó otra opción.	*I didn't have any other choice.*

Antes de ver

Antes de acostarse Imagina que son las nueve de la noche y los compañeros de casa están por *(are about to)* acostarse. Adivina *(Guess)* todas las actividades que acaban de hacer. Completa las siguientes oraciones con lo que piensas que acaba de hacer cada uno de ellos.

Pienso que...

- Antonio acaba de _____.

- Alejandra acaba de _____.

- Sofía acaba de _____.

- Valeria acaba de _____.

- Javier acaba de _____.

 See the *Lab Manual,* **Capítulo 5, ¡A ver!** for additional activities.

Después de ver

El accidente de Alejandra Piensa en el accidente de Alejandra. Lee las siguientes oraciones y ponlas *(put them)* en órden cronológico según el video.

_____ Alejandra se lastima el tobillo y no puede bailar.

_____ Alejandra decide descansar, ¡pero solamente si puede salir con el instructor esa noche!

_____ Los jóvenes llegan al salón de baile.

_____ Valeria no quiere bailar y se sienta.

_____ El instructor dice que Alejandra no puede bailar más y que necesita descansar.

_____ Alejandra dice que es la mejor *(best)* bailarina de todo el grupo.

_____ Valeria tiene que bailar con Antonio.

_____ Alejandra se sienta y habla con el instructor sobre el dolor.

_____ El instructor explica los pasos del baile y los cuatro empiezan a bailar un poco.

_____ Alejandra dice que no le duele la rodilla, pero que el pie le duele mucho. También dice que se rompió *(she broke)* la pierna hace un año *(a year ago)*.

¿Qué acaban de hacer? Después de ver el video, sabes exactamente lo que los muchachos acaban de hacer hoy. Empareja las personas con las actividades que acaban de hacer.

2

3

4

5

_____ No puedo bailar bien, pero acabo de aprender un poco.

_____ Yo acabo de divertirme mucho bailando con Sofía.

_____ Aunque el pie me duele mucho, estoy muy contenta porque acabo de salir con Víctor, el instructor de baile.

_____ Acabo de bailar con dos chicas muy guapas.

_____ No me gusta bailar pero acabo de bailar con Antonio.

¿Qué opinas tú? ¿Qué piensas que los compañeros de casa hacen en un día típico? Escoge *(Choose)* uno(a) de los compañeros y escribe una lista de lo que normalmente hace durante el día. Por ejemplo, ¿se levanta tarde o temprano? ¿Se ducha o se baña? ¿Se viste informalmente o muy elegante? ¿Adónde va? Comparte tus respuestas con la clase. ¿Tienen mucho en común?

VOCABULARIO ESENCIAL

 AUDIO CD
CD 1, TRACK 13   **Personal Tutor**

Las partes del cuerpo	Parts of the body
la boca	mouth
el brazo	arm
el cabello	hair
la cabeza	head
la cara	face
el cerebro	brain
el codo	elbow
el corazón	heart
el cuello	neck
los dedos	fingers
los dedos del pie/ de los pies	toes
los dientes	teeth
la espalda	back
el estómago	stomach
la garganta	throat
la mano	hand
el músculo	muscle
la nariz	nose
el oído	(inner) ear
los ojos	eyes
las orejas	(outer) ears
el pelo	hair
el pie	foot
la pierna	leg
los pulmones	lungs
la rodilla	knee
el tobillo	ankle

La salud	Health
el antibiótico	antibiotic
la aspirina	aspirin
el consultorio	doctor's office
el (la) enfermero(a)	nurse
la farmacia	pharmacy
el jarabe	cough syrup
la medicina	medicine
el (la) médico(a)	physician, doctor
el (la) paciente	patient
la pastilla	pill
la receta	prescription
la sala de espera	waiting room
la sala de emergencia	emergency room

Los problemas médicos	Medical problems
la alergia	allergy
el catarro	cold
el dolor de cabeza	headache
la enfermedad	illness
la fiebre	fever
el mareo	dizziness
el resfrío	cold

Verbos relacionados con la salud	Health-related verbs
dolerle (ue) (a alguien)	to be painful (to someone); to hurt
enfermarse	to get sick
estar congestionado(a)	to be congested
estar enfermo(a)	to be sick
estar resfriado(a)	to have a cold
estornudar	to sneeze
examinar	to examine
guardar cama	to stay in bed
resfriarse	to catch a cold
respirar	to breathe
sentirse (bien/mal)	to feel (good/bad)
tener dolor de cabeza	to have a headache
tener escalofríos	to have chills
tener fiebre	to have a fever
tener gripe	to have a cold / the flu
tener náuseas	to be nauseous
tener tos	to have a cough
tomarle la temperatura (a alguien)	to take (someone's) temperature
toser	to cough

Verbos de la rutina diaria y personal	Daily and personal routine verbs
acabar de	to have just finished doing something
acostarse (ue)	to go to bed
afeitarse	to shave
bañarse	to take a bath
cepillarse los dientes	to brush one's teeth
cuidarse	to take care (of oneself)
despertarse (ie)	to wake up
dormirse (ue)	to fall asleep
ducharse	to take a shower
lavarse	to wash up
levantarse	to get up
maquillarse	to put on makeup
peinarse	to comb one's hair
pintarse	to put on makeup
ponerse (la ropa)	to put on (one's clothes)
quitarse (la ropa)	to take off (one's clothes)
secarse (el cuerpo)	to dry off (one's body)
vestirse (i)	to get dressed

Adjetivos y pronombres demostrativos	Demonstrative adjectives*
este(a)	this
estos(as)	these
ese(a)	that
esos(as)	those
aquel (aquella)	that (over there)
aquellos(as)	those (over there)

*Remember to add an accent to the stressed syllable if you intend to use a demonstrative pronoun.

¿Quieres comer conmigo esta noche?

Venezuela

Chapter Objectives

Communicative Goals

In this chapter, you will learn how to . . .

- Talk about foods and beverages for breakfast, lunch, and dinner
- Make comparisons
- Order food in a restaurant
- Describe past events in detail

Structures

- Comparatives and superlatives
- Regular verbs in the preterite
- Verbs with stem and spelling changes in the preterite

◀ ¿Tienes hambre ahora? ¿Tienes sed?

◀ ¿Dónde tienes ganas de comer?

◀ ¿Qué tipo de comida te gusta comer?

Juan Griego, Isla Margarita
Venezuela
Visit it live on **Google Earth!**

© Juan Silva/Getty

El menú del restaurante de doña Margarita

In this section, you will practice talking about foods by learning about doña Margarita's restaurant, **El Criollito,** on the east side of Caracas. What do you like to order when you go to a restaurant?

Las comidas *Meals*

almorzar (ue) *to have (eat) lunch*

el almuerzo *lunch*

cenar *to have (eat) dinner (supper)*

la cena *dinner, supper*

desayunar *to have (eat) breakfast*

el desayuno *breakfast*

Los condimentos *Condiments*

el aceite *oil*

el azúcar *sugar*

la mantequilla *butter*

la pimienta *pepper*

la sal *salt*

el vinagre *vinegar*

Palabras útiles

la copa *goblet, wine glass*	**el salero** *salt shaker*
la cuchara *spoon*	**la servilleta** *napkin*
el cuchillo *knife*	**la taza** *cup*
el mantel *tablecloth*	**el tenedor** *fork*
el pimentero *pepper shaker*	**el vaso** *glass*
el plato *plate*	

Palabras útiles are presented to help you enrich your personal vocabulary. The words here will help you talk about dining at home and in restaurants.

Curiosidades del idioma

In Spain, **las papas** are referred to as **las patatas** and **el jugo de naranja** is referred to as **el zumo de naranja.** In Puerto Rico, however, **el jugo de naranja** is referred to as **el jugo de china.**

El Criollito

Entremeses	**Appetizers**
las arepas (la especialidad de la casa)	arepas (house specialty)
la ensalada de la casa (lechuga, tomate, huevo duro)	house salad (lettuce, tomato, hard-boiled egg)
la sopa de verduras	vegetable soup
el pan (tostado)	bread (toast)
Los platos principales	**Main dishes**
La carne	Meats
la carne de res (bistec) con arroz y champiñones	beef (steak) with rice and mushrooms
las chuletas de cerdo en salsa de tomate	pork chops in tomato sauce
el sándwich de jamón y queso	ham and cheese sandwich
el pavo con verduras	turkey with vegetables
el pollo asado	roasted chicken
la hamburguesa (con queso) y papas fritas	hamburger (cheeseburger) with French fries
Los mariscos y el pescado del día	**Shellfish and fish of the day**
la langosta	lobster
los camarones fritos	fried shrimp
los calamares fritos	fried calamari (squid)
Las bebidas	**Beverages**
el agua mineral con/sin gas	carbonated/noncarbonated mineral water
el café	coffee
la cerveza	beer
el jugo de fruta	fruit juice
la leche	milk
los refrescos	soft drinks
el té (helado)	(iced) tea
el vino (blanco, tinto)	(white, red) wine
Los postres	**Desserts**
las frutas: manzana, naranja, banana	fruit: apples, oranges, bananas
el flan casero	homemade caramel custard
el helado	ice cream

Heinle/Cengage Learning

Cultura

Venezuelan food, just like food from the Caribbean and other countries in South America, is known as **comida criolla** and features a mix of Spanish and Caribbean influences. For instance, in Maracaibo, Café Trapos is known for its **pabellón**—shredded meat served with fried plantain, black beans, and rice. In Caracas, Café Cacique is known for its **parrilla**—marinated beef cooked over a grill. In Cumaná, El Fogón de la Arepa is known for its **arepas**—flat corn pancakes that are deep-fried or baked and are filled with butter, meat, or cheese. In Ciudad Guayana, La Llovizna is known for its **empanadas**—Spanish-style meat turnovers.

¡A practicar!

6-1 Combinaciones Combina cada elemento de la primera columna con el elemento apropiado de la segunda columna.

_____ 1. Las carnes   a. el café y el jugo

_____ 2. Las verduras   b. el jamón y el pollo

_____ 3. Los mariscos   c. la sal y la pimienta

_____ 4. Los condimentos   d. el flan y el helado

_____ 5. Las bebidas   e. la langosta y los camarones

_____ 6. Los postres   f. la lechuga y la papa

6-2 Un menú desorganizado Doña Margarita está organizando el menú para su restaurante. Ayúdala a encontrar la comida que no forma parte del grupo. En cada grupo, también indica lo que tienen en común los otros tres artículos _(items)_.

1. las chuletas, los camarones, el helado, el pescado
2. el café, el té, el huevo, el agua mineral
3. el bistec, los calamares, la langosta, el pescado
4. el pavo, la carne de res, el pollo, el faisán _(pheasant)_
5. los champiñones, las papas, las manzanas, la lechuga
6. la mantequilla, el helado, el flan, las frutas
7. la sal, el azúcar, el aceite, los sándwiches

6-3 ¿Qué bebidas te gustan? Escogiendo de la lista de bebidas de la derecha, completa las siguientes oraciones para expresar tus preferencias.

1. Para el desayuno, prefiero tomar...   leche
2. Cuando estudio en casa, tomo...   café
3. Cuando tengo mucha sed, bebo...   té
4. Para el almuerzo, me gusta beber...   vino tinto/blanco
5. En las fiestas siempre tomo...   agua mineral
6. Los fines de semana me gusta tomar... jugo de naranja
7. Para la cena prefiero beber...   un refresco
8. Cuando estoy en el cine, tomo...   una cerveza

Curiosidades del idioma

There are four ways to order coffee in Venezuela: **un negrito** (black espresso coffee served in a demitasse), **un marroncito** (espresso with a little milk added and served in a demitasse), **un marrón** (more coffee and less milk and served in a coffee cup), and **café con leche** (less coffee and more hot milk added and served in a coffee cup).

La gaseosa is another term for **el refresco**.

Student Activities Manual, _Capítulo 6_

Capítulo 6

iLrn: Heinle Learning Center, _Capítulo 6_

¡A conversar!

6-4 **Una invitación** Conversa con un(a) compañero(a) de clase para hacer planes para una comida para el fin de semana. ¡Sé creativo(a)!

Estudiante A

1. Saluda a tu amigo(a).

3. Dile que no puedes aceptar su invitación. Habla de los planes que ya tienes.

5. Acepta la invitación. Dale las gracias a tu amigo(a). Pregúntale sobre la invitación.

7. Pregúntale si su familia va a estar en el almuerzo o no.

9. Dile adiós a tu amigo(a).

Estudiante B

2. Contéstale a tu amigo(a) y pregúntale cómo está él/ella. Después invita a tu amigo(a) a un almuerzo en casa el sábado.

4. Reacciona a lo que dice tu amigo(a). Invítalo(la) a almorzar otro día.

6. Respóndele sus preguntas.

8. Contesta si tu familia va a estar en el el almuerzo o no.

10. Responde.

6-5 **Entrevista** Pregúntale a otro(a) compañero(a) de clase sobre su rutina a la hora de comer. Después comparte esta información con la clase. ¿Tienen mucho en común tus compañeros de clase?

1. **el desayuno:** ¿A qué hora desayunas? ¿Desayunas solo(a) o con otras personas? ¿Qué prefieres tomar por la mañana, café, té, leche o jugo? ¿Qué te gusta comer para el desayuno?

2. **el almuerzo:** Normalmente, ¿dónde almuerzas? ¿Con quién te gusta almorzar? ¿A qué hora almuerzas? ¿Qué comes para el almuerzo?

3. **la cena:** Normalmente, ¿a qué hora cenas? ¿Cenas con tu familia, con otras personas o solo(a)? ¿Comes mucho o poco en la cena? Por ejemplo, ¿qué comes?

6-6 **Dietas especiales** Uds. trabajan en un restaurante y tienen clientes con necesidades especiales. Planeen un menú para cada cliente de la lista, considerando sus preferencias y necesidades. Para cada persona, escriban un mínimo de tres platos y una bebida. Después de planear los menús deben presentarlos y explicar sus decisiones a la clase.

1. Gustavo es un hombre de 45 años bastante gordo. Trabaja en una oficina y no hace mucho ejercicio. Siempre tiene mucha hambre pero quiere perder peso *(weight)*.

2. Amalia es una estudiante universitaria de 21 años. Come poca carne, pero come pescado y mariscos. Le gustan mucho las frutas y las verduras.

3. Felipe es un hombre de 25 años. Es atlético y muy activo. Consume muchas proteínas y mucho calcio en su dieta.

4. Marisol tiene 12 años. Le gustan mucho los postres, pero su madre le recomienda carne y verduras.

5. Doña Soledad es una mujer de 70 años. No es muy activa y tiene algunos problemas de salud. Necesita comida buena para el corazón y todo el cuerpo.

6-7 **¿Qué vamos a comer?** Trabaja con un(a) compañero(a) para decidir qué quieren comer en el restaurante **Tarzilandia** de Caracas. Selecciona un plato de cada categoría y una bebida. Comenta los platos y las bebidas que te gustan y los que no te gustan, y pregúntale a tu compañero(a) qué le gusta y qué no le gusta.

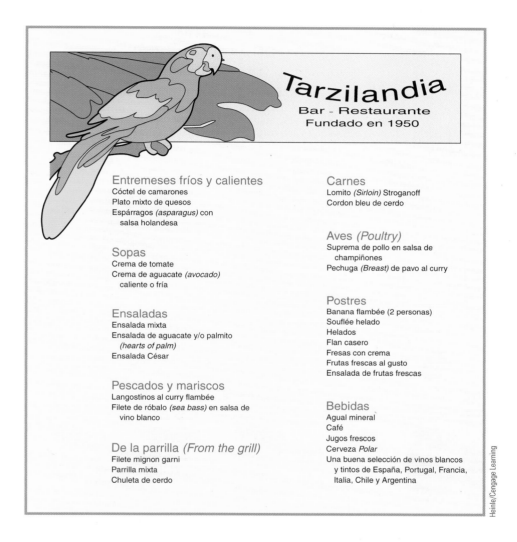

Tarzilandia
Bar - Restaurante
Fundado en 1950

Entremeses fríos y calientes
Cóctel de camarones
Plato mixto de quesos
Espárragos *(asparagus)* con
   salsa holandesa

Sopas
Crema de tomate
Crema de aguacate *(avocado)*
   caliente o fría

Ensaladas
Ensalada mixta
Ensalada de aguacate y/o palmito
   (hearts of palm)
Ensalada César

Pescados y mariscos
Langostinos al curry flambée
Filete de róbalo *(sea bass)* en salsa de
   vino blanco

De la parrilla *(From the grill)*
Filete mignon garni
Parrilla mixta
Chuleta de cerdo

Carnes
Lomito *(Sirloin)* Stroganoff
Cordon bleu de cerdo

Aves *(Poultry)*
Suprema de pollo en salsa de
   champiñones
Pechuga *(Breast)* de pavo al curry

Postres
Banana flambée (2 personas)
Souflée helado
Helados
Flan casero
Fresas con crema
Frutas frescas al gusto
Ensalada de frutas frescas

Bebidas
Agual mineral
Café
Jugos frescos
Cerveza *Polar*
Una buena selección de vinos blancos
   y tintos de España, Portugal, Francia,
   Italia, Chile y Argentina

Heinle/Cengage Learning

6-8 **Una celebración** Tienes la oportunidad de invitar a cinco de tus mejores amigos a cenar en un restaurante para tu cumpleaños. Puedes cenar en **El Criollito** o en **Tarzilandia.**

Paso 1 Tienes que consultar los menús de los restaurantes en las páginas 160 y 163 y luego escribir un menú que tenga *(has)* dos opciones de uno de los restaurantes en cada categoría: entremeses, platos principales, bebidas y postres.

Paso 2 Escribe el menú y muéstralo a otros cinco estudiantes: ellos (ellas) deben seleccionar el plato que prefieren en cada categoría. Después, otra persona del grupo les presenta su menú y los otros estudiantes expresan sus preferencias. Todos deben presentar sus menús. ¿En cuál de los dos restaurantes va a cenar la mayoría de los estudiantes, **El Criollito** o **Tarzilandia?**

El siguiente diálogo tiene lugar en el nuevo restaurante **El Criollito** de doña Margarita. Doña Margarita está sirviéndoles a sus primeros clientes, Rosa y Simón, y quiere servirles una cena perfecta.

Doña Margarita: ¡Bienvenidos al Criollito! ¿Quieren sentarse adentro o en la terraza?

Rosa: En la terraza. ¡Las flores que tienen allí son muy bonitas!

Doña Margarita: Gracias. Pasen por aquí, entonces.

Comentario cultural Venezuela has a long Caribbean coastline and, therefore, has been strongly influenced in its history, culture, and gastronomy by the Caribbean islands. Some culinary favorites include **arepas** (*meat or cheese-filled cornmeal pockets*), **caraotas negras** (*black beans*), **guasacaca** (*avocado salsa*), **pabellón criollo** (*shredded beef with beans, rice, and plantains*), and **tajadas de plátano maduro** (*fried ripe plantains*).

Doña Margarita: ¿Está bien? El mesero les trae el menú enseguida.

Simón: ¡Perfecto!

Comentario cultural Mercal, Venezuela's leading food distributor, is dedicated to giving foods produced in the country priority over imported foods. It is estimated that Venezuela still imports nearly 75 percent of its food. The three major imports are rice, chicken, and beans.

El mesero: ¡Buenas noches! Aquí tienen el menú. ¿Desean tomar algo?

Rosa: Para mí, **un jugo de naranja** con hielo.

Simón: Y para mí, **una cerveza.** Me gusta **más** la cerveza **que** el jugo cuando hace un poquito de calor.

El mesero: Muy bien. Seguro que quieren **unas arepas** para empezar, ¿no? ¡Son **las mejores de toda la ciudad!** Es la especialidad de la casa.

Simón: ¡Cómo no!

Comentario cultural Woven by ethnic communities from the Amazon and Delta region of Venezuela, decorative baskets made from **moriche** palm fiber are popular in many establishments in Venezuela. These baskets are the pride of the Warao, an indigenous group who spend much of their lives in dugout canoes in the Delta region. The baskets are used for storage, transport, and preparation of food.

Curiosidades del idioma

In several Latin American countries it is quite common to use the diminutive form when requesting common beverages such as **un cafecito** (*little coffee*) or **una cervecita** (*little beer*). Also note that in Latin America, it is more appropriate to use (yo) **quisiera...** (*I would like*—the past subjunctive form of the verb **querer**) when ordering food. In Spain, it is more common to use the more direct present tense form (yo) **quiero...**

Expresiones **en contexto**

bien cocido *well done*
¡Cómo no! *Of course!*
de vez en cuando *occasionally*
enseguida *right way*
¿Desean tomar algo? *Would you like something to drink?*
¡Están para chuparse los dedos! *They're finger-licking good!*

¡Están riquísimas! *They're delicious!*
mesero(a) *waiter or waitress (Latin America)*
no nos mataría *it wouldn't kill us*
tiene lugar *takes place*
vamos a ver *let's see*
Yo quisiera... *I would like [to order]*

El mesero: Aquí están las arepas que **pidieron.**

Simón: ¡Están riquísimas!

Rosa: ¡Están para chuparse los dedos!

El mesero: Están muy **frescas.** La cocinera **preparó** muchas esta mañana.
¿Quieren pedir algo del menú? Les recomiendo el **pabellón criollo.**

Comentario cultural Arepas, fried or baked corn pancakes, either plain or with a filling, such as shredded meat, beans, cheese or avocado, are a staple for most Venezuelans and can be found in small food stands called **areperas.**

Rosa: Sí. Vamos a ver. Yo quisiera **los calamares fritos.** ¿Están frescos?

El mesero: Sí, señora. **Recibimos los mariscos** esta mañana. Y los calamares son **los mejores del día.** Seguro que le van a gustar. ¿Y para el señor? ¿El pabellón criollo?

Simón: No, gracias. Hoy quisiera el bistec bien cocido con champiñones.

El mesero: ¿Algo más? **¿Postre? ¿Café?**

Simón: Un cafecito y **la cuenta, por favor.**

Rosa: ¿Por qué **pediste** la cuenta, mi amor?
No nos mataría un postre de vez en cuando.

Heinle/Cengage Learning

¿Comprendiste? Identifica la oración del diálogo que explica las siguientes decisiones.

Modelo A Rosa le gusta sentarse en la terraza.
Rosa dice: «En la terraza. ¡Las flores que tienen allí son muy bonitas!».

1. Simón va a tomar una cerveza.
2. Rosa y Simón van a comer arepas.
3. Rosa va a pedir los calamares fritos.
4. Simón pide un plato del menú.
5. Rosa quiere comer postre.

Diálogo entre mesero(a) y cliente Trabaja con un(a) compañero(a) de clase. Túrnense para practicar el diálogo que acaban de estudiar en **En contexto.** Deben cambiar las nacionalidades y las selecciones del menú. Pueden consultar el Internet para obtener más ideas. Usen expresiones de **En contexto** como modelo para su diálogo.

Comparatives and superlatives

In this section, you will learn how to make comparative and superlative statements.

I. Comparative statements

English speakers make comparisons by adding the ending *-er* to an adjective (e.g., *warmer*) or by using the words *more* or *less* with an adjective (e.g., *more interesting, less expensive*). Spanish speakers make comparisons in the following manner.

Comparisons of inequality

- Use **más** *(more)* or **menos** *(less)* before an adjective, an adverb, or a noun, and use **que** *(than)* after it.

Making comparisons

más		adjective (**tímido**)		
	+	adverb (**pronto**)	+	que
menos		noun (**hambre**)		

Matilde quiere comer **más pronto que** su hermana Elena.

*Matilde wants to eat **sooner than** her sister Elena.*

Elena tiene **menos hambre que** Matilde.

*Elena is **less hungry than** Matilde.*

- Use **más que** or **menos que** after a verb form.

Lorena come **más que** Roberto.

*Lorena eats **more than** Roberto.*

- Use the preposition **de** *(than)* before a number.

Elena tiene **más de** diez amigos.

*Elena has **more than** ten friends.*

Irregular comparatives

mejor(es)	*better*	peor(es)	*worse*
menor(es)	*younger*	mayor(es)	*older*

—El tiempo en Caracas es **mejor que** en Maracaibo.

*The weather in Caracas is **better than** in Maracaibo.*

—Sí, y la humedad en Maracaibo es **peor que** en Caracas.

*Yes, and the humidity in Maracaibo is **worse than** in Caracas.*

Elena es **menor que** Roberto, y Lorena es **mayor que** su hermana Matilde.

*Elena is **younger than** Roberto, and Lorena is **older than** her sister Matilde.*

Comparisons of equality

- Use **tan** *(as)* before an adjective or an adverb and **como** *(as)* after it.

		adjective (**nublado**)		
tan	+		+	como
		adverb (**frecuentemente**)		

A veces está **tan** nublado en Caracas **como** en Maracaibo.

*Sometimes it is **as** cloudy in Caracas **as** in Maracaibo.*

Además no llueve **tan** frecuentemente en Maracaibo **como** en Mérida.

*Also, it doesn't rain **as** frequently in Maracaibo **as** in Merida.*

Note that **tan** can also be used by itself to show a great degree of a given quality; for example, ¡Qué día **tan** perfecto! *What a perfect day!*

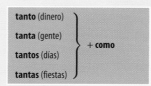

- Use **tanto(a)** *(as much)* or **tantos(as)** *(as many)* before a noun, and **como** *(as)* after it.

tanto (dinero)	
tanta (gente)	} **+ como**
tantos (días)	
tantas (fiestas)	

- One can change a comparison of equality to one of inequality by using the word **no** before a verb.

No llueve **tanto** en Caracas **como** en Maracaibo.	*It doesn't rain **as much** in Caracas **as** in Maracaibo.*
—¿Hace **tanto** calor en Puerto Ayacucho **como** en Ciudad Guayana?	*Is it **as** hot in Puerto Ayacucho **as** in Ciudad Guayana?*
—Sí, y hay **tantas** tormentas en Puerto Ayacucho **como** en Ciudad Guayana.	*Yes, and there are **as many** storms in Puerto Ayacucho **as** in Ciudad Guayana.*

> **Tanto(s)/Tanta(s)** can also be used without **como** to show a great amount of something; for example, ¡Hace **tanto** calor! *It's so hot!*

- To make comparisons of equality with verbs, use **tanto como** after the verb, followed by the person (or pronoun) that is being compared to the subject.

Tú estudias **tanto como** yo.	*You study **as much as** I.*

II. Superlative statements

English speakers single out someone or something from a group by adding the ending *-est* to an adjective (e.g., *warmest*) or by using the phrases *the most* or *the least* with an adjective (e.g., *the most elegant, the least expensive*).

Spanish speakers form superlatives by using a definite article before the person or thing being compared + **más** *(most)* or **menos** *(least)* + adjective. To introduce the group to which the person or thing is being compared (*the most/least … in the class/world/city*, etc.), the preposition **de** + noun is used.

el (sobrino)			
la (famila)		**más**	
	+		*+ adjective* (+ **de** + *noun*)
los (amigos)		**menos**	
las (compañeras)			

Tengo...	*I have . . .*
la familia más inteligente...	*the most intelligent family . . .*
el esposo más guapo...	*the most handsome husband . . .*
los amigos más generosos...	*the most generous friends . . .*
y el restaurante más popular...	*and the most popular restaurant . . .*
de Caracas.	*in Caracas.*

Irregular superlatives

el (la, los, las)	**mejor(es)**	*best*
el (la, los, las)	**mayor(es)**	*oldest*
el (la, los, las)	**peor(es)**	*worst*
el (la, los, las)	**menor(es)**	*youngest*

—¡El Criollito es **el mejor** restaurante **de** Caracas!	*El Criollito is the best restaurant in Caracas!*
—Sí. Y El Mesón es **el peor** restaurante.	*Yes. And, El Mesón, is the worst restaurant.*
Elena es **la menor de** las niñas.	*Elena is the youngest of the girls.*
Matilde es **la mayor.**	*Matilde is the oldest.*

¡A practicar!

6-9 **Los intereses de Matilde y Elena** Matilde y Elena tienen muchos intereses en común. Completa las siguientes oraciones apropiadamente, usando **tan, tanto, tanta, tantos** o **tantas.**

Modelo Matilde es _tan_ inteligente como Elena.

1. Matilde tiene _____ energía como Elena.
2. Matilde juega _____ como su hermana.
3. Y a Elena le gusta hacer _____ ejercicio como a Matilde.
4. Matilde juega al tenis _____ bien como Elena.
5. También Matilde es _____ activa como Elena.
6. Elena tiene _____ amigos como Matilde.
7. A Elena le gusta ir al cine _____ como a Matilde.

6-10 **Comparaciones** Usando la información que sigue, haz comparaciones entre el restaurante de doña Margarita, **El Criollito,** y otro restaurante que se llama **El Mesón,** que es de don Paco. **El Mesón** queda en el centro de Caracas y sirve las empanadas *(Spanish-style turnovers)* más populares de la ciudad. Usa **más, menos, mayor** o **menor.**

Modelo En **El Criollito,** la gente come arepas, la especialidad de la casa. En **El Mesón** la gente come empanadas, la especialidad de la casa.
*En **El Criollito** la gente come más arepas que empanadas.*
o *En **El Mesón** la gente come menos arepas que en **El Criollito.***

1. **El Criollito** es pequeño. **El Mesón** es grande.
2. **El Mesón** tiene 154 clientes. **El Criollito** tiene 49 clientes.
3. **El Mesón** tiene quince mesas. **El Criollito** tiene nueve mesas.
4. En **El Criollito** la comida es económica. En **El Mesón,** la comida es cara *(expensive).*
5. En el menú de **El Criollito** hay pocos platos. En el menú de **El Mesón** hay muchos platos.
6. En tu opinión, ¿cuál es el mejor restaurante? ¿Cuál es el peor restaurante?

6-11 **¡La mejor comida de la ciudad!** Pensando en los restaurantes de tu ciudad, forma expresiones superlativas para describir los siguientes componentes con los adjetivos dados.

Modelo comida / picante
*El restaurante con la comida más picante es **La Charreada.***

1. los meseros / simpático
2. los precios / bajo
3. el ambiente / popular
4. el menú / variado
5. los platos / delicioso
6. En tu opinión, ¿cuál es el mejor restaurante de tu ciudad? ¿Cuál es el peor restaurante?

¿Qué comida te gusta más, los calamares fritos o el pescado a la parrilla?

¡A conversar!

6-12 Dos cocineros y tú Imagínate que quieres trabajar en el restaurante de doña Margarita. ¿Cómo te comparas con dos cocineros que ya trabajan allí? Vas a compararte con los dos cocineros, Pablo y Memo, para averiguar *(find out)* qué tienen Uds. en común. Vas a usar construcciones comparativas y construcciones superlativas.

Completa el siguiente cuadro *(table)* y después usa la información para comparar a Pablo con su amigo Memo. Luego compárate con los dos. Hazle las preguntas a un(a) compañero(a) de clase.

Modelo — ¿Quién es más joven?
—*Pablo es más joven que Memo.*
—**¿Eres** tú menor o mayor que Memo?
—*Soy menor que Memo; tengo veinte años.*

Persona	Edad	Horas de trabajo	Libros de recetas *(recipes)*	Intereses
Pablo	23	8 horas al día	5	libros, arte, conciertos
Memo	26	9 horas al día	5	fútbol, tenis, rap, fiestas
Tú	¿?	¿..?	¿?	¿..?

1. ¿Quién es mayor? ¿Eres tú menor o mayor que Pablo? ¿Cuántos años tienes tú?
2. ¿Quién tiene más libros de recetas? ¿Tienes tú más o menos libros que Memo?
3. ¿Quién es más trabajador(a)? ¿Eres tú más o menos trabajador(a) que Memo?
4. ¿A quién le gusta más practicar deportes? ¿Qué deportes practicas tú? ¿Qué otros intereses tienes tú?

6-13 Lo que me gusta hacer... Usa las siguientes frases para describirle tus gustos y situaciones personales a un(a) compañero(a) de clase. Usa **más... que** o **menos... que** en cada oración. Después dile a la clase si tú y tu compañero(a) tienen mucho en común.

Modelo Me gusta nadar más (el invierno / el verano)
Me gusta nadar más en el invierno que en el verano. ¿Y a ti?
o *Me gusta nadar menos en el invierno que en el verano. ¿Y a ti?*
o *Me gusta nadar más en el verano que en el invierno. ¿Y a ti?*

1. Me gusta caminar más (el invierno / el verano)
2. Me gusta dormir más (cuando hace frío / cuando hace calor)
3. Me gusta ducharme más frecuentemente (el verano / el invierno)
4. Me enfermo más (la primavera / el otoño)
5. Tengo más dolores de cabeza (durante el semestre / durante las vacaciones)
6. Tomo menos bebidas (cuando hace calor / cuando hace fresco)

6-14 ¡Vamos a votar! Usando el superlativo y las categorías de la siguiente lista, escribe cuatro oraciones que describan a cuatro personas diferentes de tu universidad. Luego, lee tus oraciones en voz alta *(out loud)* sin decir el nombre de la persona. El resto de la clase tiene que identificar a la persona de quién hablas.

Modelo *(El Profesor Rambo) es el mejor profesor de la universidad.*
(Amanda Manning) es la estudiante más generosa de la universidad.

más alegre	menos perezoso(a)
menos tímido(a)	el (la) mayor
más generoso(a)	el (la) menor

Student Activities Manual, *Capítulo 6*

Capítulo 6

iLrn: Heinle Learning Center, *Capítulo 6*

Venezuela

▶ Veamos el video de Venezuela para luego discutir.

1. ¿Cómo es la ciudad de Caracas, la capital de Venezuela?
2. Describan la zona colonial.
3. ¿Qué edificios quieres visitar en Caracas: El Nuevo Circo, el Observatorio Cagigal o la Plaza Bolívar?

✎ See the *Workbook,* **Capítulo 6, Viajemos por Venezuela** for additional activities.

Heinle/Cengage Learning

Población: 26.814.843

Área: 912.051 km², más de dos veces el tamaño de California

Capital: Caracas, 5.254.700

Ciudades principales: Maracaibo, 2,2 millones; Valencia, 1,7 millones; Barquisimeto, 1,2 millones

Moneda: el bolívar

Lenguas: el español y 35 lenguas indígenas

© iStockphoto.com/Birgit Prentner

Lugares mágicos En el parque Nacional Canaima está el salto de agua *(waterfall)* más alto del mundo, el Salto Ángel, con 979 metros (3.212 pies) de altura. Los turistas pueden ver el salto en avioneta *(small plane)* o pueden hacer una excursión de tres horas por los ríos Carrao y Churún. El Salto Ángel tiene ese nombre en honor al aviador aventurero norteamericano Jimmy Angel, quien reporta ver el salto a las autoridades en 1937. Los indígenas de la zona, los pemones, lo llaman **Churún Merú,** que significa «Salto del lugar más profundo....» Para visitar el Parque Nacional Canaima hay que quedarse *(to stay)* en cabañas *(cabins)* rústicas, donde se puede comer pescados originarios de la zona, pollo en vara *(roasted chicken)* y frutas frescas del lugar, como mangos, bananas, piñas *(pineapples)* y lechozas o papayas.

¿Deseas visitar el Salto Ángel? ¿Conoces algunas cataratas *(falls)* importantes o un lugar interesante en los Estados Unidos o en otro país? Describe este lugar interesante.

 Visit it live on **Google Earth!**

Creencias y costumbres La palabra «hallaca» viene de una palabra guaraní que significa «envoltorio» *(package)*, y en este envoltorio están presentes las tres culturas, la española, la indígena y la africana que forman las tradiciones y la historia venezolana. La hallaca es una mezcla de carnes de res, de cerdo y de pollo, aceitunas *(olives)* y pasas *(raisins)*, que son los ingredientes que traen los españoles a América. Estas carnes se ponen dentro de una masa de maíz, que es el principal ingrediente indígena. Todo esto va envuelto en hojas de plátano *(plantain leaves)*, que es uno de los ingredientes que usan los africanos y los indígenas para envolver sus comidas. La tradición es que todos los miembros de la familia ayudan a hacer las hallacas en diciembre. Las hallacas se comen durante el mes de diciembre hasta al 6 de enero, el Día de los Reyes Magos *(Three Kings Day)*.

¿Existe la tradición de preparar una comida particular durante una fecha especial en tu familia? ¿Qué cocina tu familia?

Oficios y ocupaciones En 1936, el escritor venezolano Arturo Úslar Pietri comienza a usar la expresión «sembrar *(to sow; to spread)* petróleo» en Venezuela, lo que significa invertir el dinero de la exportación petrolera en la educación, la salud, el campo, la infraestructura y la seguridad del país. Venezuela es el quinto país productor de petróleo y la empresa estatal PDVSA trabaja en la extracción y producción de petróleo. En Venezuela, el precio de la gasolina está controlado por el gobierno; desde 2005, el país no produce más gasolina con plomo *(lead)*, para mejorar el ambiente. Venezuela exporta el 90 por ciento de su producción petrolera. Un 87 por ciento de la población venezolana trabaja en servicios y en la industria petrolera y solamente un 13 por ciento trabaja en el campo.

¿Qué significa «sembrar petróleo»?

Ritmos y música La música venezolana tiene una variedad de ritmos, dependiendo de las regiones geográficas. En el oeste del país, en la ciudad de Maracaibo, la gaita es la música tradicional navideña *(Christmas)*. Los instrumentos principales son los tambores *(drums)*, la flauta *(flute)*, el cuatro —una guitarra pequeña con cuatro cuerdas *(strings)*— y las maracas, de influencia africana. La música moderna tiene mucha influencia del rock argentino, mexicano y estadounidense.

Uno de los mejores grupos de gaitas es Maracaibo 15. Vas a escuchar su canción «Amparito» del álbum *Súper Éxitos de Maracaibo 15. Access the iTunes playlist on the **Viajes** website.*

¿Conoces el cuatro como instrumento musical? ¿Tocas algún instrumento? ¿Te gusta este tipo de música?

🌐 **¡Busquen en la red de información!**
www.cengage.com/spanish/viajes

1. Lugares mágicos: El Salto Ángel
2. Costumbres: Las hallacas
3. Oficios y ocupaciones: PDVSA
4. Ritmos y música: La gaita venezolana, Maracaibo 15

Un mesero y dos clientes hablan en el restaurante El Mesón de Caracas

In this section, you will learn vocabulary and expressions associated with eating in a restaurant.

When you eat in a restaurant, what questions do you ask your server?

Sustantivos

el (la) cliente client
el (la) mesero(a) waiter (waitress)

Adjetivos

caliente hot (temperature)
fresco(a) fresh
ligero(a) light (meal, food)
pesado(a) heavy (meal, food)
rico(a) delicious

Verbos

cocinar to cook
dejar una (buena) propina to leave a (good) tip
pedir (i) to order (food)
picar to eat appetizers; to nibble
preparar to prepare
recomendar (ie) to recommend

Expresiones idiomáticas

¡Buen provecho! Enjoy your meal!
Estoy a dieta. I'm on a diet.
Estoy satisfecho(a). I'm satisfied.
La cuenta, por favor. The check, please.
No puedo más. I can't (eat) any more.
¿Qué desean/quieren comer (beber)? What would you like to eat (to drink)?
¿Qué les gustaría? What would you like?
¡Salud! Cheers!
Te invito. It's on me (my treat).
Yo quisiera... I would like . . .

5

6

7

Curiosidades del idioma

It is customary in Spanish-speaking countries to say **¡Buen provecho!** when others begin to eat. **El (La) mesero(a)** is the most common term for waiter (waitress) in Venezuela and many other parts of the Spanish-speaking world. **El (La) camarero(a)** is also widely used.

Heinle/Cengage Learning

¡A practicar!

6-15 ¿Lógico o no? Lee las conversaciones breves entre los meseros y los clientes y decide si cada una es lógica o no. Si no es lógica, cambia la respuesta para completar la conversación de una manera lógica.

> **Modelo:** Cliente: ¿Está fresca la langosta?
> Mesero: Te invito.
> *No es lógico. El mesero debe decir «¡Cómo no! Está muy fresca.»*

1. Cliente: ¿Podemos ver el menú?
   Mesero: ¡Salud!
2. Mesero: ¿Y para beber?
   Cliente: Las arepas, por favor.
3. Mesero: ¿Algo para picar?
   Cliente: Me gustaría agua mineral sin gas.
4. Mesero: ¿Desean ver la lista de postres?
   Cliente: Ay, no puedo. Estoy a dieta.
5. Mesero: ¿Desean algo más?
   Cliente: No, gracias. La cuenta, por favor.

6-16 Un mesero algo *(a bit)* confundido Pepe, el mesero está un poco confundido. Ayúdalo a poner en orden lógico las frases que les dice a los clientes.

_____ Traigo la cuenta ahora mismo.

_____ ¿Qué quieren comer?

_____ De postre hay fruta, torta de chocolate o quesillo.

_____ ¿Y para beber?

_____ ¿Dos para cenar?

_____ Les recomiendo los mariscos.

_____ ¡Buenas noches!

_____ ¡Buen provecho!

_____ ¿Desean algo más?

_____ Gracias, señores, y muy buenas noches.

_____ Aquí tienen el menú.

6-17 Impresiones de Pepe Pepe, el mesero, siempre les sirve a don Fernando y a doña Olga cuando ellos vienen a comer al restaurante El Mesón. Completa el párrafo siguiente sobre sus impresiones de la pareja. Usa las siguientes frases, palabras y expresiones.

| yo te invito | ensalada | agua mineral | ¿qué desean? | propina |
| algo ligero | picar | menú | piden | está a dieta |

Hola. Yo llevo muchos años trabajando (I have been working many years) *aquí en El Mesón. Conozco bien a don Fernando y a doña Olga: son clientes muy buenos. Siempre les pregunto a ellos: 1. «_____». Don Fernando siempre pide ver el 2. _____. Él siempre pide una cerveza Polar muy fría y 3. _____ para 4. _____. Les gustan mucho la comida de mar: casi siempre 5. _____ langosta o pescado. Claro, ¡nuestro restaurante tiene el mejor pescado de Caracas! Como doña Olga es un poco gorda, siempre 6. _____. Por eso, normalmente ella pide 7. _____ para beber y una 8. _____ para comer con su plato principal. Realmente son unas personas especiales y muy románticas. Después de comer, don Fernando siempre le dice de broma* (jokingly) *a su esposa: 9. «_____», cariño. Ellos siempre dejan una buena 10. _____ .*

¡A conversar!

6-18 Una noche en el restaurante Esmeralda Trabajen en grupos para presentar las siguientes escenas en el restaurante:

1. Unos amigos van al Restaurante Esmeralda para celebrar el fin del semestre. Quieren empezar con algo para picar y después quieren varios platos, postres y bebidas. Una mujer es un poco quisquillosa *(finicky)*, pero en general les gusta mucho la comida y se divierten en el restaurante.

2. Los señores Villafranca cenan en el Restaurante Esmeralda todos los viernes. Conocen al mesero Luis muy bien y casi siempre *(almost always)* piden la especialidad de la casa. Esta noche el señor Villafranca quiere pedir algo diferente, pero no puede decidir qué quiere. Por fin él toma una decisión y le gusta mucho el nuevo plato.

3. La familia Martín va a cenar en el Restaurante Esmeralda. La señora y sus hijos esperan al señor Martín, que no llega a tiempo. Los niños se ponen impacientes pero cuando comen algo, están más contentos y la familia lo pasa bien *(has a good time)*.

Heinle/Cengage Learning

6-19 Entrevista Trabaja con un(a) compañero(a). Háganse *(Ask one another)* las siguientes preguntas. Después, compartan la información con la clase.

1. Si vas a celebrar un día especial, ¿a qué restaurante prefieres ir? ¿Por qué?

2. Si sales a comer con un grupo de amigos y no tienes mucho dinero, ¿adónde vas? ¿Por qué?

3. ¿Cuál es el restaurante más elegante que conoces? Describe el restaurante, la comida y el servicio.

4. ¿Qué restaurante recomiendas para el desayuno? ¿el almuerzo? ¿la cena? ¿Cuáles son los mejores platos que sirve cada restaurante?

5. ¿Qué restaurante sirve comida muy fresca? ¿comida rica? ¿comida ligera? ¿comida pesada?

6. ¿Trabajas en un restaurante? ¿Tus amigos trabajan en restaurantes? ¿Te gusta el trabajo en un restaurante? ¿Por qué sí o por qué no?

Student Activities Manual, *Capítulo 6*

Capítulo 6

iLrn: Heinle Learning Center, *Capítulo 6*

Regular verbs and verbs with spelling changes in the preterite

Spanish speakers use the preterite tense to describe what occurred in the past.

Regular verbs in the preterite

- To form the preterite for most Spanish verbs, add the following endings to the verb stem.

	hablar	comer	vivir
yo	habl**é**	com**í**	viv**í**
tú	habl**aste**	com**iste**	viv**iste**
Ud., él/ella	habl**ó**	com**ió**	viv**ió**
nosotros(as)	habl**amos**	com**imos**	viv**imos**
vosotros(as)	habl**asteis**	com**isteis**	viv**isteis**
Uds., ellos(as)	habl**aron**	com**ieron**	viv**ieron**

Note the identical endings for **-er** and **-ir** verbs.

Mis padres **hablaron** en español con el mesero.　　*My parents **spoke** in Spanish with the waiter.*

Ella **comió** mucho ayer.　　*She **ate** a lot yesterday.*

- **-Ar** and **-er** stem-changing verbs in the present tense have no stem change in the preterite; use the same verb stem as you would for the **nosotros(as)** form.

	pensar	volver
yo	pens**é**	volv**í**
tú	pens**aste**	volv**iste**
Ud., él/ella	pens**ó**	volv**ió**
nosotros(as)	pens**amos**	volv**imos**
vosotros(as)	pens**asteis**	volv**isteis**
Uds., ellos(as)	pens**aron**	volv**ieron**

Yo **pensé** mucho en doña Margarita.
*I **thought** a lot about doña Margarita.*

Volvió a casa a la 1:00.
*She **returned** home at 1:00.*

Verbs with spelling changes in the preterite

- Verbs ending in **-car, -gar,** and **-zar** have a spelling change in the **yo** form of the preterite tense. This change is necessary to maintain the sound of the original consonant.

c changes to **qu**	g changes to **gu**	z changes to **c**
tocar > to**qué**	llegar > lle**gué**	comenzar > comen**cé**

Yo **llegué** a las 2:00 y **almorcé** con su familia.
*I **arrived** at 2:00 and **had lunch** with his family.*

Toqué la guitarra y **saqué** unas fotos.
*I **played** the guitar and **took** some photos.*

Jugué a las cartas con toda la familia.
*I **played** cards with the whole family.*

- Verbs ending in **-er** and **-ir** that have a vowel before the infinitive ending require the following change in the **Ud./él/ella** and **Uds./ellos/ellas** forms of the preterite tense: the **e** or **i** between the two vowels changes to **y**.

	creer	leer	oír
Ud., él/ella	creyó	leyó	oyó
Uds., ellos(as)	creyeron	leyeron	oyeron

Margarita y su esposo Jorge **leyeron** un poco.
*Margarita and her husband Jorge **read** a bit.*

Jorge **oyó** algo raro en la calle.
*Jorge **heard** something strange in the street.*

Nadie le **creyó** el cuento.
*Nobody **believed** his story.*

Uses of the preterite

Spanish speakers use the preterite tense to express the beginning and completion of past actions, conditions, and events. Basically, the preterite is used to tell what did or did not happen or to tell what someone did or did not do. Observe the use of the preterite in the following examples.

Ayer Jorge **se despertó** un poco tarde porque no **oyó** el despertador.
*Yesterday, Jorge **woke up** a little late because he **didn't hear** the alarm clock.*

Margarita **llamó** a su esposo dos veces y finalmente él **se levantó**.
*Margarita **called** her husband two times and finally he **got up**.*

Luego Jorge **se duchó** y **desayunó** con sus *tres hijos.*
*Then, Jorge **showered** and **ate breakfast** with his three children.*

Here are some common expressions used to refer to the past:

anoche	*last night*
anteayer	*the day before yesterday*
ayer	*yesterday*
la semana pasada	*last week*
el mes pasado	*last month*
el año pasado	*last year*

© Neeila/Shutterstock.com

Ayer Jorge desayunó con sus tres hijos a las siete de la mañana.
¿A qué hora desayunaste tú?

¡A practicar!

6-20 Cómo preparamos las arepas Doña Olga explica cómo ella, su esposo Fernando y sus tres hijos, Alberto, Pedro y Óscar, prepararon las arepas ayer. Escribe su historia con la siguiente información.

Modelo nosotros / entrar / a la cocina / para preparar arepas
Nosotros entramos a la cocina para preparar arepas.

1. mi esposo Fernando / leer / la receta
2. yo / comenzar / a buscar los ingredientes
3. mis hijos Pedro y Alberto / formar / las arepas
4. nosotros / cocinar / las arepas / en el horno
5. mi hijo Óscar / beber / un refresco y no / ayudar
6. yo / sacar / todas las arepas / del horno
7. Óscar, Pedro y Alberto / comer / las arepas / en seguida
8. Óscar / limpiar / la cocina

6-21 Mi esposo y yo... Doña Margarita recuerda unos momentos especiales para ella y su esposo. Ayúdala a contar esos momentos completando las siguientes oraciones con las formas adecuadas del pretérito.

1. yo / conocer / a Jorge en 1978
2. nosotros / comenzar a / salir inmediatamente
3. él / invitarme / a cenar en un restaurante elegante
4. después, nosotros / ver una película
5. él / decidir estudiar / ingeniería de sistemas en la Universidad Simón Bolívar
6. yo / tomar / varias clases sobre negocios en la Universidad Metropolitana de Caracas
7. nosotros / casarse / en 1980
8. los padres de Jorge / comprar / un restaurante para nosotros
9. el restaurante / costar / mucho dinero
10. Jorge y yo / abrir / el restaurante en el verano del 2005

6-22 Un secreto Alberto, el hijo mayor de doña Olga y don Fernando, está secretamente enamorado (*in love*) de Matilde, la hija de doña Margarita. Una noche, él va con sus hermanos a la casa de Matilde y le dan una serenata. Usando los verbos de la lista, completa el siguiente párrafo en que Matilde describe lo que pasó.

acostarse	creer	invitar	llegar
cantar	despertarse	leer	recibir
cerrar	escuchar	llamar	volver

Anoche, yo 1. _____ un poco antes de dormir. A las 11:00, yo 2. _____. ¡Siempre estoy cansada después de trabajar en el restaurante con mamá! Una hora después, a las 12:00, 3. _____. Mi hermana Elena y yo 4. _____ algo fuera de la casa. Cuando yo 5. _____ a la ventana, _____ a Óscar, Alberto y Pedro. ¡Qué sorpresa! Bueno. La semana pasada, yo 7. _____ un mensaje electrónico de Alberto en que él me hablaba de su amor por mí. Y ayer, él me 8. _____ por teléfono y me 9. _____ a cenar con él. ¡Ay, ay, ay! ¡Yo no quiero ser la novia de Alberto! Pero anoche, él y sus dos hermanos me 10. _____ una canción de amor. Elena y yo 11. _____ la ventana y 12. _____ a acostarnos. ¡Esos muchachos!

¡A conversar!

6-23 **Lo que yo hice** Dile a otro(a) compañero(a) de clase lo que tú hiciste *(you did)* la semana pasada. A continuación hay varias posibilidades que puedes usar si las necesitas. Luego comparte con la clase la información que tienes de tu compañero(a).

> **Modelo** levantarse tarde
> *Yo me levanté tarde.*

1. **En el trabajo...**
   - a. no trabajar mucho
   - b. recibir un cheque
   - c. hablar con mi jefe(a)
   - d. conocer a otro(a) empleado(a)
   - e. ¿...?

2. **En la universidad...**
   - a. jugar a un deporte
   - b. comer en la cafetería
   - c. aprender mucho español
   - d. tomar un examen difícil
   - e. ¿...?

3. **En el restaurante...**
   - a. pedir algo para picar
   - b. beber agua mineral
   - c. comer pescado frito
   - d. pagar la cuenta
   - e. ¿...?

6-24 **Ayer yo...** ¿Qué comió tu compañero(a) ayer? Pregúntale qué comió y después cuéntale *(tell him/her)* lo que tú comiste. Pide muchos detalles sobre lo que comió, con quién, cuánto, a qué hora, dónde, si lo preparó él/ella, etcétera.

> **Modelo** el desayuno
> *—¿Qué comiste para el desayuno?*
> *—Comí cereal con leche.*

1. el desayuno
2. el almuerzo
3. la cena

6-25 **¿Quién... ?** Tienes dos minutos para buscar a alguien de tu clase que haya hecho *(has done)* las siguientes cosas. Después de encontrar a alguien para una categoría, pídele que firme *(sign)* la actividad en tu papel. Al final, cuéntales a tus compañeros(as) de clase lo que acabas de descubrir.

> **Modelo** comer camarones ayer
> **Tú:** *Bonnie, ¿comiste camarones ayer?*
> **Bonnie:** *Sí, comí camarones ayer.* (Bonnie signs next to the activity.)
> o *No, no comí camarones ayer.* (Bonnie doesn't sign and you look for someone else.)
> **Al final:** *Bonnie comió camarones ayer...*

1. comer una hamburguesa anteayer: _____
2. oír música venezolana alguna vez: _____
3. leer una receta en Internet la semana pasada: _____
4. tocar la guitarra anoche: _____
5. llegar tarde a clase el mes pasado: _____
6. pagar la cuenta en un restaurante ayer: _____
7. comenzar a leer sobre las cataratas del Salto Ángel la semana pasada: _____
8. preparar la receta de las arepas venezolanas: _____

Student Activities Manual, *Capítulo 6*

Capítulo 6

iLrn: Heinle Learning Center, *Capítulo 6*

Preterite and **Imperfect**

Verbs with stem changes in the preterite

Spanish -**ir** verbs that have a stem change in the present tense also have a stem change in the third-person-singular and -plural forms (**Ud./él/ella** and **Uds./ellos[as]**) of the preterite. In these cases, **e** becomes **i**, and **o** becomes **u**. Remember, stem-changing -**ar** and -**er** verbs do not show stem changes in the preterite.

servir (to serve)

Present (i)		Preterite (i)	
sirvo	servimos	serví	servimos
sirves	servís	serviste	servisteis
sirve	sirven	sirvió	sirvieron

divertirse (to have fun)

Present (ie)		Preterite (i)	
me divierto	nos divertimos	me divertí	nos divertimos
te diviertes	os divertís	te divertiste	os divertisteis
se divierte	se divierten	se divirtió	se divirtieron

dormir (to sleep)

Present (ue)		Preterite (u)	
duermo	dormimos	dormí	dormimos
duermes	dormís	dormiste	dormisteis
duerme	duermen	durmió	durmieron

Here are other -**ir** stem-changing verbs that exhibit the same changes as the three verbs shown to the left. Many of these you have already learned. Note below that the first vowel(s) in the parentheses indicate(s) the stem change in the present tense, and the second vowel indicates the stem change in the preterite.

conseguir (i, i) to get, obtain
despedir(se) (i, i) (de) to say good-bye (to)
dormirse (ue, u) to fall asleep
morir(se) (ue, u) to die
pedir (i, i) to request, order; to ask for
preferir (ie, i) to prefer
reírse (i, i) to laugh
sentirse (ie, i) to feel
sonreír (i, i) to smile
sugerir (ie, i) to suggest
vestirse (i, i) to get dressed

The third-person forms of **reírse** undergo the following spelling simplification **ri-ió > rió; ri-ieron > rieron.** The third-person forms of **sonreír** are simplified in the same manner as **reírse.**

En el restaurante anoche, el mesero sirvió comida muy rica y los amigos se divirtieron mucho. ¿Te gusta comer en un restaurante con amigos?

¡A practicar!

6-26 Unas vacaciones para Julio Julio es el gerente *(manager)* del Restaurante del Lago, en Maracaibo, y normalmente va de vacaciones a Caracas, la capital. Él nos cuenta qué pasa en su viaje. Cambia las oraciones del presente al pasado para indicar lo que pasó en su último viaje.

> **Modelo** Yo consigo un boleto *(ticket)* de avión para Caracas.
> *Conseguí un boleto de avión para Caracas.*

1. Cuando llego al aeropuerto, los agentes me piden el boleto.
2. Al llegar a Caracas, prefiero ir a la Casa de Bolívar y al Capitolio Nacional primero.
3. Varias personas me sugieren unas discotecas en el distrito Las Mercedes.
4. Me visto con chaqueta, pero sin corbata para ir a las discotecas.
5. Me siento cansado cuando vuelvo a mi hotel y me duermo muy rápido.

6-27 Una pequeña fiesta de doña Margarita y Jorge El sábado pasado doña Margarita y don Jorge hicieron una fiesta en su apartamento de Altamira, en Caracas, para celebrar su aniversario con unos amigos. Doña Margarita describe los preparativos y lo que pasó en la fiesta.

El sábado durante el día, nosotros _____ *(1. empezar) a prepararnos para la fiesta. Yo fui (I went) a hacer las compras para la comida.*
A las 7:00, Jorge y yo nos duchamos y luego _____ *(2. vestirse).*
Yo _____ *(3. vestirse) con un vestido largo y Jorge también* _____ *(4. vestirse) elegantemente. A las 9:30 de la noche llegaron los primeros invitados. Yo* _____ *(5. servir) unas empanadas de carne y unas arepas de queso. Todos* _____ *(6. divertirse) mucho en la fiesta.*

> **Cultura**
> Apartments in Altamira are very nice because of their proximity to El Ávila. This hill protects the city of Caracas from the winds.

¡A conversar!

6-28 Una cena memorable en un restaurante inolvidable Pregúntale a un(a) compañero(a) de clase sobre una cena especial. Luego descríbele a la clase las experiencias de tu compañero(a).

1. ¿Dónde comiste? ¿Quiénes comieron contigo? ¿Qué pediste tú y qué pidieron las otras personas?
2. ¿Comiste en un restaurante grande o en un restaurante pequeño? ¿A qué hora llegaste (llegaron Uds.) al restaurante? ¿Se divirtieron tú y tus amigos? ¿Se rieron mucho durante la comida? ¿Pediste algo especial de postre?
3. ¿Después de cuánto tiempo volviste a casa? ¿A qué hora te acostaste cuando llegaste a casa? ¿Te sentiste contento(a) después de la cena? ¿Por qué sí o por qué no? ¿Te dormiste inmediatamente o no?

6-29 Un restaurante nuevo Trabajen en grupos de tres o cuatro estudiantes para crear y presentar una escena sobre la primera noche con clientes en un restaurante nuevo. Escojan a diferentes personas del grupo para hacer las siguientes actividades. Dramaticen *(Act out)* la escena mientras varias personas del grupo se turnan para describir lo que pasó. ¡Claro que la narración tiene que ser en el pretérito!

Los clientes: llegar, sentarse, pedir el menú	El mesero: servir bebidas y comidas
El mesero: sonreír, sugerir bebidas	Los clientes: comer, divertirse
Los clientes: pedir bebidas y comidas	Un(a) cliente: pedir la cuenta
Un(a) cliente: sentirse mal, salir	Los clientes: despedirse, volver a casa

> Student Activities Manual, *Capítulo 6*
>
> *Capítulo 6*
>
> **iLrn:** Heinle Learning Center, *Capítulo 6*
>
> **Preterite** and **Imperfect**

Comparisons of inequality

- Use **más** or **menos** before an adjective, an adverb, or a noun, and **que** after it.
- Use **más que** or **menos que** after a verb form.
- Irregular comparatives

  mejor(es)   peor (es)

  mayor(es)   menor(es)

¡A recordar! 1 What preposition is used before a number in a comparison of inequality?

Comparisons of equality

- Use **tan** before an adjective or an adverb and **como** after it.
- Use **tanto(o)** or **tantos(as)** before a noun, and **como** after it.

¡A recordar! 2 How can one change a comparison of equality to one of inequality? When would one use **tanto(s)/tanta(s)** without **como**?

Superlative statements

Superlatives are formed by using a definite article before the person or thing being compared + **más** or **menos** + an adjective. To introduce the group to which the person or thing is being compared, the preposition **de** + noun is used.

¡A recordar! 3 What are the four irregular superlative forms?

Verbs regular in the preterite

To form the preterite for most Spanish verbs, add the following endings to the verb stem.

	hablar	comer	vivir
yo	habl**é**	com**í**	viv**í**
tú	habl**aste**	com**iste**	viv**iste**
Ud., él, ella	habl**ó**	com**ió**	viv**ió**
nosotros(as)	habl**amos**	com**imos**	viv**imos**
vosotros(as)	habl**asteis**	com**isteis**	viv**isteis**
Uds., ellos(as)	habl**aron**	com**ieron**	viv**ieron**

¡A recordar! 4 Do -**ar** and -**er** stem-changing verbs in the present tense have stem changes in the preterite? What spelling change in the **yo** form do preterite tense verbs ending in -**car**, -**gar**, and -**zar** have? For verbs ending in -**ir** and -**er** that have a vowel before the infinitive ending, what changes are required in the **usted/él/ella** and **ustedes/ellos/ellas** forms of the preterite tense?

Verbs with stem changes in the preterite

Spanish -**ir** verbs that have a stem change in the present tense also have a stem change in the third-person singular and plural forms (**Ud./él/ella** and **Uds./ellos[as]**) of the preterite. In these cases **e** becomes **i**, and **o** becomes **u**.

¡A recordar! 5 How many Spanish -**ir** verbs can you think of that have stem changes in the third-person singular and plural forms of the preterite?

Actividad 1   **¡A emparejar!** Escoge la frase más apropiada de la segunda columna para cada comparación de la primera columna.

1. El mesero Raúl tiene 23 años y el mesero Gabriel tiene 21 años. Raúl es _____
2. Este restaurante es malo pero el otro es terrible. El otro es _____
3. El Criollito tiene 5 estrellas, Tarzilandia tiene 4 y Las palmas tiene 3. El Criollito es _____
4. Gabriel tiene 21 años y su hermano tiene 25. Gabriel es _____
5. Las arepas de El Criollito son riquísimas. Son _____

    a. el mejor
    b. mayor
    c. menor
    d. las mejores de la ciudad
    e. peor que éste

Actividad 2   **Comparaciones** Completa las frases para comparar las siguientes comidas y bebidas.

1. las bananas + las manzanas: Matilde cree que las bananas son _____ deliciosas _____ las manzanas.
2. el jugo = la leche: Pablo dice que el jugo es _____ importante _____ la leche.
3. las papas fritas – la lechuga: La médica insiste en que las papas fritas son _____ nutritivas _____ la lechuga.
4. el bistec = la langosta: En este restaurante, el bistec es _____ caro _____ la langosta.
5. ensaladas = postres: En el menú, hay _____ ensaladas _____ postres.

Actividad 3   **¿Qué pasó?** Escoge la respuesta correcta para cada oración para saber qué pasó en la fiesta. Presta atención al contexto para escoger el verbo lógico y la forma apropiada.

1. Yo _____ unas decoraciones muy bonitas para la fiesta.
   - a. conseguí
   - b. consiguió
   - c. sonreí
   - d. sonreíste
2. Mi amiga Verónica preparó y _____ comida muy rica.
   - a. serví
   - b. sirvió
   - c. se sintió
   - d. se sintieron
3. Pablo contó chistes (*jokes*) pero tú no _____. ¿Por qué?
   - a. sugerí
   - b. sugirió
   - c. se rió
   - d. te reíste

4. Muchas personas comieron su plato de comida
y _____ más.

   a. pidieron
   b. pedí
   c. se despidieron
   d. se despidió

5. Una persona _____ en el sofá, pero se despertó un poco
después.

   a. se vistió
   b. me vestí
   c. se durmió
   d. te dormiste

Actividad 4   Una noche en el restaurante Cambia
cada verbo al pretérito para narrar la historia de una cena
memorable.

Mi familia (1. come) _____ en Tarzilandia. Mi madre
(2. empieza) _____ con unas arepas y vino tinto, mi
padre (3. bebe) _____ una cerveza y mis hermanos
menores (4. toman) _____ jugo. (5. Decido) _____
probar un mojito. El cocinero (6. prepara) _____ un
plato especial para nuestra familia y a todos nos
(7. gusta) _____ mucho. (8. Hablamos) _____ mucho
y (9. comemos) _____ toda la comida. Sólo mi padre
(10. come) _____ un postre. (11. Camino) _____ al
apartamento de mi amigo después, pero los otros
(12. vuelven) _____ a casa en coche. Mi amigo y yo
(13. bailamos) _____ en la discoteca por varias horas.
(14. Llego) _____ a casa muy tarde y (15. entro) _____
sin hacer ruido *(without making noise)* para no despertar
a mis padres y mis hermanos.

Actividad 5   Un día en Caracas Completa el siguiente
párrafo con la forma correcta del pretérito de cada verbo.

Enviar   Guardar   Archivos

Mis amigos y yo _____ (1. pasar) un día estupendo
ayer. Yo _____ (2. despertar) a mi compañera
de cuarto a las ocho y ella _____ (3. vestirse)
rápidamente. Ella _____ (4. pasar) la aspiradora y
nosotras _____ (5. limpiar) toda la casa. A las diez
mi primo Arturo _____ (6. llegar) de Valencia. Él
_____ (7. conocer) a los otros residentes de la casa
y todos nosotros _____ (8. hablar) de muchas cosas
diferentes. Más tarde nosotros _____ (9. salir) para el
centro de Caracas. En un café, algunas personas
_____ (10. pedir) arepas. Varias personas _____
(11. beber) café, pero yo _____ (12. pedir) un refresco.
Arturo _____ (13. divertirse) mucho hasta que él
_____ (14. despedirse) de nosotros a la
medianoche. ¿ _____ (15. divertirse) tú
ayer? Espero que sí. Hasta pronto.

Refrán

_____ (*Stomach*) lleno, _____ (*heart*) contento.

En este segmento del video, Valeria decide sorprender a los muchachos con una cena especial. Desafortunadamente, no obtiene los resultados deseados.

Expresiones útiles

The following are some new expressions you will hear in the video.

A ver...	*Let's see . . .*
¿Yo qué sé?	*What do I know?*
Se hace lo que se puede.	*One does what one can.*
quemarse	*to burn*
encontrar	*to find*

Antes de ver

Una cena especial ¿Qué pasó la última vez que preparaste una cena especial para un(a) amigo(a) o pariente? ¿Te salió bien o mal? ¿A tu amigo(a) o pariente le gustó la sorpresa? Descríbele la experiencia a un(a) compañero(a).

Después de ver

Una cena típica mexicana Completa el siguiente párrafo con el pretérito de los verbos apropiados de la lista para describir lo que pasó cuando Valeria intentó *(tried)* preparar algo típico mexicano para sorprender *(to surprise)* a Antonio.

comer	comprar	decidir	empezar	encontrar
leer	volver	quemarse	salir	

Un día, Valeria 1. _____ sorprender a los chicos con una cena típica mexicana. Alejandra y Valeria 2. _____ libros de recetas y Alejandra 3. _____ una receta de chiles rellenos al horno. Las chicas 4. _____ los ingredientes en el mercado, 5. _____ a la Hacienda Vista Alegre y Valeria 6. _____ a cocinar. Desafortunadamente, ¡Valeria no es muy buena cocinera! Los chiles 7. _____ y la cena fue *(was)* un desastre. Antonio 8. _____ un poco, pero al final todos 9. _____ a un restaurante.

Los ingredientes ¿Cuáles son los ingredientes que usó Valeria? Mira la siguiente lista y pon una «X» para indicar los ingredientes que mencionó. Compara tus respuestas con las de un(a) compañero(a). ¿Se acordaron de todo?

Ingredientes para chiles rellenos al horno

_____ chiles poblanos

_____ camarones

_____ aceite

_____ arroz blanco guisado

_____ crema

_____ vinagre

_____ cebollitas de cambray

_____ champiñones

_____ sal

_____ jamón

_____ caldillo de jitomate

_____ queso añejo

¿Qué opinas tú? Ahora te toca a ti. *(Now it's your turn.)* ¿Cuál es tu cena ideal? Imagina que puedes pedir cualquier cosa *(anything)* sin preocuparte por el precio o la preparación. ¿Tienes un restaurante favorito adonde quieres ir, o prefieres comer en casa? ¿Pides algo para empezar? ¿Tienes un postre favorito? ¿Qué quieres beber? Comparte tu menú ideal con un(a) compañero(a) de clase.

Heinle/Cengage Learning

See the Lab Manual, **Capítulo 6, ¡A ver!** *for additional activities.*

Antes de leer

Improving your reading efficiency: Organizational features of a passage, cognates, background knowledge and skimming

Reading efficiently involves a bit of guessing. By considering the organizational features of a passage, you can often make intelligent guesses as to the content of a passage before reading it. You should use all of the information available to you—cognates, titles, subtitles (if present), pictures, photos, and personal knowledge. You should also skim through the passage before closely reading it in order to ascertain the gist of the reading.

Identify the organizational features of the reading selection to answer the following questions.

1. What is the title of this selection?
2. What do you see in the photo? Describe the person.
3. What would you guess this selection to be about?
4. What do you know about food from Venezuela?

Now, skim the passage to answer these questions.

5. Can you find four cognates and their meanings?
6. Who is the selection about?
7. What is the purpose of the selection?

¡A leer!

Doña Bárbara

Primera parte: Capítulo VI: El recuerdo de Asdrúbal
… doña Bárbara acaba de sentarse a la mesa…
… Doña Bárbara come acompañada de Balbino Paiba, persona con quien [Melquíades] no simpatiza. Trata [Melquíades] de revolverse *(tries to turn around)*, a tiempo que ella le dice:
—Entra, Melquíades.
—Yo vuelvo más tarde. Siga comiendo tranquila.
Y Balbino, con sorna *(irony, sarcasm)* y a la vez que se enjuaga *(wipes away)* a manotadas los gruesos bigotes impregnados del caldo grasiento *(greasy broth)* de las sopas, dice:
—Entre, Melquíades. No tenga miedo, que aquí no hay perros.
[…]
[Melquíades] saca varias monedas de oro *(gold coins)*, que luego pone apiladas en la mesa diciendo:
—Cuente a ver si está completo.
Balbino las mira de soslayo *(sideways)*, y aludiendo a la costumbre de doña Bárbara de enterrar *(to bury)* todo el oro que le caía *(would fall into)* en las manos, exclama:
—¿Morocotas? *(gold coins)* ¡Ojos que te vieron!
Y sigue masticando *(chewing)* el trozo de carne que le llena la boca pero sin apartar de las monedas la codiciosa *(greedy)* mirada.

Fragmento de la novela *Doña Bárbara* de Rómulo Gallegos, D.R. © (1954) FONDO DE CULTURA ECONOMICA. Carretera Picacho-Ajusco 227 c.p. 14738, Mexico, D.F.

Después de leer

A escoger. Lee el fragmento de la novela nuevamente para responder las siguientes preguntas.

1. Doña Bárbara acaba de…
   a. pensar en Melquíades
   b. conversar con Balbino
   c. sentarse a la mesa
2. La comida principal en este fragmento está compuesta de…
   a. sopa y pollo
   b. sopa y carne
   c. sopa y pescado
3. Melquíades tiene…
   a. tanto miedo como Balbino de doña Bárbara
   b. más miedo que Balbino de doña Bárbara
   c. menos miedo que Balbino de doña Bárbara
4. Doña Bárbara esconde *(hides)* sus morocotas o monedas de oro en…
   a. la tierra
   b. el banco
   c. la cama

¿Cierto o falso? Indica si las siguientes oraciones son **ciertas** *(true)* o **falsas** *(false)*. Corrige las oraciones falsas.

1. _____ Melquíades respeta y no quiere molestar a doña Bárbara en el momento de la comida.
2. _____ Balbino se limpió la grasa de la sopa de los bigotes.
3. _____ Melquíades saca varias monedas de oro y luego cuenta las monedas enfrente de doña Bárbara.
4. _____ Balbino no ve las morocotas y sigue comiendo la carne tranquilamente.

 Análisis. Con un compañero(a) de clase responde las siguientes preguntas.

1. ¿Cuándo se usa el título **doña**? Si no lo recuerdan, miren el **Comentario cultural** del **Capítulo 2.**
2. ¿Por qué Melquíades no quiere molestar a doña Bárbara?
3. ¿Por qué Melquíades quiere que doña Bárbara cuente *(counts)* las morocotas de oro?
4. ¿Qué actitud muestra doña Bárbara al enterrar sus morocotas de oro?
5. Después de leer este fragmento ¿qué idea tienen de doña Bárbara?

 A escribir. Con dos compañeros de clase, imaginen que tienen que escribir una reseña *(article)* corta de 4 ó 5 líneas para el periódico de la universidad y describir la película Doña Bárbara basados en la foto y en la descripción de la comida. ¿Cómo es doña Bárbara? ¿Por qué la llaman "doña" si no es muy mayor? ¿Es rica o pobre?

VOCABULARIO ESENCIAL

  AUDIO CD CD 1, TRACK 15   **Personal Tutor**

Las comidas — Meals

el almuerzo	lunch
la cena	dinner
el desayuno	breakfast

Los platos principales — Main dishes

el bistec	steak
los calamares (fritos)	(fried) calamari
los camarones	shrimp
la carne (de res)	meat (beef)
la chuleta (de cerdo)	(pork) chop
la hamburguesa	hamburger
el jamón	ham
la langosta	lobster
los mariscos	shellfish, seafood
el pavo	turkey
el pescado	fish
el pollo (asado)	(roasted) chicken
el queso	cheese
el sándwich	sandwich

Las frutas y los vegetales/las verduras — Fruits and vegetables

la banana	banana
los champiñones	mushrooms
la lechuga	lettuce
la manzana	apple
la naranja	orange
las papas (fritas)	(French fried) potatoes
el tomate	tomato

Los entremeses y otras comidas — Appetizers and other foods

las arepas	cornmeal pockets
el arroz	rice
la ensalada	salad
el huevo duro	hard-boiled egg
el pan (tostado)	(toasted) bread
la sopa	soup

Los postres — Desserts

el flan (casero)	(homemade) caramel custard
el helado	ice cream

Las bebidas — Beverages

el agua (f.) mineral con/sin gas	carbonated/ noncarbonated mineral water
el café	coffee
la cerveza	beer
el jugo de fruta	fruit juice
la leche	milk
el refresco	soft drink
el té (helado)	(iced) tea
el vino (blanco, tinto)	(white, red) wine

Los condimentos — Condiments

el aceite	oil
el azúcar	sugar
la mantequilla	butter
la pimienta	pepper
la sal	salt
la salsa	sauce
el vinagre	vinegar

El restaurante — The restaurant

el (la) cliente	client
la cuenta	check, bill
la especialidad de la casa	house specialty
el menú	menu
el (la) mesero(a)	waiter (waitress)

Adjetivos

caliente	hot (temperature)
fresco(a)	fresh
ligero(a)	light (meal, food)
pesado(a)	heavy (meal, food)
rico(a)	delicious

Verbos

almorzar (ue)	to have (eat) lunch
cenar	to have (eat) supper (dinner)
cocinar	to cook
dejar una (buena) propina	to leave a (good) tip
desayunar	to have (eat) breakfast
desear	to wish; to want
pedir (i, i)	to order (food)
picar	to eat appetizers; to nibble
preparar	to prepare
recomendar (ie)	to recommend

Verbos con cambio de raíz en el pretérito

conseguir (i, i)	to get, obtain
despedir(se) (i, i) (de)	to say good-bye (to)
divertirse (ie, i)	to have fun
dormirse (ue, u)	to fall asleep
morir(se) (ue, u)	to die
pedir (i, i)	to request, order; to ask for
preferir (ie, i)	to prefer
reírse (i, i)	to laugh
sentirse (ie, i)	to feel
servir (i, i)	to serve
sonreír (i, i)	to smile
sugerir (ie, i)	to suggest
vestirse (i, i)	to get dressed

Expresiones idiomáticas

¡Buen provecho!	Enjoy your meal!
¡Cómo no!	Of course!
Estoy a dieta.	I'm on a diet.
Estoy satisfecho(a).	I'm satisfied. I'm full.
La cuenta, por favor.	The check, please.
No puedo (comer) más.	I can't (eat) any more.
¿Qué desean/ quieren comer(beber)?	What would you like to eat (to drink)?
¡Salud!	Cheers!
Te invito.	It's on me (my treat).
Yo quisiera…	I would like …

Comparativos irregulares

más que	more
menos que	less
mejor(es)	better
peor(es)	worse
menor(es)	younger
mayor(es)	older
tan + como	as
tanto(a, os, as)	as much
tanto(a, os, as) + como	as much/many as

Superlativos irregulares

el (la, los, las) mejor(es)	best
el (la, los, las) mayor(es)	oldest
el (la, los, las) peor(es)	worst
el (la, los, las) menor(es)	youngest

Expresiones adverbiales de tiempo

anoche	last night
anteayer	the day before yesterday
ayer	yesterday
la semana pasada	last week
el mes pasado	last month
el año pasado	last year

De compras

Argentina, Paraguay y Uruguay

Plaza Dorrego, San Telmo, Buenos Aires, Argentina
Visit it live on Google Earth!

Chapter Objectives

Communicative Goals

In this chapter, you will learn how to . . .

- Talk about shopping for clothing
- Talk about singular and/or completed events in the past
- Make selections and talk about sizes and other shopping preferences
- Describe ongoing and habitual actions in the past

Structures

- Verbs irregular in the preterite
- Direct object pronouns
- Imperfect tense

◀ ¿Cuándo y con quién vas de compras?

◀ ¿Qué te gusta comprar?

◀ ¿Conoces un mercado al aire libre? ¿Qué venden?

189

La ropa de última moda en Buenos Aires

In this section, you will learn how to talk about clothing and related accessories. What kinds of clothing are fashionable for people today? Do you think fashions in Spanish-speaking countries are ahead of or behind styles currently popular in the United States?

Sustantivos

las compras *purchases, shopping*
el estilo *style*
el precio *price*
la tarjeta de crédito *credit card*
la tela *fabric*

Verbos

llevar *to take, to carry, to wear (clothing)*
usar *to use, to wear (clothing)*

Expresiones

ser de... *to be made of...*

algodón *cotton*
cuero *leather*
lana *wool*
seda *silk*

Palabras útiles

el bolsillo
pocket

el botón
button

el cierre / la cremallera
zipper

la prenda
article of clothing

el smoking
tuxedo

las yuntas / los gemelos
cufflinks

los zapatos de taco / tacón (alto)
(high) heels

el paraguas

el traje de baño

DAMAS

de rayas

de cuadros

el anillo

la blusa

el reloj

la cartera

las medias

la falda

el suéter

el impermeable

la bolsa

las botas de lunares

las gafas de sol

los zapatos

los vaqueros

las sandalias

Curiosidades del idioma

In Argentina, Paraguay, and Uruguay, a skirt is called **la pollera** instead of **la falda**; a jacket is called **la campera** instead of **la chaqueta**; and in Argentina **las camisetas** are called **las remeras**. Another term for **la cartera** in Argentina is **la billetera** or for a coin purse **el monedero**; and a woman's purse is sometimes referred to as **la cartera**. **Los lentes** and **los anteojos** are synonyms for **las gafas**.

Curiosidades del idioma

The verb **llevar** means to take or carry, such as **Llevo mi libro a clase,** but it also means to wear clothes. Some Spanish speakers use the phrase **llevar puesto(a)** when talking about wearing clothing. You may hear, for example, either **Llevo los vaqueros** or **Llevo puestos los vaqueros. Usar** is a cognate which means to use, but it can also mean to wear clothing.

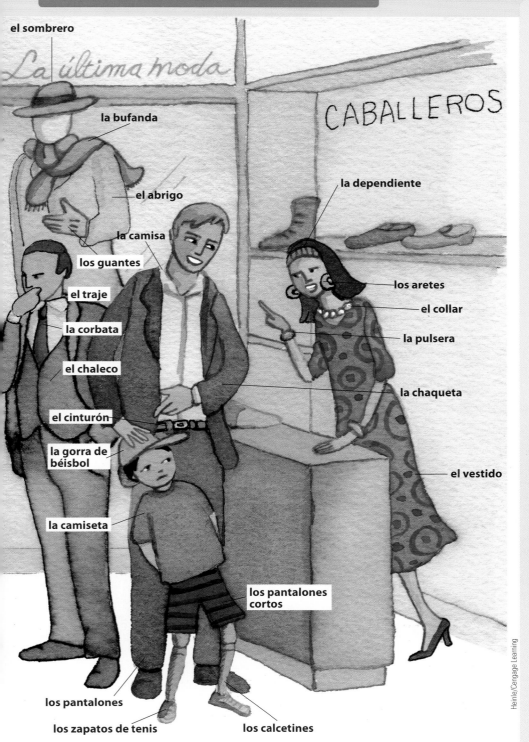

- el sombrero
- la bufanda
- el abrigo
- la camisa
- los guantes
- el traje
- la corbata
- el chaleco
- el cinturón
- la gorra de béisbol
- la camiseta
- los pantalones
- los zapatos de tenis
- los calcetines
- los pantalones cortos
- la dependiente
- los aretes
- el collar
- la pulsera
- la chaqueta
- el vestido

Heinle/Cengage Learning

Cultura

Argentina is especially famous for its leather goods: jackets, handbags, gloves, wallets, and shoes. Stores specializing in leather can be found in all of Argentina's major cities. San Carlos de Bariloche is known for its woolen goods. In the province of Salta, one can find unique **ponchos de Güemes.** The legacy of the **gaucho** (the Argentine cowboy of the Pampas region) has had a lasting influence on contemporary Argentine clothing styles. Uruguay is well known for exporting textiles as well as meats, rice, and wheat.

¡A practicar!

7-1 **Asociaciones** La dependiente de *La última moda* necesita organizar la ropa de la tienda. Encuentra la palabra que no forma parte de cada grupo y explica por qué.

1. la cartera, la bolsa, el abrigo, el anillo
2. la chaqueta, los pantalones cortos, la camiseta, el suéter
3. el sombrero, las medias, los zapatos, las sandalias
4. el traje, el vestido, el cinturón, la corbata
5. los guantes, el traje de baño, el impermeable, el abrigo

7-2 **Definiciones** Escoge la definición apropiada para cada elemento.

_____ 1. Es la ropa que llevamos para nadar
_____ 2. Son zapatos informales que muchas personas llevan en el verano.
_____ 3. Son pantalones informales.
_____ 4. Incluye una chaqueta y unos pantalones o una falda.
_____ 5. Es una camisa informal.
_____ 6. Son para las manos, especialmente cuando hace frío.
_____ 7. Es un abrigo que ofrece protección de la lluvia.
_____ 8. Es donde ponemos el dinero.

a. el traje
b. los vaqueros
c. la cartera
d. el traje de baño
e. el impermeable
f. la camiseta
g. las sandalias
h. los guantes

7-3 **¿Para hombres o mujeres?** Decide si los siguientes artículos se asocian más con los hombres, las mujeres o ambos *(both),* los hombres y las mujeres. Luego, trata de encontrar a una persona en la clase que lleve los mismos artículos de ropa.

Modelo la bufanda
Es para los hombres y las mujeres. Soledad lleva una bufanda.

1. la blusa
2. la camisa
3. las botas
4. los pantalones de lana
5. la minifalda
6. los guantes
7. los calcetines
8. las medias
9. los aretes
10. la corbata

Student Activities Manual, *Capítulo 7*

Capítulo 7

iLrn: Heinle Learning Center, *Capítulo 7*

¡A conversar!

7-4 **Tus preferencias** Habla con un(a) compañero(a) acerca de *(with regard to)* sus preferencias. Después de contestar tus preguntas, él/ella va a preguntarte sobre tus preferencias.

Modelo botas negras de cuero / zapatos de tenis
E1: *¿Qué prefieres tú, unas botas negras de cuero o unos zapatos de tenis?*
E2: *Mmm, yo prefiero unas botas negras. No me gustan mucho los zapatos de tenis. ¿Y tú? …*

1. bufanda de cuadros / bufanda de lana
2. sombrero de vaquero / gorra de béisbol
3. minifalda / falda larga
4. guantes de seda / guantes de algodón
5. abrigo de lana / chaqueta de esquiar
6. pantalones de cuero / los vaqueros
7. traje o vestido formal / ropa cómoda *(comfortable)*
8. pantalones cortos / pantalones largos

7-5 **La ropa y el clima** Pregúntale a otro(a) compañero(a) qué ropa se necesita para las siguientes situaciones. ¿Están de acuerdo?

1. Es octubre, hace sol y no hace viento. Tú y dos amigos quieren caminar por la ciudad de Buenos Aires. ¿Qué ropa van a ponerse?
2. Tú y tu mejor amigo(a) piensan ir de vacaciones a Punta del Este en Uruguay por dos semanas en enero cuando hace buen tiempo allí. ¿Qué ropa van a llevar?
3. Una amiga te invita a visitar Asunción, la capital de Paraguay, por cinco días en enero durante el verano. Tú aceptas la invitación y ahora tienes que decidir qué ropa vas a llevar.

7-6 **¿Qué llevan?** Trabaja con un(a) compañero(a) para hablar de la ropa, el tiempo y las situaciones en las ilustraciones. Para cada ilustración conversen sobre lo siguiente:

1. Describe la ropa que lleva(n) la(s) persona(s).
2. Describe el tiempo o la situación.

Modelo *El hombre lleva un traje, una camisa, una corbata y zapatos. Está nublado y posiblemente va a llover (it is going to rain). Por eso tiene el paraguas y el impermeable.*

1.

2.

3.

4.

Heinle/Cengage Learning

EN CONTEXTO

Hoy es sábado, 18 de diciembre. Julio y Silvia Sepúlveda y su hijo están en una tienda de la calle Florida, en Buenos Aires. Silvia **está probándose** un vestido que quiere llevar para una fiesta que ella y su esposo van a dar la semana que viene. Julio está esperándola con su hijo Juan Carlos.

Silvia: ¿Qué te parece este vestido, Julio? **¿Cómo me queda?**

Julio: ¡Me gusta mucho! **Te queda muy bien.** Vos estás muy elegante.

Comentario cultural **La calle Florida** is a pedestrian-only street that features many boutiques and shops. It is the most frequented shopping zone in the city of Buenos Aires and features high-end boutiques. "Factory" stores on the **calle Florida,** unlike factory outlet stores in the U.S., offer the highest quality of locally made products, including cashmere and leather goods.

Silvia: Gracias. Me gusta este color porque va bien con las joyas.

Julio: Pero, ¿qué joyas?

Silvia: **Las mías.** Las que me diste para mi cumpleaños. Creo que el vestido va a ser perfecto para nuestra fiesta, ¿verdad?

Comentario cultural Unlike other countries that are known for jewels or precious metals, Argentina does not enjoy international recognition in this area. Nevertheless, silver is mined in Argentina, as are most kinds of gemstones. The pink "rodochrosita" is a semi-precious stone found only in Argentina.

Julio: ¡Claro que sí! ¿Te acordás de la fiesta tan estupenda que **dieron** Jorge y Hortensia el año pasado cuando **hacía tanto frío y llovía?**

Silvia: Nunca voy a **olvidarla.** ¡Cómo nos divertimos! ¿No? Comimos tantas cosas ricas y conocimos a tanta gente, y vos bailando con todo el mundo.

Comentario cultural In Argentina, Paraguay, and Uruguay and on a limited basis in southern Mexico, Central America, and northwestern South America, **vos** is used in lieu of **tú.**

Curiosidades del idioma

When **vos** is used with present tense verbs, it is conjugated differently: for **-ar** verbs, add **-ás: Vos hablás español como un argentino(a);** for **-er verbs,** add **-és: Vos comés parrillada todos los fines de semana;** and for **-ir** verbs, add **-ís: Vos decidís qué ropa tus hijos deben llevar.** The irregular verb **ser** has an irregular form for **vos** also: **Vos sos muy inteligente.**

Expresiones en contexto

aguantar *to put up with*	las que *the ones that*
el almacén / tienda *grocery store (Argentina)*	**Voy a pagar el vestido.** *I am going to pay for the dress.*
buscar *to look for*	**Yo voy a pagar 100 pesos por el vestido.**
cariño *my dear*	*I am going to pay 100 pesos for the dress. (The inclusion of the preposition depends on whether or not there is mention of the price.)*
esperar *to wait for*	
ir bien con *to go well with*	
las joyas *jewelry/jewels*	

Julio: Sí, sí. La fiesta **fue** fabulosa. Bueno, ahora voy a **pagar** el vestido con mi **tarjeta de crédito.** ¿Cuánto **cuesta,** Silvia?

Silvia: Menos de 100 pesos. Es un buen **precio,** ¿no te parece, Julio?

Comentario cultural In August 2009, the Argentine peso was worth 26 U.S. cents. Argentina's economy is still recovering from a crisis in 2002, caused by a national debt default. The situation was made worse when panicked citizens rushed to the banks to withdraw their money. The acclaimed film *Nueve reinas* derives its context from this crisis. Today, Argentina appears to be stabilizing economically.

Julio: Creo que sí... Che, Silvia, tenemos que volver a la zapatería para **cambiar** estos zapatos que le compramos a Juan Carlos la semana pasada. **Le quedan un poco grandes.**

Juan Carlos: ¡No quiero ir a otra tienda! ¡Tengo hambre!

Comentario cultural Although Argentina is world-renowned for its beef, its high-quality leather goods are still undervalued. Especially attractive to foreigner shoppers are articles made of soft, spotted, velvety suede. This leather comes from **carpincho** *(capibarra),* which is the largest rodent in the world.

Heinle/Cengage Learning

Silvia: Bueno. Y después vamos a casa porque Juan Carlos tiene hambre y estoy cansada de tanta actividad.

Julio: Cómo no, cariño. Juan Carlos, tenés que aguantar un poco más.

Comentario cultural In Argentina, the siesta is observed typically between 1:00 p.m. and 4:00 p.m. In some regions of Argentina, the siesta affects business hours; stores and businesses are usually open from 8:00 to 12:00 and from 4:00 to 8:00. In bigger cities, such as Buenos Aires, businesses have adopted the standard schedule of 9:00 to 5:00.

¿Comprendiste? Contesta las siguientes preguntas basándote en el diálogo.

1. ¿Qué están haciendo los Sepúlveda en este momento?
2. ¿Qué van a hacer después?
3. ¿Dónde va a ser la fiesta?
4. ¿Los zapatos de Juan Carlos son viejos o nuevos?

 Diálogo entre dos clientes Trabajando con un(a) compañero(a) de clase, practiquen el diálogo que acaban de estudiar en **En contexto.** Deben cambiar las nacionalidades y las prendas de ropa que busca cada cliente. Usen expresiones de **En contexto** como modelo para su diálogo.

Irregular verbs in the preterite

As you know, Spanish speakers use the preterite tense to express the beginning and ending/ completion of past actions, conditions, and events. Some Spanish verbs have irregular verb stems in the preterite and their endings have no accent marks.

dar	di, diste, dio, dimos, disteis, dieron
hacer	hice, hiciste, hizo, hicimos, hicisteis, hicieron
ir	fui, fuiste, fue, fuimos, fuisteis, fueron
poder	pude, pudiste, pudo, pudimos, pudisteis, pudieron
poner	puse, pusiste, puso, pusimos, pusisteis, pusieron
saber	supe, supiste, supo, supimos, supisteis, supieron
querer	quise, quisiste, quiso, quisimos, quisisteis, quisieron
venir	vine, viniste, vino, vinimos, vinisteis, vinieron
estar	estuve, estuviste, estuvo, estuvimos, estuvisteis, estuvieron
tener	tuve, tuviste, tuvo, tuvimos, tuvisteis, tuvieron
decir	dije, dijiste, dijo, dijimos, dijisteis, dijeron
traer	traje, trajiste, trajo, trajimos, trajisteis, trajeron
ser	fui, fuiste, fue, fuimos, fuisteis, fueron

Note the spelling change from **c** to **z** in the **Ud./él/ella** form of the verb **hacer.**

Note that the preterite stems of **decir** and **traer** end in **-j**. With these two verbs, the **-i** is dropped in the **Uds./ellos/ellas** form to become **dijeron** and **trajeron**, respectively.

- Note that the preterite forms for **ir** and **ser** are identical; context clarifies their meaning in a sentence.

    Fui dependiente por un día.   *I was a salesclerk for a day.*

    Fui a la tienda de ropa ayer.   *I went to the clothing store yesterday.*

- Also note that **poder, poner, saber, querer, venir, estar,** and **tener** share the same endings:

poder	pud-	
poner	pus-	-e
saber	sup-	-iste
querer	quis-	-o
		-imos
venir	vin-	-isteis
estar	estuv-	-ieron
tener	tuv-	

Andar also follows this pattern: anduve, anduviste, anduvo, anduvimos, anduvisteis, anduvieron.

- The preterite of **hay** is **hubo.**

    —**Hubo** un robo hoy en esa tienda.   *There was a robbery today in that store.*

    —¿Qué pasó?   *What happened?*

    —No sé, pero **hubo** policías para hacer la investigación.   *I don't know, but there were police officers to conduct the investigation.*

¡A practicar!

7-7 **De compras** Silvia fue de compras un sábado con su amiga Andrea. Conjuga los verbos entre paréntesis para saber adónde fue de compras Silvia.

Silvia se levantó temprano...

1. Ella _tuvo_ (tener) que ir de compras para buscar ropa para su esposo y su hijo.
2. Ella le _dijo_ (decir) «adiós» a su esposo a las 9 de la mañana.
3. Silvia y su amiga Andrea _fueron_ (ir) a la calle Florida.
4. Silvia _trajo_ (traer) su tarjeta de crédito para hacer las compras.
5. Las dos amigas _fueron_ (ir) a la tienda más grande de Buenos Aires.
6. Ellas _pudieron_ (poder) comprar muchas cosas por precios excelentes.
7. Las dos _se pusieron_ (ponerse) muy contentas.
8. Las dependientes _fueron_ (ser) muy simpáticas con ellas.
9. Silvia _quiso_ (querer) pagar con su tarjeta de crédito.
10. Silvia _tuvo_ (tener) que mostrar un documento para confirmar su identidad.

7-8 **¡Qué generoso es Julio!** Julio, el esposo de Silvia, se enteró de *(found out about)* las compras de su esposa aquella misma noche. Él nos cuenta cómo lo supo y qué le regaló Silvia a él. Completa el siguiente párrafo con la forma correcta del pretérito de los infinitivos entre paréntesis.

Ayer por la noche yo _supe_ *(1. saber) que mi esposa Silvia fue de compras con su amiga Andrea. Por la mañana, ella no me* _dijo_ *(2. decir) lo de las compras. Ella salió a las 9:00 de la mañana. Primero, ella y Andrea* _fueron_ *(3. ir) a la calle Florida, donde las dos compraron zapatos. Después, tomaron un café en la Recoleta. En la Recoleta, ellas entraron a una tienda muy*

Ayer por la tarde, Silvia y Andrea fueron de compras.

grande y compraron muchas cosas. Menos mal que Silvia usó su tarjeta de crédito para esas compras. Cuando ella _vino_ *(4. venir) a casa anoche, me habló de sus compras: «Lo siento, Julio, pero ¡* _hubo_ *(5. haber) unas rebajas (sales) fantásticas en la Recoleta, y Andrea y yo no* _pudimos_ *(6. poder) resistir la tentación de comprar!» Ella me* _hizo_ *(8. hacer) un regalo (gift) muy bonito: ¡una billetera de cuero! Yo le* _di_ *(8. dar) un beso (kiss) a mi esposa. Nosotros* _tuvimos_ *(9. tener) una cena deliciosa de pizza a la piedra con nuestro hijo Juan Carlos. La noche* _fue_ *(10. ser) muy buena. Todos nos acostamos contentos.*

¡A conversar!

7-9 **Entrevista: Una cena en un restaurante** Quieres saber más sobre tu compañero(a) de clase. Forma preguntas con los elementos indicados y hazle las preguntas a tu compañero(a) para hablar de una cena que él (ella) comió en un restaurante. Después, tu compañero(a) debe hacerte las preguntas a ti.

Modelo cuándo / ir / tú / a cenar en un restaurante
E1: *¿Cuándo fuiste a cenar en un restaurante?*
E2: Fui a cenar en un restaurante el fin de semana pasado.

1. otras personas / ir / también
2. poder comer / tú / tu comida favorita
3. querer tomar / tú / café
4. qué / beber y comer / otras personas
5. cuánto tiempo / estar / tú / en el restaurante
6. qué / decir / tú / al final de la cena
7. tener que pagar la cuenta / tú
8. ser / una buena experiencia
9. que / hacer / tú / después

7-10 **De compras...** Descríbele a un(a) compañero(a) de clase una experiencia que ocurrió cuando fuiste al centro comercial Alto Palermo, en la Avenida Santa Fe de Buenos Aires. Considera las siguientes preguntas en tu descripción. ¡Sé creativo(a)!

- ¿Adónde y con quién fuiste?
- ¿Llevaste las tarjetas de crédito?
- ¿Qué compraste? ¿Por qué compraste eso?
- ¿Cuánto costó (costaron)?
- ¿Tuviste que pedirle ayuda a un(a) dependiente?
- ¿Pudiste encontrar alguna oferta o ganga *(bargain)*?
- ¿Compraste ropa para otras personas?
- ¿Qué más hiciste?
- ¿Estuviste contento(a) con tus compras?
- ¿Hablaste de tus compras con tus padres / tu novio(a) / tu esposo(a)?

7-11 **El primer día de clases** Piensa en el primer día de clases en la universidad. Usando las categorías y algunos *(some)* de los verbos a continuación, forma diez frases sobre lo que tú y tus compañeros hicieron ese día. Comparte *(Share)* las frases con un(a) compañero(a) para comparar y contrastar sus experiencias.

La rutina diaria:	despertarse, levantarse, bañarse, vestirse, peinarse, acostarse
La comida:	comer, beber, cocinar, preparar, comprar, pedir
Las clases:	ir, sentarse, poner, escribir, contestar, aprender
Los profesores:	llegar, empezar, dar, decir, traer, terminar
Los amigos:	ver, hablar, preguntar, caminar, llamar, conocer
Las actividades:	jugar, tocar, mirar, escuchar, visitar, leer

7-12 **Una gran fiesta** En una gran fiesta, cada persona de la clase hizo algo diferente. Lo que hicieron todos está en la lista y el (la) profesor(a) va a determinar quién hizo cada actividad, ¡pero sólo él (ella) sabe la información! Tú y tus compañeros tienen que hacerles preguntas a todas las personas de la clase para determinar quién hizo cada actividad. Al determinar quién hizo una actividad, escribe su nombre al lado de la actividad, en la lista, y sigue haciendo preguntas hasta completar la lista con todos los nombres.

Modelo   E1: Nick, ¿limpiaste la casa?
E2: No, *no limpié la casa.*
E1: ¿Invitaste *a la profesora?*
E2: *Sí, invité a la profesora.* (E1 writes the name of E2 next to the activity.)

1. escribir las invitaciones   _____
2. hacer las decoraciones   _____
3. limpiar la casa   _____
4. poner la mesa   _____
5. comprar las bebidas   _____
6. invitar al (a la) profesor(a)   _____
7. llegar (muy) temprano   *llegé*   _____
8. sacar muchas fotos   _____
9. traer muchos discos compactos   _____
10. tocar la guitarra   _____
11. no querer bailar   _____
12. comer mucha pizza   _____
13. llevar zapatos rojos   _____
14. servir la comida   _____
15. dormirse en el sofá   _____
16. perder las llaves del coche   *perdí*   _____
17. dar lecciones de tango y salsa   _____
18. lavar los platos   _____
19. tener que salir de la fiesta temprano   _____
20. no poder participar   _____

Student Activities Manual, *Capítulo 7*

Capítulo 7

iLrn: Heinle Learning Center, *Capítulo 7*

Argentina, Paraguay y Uruguay

▶ Veamos los videos de Argentina, Paraguay y Uruguay para luego discutir.

1. ¿Por qué se conoce Buenos Aires, Argentina?
2. ¿Cuál es la plaza más importante en Buenos Aires? ¿Qué representa esta plaza?
3. ¿Qué significa la palabra "Paraguay" en guaraní, lengua indígena oficial?
4. ¿Qué pueden ver en la Ciudad Vieja en Montevideo, Uruguay?

✎ See the *Workbook,* **Capítulo 7, Viajemos por Argentina, Paraguay y Uruguay** for additional activities.

Heinle/Cengage Learning

Argentina

Población: 40.913.584

Área: 2.779.221 km², cuatro veces el tamaño de Texas

Capital: Buenos Aires, 13.356.715

Ciudades principales: Córdoba, 1,4 millones; Rosario, 1,2 millones; Mendoza, 988.600; Mar del Plata, 683.700

Moneda: el peso

Lenguas: el español

Paraguay

Población: 6.995.655

Área: 406.752 kilómetros cuadrados, el tamaño de California.

Capital: Asunción, 1,8 millones

Ciudades principales: Ciudad del Este, 134.000; Encarnación, 70.000; Villarrica, 83.000

Moneda: el guaraní

Lenguas: el español y el guaraní

Uruguay

Población: 3.494.382

Área: 176.220 kilómetros cuadrados, un poco más pequeño que el estado de Washington

Capital: Montevideo, 1,3 millones

Ciudades principales: Salto, 123.120; Rivera, 104.921; Punta del Este, 8.252; Minas, 37.925

Moneda: el peso

Lenguas: el español

Historia Visitar el centro histórico de Colonia del Sacramento en Uruguay es como volver al pasado cuando el portugués Manuel de Lobo fundó la ciudad en 1680. Esta ciudad se conoce por sus calles de piedras y sus casas pintadas de diferentes colores que recuerdan el centro histórico de Lisboa, capital de Portugal. Colonia fue el centro de luchas *(fights)* entre los portugueses y los españoles por más de un siglo *(century)* y por esto el gobierno de la ciudad cambió trece veces *(times)* de manos, de portuguesas a españolas y viceversa. Hoy en día sigue siendo un puerto para una región rica en agricultura y ganadería *(livestock),* además de ser una ciudad turística para divertirse y descansar. La ciudad mantiene su sabor colonial y en 1995, la ciudad fue declarada "Patrimonio de la Humanidad" por la UNESCO (La Organización Educacional, Científica y Cultural de las Naciones Unidas).

¿Conoces ciudades históricas en los Estados Unidos? Descríbelas. ¿Crees que las ciudades coloniales deben mantener sus tradiciones?

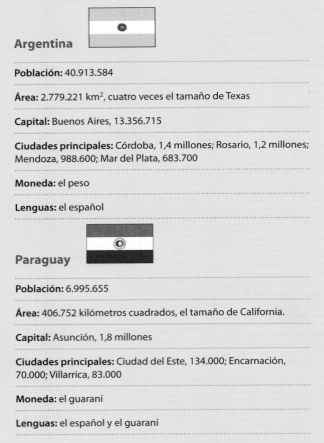

© Kirt Shineman

Visit it live on **Google Earth!**

Oficios y ocupaciones Uno de los oficios más difíciles, pero uno de los más nobles, es el trabajo de los gauchos. El gaucho, que tiene su equivalente en los Estados Unidos en el *cowboy,* es un símbolo importante en Argentina y en Uruguay; es la persona honesta, fuerte, valiente y defensora de su tierra *(piece of land)* y de sus animales. La ropa del gaucho es muy característica y consiste en un **poncho** y unos pantalones muy anchos *(wide)* llamados **bombachas.** El estilo de estas prendas de vestir influye en la moda en los Estados Unidos. Por ejemplo, los pantalones Capri o gauchos de pierna ancha que son similares a las bombachas del gaucho, así como *(as well as)* los ponchos y las botas que se usan en el invierno y en la primavera.

© Horizon International Images Limited/Alamy

¿Hay una relación entre el gaucho argentino o el gaucho uruguayo y el vaquero norteamericano? ¿Te gusta la moda al estilo gaucho? ¿Por qué sí o por qué no?

© Carl Frank/Photo Researchers, Inc.

Arte y artesanía El trabajo del ñandutí es una tradición de las mujeres indígenas guaraníes. Este tipo de encaje *(lace)* vino a Paraguay con la conquista de los españoles en el siglo XVI. La palabra 'ñandutí' es de origen guaraní y significa "tela de araña" *(spiderweb)* por el parecido del encaje con la tela de araña. Las escenas que se encuentran hoy en día en los trabajos de ñandutí representan la vida del campo y escenas religiosas.

¿Te gusta trabajar en artesanía? ¿Qué tipo de artesanía haces: cerámica, encajes, comida típica, etc.?

Ritmos y música Es difícil hablar de Argentina y de Uruguay sin mencionar el tango. Al comienzo, el tango se cantó en los bares de los barrios *(neighborhoods)* bajos del puerto de Buenos Aires, Argentina, y de Montevideo, Uruguay, pero desde 1924 todos los círculos sociales cantan y bailan al ritmo del tango.

© Yuri Arcurs/2009 Shutterstock.com

Uno de los grupos famosos de música electrónica, Gotan Project, reinventa la música del tango para los jóvenes, y por eso combina los elementos tradicionales de este ritmo con los elementos electrónicos. El nombre del grupo es Gotan que significa *Tango,* con las dos sílabas al revés *(backwards)*. La canción «Santa María (del buen ayre)» del CD *La Revancha del Tango* aparece en la película *Shall We Dance?* (2004) con Jennifer López y Richard Gere y es un buen ejemplo del tango electrónico. *Access the iTunes playlist on the* **Viajes** *website.*

¿Te gusta escuchar el tango electrónico? ¿Qué te parece el sonido?

¡Busquen en la red de información!
www.cengage.com/spanish/viajes

1. Historia: Colonia del Sacramento
2. Oficios y ocupaciones: Los gauchos
3. Arte y artesanía: Ñandutí
4. Ritmos y música: Tango, Gotan Project

En las tiendas de la Recoleta

In this section, you will practice vocabulary and expressions for shopping by learning more about one of the most famous shopping areas in Buenos Aires. Where do you like to shop?

Expresiones idiomáticas

¿Cómo me queda? *How does it look/ fit me?*

¿Cuánto le debo? *How much do I owe you?*

Es demasiado caro(a). *It's too expensive.*

¡Es una ganga! *It's a bargain!*

¡Está de (última) moda! *It's the (latest) style!*

¡Me quedan muy pequeños! *They're too small!*

Sustantivos

el cheque *check*

el descuento *discount*

el efectivo *cash*

la liquidación *sale (Lat. Am.), reduction (in price)*

el número *shoe size*

la oferta *sale (Lat. Am.)*

el... por ciento *percent*

la rebaja *sale (Spain), reduction (in price)*

la talla *size (clothing)*

Adjetivos

barato(a) *inexpensive, cheap*

caro(a) *expensive*

Verbos

cambiar *to change, exchange*

costar (ue) *to cost*

gastar *to spend (money)*

hacer juego con *to match*

ir (bien) con *to go (well) with*

mostrar (ue) *to show*

probarse (ue) *to try on*

quedarle (a uno) *to fit (someone)*

rebajar *to reduce (in price)*

Curiosidades del idioma

Spanish sometimes "borrows" words from English. For example, in Buenos Aires another way to say **Está de moda** is to say **Está fashion** or **Es fashion.**

Cultura

In Buenos Aires, the most luxurious boutiques can be found in the Recoleta neighborhood. Other popular shopping areas in Buenos Aires are the calle Florida, Alto Palermo, and Galerías Pacífico. The avenida Santa Fe also offers boutiques with very elegant clothing and accessories. The less fancy Once neighborhood is known for bargain clothes shopping.

¡A practicar!

7-13 **¡Es una ganga!** A Silvia le fue muy bien en las tiendas de la Recoleta. Termina los siguientes párrafos con las palabras de cada lista.

cara	hace juego	por ciento
de última moda	ofertas	queda
descuentos	probarse	talla

Cuando Silvia vio unas 1. _____ en su tienda favorita, no pudo resistir y entró. ¡Había (There were) 2. _____ de hasta el 20 3. _____! Silvia decidió 4. _____ una blusa 5. _____.

La dependiente le dijo «Es su 6. _____, señora. La blusa le 7. _____ divinamente. Además, la blusa 8. _____ con los pantalones que lleva.»

«Me gusta mucho,» dijo Silvia. «¿Es muy 9. _____?»

cuánto le debo	gastar
cuesta	rebajamos
efectivo	tarjeta de crédito
estilos	

La dependiente le respondió, «No. Hoy nosotros 10. _____ todas las prendas que ve en esta sección. La blusa le 11. _____ 30 pesos. Tenemos otros 12. _____, pero son más caros.»

Entonces Silvia le dijo: «No puedo 13. _____ más de 30 pesos. Voy a llevarme la blusa.»

«¿Algo más?», le preguntó la dependiente.

«No», dijo Silvia. «¿14. _____ por la blusa?»

La dependiente pensó un segundo y luego añadió, «Si usted paga en 15. _____, le puedo bajar el precio un poquito más.»

«Lo siento», dijo Silvia. «Creo que tengo que pagar con 16. _____. No tengo suficiente en efectivo.»

Esta camiseta está de última moda. ¿Te gusta la ropa de última moda?

¡A conversar!

7-14 **¡Me encanta esta chaqueta anaranjada!** Estás de compras con Rolanda, una persona de muy mal gusto. Ella te sugiere muchas cosas y tú tienes que decirle a ella (¡sin insultarla!) que no te gustan. Usa excusas como **es demasiado caro(a), me queda grande/pequeño/mal, no es mi color, no está de moda, no hace juego con mi...** ¡Trata de usar una excusa diferente cada vez! Tu compañero(a) hace el papel de Rolanda.

Modelo   una chaqueta anaranjada

   Rolanda: *¿Por qué no compras esta chaqueta anaranjada?*

   Tú: *Bueno, realmente no es mi color.*

1. unas gafas de sol rojas
2. unos zapatos verdes
3. un traje morado de poliéster talla 60
4. una camisa roja y amarilla
5. un sombrero de vaquero
6. una minifalda muy corta

7-15 **Comprando ropa** Estás de vacaciones en Argentina y quieres comprar ropa para unos amigos y miembros de tu familia. Las tallas son diferentes de las tallas en los Estados Unidos, pero puedes usar la información a continuación para determinar las tallas apropiadas. Prepara una lista de 4 personas para quienes quieres comprar un artículo de ropa. Para cada persona incluye la siguiente información:

- Su nombre
- Un artículo que quieres comprar para él (ella)
- La talla que necesitas buscar en la tienda argentina
- Otro artículo que puedes comprar si no encuentras el primero
- La talla de ese artículo que necesitas buscar

Cultura

Sizes in European and in some Latin American countries run on an entirely different scale. In this case, a 36 would be equivalent to a woman's size 8.

LAS TALLAS DE ROPA

DAMAS

Vestidos / Trajes

Sistema norteamericano	6	8	10	12	14	16	18	20
Sistema europeo	34	36	38	40	42	44	46	48

Calcetines / Pantimedias

Sistema norteamericano	8	8½	9	9½	10	10½
Sistema europeo	0	1	2	3	4	5

Zapatos

Sistema norteamericano	6	6½	7	8	8½	9
Sistema europeo	36	37	38	38½	39	40

CABALLEROS

Trajes / Abrigos

Sistema norteamericano	36	38	40	42	44	46
Sistema europeo	46	48	50	52	54	56

Camisas

Sistema norteamericano	14	14½	15	15½	16	16½	17	17½	18
Sistema europeo	36	37	38	39	41	42	43	44	45

Zapatos

Sistema norteamericano	5	6	7	8	8½	9	9½	10	11
Sistema europeo	37½	38	39½	40	41	42	43	44	46

Después de preparar la lista, conversa con un(a) compañero(a) de clase para compartir información sobre los artículos que Uds. van a buscar y las tallas que necesitan. Debes comentar sobre las ideas de tu compañero y él (ella) debe reaccionar a tus ideas.

Modelo   **E1:** Para mi hermano Brian quiero comprar una camisa, talla 41 o un abrigo, talla 52.
           E2: Ahora tienen rebajas en las tiendas de Recoleta. Debes comprar un abrigo. ¡Puede ser una ganga!

7-16   **En una tienda de ropa**   Habla con otro(a) compañero(a): una persona es el (la) dependiente(a) y la otra persona es el (la) cliente(a).

El/la dependiente(a)

1. Greet your customer.
3. Ask how you can help.
5. Inquire about size(s) using the chart on the previous page.
7. Find the correct size(s).
9. Ask about form of payment.
11. End the conversation.

El/la cliente(a)

2. Answer appropriately.
4. Say what you want to try on.
6. Respond to the question(s).
8. Decide whether or not to buy.
10. State method of payment.
12. Respond appropriately.

7-17   **Situaciones difíciles**   Interpreta con un(a) compañero(a) las siguientes situaciones. Usen expresiones que estudiaron en esta sección.

ESTUDIANTE 1:
Vas a una fiesta formal con uno(a) de tus mejores(as) amigos(as). Quieres vestirte formalmente porque te gusta la ropa elegante y quieres dar una buena impresión en la fiesta. Llama a tu amigo(a) para convencerlo(la) de que él/ella debe vestirse tan elegantemente como tú.

ESTUDIANTE 2:
Eres una persona relajada e informal. Te gusta vestirte siempre cómodamente y no te gusta gastar mucho dinero, especialmente en ropa de última moda. Díle estos sentimientos a tu amigo(a) cuando te llame por teléfono.

ESTUDIANTE 1:
Tu amigo(a) está probándose un traje o vestido horrible para la ceremonia de graduación de la universidad. Quieres ser simpático(a), pero necesitas convencerlo(la) de que él/ella no debe comprarlo. Usa muchos argumentos.

ESTUDIANTE 2:
Vas a comprar un traje o un vestido para la ceremonia de graduación de la universidad. Tienes gustos excéntricos y por fin encontraste *(you found)* algo de lunares que te encanta. Vas a comprarlo a pesar de *(in spite of)* lo que piensan otras personas.

Student Activities Manual, *Capítulo 7*

Capítulo 7

iLrn: Heinle Learning Center, *Capítulo 7*

Direct object pronouns

In this section, you will learn how to simplify expressions by substituting direct objects with direct object pronouns.

Direct object pronouns

All sentences have a subject and a verb. Many sentences also have an object that receives the action of the verb. For example, in the sentence below, the direct object (**la blusa**) receives the action of the verb (**compró**) performed by the subject (**Silvia**).

Subject	Verb	Direct Object
↓	↓	↓
Silvia	compró	la blusa.

The direct object of a sentence is usually a person or a thing and it answers the questions whom? or what? in relation to the sentence's subject and verb.

Julio llamó a **su mamá.**   *Whom did he call?* (his mom)

Silvia compró **la blusa.**   *What did she buy?* (the blouse)

In Spanish, as in English, a direct object pronoun may be used in place of a direct object noun. The direct object pronoun will reflect the number and the gender of the direct object noun that it replaces.

Singular	Plural
me *me*	**nos** *us*
te *you* (informal)	**os** *you* (informal)
lo *you* (formal); *him; it* (masculine)	**los** *you* (formal); *them* (masculine)
la *you* (formal); *her; it* (feminine)	**las** *you* (formal); *them* (feminine)

Julio llamó a **su mamá.**   Él **la** llamó.

Silvia compró **las blusas.**   Ella **las** compró.

Carola, tengo que comprar un traje. ¿Quieres ir de compras conmigo?

In the preceding sentences, the direct object pronouns **la** and **las** replace the direct object nouns **mamá** and **las blusas,** respectively.

Placement of the direct object pronouns

- Place the pronoun in front of the conjugated verb.

    —¿Cambiaste los pantalones, Julio?   *Did you exchange the pants, Julio?*

    —Sí, **los cambié** anoche.   *Yes, I exchanged them last night.*

- In negative sentences, place the **no** in front of the pronoun.

    —¿Me llamaste, Silvia?   *Did you call me, Silvia?*

    —No, Julio. No **te** llamé.   *No, Julio. I did not call you.*

- When the direct object pronoun is used with an infinitive or a present participle, place it either before the conjugated verb or attach it to the infinitive or the present participle. (A written accent is needed to retain the stressed vowel of a present participle when a direct object pronoun is attached to it.)

    Lo voy a llamar mañana.
    Voy a llamarlo mañana.   } *I'm going to call him tomorrow.*

    Lo estoy llamando ahora.
    Estoy llamándolo ahora.   } *I'm calling him now.*

- With reflexive verbs in the infinitive form, the direct object pronoun is placed after the reflexive pronoun at the end of the verb.

    Voy a probarme el suéter.   *I'm going to try on the sweater.*

    Voy a probármelo.   *I'm going to try it on.*

In the example above, a written accent must be added because the object pronoun was attached to the end of **probar,** resulting in a change of the natural stress. As a rule, words that end in a vowel, **-n** or **-s** have a natural stress (without written accent) on the next-to-last syllable. Words ending in consonants other than **n** or **s** have natural stress on the last syllable. The syllable that is stressed before a pronoun is attached retains the stress and it is necessary to add a written accent on that syllable, since the stress no longer falls there naturally.

Note that the direct object pronoun **lo** can be used to stand for actions or ideas in general.

    —Julio, compré tres blusas nuevas.   *Julio, I bought three new blouses.*

    —¡No puedo creer**lo**!   *I can't believe it! (it = the fact that the speaker bought three new blouses)*

> Affirmative commands also require that the direct object pronoun be attached to the verb. You will learn more about commands and placement of pronouns in **Capítulo 9.**

A Luis le gusta la camisa clara. Está probándosela en la tienda.

¡A practicar!

7-18 **El asistente de Julio** Julio está trabajando en la tienda con su nuevo asistente Rogelio. Están discutiendo dónde poner la nueva ropa que acaba de llegar. Completa las conversaciones con los pronombres **lo, la, los** o **las.**

1. —Julio, ¿usted vendió la última blusa de seda?

   —Sí, _____ vendí ayer.

2. —Rogelio, ¿terminó con las cuentas de ayer?

   —Pues... no, Julio. Yo estoy haciendo _____ ahora.

3. —Julio, ¿encontró los nuevos suéteres de algodón?

   —No, todavía estoy buscando _____.

4. —Julio, mañana tengo que llevar a mi hermano al hospital. No puedo venir a trabajar hasta mediodía.

   —¡Yo no _____ creo! ¡Ud. no tiene hermanos!

7-19 **Conversaciones domésticas** Completa los siguientes diálogos con el pronombre correcto.

En casa

Silvia: ¿Conoces a Ramón Sarmiento, Julio?

Julio: Pues... sí, _____ conozco un poco. ¿Por qué?

Silvia: Porque Ramón y su esposa _____ (a nosotros) invitaron a una fiesta.

Julio: Mmm... _____ conocimos el año pasado, ¿no?

Silvia: Sí, en una fiesta, pero nunca _____ visitamos. ¿Vamos a la fiesta?

Julio: Sí, cómo no. Vamos.

En la fiesta

Silvia: Gracias por tu invitación, Ramón. _____ recibimos la semana pasada.

Ramón: De nada, Silvia. ¿Conocen ustedes a mis hijas? Bueno, ésta es Angelina y ésta es Berta.

Berta: Mucho gusto.

Silvia: Berta, ¿no _____ recuerdas? Soy la señora Sepúlveda. _____ conocí hace un año.

Berta: Ah, sí, señora Sepúlveda. Ahora _____ recuerdo. ¿Cómo está?

7-20 **En la tienda** La dependiente le hace muchas preguntas a una cliente en la tienda de ropa. Contesta las preguntas apropiadamente usando pronombres de objeto directo (*direct object pronouns*).

Modelo —¿Busca Ud. los aretes?
—Sí, *los busco.*

1. —¿Necesita las sandalias?

   —Sí, _____.

2. —¿Quiere comprar los vaqueros?

   —No, _____.

3 —¿Ve las camisas?

   —Sí, _____.

4. —¿Va a comprar el traje de baño?

   —No, _____.

5. —¿Busca los vestidos?

   —Sí, _____.

6. —¿Lleva las medias?

   —No, _____.

7. —¿Prefiere el paraguas negro?

   —Sí, _____.

8. —¿Tiene la tarjeta de crédito?

   —Sí, _____.

¡A conversar!

7-21 **¿Qué quieres?** Tu compañero(a) va a ofrecerte *(offer you)* las siguientes cosas. Responde indicando si quieres comprar el objeto o no, sustituyendo el sustantivo *(noun)* por el pronombre *(pronoun)* correcto.

> **Modelo** las camisetas
> **E1:** *¿Quieres comprar las camisetas?*
> **E2:** *Sí, las quiero comprar.*
> **E2:** *Sí, quiero comprarlas.*
> **E2:** *No, no las quiero comprar.*
> **E2:** *No, no quiero comprarlas.*

1. el abrigo
2. las corbatas de seda
3. la chaqueta de cuero
4. el suéter de algodón
5. las medias de seda
6. las gafas de sol negras
7. los zapatos de tenis Adidas
8. la blusa Versace

7-22 **¿Qué vas a comprar?** Julio y Silvia están en su tienda favorita, pero no pueden decidir qué quieren comprar. Trabajando en parejas, hagan y contesten las preguntas que ellos hacen, usando los elementos de la lista. Empieza con un verbo y selecciona un artículo de ropa para formar la pregunta. La otra persona contesta, empleando el pronombre apropiado.

> **Modelo** **E1:** *¿Compras la blusa?*
> **E2:** *No, no la compro.*
> **E1:** *¿Compras los pantalones?*
> **E2:** *Sí, los compro.*

Verbos: comprar, desear, necesitar, querer

Artículos

abrigo	camiseta(s)	guantes	traje
blusa(s)	chaleco(s)	impermeable	suéter(es)
bota(s)	chaqueta(s)	pantalones	traje(s) de baño
bufanda(s)	cinturón (cinturones)	pantalones cortos	vaqueros
calcetines	corbata(s)	sandalias	vestido(s)
camisa(s)	falda(s)	sombrero	zapatos (de tenis)

7-23 **Nuestras preferencias** Trabaja con un(a) compañero(a) para hablar de qué artículos Uds. quieren comprar de la tienda Marisol. Emplea pronombres en las respuestas y comenta las características de los artículos.

> **Modelo** **E1:** *¿Quieres comprar los pantalones? Son muy bonitos.*
> **E2:** *No, no quiero comprarlos. Y tú, ¿quieres comprarlos?*
> (o: *No, no los quiero comprar. Y tú, ¿los quieres comprar?*)
> **E2:** *Sí, los quiero comprar.* (o: *Sí, quiero comprarlos.*) *Me gustan mucho.*

Heinle/Cengage Learning

Student Activities Manual, *Capítulo 7*

Capítulo 7

iLrn: Heinle Learning Center, *Capítulo 7*

The imperfect tense

Spanish speakers use the imperfect tense to describe past actions, conditions, and events that were in progress or that occurred habitually or repeatedly.

To form the imperfect, add the following endings to the verb stem. Note the identical endings for -**er** and -**ir** verbs.

	jugar	hacer	divertirse
yo	jug**aba**	hac**ía**	me divert**ía**
tú	jug**abas**	hac**ías**	te divert**ías**
Ud., él/ella	jug**aba**	hac**ía**	se divert**ía**
nosotros(as)	jug**ábamos**	hac**íamos**	nos divert**íamos**
vosotros(as)	jug**abais**	hac**íais**	os divert**íais**
Uds., ellos(as)	jug**aban**	hac**ían**	se divert**ían**

Note that only three Spanish verbs are irregular in the imperfect:

	ir	ser	ver
yo	iba	era	veía
tú	ibas	eras	veías
Ud., él/ella	iba	era	veía
nosotros(as)	íbamos	éramos	veíamos
vosotros(as)	ibais	erais	veíais
Uds., ellos(as)	iban	eran	veían

—¿**Ibas** de compras a menudo cuando **eras** niña?
Did you used to go shopping often when you were a little girl?

—Sí, y mi familia y yo **comprábamos** mucha ropa.
Yes, and my family and I used to buy lots of clothes.

The imperfect tense of **hay** is **había**.

—¿**Había** muchas personas enfrente del Palacio del Congreso?
Were there a lot of people in front of the Palacio del Congreso?

—Sí, Silvia. **Había** mucha gente.
Yes, Silvia. There were many people.

Cultura

The **Palacio del Congreso** is a majestic structure located in the **Plaza del Congreso.** The palace was completed in 1906 and is a major tourist attraction for those visiting Buenos Aires. It was built using Carrara marble, which was imported from Italy.

Talking about the past: the preterite and the imperfect

The preterite

You have learned that Spanish speakers use the preterite tense to describe the beginning or completion of past actions, conditions, and events. For example, notice how Silvia uses the preterite to tell what happened at her home this morning.

Esta mañana mi despertador **sonó** a las 7:00, como siempre. Me **levanté**, fui al baño, me **duché** y me **vestí**. Luego **desperté** a Juan Carlos y **preparé** el desayuno. Después de desayunar, nos **cepillamos** los dientes y **salimos** de casa. **Fuimos** en colectivo al centro.	*This morning my alarm went off at 7:00 as always. I got up, went to the bathroom, showered, and got dressed. Then, I awoke Juan Carlos and prepared breakfast. After we ate breakfast, we brushed our teeth and left the house. We went downtown by bus.*

The imperfect

- Spanish speakers use the imperfect tense to express actions, conditions, and events that were in progress at some focused point in the past. For example, notice how Silvia uses the imperfect tense to tell what was going on when she got off the bus with her son.

Cuando nos bajamos del colectivo, **hacía** un poco de frío y **llovía.** Juan Carlos no **quería** ir de compras conmigo porque todavía **estaba** cansado.	*When we got off the bus, it was a little cold and it was raining. Juan Carlos didn't want to go shopping with me because he was still tired.*

- Spanish speakers also use the imperfect to describe actions, conditions, and events that occurred habitually or repeatedly in the past. Notice how Silvia uses the imperfect to describe how her life was when she was a girl.

Cuando **era** niña, todo **era** diferente de lo que es ahora. Yo **tenía** menos responsabilidades. Todos los sábados me **levantaba** tarde porque no **había** mucho que hacer en casa. Luego **iba** a la cocina, me **servía** un vaso de leche y **miraba** la tele. Por la tarde mis amigas y yo **jugábamos** juntas.	*When I was a child, everything was different from what it is now. I had fewer responsibilities. Every Saturday I would get up late because there wasn't much to do at home. Then, I would go to the kitchen, I would serve myself a glass of milk, and I would watch TV. In the afternoon my friends and I would play together.*

- Note that the imperfect tense can be translated in different ways, depending on the context. For example, read the following paragraph and notice the English meaning of the forms in parentheses.

De niña yo **vivía** (*I lived*) en un pueblo cerca de Buenos Aires. Los sábados mi mamá y yo **íbamos** (*used to go*) de compras a la calle Florida donde **mirábamos** (*we would look at*) muchas cosas en las tiendas. Todos los domingos, cuando **caminábamos** (*we were walking*) por el barrio de San Telmo, **veíamos** (*we used to see*) la feria de antigüedades de la Plaza Dorrego.

> **Cultura**
>
> The easiest and most common way of getting around Buenos Aires is by buses called **colectivos**, or by subway, called **el subte**.

¡A practicar!

7-24 **Querido abuelo** Cambia los verbos de la siguiente lista al imperfecto para completar el primer párrafo de una carta que Silvia le escribió a su abuelo.

escribir — ir — querer — trabajar
estar — llamar — tener —

¿Cómo estás, abuelito? Yo 1. _____ escribirte antes pero no lo pude hacer porque 2. _____ tantos quehaceres aquí en casa para prepararnos para la fiesta. Julio, Juan Carlos y mi trabajo me ocupan casi todo el tiempo. Ayer Julio 3. _____ preguntándome sobre ti y le dije que 4. _____ a escribirte muy pronto. Recuerdo que te 5. _____ cartas (letters) y que te 6. _____ por teléfono más frecuentemente cuando no 7. _____ tanto como ahora.

7-25 **Silvia de niña** Silvia está contándole a Juan Carlos algunas cosas que ella hacía de niña. ¿Qué le dice a su hijo?

Modelo yo / jugar con mis amigos
Yo jugaba con mis amigos.

1. mi familia y yo / vivir en una estancia veinte kilómetros al norte de Buenos Aires
2. (nosotros) no / tener auto, pero / tener muchos caballos
3. tu abuelo / ser agricultor *(farmer)*; también / comprar y / vender caballos
4. mis dos hermanos y yo / divertirse mucho / andar en bicicleta / montar a caballo
5. antes de acostarnos por la noche mi mamá nos leer o / nos hablar de cuando ella / ser niña
6. a veces, mi papá / tocar el acordeón y / cantar tangos y viejas canciones *(songs)* italianas
7. yo / querer mucho a mis padres

7-26 **¿Pretérito o imperfecto?** Julio está en la sala conversando con Juan Carlos sobre cómo llegaron a vivir en Buenos Aires. Completa su conversación, indicando los verbos correctos entre paréntesis.

Juan Carlos: Papá, ¿dónde (vivieron / vivían) tú y mamá después de casarse?

Julio: (Vivimos / Vivíamos) por un año y medio con mis padres cerca de Buenos Aires porque no (tuvimos / teníamos) mucho dinero.

Juan Carlos: ¿Qué tipo de trabajo (hiciste / hacías), papi?

Julio: (Trabajé / Trabajaba) como dependiente en una tienda. (Vendí / Vendía) zapatos allí. Nosotros (ganamos / ganábamos) poco dinero, pero (fue / era) suficiente para vivir.

Juan Carlos: ¿Cuándo (vinieron / venían) ustedes a vivir aquí en Buenos Aires?

Julio: Dos meses después de que (naciste / nacías), hijo.

Juan Carlos: ¿(Fue / Era) en diciembre?

Julio: Sí. Luego, tú, mamá y yo (pasamos / pasábamos) la Navidad *(Christmas)* juntos en esta casa. ¿Recuerdas eso?

Juan Carlos: ¿Cómo voy a recordar si solamente (tuve / tenía) dos meses?

Cultura

An **estancia** is a farm or ranch in Argentina and in Uruguay. Cattle ranching is very common in the center of Argentina, sheep ranching is more common in the south. Horses are very important animals on many ranches in Argentina and Uruguay.

Cultura

Around the turn of the twentieth century, many Italians immigrated to Argentina. People of Italian descent still make up a large portion of the Argentine population.

¡A conversar!

7-27 **¿Qué hacías?** Dile a un(a) compañero(a) las actividades que tú hacías cuando eras más joven. ¿Hacían Uds. las mismas cosas?

Modelo Cuando vivía en... yo...
Cuando vivía en Vermont, yo compraba ropa para esquiar.

1. Cuando estudiaba en..., yo...
2. Vivía en... cuando mis hermano(a)(s)...
3. Compraba ropa... cuando nosotros(as)...
4. Me gustaba... cuando tenía...

7-28 **Cuando era niño...** Lee la carta que Emilio escribió sobre su niñez (*childhood*) en Argentina. Después, trabaja con un(a) compañero(a) de clase para comparar sus experiencias con las de Emilio.

Modelo **E1:** Emilio vivía en una estancia pero yo vivía en la ciudad cuando tenía seis años.
E2: Yo vivía en el campo como Emilio y yo también tenía una familia grande.

> Cuando tenía seis años, mi familia y yo vivíamos en una estancia en Argentina. Éramos seis, mis padres, mis dos hermanas mayores, mi hermano menor y yo. Nuestra casa era vieja, pero era grande y cómoda. Mi papá trabajaba en el campo y mi mamá cuidaba la casa. En general la vida era muy buena. Me divertía mucho con mis hermanos y mis amigos y me gustaba ir a la escuela porque allí veía a mis amigos. Mi mejor amigo se llamaba Julio, pero tenía muchos otros amigos también. Jugábamos al fútbol muchísimo y me gustaba mucho montar a caballo. Ahora me gusta recordar esos días felices.

Heinle/Cengage Learning

7-29 **Entrevista** Hazle estas preguntas a un(a) compañero(a) de clase.

1. **La familia:** ¿Dónde y con quién vivías cuando tenías seis años? ¿Cuántos hermanos tenías? ¿Quién era el menor? ¿y el mayor? ¿Qué tipo de trabajo hacía tu papá? ¿y tu mamá? ¿Dónde? ¿Cuándo visitabas a tus tíos y a tus abuelos? ¿Qué otras cosas hacías con tu familia?
2. **Las posesiones:** De niño(a), ¿tenías una bicicleta? (¿Sí? ¿De qué color era?) ¿Tenías un perro o un gato? (¿Sí? ¿Cómo se llamaba?) ¿Qué otras cosas tenías? ¿Cuál era la cosa más importante que tenías?
3. **Los amigos:** ¿Tenías muchos o pocos amigos en la escuela primaria? ¿Cómo te divertías con ellos? ¿Cómo se llamaba tu mejor amigo(a) de la escuela secundaria? ¿Dónde vivía? ¿Qué hacían ustedes juntos(as)? ¿Tenías novio(a)? (¿Sí? ¿Cómo se llamaba? ¿Cómo era él/ella?)
4. **Los pasatiempos:** De adolescente, ¿cómo pasabas el tiempo cuando no estudiabas o trabajabas? ¿Practicabas algún deporte? ¿Cuál? ¿Con qué frecuencia ibas al cine? ¿Qué tipo de películas veías? ¿Qué programas de televisión mirabas? ¿Qué otras cosas hacías para divertirte?

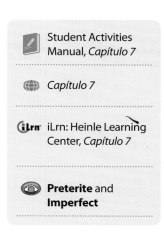

| Student Activities Manual, *Capítulo 7* |
| *Capítulo 7* |
| iLrn: Heinle Learning Center, *Capítulo 7* |
| **Preterite** and **Imperfect** |

Verbs irregular in the preterite

As you know, some Spanish verbs have irregular verb stems in the preterite. Furthermore, their endings have no accent marks.

dar	ir	querer	tener
decir	poder	saber	traer
estar	poner	ser	venir
hacer			

¡A recordar! 1 When conjugating **andar** in the preterite, which verb listed above has the same pattern of endings? How are the preterite stems of **decir** and **traer** similar? Are there any verbs that have identical forms in the preterite? What is the preterite of **hay**?

Direct object pronouns

In Spanish, as in English, a direct object pronoun may be used in place of a direct object noun.

Singular	Plural
me	nos
te	os
lo	los
la	las

Note that the direct object pronoun **lo** can be used to stand for actions or ideas in general.

¡A recordar! 2 How is the stressed vowel of a present participle marked when a direct object pronoun is attached to it?

The imperfect tense

Spanish speakers use the imperfect tense to describe past actions, conditions, and events that were in progress or that occurred habitually or repeatedly. To form the imperfect, add the following endings to the verb stem.

	jugar	hacer	divertirse
yo	jug**aba**	hac**ía**	me divert**ía**
tú	jug**abas**	hac**ías**	te divert**ías**
Ud., él, ella	jug**aba**	hac**ía**	se divert**ía**
nosotros(as)	jug**ábamos**	hac**íamos**	nos divert**íamos**
vosotros(as)	jug**abais**	hac**íais**	os divert**íais**
Uds., ellos(as)	jug**aban**	hac**ían**	se divert**ían**

¡A recordar! 3 Which three verbs are irregular in the imperfect? How are they conjugated?

Actividad 1   Una fiesta Escoge la respuesta correcta para cada frase.

_____ 1. Manolo y yo _____ una fiesta.
    a. dijimos   c. dimos
    b. dijeron   d. dieron

_____ 2. Remi no _____ asistir.
    a. puso   c. pude
    b. puse   d. pudo

_____ 3. Julieta _____ a dos fiestas esa noche.
    a. fui   c. hice
    b. fue   d. hizo

_____ 4. Todos _____ comida riquísima.
    a. trajo   c. estuvo
    b. trajeron   d. estuvieron

_____ 5. _____ una noche memorable para todos.
    a. Fue   c. Tuvo
    b. Fuimos   d. Tuvimos

_____ 6. Y tú, ¿por qué no _____ asistir?
    a. quiso   c. hiciste
    b. quisiste   d. hice

Actividad 2   Un día de compras Escribe la forma correcta de cada verbo en el pretérito para narrar la historia de unas compras en la calle Florida, en Buenos Aires.

El sábado pasado mi amiga Eva _____ (1. venir) a mi casa a las diez de la mañana y nosotras _____ (2. ir) de compras. Yo _____ (3. querer) ir a la calle Florida para comprar unos regalos. Eva _____ (4. tener) que pasar por el banco primero porque no _____ (5. llevar) su tarjeta de crédito. Al llegar a la calle Florida nosotras _____ (6. ver) a muchas personas e inmediatamente _____ (7. saber) que ese día había una venta especial de sólo dos horas. Yo _____ (8. poder) comprar tres regalos a precios excelentes y me _____ (9. poner) contenta. Después de varias horas de compras, yo le _____ (10. decir) adiós a Eva y _____ (11. volver) a casa.

Actividad 3 Preguntas Contesta cada pregunta, cambiando los objetos directos a pronombres. Incluye el verbo y el pronombre en la respuesta.

1. —¿Tienes el reloj?
   —Sí, yo _____.

2. —¿Tiene Sara las sandalias?
   —Sí, ella _____.

3. —¿Estás comprando las gafas de sol?
   —Sí, yo _____.

4. —¿Quiere los guantes tu papá?
   —No, él _____.

5. —¿Lleva las sandalias la abuela?
   —No, ella _____.

6. —¿Paquito va a usar el impermeable?
   —No, él _____.

Actividad 4 Cuando era dependiente Combina cada frase de la primera columna con el verbo apropiado de la segunda columna.

1. Yo _____ en una tienda.
2. Nosotros _____ ropa para hombres y para mujeres.
3. La ropa de la tienda _____ mucho.
4. Todos los dependientes _____ muy simpáticos.
5. Nostros _____ con muchos clientes todos los días.
6. Unos clientes _____ con tarjeta de crédito, otros con cheque.
7. Un cliente _____ pagar en efectivo.
8. Tú _____ a esa tienda mucho, ¿no?

   a. prefería
   b. ibas
   c. trabajaba
   d. hablábamos
   e. vendíamos
   f. costaba
   g. eran
   h. pagaban

Actividad 5 La vida en Mendoza, Argentina Completa el párrafo en el imperfecto para saber de la vida de un joven en Mendoza. Escoge el verbo apropiado y escribe la forma correcta.

divertirse	tener
esquiar	trabajar
estar	venir
ir	ver
ser	vivir

Cuando yo 1. _____ joven, mi familia y yo 2. _____ en Mendoza, en el oeste de Argentina. Nosotros 3. _____ una finca pequeña pero mi padre 4. _____ en un banco también. Yo 5. _____ a mis abuelos mucho porque ellos 6. _____ a Mendoza a visitarnos con frecuencia y yo siempre 7. _____ a su casa durante las vacaciones de la escuela. Mis amigos y yo 8. _____ en las montañas y siempre 9. _____. Todos nosotros 10. _____ contentos.

Refrán

ZAPATERÍA TANGO

_____ *(Shoemaker)* remedón, ya en el oficio lleva el don.

En este segmento del video, Sofía y Alejandra hablan de la moda mientras se preparan para un día en la playa y Antonio y Javier se visten con ropa especial. También, vas a ver escenas de todos los compañeros de casa vestidos de varias maneras.

Expresiones útiles

The following are some new expressions you will hear in the video.

Desde que salí del colegio	*Since I graduated from high school*
Ya pasó de moda	*It's out of style*
Playeras de algodón	*Cotton T-shirts*
Como digas	*Whatever you say*

Antes de ver

 Tu estilo personal ¿Cuál es tu estilo personal en cuanto a *(with regard to)* la moda? ¿Te consideras tradicional o moderno(a)? ¿Te gusta llevar ropa de última moda? Compara tus respuestas con las de un(a) compañero(a). ¿Tienen el mismo estilo de vestirse o son diferentes?

Después de ver

 ¿Qué llevan puestos? Mira las fotos y describe con mucho detalle lo que lleva cada uno de los compañeros de casa.

Valeria lleva

_____

_____

Sofía lleva

_____

_____

Javier lleva

_____

_____

Alejandra lleva

_____

_____

Antonio lleva

_____

_____

 Un estilo personal Ahora, según lo que viste en el video, describe el estilo personal de las tres compañeras de la Hacienda Vista Alegre: Alejandra, Sofía y Valeria. Luego compara tus descripciones con las de un(a) compañero(a). ¿Están de acuerdo?

Sofía: _____

_____

Alejandra: _____

_____

Valeria: _____

_____

¿Qué opinas tú? En el video, Alejandra dijo que Sofía tenía que ir de compras. Escribe un párrafo en que indentificas varios artículos de ropa o accesorios que Sofía debe comprar para lucir (*show off*) un estilo nuevo. Luego compara tus ideas con las de un(a) compañero(a). Según ustedes ¿necesita Sofía las mismas cosas?

 See the *Lab Manual*, **Capítulo 7, ¡A ver!** for additional activities.

Heinle/Cengage Learning

VOCABULARIO ESENCIAL

 AUDIO CD CD 2, TRACK 3   **Personal Tutor**

La ropa — Clothing

el abrigo	overcoat
la blusa	blouse
las botas	boots
la bufanda	scarf
los calcetines	socks
la camisa	shirt
la camiseta	T-shirt
el chaleco	vest
la chaqueta	jacket
el cinturón	belt
la corbata	necktie
la falda	skirt
los guantes	gloves
el impermeable	raincoat
las medias	stockings
los pantalones (cortos)	pants (shorts)
las sandalias	sandals
el suéter	sweater
el traje	suit
el traje de baño	swimsuit
los vaqueros	jeans
el vestido	dress
los zapatos (de tenis)	(tennis) shoes

Los accesorios — Accessories

el anillo	ring
los aretes	earrings
la bolsa	purse, bag
la cartera	wallet, purse
el collar	necklace
las gafas de sol	sunglasses
la gorra (de béisbol)	(baseball) cap
el paraguas	umbrella
la pulsera	bracelet
el reloj	watch
el sombrero	hat

Estilos y telas — Styles and fabrics

algodón	cotton
cuero	leather
de cuadros	plaid
de lunares	polka-dotted
de rayas	striped
lana	wool
seda	silk

Expresiones idiomáticas

¿Cómo me queda?	How does it look/fit me?
¿Cuánto le debo?	How much do I owe you?
¡Es una ganga!	It's a bargain!
¡Está de (última) moda!	It's in style! (It's the latest style!)
ir de compras	to go shopping
¡Me quedan muy pequeños!	They're too small!
pagar	to pay
en efectivo	in cash
con cheque	by check
un par de...	a pair of . . .
Vamos a ver.	Let's see.

De compras — Shopping

el cheque	check
las compras	purchases, shopping
el (la) dependiente(a)	salesclerk
el descuento	discount
el efectivo	cash
la liquidación	sale (Lat. Am.), reduction (in price)
el número	shoe size
la oferta	sale (Lat. Am.)
el precio	price
el... por ciento	percent
la rebaja	sale (Spain), reduction (in price)
la talla	size (clothing)
la tarjeta de crédito	credit card

Adjetivos

barato(a)	inexpensive, cheap
caro(a)	expensive

Verbos

cambiar	to change, exchange
costar (ue)	to cost
gastar	to spend (money)
hacer juego con	to match
ir (bien) con	to go (well) with
llevar	to wear; to carry
mostrar (ue)	to show
probarse (ue)	to try on
quedarle (a uno)	to fit (someone)
rebajar	to reduce (in price)
usar	to wear; to use

Fiestas y vacaciones

Guatemala y El Salvador

Chapter Objectives

Communicative Goals

In this chapter, you will learn how to . . .

- Talk about holidays, events, and activities at the beach and in the countryside
- Inquire and provide information about people and events
- Narrate in the past
- State indefinite ideas and quantities

Structures

- Interrogative words
- Preterite vs. imperfect
- Affirmative and negative expressions

◀ ¿Cuál es el lugar más interesante que conoces? Descríbelo.

◀ ¿Qué lugares visitas y por qué te gusta visitarlos? ¿Visitas lugares históricos, parques nacionales, playas, montañas, etc.?

◀ ¿Te gusta estudiar o visitar las civilizaciones antiguas o modernas? ¿Por qué?

© iStockphoto.com/David Parson

Tikal, región de El Petén, Guatemala
Visit it live on Google Earth!

Celebrando el Día de Santo Tomás en Chichicastenango, Guatemala

In this section, you will learn how to talk about parties and celebrations while learning about the festivities surrounding a Mayan holiday in a small, mountain town. How do you celebrate special occasions?

Expresiones idiomáticas

¡Felicitaciones! *Congratulations!*

Me pongo contento(a)/triste *I become happy/sad*

Sustantivos

el cumpleaños *birthday*

el día feriado *official holiday*

Verbos

celebrar *to celebrate*

cumplir años *to have a birthday*

dar (hacer) una fiesta *to give a party*

disfrazarse *to wear a costume*

olvidar *to forget*

pasarlo bien (mal) *to have a good (bad) time*

ponerse + adjective *to become, (to get) + adjective*

portarse bien (mal) *to behave well (poorly)*

reaccionar *to react*

recordar (ue) *to remember*

reunirse con *to get together with*

Curiosidades del idioma

Generally, when people toast in Spanish they say **¡Salud!** In Spain, however, it is common to say **¡Salud, dinero y amor, y tiempo para gozarlos!** *(Health, love, and money, and time to enjoy them!)*

Curiosidades del idioma

Un(a) fiestero(a) is *a party-going person* while **un(a) aguafiestas** is a *party pooper*. Note also that the word **desfile** is most often used for a political or social parade, while the word **procesión** is used for a religious parade or celebration.

UNA FIESTA (DE SORPRESA)

los cohetes

el anfitrión

hacer un brindis

la anfitriona

los entremeses

llorar

las velas

el pastel

gritar

los invitados

los regalos

LA CELEBRACIÓN

la procesión

la máscara

asustarse

el disfraz

Cultura

The people of Santo Tomás de Chichicastenango combine ancient Mayan beliefs with a Christian ideology in their celebration of the Winter Solstice, the shortest day of the year. In the Northern Hemisphere, this event takes place on December 21. In this small Guatemalan village, the inhabitants celebrate the day of their patron saint and the Sun god who is honored so that that he continues to bless the town with light and warmth.

Palabras útiles

el Cinco de Mayo
Cinco de Mayo

la Pascua
Easter, Passover

el Día de la Raza
Columbus Day

la Navidad
Christmas

el Día de los Muertos
Day of the Dead

la Noche Vieja
New Year's Eve

el Día de los Reyes Magos
Epiphany, Three Kings Day

la Nochebuena
Christmas Eve

el Día de Todos los Santos
All Saints' Day (November 2)

la Semana Santa
Holy Week

el Día del Santo
Saint's Day (the saint after whom one is named)

¡A practicar!

8-1 Definiciones Escoge la definición apropiada para cada palabra.

_____ 1. La persona que da una fiesta.

_____ 2. Algo que cubre (covers) la cara.

_____ 3. Cuando muchas personas no trabajan.

_____ 4. Día celebrado con regalos y un pastel con velas.

_____ 5. Comidas populares para fiestas.

a. el día feriado

b. el (la) anfitrión(a)

c. los entremeses

d. el cumpleaños

e. la máscara

8-2 Un cumpleaños Escoge la palabra adecuada/lógica para completar las siguientes oraciones.

1. Ayer fue el (disfraz / cumpleaños) de Tomás.
2. Hubo una (fiesta sorpresa / anfitriona) con todos sus amigos y parientes.
3. Vinieron muchos (brindis / invitados) a la fiesta.
4. Sus parientes le dieron (regalos / velas).
5. Su esposa le preparó un (día feriado / pastel de cumpleaños) muy grande con muchas (velas / celebraciones).
6. Su esposa Marta fue (la anfitriona / las procesiones) de la fiesta.
7. La hermana de Tomás, Claudia, les ofreció (cohetes / entremeses) a los invitados que tenían hambre.
8. Los niños pequeños (se portaron / recordaron) bien durante la fiesta.
9. Todos los invitados (lo pasaron bien / lo pasaron mal) en esa (máscara / celebración).

8-3 ¡Una fiesta sorpresa para Tomás! Este año Tomás cumplió treinta años. Describe los preparativos (preparations) que hizo su esposa para la fiesta sorpresa. No olvides usar los verbos en el pretérito donde sea necesario (where it may be necessary).

asustarse	dar una fiesta	gritar	reaccionar
celebrar	disfrazarse	hacer un brindis	recordar
cumplir años	divertirse	llorar	reunirse

Este año mi esposa 1. _____ para mi cumpleaños. Todos mis amigos 2. _____ afuera de mi casa y me 3. _____, «¡Feliz cumpleaños!». Después, encendieron unos cohetes, una tradición de Guatemala. Una niña 4. _____ del ruido y 5. _____. Más tarde, mi mejor amigo, Rodrigo, 6. _____ y luego nos contó la «Leyenda de la niña flor». Mi esposa 7. _____ de una manera muy sentimental: ella 8. _____ su fiesta quinceañera. A las 12:00 de la noche, mi amigo Rodrigo y su esposa Claudia 9. _____ de un matrimonio muy viejo para hacernos imaginar nuestra vida del futuro. Después, mi esposa sirvió un pastel con velas. Mis amigos me obligaron a comer un poquito antes de servirlo. Normalmente, no me gusta mucho 10. _____, pero este año nosotros lo 11. _____ con mucho entusiasmo y todos 12. _____ muchísimo.

¡A conversar!

8-4 **Mi día feriado favorito** Habla con un(a) compañero(a) de clase sobre su día feriado favorito. Luego, compartan esta información con la clase. ¿Cuál es el día feriado favorito para la clase?

1. ¿Cuál es tu día feriado favorito? ¿Por qué?
2. ¿Cómo celebras esta ocasión especial? ¿Das una fiesta en tu casa? ¿Vas a un restaurante por la noche?
3. ¿Preparas una comida o bebida especial?
4. ¿Te pones muy alegre porque es un día especial?
5. ¿Qué hiciste el año pasado para celebrar ese día? ¿Recibiste regalos ese día? ¿Diste regalos?

8-5 **¿Cómo te pones?** Dile a un(a) compañero(a) de clase cómo reaccionas en las siguientes situaciones.

Modelo Estás en una fiesta y tu novio(a) está bailando con otra persona.
Me pongo furioso(a) con él (ella).

1. Das una fiesta y los invitados comen toda la comida en media hora.
2. Es tu cumpleaños y tus amigos te hacen una fiesta sorpresa.
3. Estás en una fiesta y los invitados no se ríen, no sonríen y hablan muy poco.
4. Estás en una fiesta y pierdes un anillo muy caro.
5. No recuerdas que hoy es el cumpleaños de tu mejor amigo(a).
6. Estás en una fiesta hablando y conversando y alguien apaga *(turns off)* las luces.

8-6 **¡Vamos a hacer una fiesta!** Trabajen en grupos de tres o cuatro personas para planear una fiesta. Consideren los siguientes aspectos:

- El motivo *(reason)* de la fiesta
- Cuándo y dónde va a ser
- A quiénes van a invitar
- Quién(es) tiene(n) la responsabilidad de cada cosa y qué tiene(n) que hacer:
  - las invitaciones
  - las decoraciones
  - la comida
  - las bebidas
  - la música

Después de hacer los planes, compartan la información con la clase.

 Student Activities Manual, *Capítulo 8*

 Capítulo 8

 iLrn: Heinle Learning Center, *Capítulo 8*

AUDIO CD
CD 2, TRACK 4

Tomás y Marta viven en Chichicastenango. Pilar, la madre de Tomás, decidió visitar a su hijo y a su esposa sin avisar. Ella vino para verlos a ellos y para asistir al festival de la Cofradía de Santo Tomás, que tiene lugar en diciembre en Chichicastenango.

Ayer fue domingo, 20 de diciembre. **Eran** las 11:40 de la mañana; la temperatura en Chichicastenango **estaba** a 14 grados centígrados y **llovía.** Marta **estaba duchándose** y Tomás **se estaba vistiendo** porque muy pronto **iban a ir** a la iglesia. De repente, **sonó el teléfono** y Tomás **fue a contestarlo.**

Comentario cultural Chichicastenango is a small town with a long history as a major center of commerce. With red tile roofs and cobblestone streets, it offers a colorful spectacle for tourists, especially on market days, which occur twice weekly. The **K'iche' Maya** of the surrounding region, as well as other indigenous groups from all over Guatemala, such as **Mam, Ixil,** and **Kaqchikel,** bring the marketplace to life by selling their wares and shopping.

Tomás: ¿Bueno?

Pilar: ¡Hola, hijo! Habla tu mamá.

Tomás: Mamá, ¿cómo estás?

Pilar: Bien, bien. Acabo de llegar de Quezaltenango. Estoy aquí en la parada de autobuses.

Tomás: ¡Mamá! ¿Estás aquí en Chichicastenango?

Pilar: Sí, hijo. Decidí venir a última hora. Hace tres meses que no los veo y, además, me encanta la Cofradía de Santo Tomás.

Comentario cultural Quezaltenango is the second-largest city of Guatemala and is located west of Guatemala City in the mountainous region of the country. It serves as an excellent base for tourists wishing to travel to nearby villages, which are noted for their handicrafts and hot springs.

Tomás: ¡Qué bueno, mamá! Voy a recogerte...

Pilar: No, mi hijo. Puedo ir a tu casa en taxi o en autobús porque vives muy lejos y tengo mucho equipaje.

Tomás: Bueno, pero insisto en que vengas en taxi. Yo te lo pago. Entonces te esperamos aquí en casa, ¿eh?

Pilar: Sí, sí. Nos vemos pronto. Hasta luego, hijo.

Tomás: Hasta luego, mamá.

Comentario cultural A popular means of travel in Guatemala are the so-called "chicken buses." These retired U.S. school buses are privately owned and offer inexpensive transportation to many of the smaller towns and villages. The colorfully decorated buses are modified for use in Guatemala with powerful engines, special transmissions, air brakes, longer seats, and a roof rack.

Expresiones en contexto

a última hora *at the last minute*	**pararon** *stopped*
casi *almost*	**¡Qué susto me dio el taxista!** *What a*
chocó con *crashed into*	*scare the cab driver gave me!*
Cofradía *Brotherhood*	**se subió** *she got in (a vehicle)*
de repente *suddenly*	**sin avisar** *without prior notice*
hace tres meses que... *it has been three*	**te lo pago** *I'll pay for it (the cab) for you*
months since . . .	**tengo mucho equipaje** *I have a lot of*
insisto que vengas en taxi *I insist that*	*luggage*
you come by cab	**voy a recogerte** *I am going to pick you up*

Pilar **encontró** un taxi en la plaza central y **se subió.** Luego ella le **dio** al taxista la dirección de la casa de Marta y Tomás.

Mientras Pilar y el taxista **iban** a la casa, **conversaban** sobre el mal tiempo, pero el taxista **estaba tan cansado** que casi **se durmió** dos veces.

Comentario cultural La Fiesta de Santo Tomás is celebrated between December 14 and 21. This celebration is of special interest to tourists who come to see the **palo volador,** a ritual in which locals—often dressed as monkeys—ascend a tall pole and descend by swinging from a rope that is attached to the top of the pole and wrapped around their bodies.

De repente, ¡pum! El taxi **chocó** con un autobús de turistas que **venían** de ver una procesión de la Cofradía de Santo Tomás en otra calle y los dos vehículos pararon inmediatamente. El taxista **estaba tan cansado** que **no vio** el autobús. Afortunadamente, **nadie se lastimó,** pero Pilar **se puso** nerviosa.

Comentario cultural The most important festival of Chichicastenango is the **Fiesta de Santo Tomás,** which honors the patron saint of the town. On December 21, the saint's image is carried in procession through the streets by the **Cofradía de Santo Tomás** (*Brotherhood of Saint Thomas*). Participants carry staffs and march to the beat of a drum in this colorful celebration.

Dos horas más tarde, el taxi **llegó** finalmente a la casa de Marta y Tomás, quienes **esperaban** a Pilar en la puerta. Ella **salió** del taxi y todos **se saludaron** con abrazos y besos. Pilar **estaba** muy asustada y nerviosa, pero cuando vio a Marta y a Tomás **se puso** muy contenta.

Pilar: ¡Qué susto me **dio** el taxista!

Comentario cultural The specialty of Chichicastenango's market are the Chichicastenango **huipiles**—traditional, square-shaped shirts made from brightly colored fabric. Also of note are the sashes, the carved and painted boxes, and the masks that often depict animals and are typically used in the festivals. Crafts from all over the highlands are brought to town for the benefit of tourists.

¿Comprendiste? Indica si las siguientes oraciones son **ciertas** o **falsas.** Si la oración es falsa, ¡corrígela!

1. Hacía mal tiempo el día en que llegó Pilar.
2. Pilar causó el accidente entre el taxi y el autobús.
3. Pilar llegó rápidamente a la casa de su hijo.
4. Ella llegó en verano.
5. La madre de Tomás no tenía miedo de nada.
6. Tomás se puso triste cuando su mamá lo llamó.

 Recuerdos de una visita inesperada Trabaja con un(a) compañero(a) de clase. Túrnense para narrar una visita sorpresa, usando verbos en el pretérito y en el imperfecto. Usen expresiones de **En contexto** como modelo para su diálogo.

Interrogative words

Throughout *Viajes* you have been using interrogative words to ask for information about people and events. Below is a summary of interrogative words and examples of their uses.

1. To ask *where* someone is going, use **¿Adónde?** If you are asking about the location of something, a person, or a place, use **¿Dónde?** If you are asking where someone is from, use **¿De dónde?**

¿Adónde?	*Where (to)?*
¿Adónde vas?	*Where are you going?*
¿Dónde?	*Where?*
¿Dónde está el centro del pueblo?	*Where is the center of town?*
¿De dónde?	*From where?*
¿De dónde eres tú?	*Where are you from?*

2. To ask *what* a person or thing is like, or *How* something is done, use **¿Cómo?**

¿Cómo es Miguel?	*What is Miguel like?*
¿Cómo lo hiciste?	*How did you do it?*

3. To ask *when* something is taking place, use **¿Cuándo?** To ask specifically at what time an event takes place, use **¿A qué hora?**

¿Cuándo es la fiesta?	*When is the party?*
¿A qué hora es la fiesta?	*What time is the party?*

4. To ask *How much?* or *How many?*, use a form of **¿Cuánto?** When a form of **¿Cuánto?** precedes a noun, it must agree in number and in gender.

¿Cuántos entremeses sirvieron?
How many hors d'oeuvres did they serve?
¿Cuántas personas vienen a la fiesta?
How many people are coming to the party?

5. To ask *who* does something, use **¿Quién?** if you are asking about one person or **¿Quiénes?** if you are asking about more than one person. To ask *whose?* use **¿De quién?** or **¿De quiénes?** if you are asking about more than one person.

¿Quién es ella?	*Who is she?*
¿De quién es la fiesta?	*Whose party is it?*

6. To ask *Why?*, use **¿Por qué?** To ask *What for?*, use **¿Para qué?**

¿Por qué quieres ir a las montañas?
Why do you want to go to the mountains?
¿Para qué tienes los cohetes?
What do you have the rockets/fireworks for?

7. To ask *What?* or *Which?*, use **¿Qué?** or **¿Cuál?**

¿Qué quieres comer?	*What do you want to eat?*
¿Cuál es tu plato favorito?	*What is your favorite dish?*

As you can see, the choice of whether to use **¿Qué?** or **¿Cuál?** depends on the syntax of the question. Use **¿Qué?** before a verb to ask for a definition or explanation.

¿Qué quieres?   *What do you want?*

¿Qué es el *Popol Vuh*?   *What is the Popol Vuh?*

Note that **¿Cuál(es)?** is used much more frequently than the English *Which?* and can mean both *What?* and *Which?* **¿Cuál(es)?** cannot be used when the next word in the question is a noun. In such cases, **¿Qué?** must be used.

¿Qué libro quieres?
Which book do you want?

¿Cuál de los dos libros quieres?
Which of the two books would you like?

¿Cuál es la fecha?
What is the date?

Cultura

The *Popol Vuh* is the holy book of the **K'iche'**, a kingdom in the post-classic Maya civilization of Guatemala. The scripture tells of the creation of humans from corn.

¡A practicar!

8-7 **Preguntas de un turista** Dos turistas están hablando sobre lugares en o cerca del centro histórico de la Ciudad de Guatemala. Un turista le hace muchas preguntas al otro. Indica la palabra interrogativa correcta para completar cada pregunta.

1. —¿De dónde / Dónde está el mejor hotel de la Ciudad de Guatemala?
   —Está en el centro histórico y es el Hotel Pan American.

2. —¿Cómo / Cuándo son los cuartos en ese hotel?
   —Son grandes. También hay unas suites.

3. —¿Cuánto / Cuántas cuesta el alojamiento *(lodging)* en el hotel?
   —Un cuarto cuesta alrededor *(around)* de 100 dólares por noche.

4. —¿Qué / Quiénes van con nosotros a la discoteca Casbah esta noche?
   —Mis nuevos amigos que conocí en el Parque Central van con nosotros.

5. —¿Dónde / Quién es tu amiga que sabe tanto sobre marimba?
   —Mi amiga Luisa es experta en marimba.

6. —¿Cuál / Qué es tu monumento favorito en la Ciudad de Guatemala?
   —El monumento que más me gusta es la Catedral Metropolitana.

La Catedral Metropolitana, Ciudad de Guatemala. ¿Te gustan los edificios antiguos?

> **Cultura**
> The Casbah is a popular destination for young people in the old part of Guatemala City.

> **Cultura**
> The **marimba** is the national instrument of Guatemala and has indigenous origins. It resembles a large xylophone with pipes of varying lengths under the keys.

¡A conversar!

8-8 *¿Qué o cuál(es)?* Escoge la palabra correcta y luego hazle la pregunta a un(a) compañero(a) de clase.

1. ¿ _qué_ es el amor? (def)
2. ¿ _cuál_ es tu grupo de música favorito?
3. ¿ _qué_ clase tienes después de esta clase?
4. ¿ _cuáles_ son los videos más recientes que viste en las últimas tres semanas?
5. ¿ _qué_ es el Internet? (def)
6. ¿ _cuál_ es tu número de teléfono?
7. ¿ _cuál_ es la capital de El Salvador?
8. ¿ _qué_ ciudad es la capital de Guatemala? (noun)

8-9 **¿Cuándo es la fiesta?** Habla con un(a) compañero(a) de clase. Una persona va a inventar detalles sobre una fiesta y la otra persona va a hacerle todas las preguntas posibles sobre esa fiesta.

¿Adónde vamos esta noche? ¿Quiénes van? ¿Cómo vamos, en un carro o en dos? ¿A qué hora salimos?

> **Student Activities Manual,** *Capítulo 8*
>
> *Capítulo 8*
>
> **iLrn:** Heinle Learning Center, *Capítulo 8*

The preterite and the imperfect

The preterite vs. the imperfect tense

The choice of using the preterite tense or imperfect tense is not arbitrary. The choice depends on how a speaker or writer views the past actions, conditions, and events that he/she describes.

The following parameters may be used to distinguish between the use of the preterite and imperfect tenses:

Preterite	Imperfect
• single, completed action (what someone did or didn't do) Marta **dio** una fiesta sorpresa para su marido. *Marta gave a surprise party for her husband.*	• habitual action or event (expresses the idea in English of something you *used to do* or *would always do* in the past) Tomás y Marta siempre **celebraban** los cumpleaños. *Tomás and Marta always celebrated (used to celebrate) birthdays.*
• highlighted, main action Tomás **llegó** a casa y **entró**. *Tomás arrived at home and went in.*	• background action or description that sets the stage for main action (including time, location, age, weather, and physical and emotional states) La noche de la fiesta **hacía** buen tiempo y Marta **estaba** muy contenta. *The night of the party the weather was nice and Marta was very happy.*
• beginning or conclusion of an event A las 11:00 de la noche **empezó** a llover. *At 11:00 at night, it began to rain.*	• middle of an event or emphasis on indefinite continuation of event En la fiesta algunos de los invitados **hablaban** mientras otros **comían**. *At the party, some of the guests were talking while others were eating.*
• action that interrupts another action Cuando Tomás **entró** en la sala... *When Tomás entered the room...*	• ongoing event or action in the past or event that is interrupted ...los invitados **cantaban**. *...the guests were singing.* • past actions, conditions, and events that were anticipated or planned **Queríamos** quedarnos un día más en Guatemala pero no **teníamos** dinero. *We wanted to stay another day in Guatemala but we didn't have the money.*
• with verbs associated with time expressions, such as *ayer, anteayer, anoche, una vez, dos veces, el mes pasado,* and *de repente* (suddenly). El mes pasado, **fuimos** a Guatemala. *Last month we went to Guatemala.*	• with time expressions such as *todos los días, cada semana, siempre, frecuentemente, de niño(a),* and *de joven.* Todos los veranos mi esposa y yo **íbamos** de vacaciones a un país extranjero. *Every summer my wife and I would go on vacation to a foreign country.*

To describe two simultaneous actions that were occurring in the past, Spanish speakers often use **mientras** *(while)* to join the two clauses in the imperfect tense.

> Antonio y Mariana **hablaban mientras miraban** los fuegos artificiales.
> *Antonio and Mariana **talked while they watched** the fireworks.*

To describe an ongoing action in the imperfect that is interrupted by an event in the preterite, Spanish speakers often use the word **cuando** to introduce the preterite action.

> Claribel **servía** los entremeses **cuando** su mejor amigo **llegó** a la fiesta.
> *Claribel **was serving** the hors d'oeuvres **when** her best friend **arrived** at the party.*

When the verb **ir a** + infinitive is used in the imperfect, it translates as *was/were going to do something.* The implication is usually that something happened that prevented the intended action from taking place.

> Yo **iba** a mirar la procesión, pero un amigo me **llamó** pidiéndome ayuda.
> *I **was going** to watch the parade, but a friend **called** asking me for help.*

Verbs that refer to states or conditions

Verbs that normally refer to states or conditions (**saber, querer, tener, poder**) take on a special meaning in the preterite. When used in the preterite, they focus on completion of an action. In the imperfect, they emphasize the ongoing nature of an action or cognitive process.

Preterite		Imperfect	
supe	*I found out*	sabía	*I knew*
quise	*I wanted to* (and did)	quería	*I wanted to* (outcome undetermined)
pude	*I was able to* (and did)	podía	*I was able to* (outcome undetermined)
tuve que	*I had to* (and did)	tenía que	*I had to* (outcome undetermined)
tuve	*I got, received*	tenía	*I had* (in my possession)

The preterite and imperfect together

Spanish speakers often use the preterite and imperfect together to describe past experiences within the framework of the time they occurred. The following paragraph exemplifies many of the uses of the two tenses in the context of a single paragraph.

El segundo día de las vacaciones en El Salvador, **eran** las 2:15 de la tarde y Antonio e Isabela **tenían** mucha hambre. Por eso, **fueron** al restaurante Torremolinos. Isabela le **preguntó** a su marido si ellos **podían** sentarse en la terraza como lo **hacían** siempre cuando **almorzaban** allí. Antonio le **dijo** al camarero que su esposa **quería** sentarse en la terraza porque a ella le **gustaba** el papagayo que **tenían** allí. Antonio e Isabela **hablaban** sobre los acontecimientos de aquel día cuando **vino** el camarero con los entremeses.

*On the second day of the trip to El Salvador, **it was** 2:15 in the afternoon, and Antonio and Isabela **were** very hungry. So, they **went** to the restaurant Torremolinos. Isabela **asked** her husband if they **could sit** on the terrace as they always **used to** when they ate lunch there. Antonio **told** the waiter that his wife **wanted** to sit on the terrace because she **liked** the parrot they **had** out there. Antonio and Isabela **were talking** about the events of that day when the waiter **came** with the appetizers.*

A Isabela le **gustaba** el papagayo que **tenían** en el restaurante Torremolinos. ¿A ti te gustan los papagayos?

¡A practicar!

8-10 **La fiesta de mamá** Decide si las siguientes oraciones en inglés requieren *(require)* el pretérito, el imperfecto o ambos *(both)* para describir las fiestas de cumpleaños en casa. Explica por qué es necesario usar cada forma que selecciones. Usa la frases subrayadas *(underlined)* para ayudarte.

1. Our family <u>used to celebrate</u> our birthdays together, and my mother <u>would always</u> make a cake.
2. When I <u>was ten</u>, my Aunt Jeanie <u>had</u> a big party for my mother.
3. <u>It was</u> a nice day, and we <u>were all</u> very excited.
4. We <u>were all having</u> a good time when my aunt <u>brought in</u> a large birthday cake.
5. My mom <u>began to cry</u>.
6. <u>It was</u> a wonderful party.

Cultura

The **Plaza San Salvador** was built in honor of Dr. José Matias Delgado, the father of Independence in Central America.

8-11 **La primera cita de Antonio e Isabela** Lee el siguiente párrafo una vez y luego selecciona el pretérito o el imperfecto, según el contexto.

Isabela 1. estaba / estuvo leyendo un libro en su apartamento cuando Antonio la 2. llamaba / llamó por teléfono. Antonio le 3. preguntaba / preguntó si 4. quería / quiso ir al parque cerca de la Plaza San Salvador con él. Isabela le 5. decía / dijo que sí, aunque 6. tenía / tuvo mucho que leer para la semana próxima.

Ahora contesta las siguientes preguntas sobre la primera cita de Antonio e Isabela.

1. ¿Qué hacía Isabela cuando Antonio la llamó?
2. ¿Qué le preguntó Antonio?
3. ¿Qué tenía que hacer Isabela para la semana próxima?

8-12 **Preparativos para una fiesta de cumpleaños** Decide qué tiempo verbal —pretérito o imperfecto— es necesario para completar las siguientes oraciones. Después, pon el verbo en la forma correcta. Recuerda que los verbos **tener, saber, querer** y **poder** tienen significados diferentes en el pretérito y el imperfecto.

Modelo Ayer, cuando Tomás llegó a casa, él __*supo*__ (saber) que había una fiesta para su cumpleaños.

1. Ayer, antes de la fiesta, yo _____ (tener) que limpiar la casa. Lo hice. Yo _____ (saber) que _____ (ir) a tener muchos invitados.
2. Ayer por la tarde nosotros _____ (saber) que los primos de Tomás _____ (querer) venir a la fiesta.
3. El año pasado, nosotros _____ (tener) que hacer planes con más tiempo porque _____ (querer) tener mucha gente para la celebración.

¡A conversar!

8-13 Ocasiones memorables Hazle las siguientes preguntas a un(a) compañero(a) de clase y luego comparen sus respuestas. ¿Tienen mucho en común?

1. ¿Cuándo fue la primera vez que le enviaste una tarjeta *(sent a card)* a una persona para el Día de San Valentín? ¿Cómo reaccionó la persona? ¿Cómo te sentiste en aquel momento? ¿Recibiste alguna vez flores *(flowers)* de otra persona?

2. Cuando eras joven, ¿qué hacías para celebrar el Día de Acción de Gracias *(Thanksgiving)*? ¿Comías mucho pavo?

3. ¿Cuál fue el cumpleaños más memorable para ti? ¿Con quién lo celebraste? ¿Recibiste algunos regalos especiales? ¿Lo pasaste muy bien?

4. ¿Gritaste «¡Feliz año nuevo!» el año pasado a la medianoche de la Noche Vieja? ¿Qué hacías cuando el reloj dio las 12:00?

8-14 Entrevista: La niñez y la juventud Hazle a otro(a) compañero(a) las siguientes preguntas sobre experiencias y relaciones de la juventud.

1. **Su niñez:** ¿De dónde eres originalmente? ¿Por cuánto tiempo viviste allí? ¿Te gustaba vivir allí? ¿Qué cosas no te gustaban allí? ¿Vivías en una casa o en un apartamento? ¿Cómo era? ¿Tenías pocos o muchos amigos? ¿Cómo eran? ¿Cuántos años tenías cuando asististe a la escuela por primera vez? ¿Tenías miedo? ¿Cómo se llamaba la escuela? Durante tu niñez, ¿qué actividades hacías?

2. **Su adolescencia:** ¿Cuántos años tenías cuando comenzaste la escuela secundaria? ¿Cómo se llamaba la escuela y dónde estaba? ¿Dónde vivías? ¿Tenías novio(a) cuando eras adolescente? (¿Sí? Háblame de él/ella, por favor.) ¿Te llevabas bien con tus hermanos en esta época? Cuando eras adolescente, ¿qué hacías los fines de semana? ¿Adónde iban de vacaciones tú y tu familia? ¿Veías mucho a tus abuelos?

8-15 Las Fiestas Agostinas en El Salvador Trabaja con un(a) compañero(a) para contar *(tell)* qué pasó en las Fiestas Agostinas el año pasado. Incluye información sobre qué tiempo hacía, cómo se sentía la gente, qué tipo de ropa llevaban algunas personas y las actividades que varias personas hicieron.

Heinle/Cengage Learning

Student Activities Manual, *Capítulo 8*

Capítulo 8

iLrn: Heinle Learning Center, *Capítulo 8*

Preterite and **Imperfect**

Guatemala y El Salvador

▶ Veamos los videos de Guatemala y El Salvador para luego discutir.

1. ¿Cómo son las ciudades de Antigua y Chichicastenango?
2. ¿Qué pueden comprar en los mercados guatemaltecos?
3. ¿Cómo es la ciudad de San Salvador, la capital de El Salvador?
4. ¿Por qué es importante visitar la Catedral Metropolitana?

✎ See also the *Workbook,* **Capítulo 8, Viajemos por Guatemala y El Salvador** for additional activities.

Guatemala

Población: 13.276.517

Área: 108.890 km², un poco más pequeña que Tennessee

Capital: Guatemala, 3,7 millones

Moneda: el quetzal

Lenguas: el español y más de veinte lenguas indígenas

El Salvador

Población: 7.185.218

Área: 21.040 km², casi el tamaño de Massachusetts

Capital: San Salvador, 2,2 millones

Moneda: el colón y el dólar estadounidense

Lenguas: el español y el nahual

Heinle/Cengage Learning

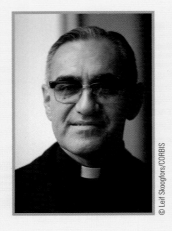

© Leif Skoogfors/CORBIS

Personalidades ilustres El Arzobispo *(Archbishop)* Óscar Arnulfo Romero luchó *(fought)* por los derechos humanos *(human rights)* de los campesinos *(farmers)* y de los pobres en El Salvador. El Arzobispo Romero fue asesinado el 24 de marzo de 1979 en San Salvador, en una capilla *(chapel)* cuando decía la misa. La muerte del Arzobispo Romero dio comienzo al conflicto social en El Salvador que duró *(lasted)* del año 1980 al 1992 y que se transformó en una guerra civil *(civil war)* entre los ciudadanos oprimidos *(oppressed)* por el gobierno y las fuerzas militares del gobierno.

Nombra una persona ilustre que luchó por los derechos humanos en el pasado. ¿Qué persona famosa lucha por estos derechos hoy en día?

Historia El pueblo maya *(Mayan people)* se encuentra al sur de México y al norte de América Central especialmente en lo que hoy se conoce como Guatemala, El Salvador, Honduras y Belice. Hoy en día, hay seis millones de mayas que viven en estas regiones y hablan uno de los 26 idiomas mayas. Los mayas construyeron ciudades como Tikal (Guatemala), Copán (Honduras), Palenque (Chiapas, México) y Calakmul (Campeche, México). Los mayas cambiaban con otros pueblos artículos como cacao, sal y obsidiana *(black or green volcanic mineral)*. Todas las ciudades mayas mencionadas se pueden visitar hoy en día, y hay una gran variedad de viajes turísticos para observar pájaros y plantas o simplemente para aprender sobre las costumbres, la religión, el arte y la arquitectura del pueblo maya.

¿Qué tipo de vacaciones te gustan: vacaciones para aprender sobre la historia, la arquitectura o las plantas *(flora)* o los animales *(fauna)*?

Visit it live on **Google Earth!**

Lugares mágicos Tikal es la ciudad antigua más grande de la cultura maya. Está situada en el departamento de El Petén, Guatemala. La civilización maya se desarrolló entre los años 200 y 850 d.C. y tenía una población de 100.000 a 200.000 habitantes. Después de Tikal no se construyeron monumentos tan importantes. Todavía los visitantes pueden observar seis grandes templos en forma de pirámides, el palacio real, pirámides y palacios más pequeños, residencias y piedras talladas *(carved)*. Tikal significa «Lugar de las voces» o «Lugar de las lenguas» en maya.

¿Te gusta estudiar las civilizaciones antiguas? Quieres visitar alguna ciudad maya?

Ritmos y música En Guatemala, en El Salvador y en otros países centroamericanos, la marimba *(xylophone)*, de origen indígena, es el instrumento principal de la música folclórica. La música centroamericana es una mezcla *(mix)* de la música maya, de la española y de la del oeste de África.

En Guatemala, el cantante y autor (cantautor) más famoso hoy en día es Ricardo Arjona, quien combina temas románticos con temas sociales y políticos. Entre sus temas políticos están «Mojado», «Noticiero» y «Si el norte fuera el sur». En esta oportunidad, vamos a escuchar la canción «Mojado», en la que el cantautor describe los sentimientos y los problemas que los inmigrantes sufren al cruzar la frontera de los Estados Unidos. *Access the iTunes playlist on the* **Viajes** *website.*

¿Te gustan las canciones con temas políticos o románticos? ¿Qué piensas de esta canción?

🌐 **¡Busquen en la red de información!**
www.cengage.com/spanish/viajes
1. Personalidades ilustres: Arzobispo Óscar Arnulfo Romero
2. Historia: La cultura maya en América Central
3. Lugares mágicos: Tikal, Guatemala
4. Ritmos y música: La marimba, Ricardo Arjona

De vacaciones...

In this section, you will learn vocabulary and expressions to talk about outdoor activities at the beach and in the countryside. What do you like to do on vacation?

Palabras útiles

las aletas
fins

la arena
sand

el campo
countryside

la caña de pescar
fishing rod

las palmas
palm trees

el (la) salvavidas
life guard

la sombra
shade

la sombrilla (de playa / playera)
sun umbrella

la tabla de mar
surf board

el tanque
scuba tank

la tienda de campaña
tent

la toalla de playa
(beach) towel

ahogarse
to drown

armar
to pitch (a tent)

escalar
to climb

remar
to row

Curiosidades del idioma

Hacer esnórquel is also known as **el buceo de superficie** in some Spanish-speaking countries or **caretear (Colombia)**. In some countries, like Puerto Rico, **el balneario** means *public beach* instead of *beach resort*.

el balneario

la playa

correr las olas

la costa

el océano/el mar

pasear en velero

bucear

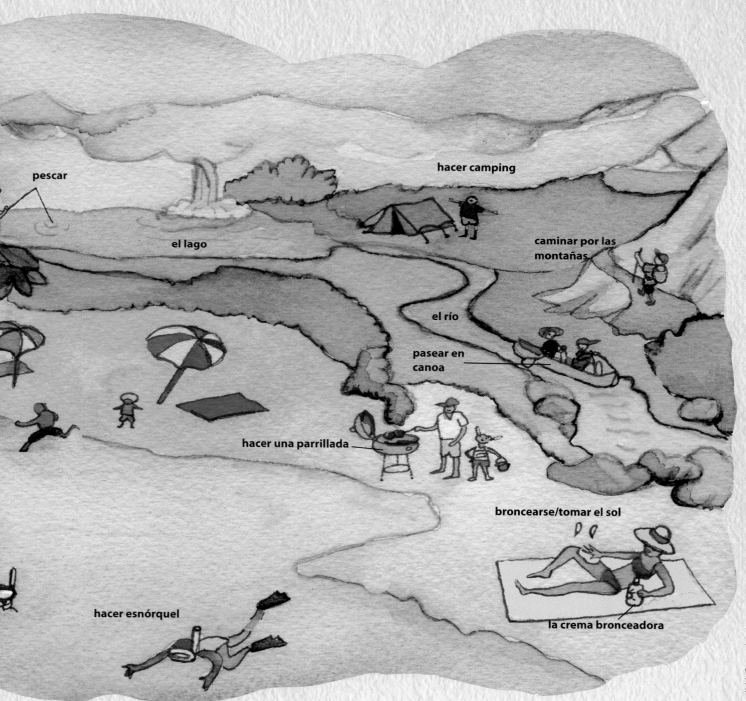

pescar

hacer camping

el lago

caminar por las montañas

el río

pasear en canoa

hacer una parrillada

broncearse/tomar el sol

la crema bronceadora

hacer esnórquel

Heinle/Cengage Learning

¡A practicar!

8-16 **¿Qué hace esta gente?** Mira los siguientes dibujos y describe lo que estas personas hacen en la playa o en el campo. Usa el vocabulario que acabas de aprender.

1. Tomás

2. nosotros

3. José Carlos y Eva

4. tú

8-17 **Unas vacaciones** Completa el párrafo escribiendo la palabra lógica en cada espacio.

bronceador	lago	parrillada
camping	montañas	pescar

A la familia Gómez le gusta estar cerca del agua, pero no pueden ir a la playa. Deciden visitar un _____ en las _____. No necesitan hacer reservas en un hotel porque van a hacer _____. No quieren comer en un restaurante, van a hacer una _____. Van a _____ y si tienen suerte pueden cocinar y comer el pescado. Hace calor y sol y por eso necesitan el _____.

8-18 **Asociaciones y preferencias** Para saber un poco más de la variada geografía de Guatemala y para apreciar los lugares más famosos, haz la siguiente actividad. Puedes consultar un mapa del país si quieres.

Paso 1 Escoge la palabra que no va con el resto del grupo y explica por qué.
1. el océano Pacífico, las montañas, el Río Dulce, el Lago de Izabal
2. hacer camping en Tikal, hacer una parrillada, caminar por las montañas, bucear en la costa del Caribe
3. el balneario, la playa del Puerto de San José, caminar por las montañas, la costa
4. pasear en canoa, broncearse, tomar el sol en la playa, la crema bronceadora

Paso 2 Selecciona, de entre cada grupo de palabras de arriba, la palabra o expresión que te interesa más y explica por qué.

 Paso 3 Ahora, según las respuestas en las secciones anteriores, dile a un(a) compañero(a) de clase lo que vas a hacer tú si vas de vacaciones a Guatemala.

¡A conversar!

8-19 **Problemas y soluciones** Conversa con un(a) compañero(a). El estudiante 1 es un(a) cliente en el balneario Hotel Playa de Tesoro en El Salvador y el estudiante 2 es el (la) director(a) de actividades del balneario. El (La) director(a) debe ofrecer una solución lógica a los problemas del (de la) cliente. Luego, cambien de papel y hagan otra conversación.

Modelo E1: No me gusta nadar en el mar.
E2: *Usted puede nadar en nuestra piscina.*

1. Quiero ir a la playa, pero no tengo traje de baño.
2. Tengo hambre y quiero comer comida salvadoreña, como pupusas.
3. No sé bucear, pero quiero ver los peces y otras cosas en el mar.
4. Quiero aprender a bucear, pero no sé adónde ir.
5. Siempre tengo miedo de broncearme mucho cuando voy a la playa.
6. Me gusta pasear en canoa, pero no quiero ir solo(a).
7. Quiero jugar al voleibol en la playa, pero no tengo una pelota *(ball)* y no tengo amigos aquí.

> **Cultura**
>
> **Pupusa** is a typical food from El Salvador. **Pupusas** are thick corn tortillas stuffed with cheese, beans, and any type of meat, fish or vegetable. **Chicharrón** *(fried pork rind)* is particularly popular as a filling.

8-20 **¡A pasarlo bien!** Trabaja con otro(a) compañero(a). Ustedes van a pasar un fin de semana en un balneario o en el campo. Primero, hagan una lista de las actividades que ustedes van a hacer en ese lugar el sábado y el domingo. Luego hagan una lista de todo lo que ustedes van a llevar. Usen el vocabulario de este capítulo y del **Capítulo 3.** Al terminar, explíquenle el itinerario a la clase.

Modelo

Actividades	Cosas para llevar
sacar fotos	*una cámara*
tomar el sol	*un traje de baño*
comer mariscos	*200 dólares*

8-21 **Definiciones** Trabaja con un(a) compañero(a) de clase para describir las siguientes palabras e indicar qué te gusta y qué no te gusta. Un(a) estudiante mira el libro y escoge una palabra para definir o describir mientras el (la) otro(a), con su libro cerrado *(closed)*, escucha la información e identifica la palabra. Luego, los dos presentan sus opiniones y preferencias.

Modelo E1: Es un hotel en la playa con muchas cosas y actividades para turistas.
E2: Es un balneario. Me gusta pasar mis vacaciones en un balneario.
E1: No me gusta mucho. Prefiero hacer camping en las montañas.

1. el océano
2. la parrillada
3. bucear
4. broncearse
5. pescar
6. correr las olas

> Student Activities Manual, *Capítulo 8*
>
> *Capítulo 8*
>
> **iLrn** iLrn: Heinle Learning Center, *Capítulo 8*

Affirmative and negative expressions

Below are some useful affirmative and negative expressions.

algo *something, anything*	**nada** *nothing, not anything at all*
alguien *somebody, anybody*	**nadie** *nobody, no one*
algún, alguno(a) *some, any*	**ningún, ninguno(a)** *none, not any*
o... o *either... or*	**ni... ni** *neither... nor*
siempre *always*	**nunca** *never*
también *also, too*	**tampoco** *neither, not either*

In Spanish, a negative sentence always has at least one negative word before the conjugated verb. Sometimes there are several negative words in one sentence.

—¿Quieres beber **algo** antes de ir a las ruinas de Tazumal?

Do you want to drink something before going to the ruins of Tazumal?

—**No, no** quiero **nada,** gracias.

No, thanks. I don't want anything.

—¿Hay **alguien** en la oficina de turismo ahora?

Is there someone in the tourist office now?

—**No, no** hay **nadie, ni** en la oficina **ni** en el autobús ahora.

No, there's no one in the office nor on the bus now.

Cultura

Las ruinas de Tazumal in El Salvador are Mayan ruins said to be the best preserved in Central America. According to archaeologists, they date back to 5000 B.C. and span a 1000-year period.

- If a negative word precedes the conjugated verb, the negative word **no** is omitted.

no + *verb* + *negative word*

No viene nadie conmigo a nadar.

Nobody is coming with me to swim.

negative word + *verb*

Nadie viene conmigo a nadar.

no + *verb* + *negative word*

No voy nunca al gimnasio.

I never go to the gym.

negative word + *verb*

Nunca voy al gimnasio.

- Express *neither / not either* with a subject pronoun (**yo, tú, usted, él, ella,** etc.) + **tampoco.**

—Nunca voy al gimnasio.

I never go to the gym.

—Yo **tampoco.**

Me neither.

- Place **ni** before a noun or a verb to express the idea of *neither . . . nor.*

—¿Quieres ir a correr o a levantar pesas?

Do you want to go running or lift weights?

—No quiero **ni** ir a correr **ni** a levantar pesas.

I want neither to go running nor to lift weights.

The words **algún, alguno, alguna, algunos,** and **algunas** are adjectives; use **algún** before a masculine singular noun.

—¿Hay **alguna** excursión al Volcán de Izalco hoy?

Is there any excursion to Izalco Volcano today?

—No, pero hay **algunas** excursiones al Lago del Ilopango.

No, but there are some excursions to Ilopango Lake.

—¿Hay **algún** restaurante cerca del lago?

Is there any restaurant near the lake?

—Hay **algunos** restaurantes en el área, pero no muy cerca del lago.

There are some restaurants in the area but not very near the lake.

—¿Hay **algún** café pequeño?

Is there a small café?

Note that the plural forms **ningunos** and **ningunas** are not used often; instead, use the singular form, and use **ningún** before a masculine singular noun.

—¿Cuántos campos de fútbol hay aquí?

How many soccer fields are there here?

—No hay **ningún** campo de fútbol aquí.

There aren't any soccer fields here.

—¿A qué hora viene mi entrenador?

What time is my trainer coming?

—No tengo **ninguna** idea sobre esto, Tomás.

I have no idea about this matter, Tomás.

—¿Cuántas piscinas tiene el balneario?

How many swimming pools does the resort have?

—No tiene **ninguna.**

It doesn't have any.

Ningunos and **ningunas** are used only with nouns that always come in pairs or plural. For example: **¿Hay algunos zapatos de tenis para mí? No, no hay ningunos.** *(Are there any tennis shoes for me? No, there aren't any).* Other nouns that always come in pairs or are always plural are **guantes, calcetines, medias, pantalones,** and **vacaciones.**

—¿A qué hora vamos a comer?
—No tengo la menor idea.

¡A practicar!

8-22 **Ideas opuestas** Forma una oración con el significado opuesto sustituyendo las palabras afirmativas por palabras negativas.

Modelo Yo siempre voy con mi familia de vacaciones.
Yo nunca voy con mi familia de vacaciones.

1. Hay algunos libros sobre el turismo en El Salvador en la tienda del hotel.
2. Marta quiere comer algo en la playa.
3. Alguien en el balneario sabe correr las olas.
4. Rita quiere bucear o hacer esnórquel.
5. Tomás quiere bucear también.
6. Siempre es divertido pasear en velero.

8-23 **Entre esposos en el balneario** Completa las dos conversaciones siguientes, usando **algo, nada, alguien, nadie, o... o, ni... ni, también, tampoco, siempre** y **nunca.**

—Tomás, voy al supermercado porque no hay casi 1. _____ en el refrigerador en nuestra habitación. ¿Quieres comer 2. _____ especial esta noche?

—No, gracias, Marta. No quiero comer 3. _____ porque comí mucho en el almuerzo.

—Pero, ¿qué te pasa, Tomás?

—4. _____. Es que no tengo hambre, Marta.

—Bueno. Hasta luego.

(Más tarde...)

—¡Hola, Tomás! Conocí a 5. _____ en el supermercado cerca del balneario. Y 6. _____ es una persona que te conoce a ti.

—Ah, ¿sí? Debe ser 7. _____ un amigo 8. _____ un compañero de trabajo. ¿Quién es?

—Bueno, no es 9. _____ un amigo 10. _____ un compañero tuyo. Se llama Lucía.

—¿Cómo? ¿Lucía? No conozco a 11. _____ con ese nombre, ni tengo muchas amigas 12. _____.

—¿No? Pues, ella me dijo que fue tu novia.

—¿Mi novia? Marta, 13. _____ estás inventando cosas.

—Yo 14. _____ invento historias sobre tu vida. ¿No recuerdas a Lucía? Era tu novia cuando ella tenía catorce años.

—Ah sí, ahora recuerdo, era muy amable conmigo y con mi mamá.

8-24 **Enfrente del hotel Playa del Tesoro** Completa la siguiente conversación, usando **algún, alguna, algunos, algunas, ningún, ninguna** y **ninguno.**

—Perdón, estoy buscando la piscina pública.

—¿Cómo? No hay 1. _____ por aquí, señor.

—2. _____ amigos me dijeron que hay una piscina pública cerca de un mercado.

—No. No hay 3. _____ mercado por aquí. Hay una piscina, pero es privada. La piscina pública está lejos.

—¿Está abierta o cerrada?

—No tengo 4. _____ idea sobre eso, señor.

—¿Hay 5. _____ teléfono público por aquí?

—No, no hay 6. _____.

—Muchas gracias.

—De nada.

¡A conversar!

8-25 De mal humor (*In a bad mood*) Tú estás de mal humor hoy y, por eso, le contestas negativamente a tu compañero(a), que te hace preguntas con los siguientes elementos. **¡Ojo!** Tu compañero(a) necesita añadir (*add*) palabras para formar una pregunta completa.

Modelo ¿ir con alguien al cine esta noche? (nadie)
E1: *¿Quieres ir con alguien al cine esta noche?*
E2: *No, no quiero ir con nadie al cine esta noche.*

1. ¿hacer la tarea?
2. ¿estudiar con otra persona de la clase?
3. ¿correr las olas o esquiar en el agua?
4. ¿hacer ejercicio?
5. ¿hacer algo hoy?
6. ¿nadar en la piscina?

8-26 De vacaciones Trabaja con un(a) compañero(a) para hablar de las fotografías del Lago Atitlán, Guatemala y la Playa Sunzal, El Salvador. Contesta las preguntas sobre las fotos y conversa sobre tus propias (*own*) experiencias y preferencias.

Lago Atitlán, en Guatemala

Playa Sunzal, en El Salvador

1. ¿Hay alguna persona en la foto del Lago Atitlán? ¿y en la foto de la Playa Sunzal?
2. ¿Hay alguna montaña en la primera foto? ¿Y en la segunda? ¿Te gusta ir a las montañas en tus vacaciones? ¿Prefieres ir a la playa o a las montañas?
3. ¿Puedes ver algún animal en la foto? ¿Prefieres ver animales en un parque zoológico o en su hábitat natural?
4. Hay algunas familias en la foto del Lago Atitlán. ¿Vas de vacaciones con tu familia o con tus amigos? ¿Siempre te diviertes en las vacaciones? ¿Qué no haces nunca en las vacaciones?
5. ¿Piensas ir a Guatemala o El Salvador algún día? Si puedes ir, ¿quieres ver el Lago Atitlán? ¿La Playa Sunzal? ¿Conoces lugares semejantes (*similar*) en los Estados Unidos?

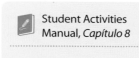
Student Activities Manual, *Capítulo 8*

Capítulo 8

iLrn: Heinle Learning Center, *Capítulo 8*

Interrogative words

To ask...

about the location of person or place → *¿dónde?*

where someone is going → *¿adónde?*

where someone is from → *¿de dónde?*

what a person or thing is like or *how* something is done → *¿cómo?*

when something is taking place → *¿cuándo?*

at what time an event is taking place → *¿a qué hora?*

how much or *how many* → a form of *¿cuánto?*

who does something → *¿quién?* or *¿quiénes?*

whose → *¿de quién?* or *¿de quiénes?*

what or *which* → *¿qué?* or *¿cuál?*

¡A recordar! 1 When should **¿qué?** be used instead of **¿cuál?**

Preterite vs. Imperfect

Preterite	Imperfect
single, completed action	habitual action or event
highlighted, main action	background action
beginning or end of an event	middle of an event
action that interrupts another	ongoing event or action

¡A recordar! 2 Which time expressions indicate the use of the preterite tense? Which indicate the use of the imperfect tense?

Affirmative and negative expressions

algo	nada
alguien	nadie
algún, alguno(a)(s)	ningún, ninguno(a)(s)
o... o	ni... ni
siempre	nunca
también	tampoco

¡A recordar! 3 When a negative word precedes the conjugated verb, is **no** omitted? When are the plural forms of **ningunos** and **ningunas** used?

Actividad 1 Información sobre un festival Indica la palabra o la expresión interrogativa apropiada para cada pregunta.

1. —¿ _____ es el festival?
   —Es mañana.

2. —¿ _____ es?
   —Es en el centro de la ciudad.

3. —¿ _____ hora empieza?
   —Empieza a las dos de la tarde.

4. —¿ _____ es el nombre del festival?
   —Es La fiesta del pueblo.

5. —¿ _____ se llama la directora del festival?
   —Se llama Adela Gómez León.

6. —¿ _____ es ella?
   —Es de Antigua, pero ahora vive en Ciudad de Guatemala.

7. —¿ _____ es el supervisor de la música?
   —Es Alejandro Samoza.

8. —¿ _____ son los músicos?
   —Son Rafael Moreno y sus tres primos.

9. —¿ _____ cuestan las bebidas?
   —Son baratas. Cuestan sólo 5 quetzales.

10. —¿ _____ comida hay?
    —¡Muchísima! Puedes comer toda la noche.

11. —¿ _____ personas van al festival?
    —Alrededor de 200 personas.

12. —¿ _____ festivales hay cada año?
    —Hay muchos, pero éste es el mejor de todos.

Actividad 2 ¿Qué pasó? Escoge la respuesta correcta para cada oración para saber qué pasó con unos amigos anoche. Presta atención al contexto para escoger las formas correctas de los verbos.

_____ 1. Yo _____ un libro cuando Roberto me _____ anoche.

    a. leí / llamó   c. leía / llamaba

    b. leía / llamó   d. leí / llamaba

_____ 2. Él me _____ que muchas personas _____ en la casa de Victoria, bailando y divirtiéndose.

    a. dije / estuvieron   c. decía / estaban

    b. decía / estuvieron   d. dijo / estaban

_____ 3. Roberto me _____ a la casa de Victoria, pero yo _____ cansada.

    a. invité / estuve   c. invitaba / estaba

    b. invitaba / estuve   d. invitó / estaba

_____ 4. Mi compañera de cuarto _____ ir porque ella no _____ ocupada.
  a. decidió / estaba   c. decidía / estuvo
  b. decidía / estaba   d. decidió / estuvo

_____ 5. Muchas personas _____ cuando ella _____ .
  a. bailaron / llegó   c. bailaban / llegaba
  b. bailaban / llegó   d. bailaron / llegaba

_____ 6. Ella _____ por dos horas y luego _____ a nuestra residencia estudiantil.
  a. bailó / volvió   c. bailaba / volvía
  b. bailaba / volvió   d. bailó / volvía

Actividad 3 Una carta de Guatemala Completa
el correo electrónico que David le manda a su madre el segundo día de sus vacaciones en Ciudad de Guatemala. Escoge el pretérito o el imperfecto según el contexto.

Enviar | Guardar | Archivos

¡Hola, Mamá!

Yo _____ (1. llegar) a la capital ayer. _____ (2. Hacer) buen tiempo pero yo _____ (3. ir) directamente al hotel y _____ (4. descansar) por dos horas porque _____ (5. estar) cansado. A las tres, mi amigo Manny me _____ (6. llamar) por teléfono y me _____ (7. decir) que él _____ (8. estar) en el centro, en un festival. Yo _____ (9. caminar) al centro e inmediatamente _____ (10. ver) a Manny, ¡bailando en la calle! Muchas personas _____ (11. estar) bailando, comiendo y divirtiéndose. Las mujeres _____ (12. llevar) vestidos tradicionales y los músicos _____ (13. tocar) música folclórica. Manny y su amiga Daniela me _____ (14. enseñar) unos bailes y nosotros _____ (15. bailar) dos horas. Después, nosotros _____ (16. comer) y _____ (17. beber) mucho porque _____ (18. tener) hambre y sed, y la comida _____ (19. estar) deliciosa. Yo _____ (20. volver) al hotel muy tarde, cansado pero alegre después de una experiencia memorable.

¡Escríbeme pronto!

Actividad 4 Un día en el balneario Dos amigos están
hablando durante sus vacaciones. Completa las frases con la palabra correcta de una manera lógica.

1. —¿Quieres comer _____?
   —No, no quiero comer _____, gracias.

2. —No veo a _____ en el mar.
   —Mira allí, _____ está nadando.

3. —¿Conoces _____ playa muy buena para correr las olas?
   —No, no conozco _____ playa buena cerca de aquí.

4. —¿_____ tomas el sol en la playa?
   —No, ¡_____ tomo el sol! ¡El sol es malo para la piel!

5. —¿Quieres esquiar _____ hacer esnórquel?
   —No, no quiero _____ esquiar _____ hacer esnórquel. Prefiero pescar o pasear en velero.

6. —Me gusta la playa mucho. Me gustan las montañas _____ pero no quiero ir a las montañas ahora porque estoy contento aquí.
   —No quiero ir a las montañas _____. Estoy bien aquí.

Refrán

Heinle/Cengage Learning

"_____ (Not any) persona ganó fama, quedándose hasta (remaining until) las doce en la cama."

En este segmento del video, vas a ver un flashback y aprender más del día de la lección de baile. ¿Recuerdas aquel día? Fue un día muy especial para Valeria, que estaba muy triste al principio porque todos sus amigos se olvidaron de su cumpleaños.

Expresiones útiles

The following are some new expressions you will hear in the video.

No lo tomes tan a pecho	*Don't take it so hard*
Un bizcocho	*A cake*
Ni tan siquiera	*Not even*

Antes de ver

Los cumpleaños Algunas veces, hay ciertas circunstancias y los cumpleaños no resultan en días felices. ¿Conoces a alguien que se puso triste el día de su cumpleaños? ¿Qué pasó? ¿Cambió su estado de ánimo a lo largo del día? ¿Por qué sí o por qué no? Cuéntale este acontecimiento a un(a) compañero(a).

Después de ver

Las experiencias de Valeria y Alejandra En el video, Valeria y Alejandra hablaron de cómo celebraban el cumpleaños cuando eran niñas, y parece que tenían experiencias diferentes. Lee los siguientes recuerdos y conjuga el verbo en el imperfecto. Luego indica si el comentario corresponde a Valeria o a Alejandra.

Valeria	Alejandra	
_____	_____	Mis padres siempre me _____ (**hacer**) una fiesta muy grande.
_____	_____	Mi mamá me _____ (**celebrar**) una fiesta de cumpleaños con mis compañeros de escuela.
_____	_____	Mi mamá me _____ (**traer**) un bizcocho de cumpleaños, refrescos y helados a la escuela.
_____	_____	Mi papá siempre me _____ (**llevar**) un ramo de flores a mi cuarto.
_____	_____	Mi mamá me _____ (**preparar**) mi comida favorita.

¿Un cambio en el estado de ánimo de Valeria? Lee las siguientes oraciones sobre el cumpleaños de Valeria e indica si son **ciertas** o **falsas.** Corrige las oraciones falsas.

- Muchos amigos la llamaron.
  _____

- No recibió ningún correo electrónico.
  _____

- No tenía un pastel de cumpleaños.
  _____

- Cumplió 26 años.
  _____

- Habló con Sofía sobre las fiestas de cumpleaños que tenía cuando era niña.
  _____

- Se puso feliz mientras bailaba con Antonio, Javier y Sofía.
  _____

- Los compañeros de casa la sorprendieron con un regalo de cumpleaños después del baile.
  _____

- Alejandra le entregó un disco compacto de música cubana.
  _____

- Javier le regaló un ramo de flores.
  _____

- Sofía le invitó a cenar.
  _____

- Al final Valeria se divirtió mucho el día de su cumpleaños.
  _____

¿Qué opinas tú? ¿Cuál fue el mejor día de cumpleaños que tuviste hasta ahora? ¿Cómo lo celebraste? ¿Con quiénes? ¿Hiciste alguna actividad especial? Piensa en todos los detalles. Describe este cumpleaños tan especial a un(a) compañero(a) y luego escribe un párrafo corto sobre este evento.

Heinle/Cengage Learning

See the *Lab Manual,* **Capítulo 8, ¡A ver!** for additional activities.

Antes de leer

Guessing meaning from word roots (raíces)

Thus far, you have learned a large number of new Spanish words and are able to recognize a large number of cognates, even if they are new to you. You can guess the meaning of even more new Spanish words if you know the meaning of their roots. For example, in this chapter you learned the word **sorpresa**; based on your knowledge of this word, what would you guess that the verb **sorprender** means?

If you answered *to surprise* or *to cause wonder,* then you are correct!

Words like **sorpresa, sorprender,** and **sorprendido(a)** that have the same root (e.g., **sorpr-**) are called "word families"; such words are closely related to one another.

Before reading the selection, respond to the following questions using your background information and prior knowledge:

1. What do you see in the photos?
2. What is the title of the piece?
3. What type of literary composition is the piece?
4. What do you know about El Salvador up to this point (think back to the chapter activities and the video **Viajemos por El Salvador**)?

Now, skim the selection and underline two words that have roots that you recognize.

If you underline words like: **memoria (memorizar), invento (inventar, inventor(a),** you are on the right track!

¡A leer!

Cognados Escribe cinco cognados y sus significados.

Word roots Completa el siguiente cuadro para aumentar tu vocabulario. Puedes buscar palabras en este texto y también en los capítulos anteriores. ¿Qué significan estas palabras?

Verbo	Sustantivo (Noun)	Persona que hace la acción de...
memorizar		X
inventar		el/la inventor(a)
	el rugido	X
	la baba	X
morir		
traicionar		
	el cuento	

Claribel Alegría

Courtesy of Curbstone Press, Willimantic, CT

Cultura

Chacmol (or Chacmool, or Chac Mool) is a pre-Colombian statue of a seated figure that holds a plate in its hands. Some interpretations state that the plate was used to hold the heart and blood of individuals sacrificed to honor the gods of rain and agriculture.

FLORES DEL VOLCÁN

Catorce volcanes se levantan

en mi país memoria

en mi país mito

que día a día invento.

Catorce volcanes de follaje *(foliage)* y piedra *(stone)*

donde nubes *(clouds)* extrañas se detienen

y a veces el chillido *(screech)*

de un pájaro extraviado *(lost bird).*

¿Quién dijo que era verde mi país?

es más rojo

es más gris

es más violento:

el Izalco que ruge *(roars)*

exigiendo *(demanding)* más vidas.

Los eternos chacmol

que recogen la sangre

y los que beben sangre *(blood)*

del chacmol

y los huérfanos *(orphans)* grises

y el volcán babeando *(slobbering)*

toda esa lava incandescente

y el guerrillero muerto

y los mil rostros *(faces)* traicionados

y los niños que miran para contar la historia.

"Flores del volcán" is from the book *Flowers from the Volcano,* by Claribel Alegría, translated by Corolyn Forché, © 1982. All rights controlled by the University of Pittsburgh Press, Pittsburgh, PA 15260. Used by permission of University of Pittsburgh Press.

© Alyx Kellington/Photolibrary

Después de leer

¿Cierto o falso? Indica si las siguientes oraciones son **ciertas** *(true)* o **falsas** *(false)*. Corrige las oraciones falsas.

1. _____ En el país de la escritora hay 15 volcanes.

2. _____ La escritora describe El Salvador como un lugar muy verde y pacífico.

3. _____ La escritora describe el volcán como una montaña violenta, que pide vidas humanas como el chacmol.

4. _____ La escritora describe a los niños como huérfanos y tristes.

5. _____ En este país mueren muchas personas.

A conversar. Con cuatro de sus compañeros de clase respondan las siguientes preguntas:

1. ¿Por qué compara Alegría el volcán con la guerra?

2. ¿Cómo utiliza los colores Alegría? ¿Qué significan los colores?

3. ¿Cómo describe Alegría a los niños, a los guerrilleros y a las demás personas?

4. ¿Por qué creen ustedes que el volcán tiene flores todavía?

A escribir. Con su grupo, escriban un «cinquain», que es un poema de cinco líneas. En este poema ustedes van a hacer la descripción de algún aspecto de la naturaleza de su estado o región importante para ustedes. Sigan las reglas del próximo ejemplo.

_____

[Sustantivo *(noun)*]

_____, _____

[2 adjetivos *(adjectives)*, palabras descriptivas]

_____, _____, _____

[3 verbos *(verbs)*, acciones]

_____

(Frase para describir el sustantivo)

_____

[Sustantivo *(noun)*]

Después de terminar, compartan su poema con la clase. ¿Qué opinan de los poemas de los otros grupos?

VOCABULARIO ESENCIAL

 AUDIO CD CD 2, TRACK 5   **Personal Tutor**

Fiestas y celebraciones — Holidays and celebrations

el anfitrión	host
la anfitriona	hostess
el brindis	toast
la celebración	celebration
los cohetes	rockets
el cumpleaños	birthday
el día feriado	holiday
el disfraz	costume
los entremeses	hors d'oeuvres
la fiesta (sorpresa)	(surprise) party
el (la) invitado(a)	guest
la máscara	mask
el pastel	cake
la procesión	religious parade
los regalos	gifts
las velas	candles

Verbos

asustarse	to get frightened
celebrar	to celebrate
cumplir años	to have a birthday
dar (hacer) una fiesta	to give a party
disfrazarse	to wear a costume
gritar	to shout
hacer un brindis	to make a toast
llorar	to cry
olvidar	to forget
pasarlo bien (mal)	to have a good (bad) time
ponerse + *adjective*	to become (get) + adjective
portarse bien (mal)	to behave well (poorly)
reaccionar	to react
recordar (ue)	to remember
reunirse con	to get together with

Expresiones idiomáticas

¡Felicitaciones!	Congratulations!
Me pongo contento/ triste	I get happy/ sad

La playa y el campo — The beach and the country

el balneario	beach resort
la costa	coast
la crema bronceadora	suntan lotion
el lago	lake
el mar	sea
las montañas	mountains
el océano	ocean
el río	river

Pasatiempos — Pastimes

broncearse	to get a suntan
tomar el sol	to sunbathe
bucear	to scuba dive
caminar por las montañas	to hike in the mountains
correr las olas	to surf
hacer camping	to go camping
hacer esnórquel	to snorkel
hacer una parrillada	to have a cookout
pasear en canoa/velero	to go canoeing/sailing
pescar	to fish

Expresiones afirmativas

algo	something, anything
alguien	somebody, anybody
algún, alguno(a)(s)	some, any
o... o	either . . . or
siempre	always
también	also, too

Expresiones negativas

nada	nothing, not anything at all
nadie	nobody, no one
ningún, ninguno(a)(s)	none, not any
ni... ni	neither . . . nor
nunca	never
tampoco	neither, not either

Palabras interrogativas

¿A qué hora?	What time?
¿Adónde?	Where (to)?
¿Cómo?	What?
¿Cuál?	Which?, What?
¿Cuándo?	When?
¿Cuánto(a), Cuántos(as)?	How much?, How many?
¿De dónde?	From where?
¿De quién?	Whose?
¿Dónde?	Where?
¿Quién?	Who?
¿Por qué?	Why?
¿Para qué?	What for?
¿Qué?	What?

De viaje por el Caribe

Cuba, Puerto Rico y La República Dominicana

Chapter Objectives

Communicative Goals

In this chapter, you will learn how to . . .

- Talk about air travel, other types of transportation, and lodging
- Simplify expressions with indirect and double object pronouns
- Talk about getting around in the city
- Tell someone to do something
- Make informal requests

Structures

- Indirect object pronouns
- Double object pronouns
- Prepositions and adverbs of location
- Formal and negative **tú** commands

◄ ¿Qué te gusta hacer cuando vas de vacaciones: nadar en la piscina, en el océano, navegar, hacer esnórquel, bucear, etc.?

◄ ¿Qué clase de vacaciones te gustan: vacaciones para estudiar la historia, el arte o las comidas del país que visitas?

◄ ¿Qué nueva actividad o deporte quieres aprender en tus próximas vacaciones?

© Norman Pogson/Fotolia

Playa de Oro, Varadero, Cuba
Visit it live on **Google Earth!**

En el aeropuerto Las Américas

In this section, you will learn vocabulary and expressions used for traveling by airplane. The drawing below represents a typical scene in main airports like the one in the Dominican Republic. Do you think flying is a convenient way to travel?

Sustantivos

el boleto (billete) de ida *one-way ticket*

el boleto (billete) de ida y vuelta *round-trip ticket*

el viaje *trip*

el vuelo (sin escala) *(nonstop) flight*

Verbos

bajar(se) (de) *to get off*

hacer escala (en) *to make a stop (on a flight) (in)*

ir en avión *to go by plane*

pasar por *to go through*

viajar *to travel*

Expresiones idiomáticas

¡Bienvenido(a)! *Welcome!*

¡Buen viaje!/¡Feliz viaje! *Have a nice trip!*

Palabras útiles

abrocharse el cinturón de seguridad
to buckle the seatbelt

la aerolínea
airline

aterrizar
to land

la cabina
cabin

con destino a
departing for

la demora
delay

despegar
to take off

el (la) piloto
pilot

procedente de
arriving from

la salida de emergencia
emergency exit

> ### Curiosidades del idioma
>
> In Latin America, the words **boleto** and **billete** are used to talk about an airplane ticket. In Spain, it is more common to use **el pasaje.**

la tarjeta de embarque

el horario

facturar la maleta

la agencia de viajes

el (la) agente de viajes

LA SALIDA

Puertas 1-4

el control de seguridad

la maleta

hacer la maleta

la aduana

¡BIENVENIDOS A LA REPÚBLICA DOMINICANA!

Puerta 5

LA LLEGADA

INMIGRACIÓN

el equipaje (de mano)

recoger el equipaje

la oficina de inmigración

Cultura

Santo Domingo is the capital city of the Dominican Republic. The international airport is called **Las Américas,** and it is about 20 minutes east of Santo Domingo.

Cultura

Because Puerto Rico is a commonwealth (**estado libre asociado** in Spanish) of the United States, no passport is needed when US citizens travel to Puerto Rico. For the same reason, residents of Puerto Rico do not need a passport to enter any part of the United States.

Cultura

Cubana: Empresa Consolidada de Aviación is the national airline of Cuba.

Curiosidades del idioma

While a *passenger* is **un(a) pasajero(a),** a *traveler* is **un(a) viajero(a).**

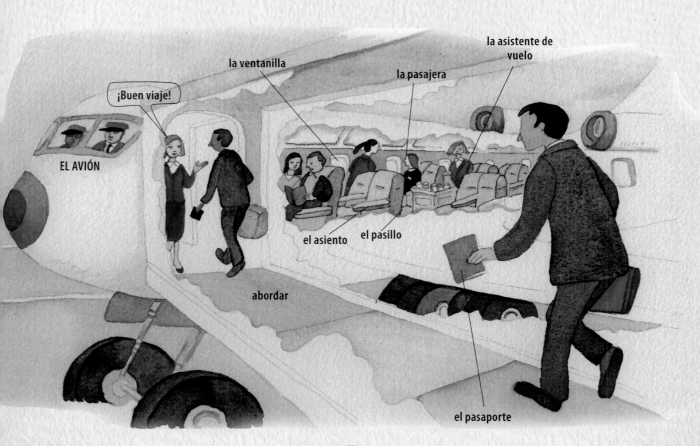

la ventanilla

la asistente de vuelo

la pasajera

¡Buen viaje!

EL AVIÓN

el asiento   el pasillo

abordar

el pasaporte

Heinle/Cengage Learning

Cultura

Travel from the U.S. to Cuba has been restricted since 1961. Official government travel and travel by professional journalists, researchers, and educators is allowed with required visas. Beginning in April 2009, President Obama and his administration brought forth the option of lifting some sanctions.

¡A practicar!

9-1 **Definiciones** Lee cada frase y luego identifica su definición.

1. por dónde se aborda el avión _____
2. el documento para poder entrar en otro país _____
3. el asiento para ver hacia afuera _____
4. el equipaje que se factura _____
5. el lugar donde se mira lo que hay en las maletas _____
6. el boleto que se compra cuando uno no quiere volver _____

a. de ida
b. la aduana
c. la puerta de la salida
d. las maletas
e. el pasaporte
f. el asiento de ventanilla

9-2 **Un viaje en avión a Santo Domingo** Teresita, una mujer puertorriqueña, hizo un viaje a Santo Domingo para visitar a unos familiares el verano pasado. Pon sus acciones en un orden lógico.

_____ Facturó el equipaje.

_____ Abordó el avión con destino a Santo Domingo.

_____ Fue a la agencia de viajes.

_____ Compró un boleto de ida y vuelta.

_____ Hizo las maletas.

_____ Recibió una invitación de sus parientes de Santo Domingo.

_____ Pasó por el control de seguridad.

9-3 **Nuestra luna de miel (honeymoon)** Teresita y su esposo Manny fueron a La Habana, la capital de Cuba, para pasar su luna de miel. Completa el párrafo usando las siguientes palabras.

agente de viajes	hacer escala	viaje
asiento de pasillo	inmigración	vuelo sin escalas
Bienvenidos	ir en avión	
equipaje de mano	llegada	

El mes pasado, Manny y yo fuimos a La Habana, Cuba, para nuestra luna de miel. No queríamos ir en barco, preferíamos 1. _____. Nuestro 2. _____ nos reservó un 3. _____ en la aerolínea Cubana de Aviación. Yo estaba contenta porque a mí no me gusta 4. _____. Tampoco me gusta mirar afuera del avión cuando vuelo, así que yo pedí un 5. _____. No teníamos muchas maletas, pero Manny llevó 6. _____ con las cosas más necesarias. Durante el vuelo, esperamos con mucha emoción la 7. _____ a Cuba. Al llegar a La Habana, el piloto nos dijo: "¡8. _____ a Cuba!" Tuvimos que pasar por la oficina de 9. _____, pero fue fácil. Total, nuestra luna de miel en La Habana fue el mejor 10. _____ de mi vida.

¡A conversar!

9-4 **En el aeropuerto** Haz esta actividad con dos compañeros(as). Dos personas son pasajeros en el aeropuerto y la otra persona es el (la) agente de la aerolínea.

Agente

1. Greet your passengers.
3. Find out where they are going.
5. Ask for their tickets and passport.
7. Ask their seating preference (window/aisle).
9. Answer the question, then check in their luggage.
11. Respond, then say where they should board the airplane.
13. Explain, then return their travel documents.
15. Respond, then wish them a good trip.
17. Say good-bye.

Pasajeros

2. Respond appropriately.
4. Answer the question.
6. Do what the agent asks and say something appropriate.
8. Answer, then ask if your plane will leave on time.
10. Ask how the weather is at your destination.
12. Ask for directions to your departure gate.
14. Ask what time it is. Express appreciation.
16. Express your appreciation.
18. Answer appropriately.

9-5 **¡Vamos a Santo Domingo!** Tienes la oportunidad de viajar de Nueva York a Santo Domingo, República Dominicana. El (La) agente de viajes recomienda un itinerario, pero no estás contento(a) con los detalles. Trabaja con un(a) compañero(a) para comentar el itinerario y pedir cambios. Decidan ustedes las fechas, las horas, el precio, el número de pasajeros y cualquier otra *(any other)* información. El (La) viajero(a) debe pedir todos los cambios que quiere y el (la) agente puede aceptarlos o no.

Modelo **E1:** Agente de viajes: *El vuelo es el miércoles, 15 de noviembre.*
E2: Viajero(a): *Prefiero el jueves, 16 de noviembre. ¿Es posible cambiarlo?*
E1: Agente de viajes: *Sí, es posible, pero el precio es mejor el miércoles.*

Por favor, revisa y confirma tu selección

Itinerario

Salida	07:40 miérc, 15-Nov	Nueva York - JFK (John F Kennedy Intl Airport)	Estados Unidos	✈	Sin escala
Llegada	12:20 miérc, 15-Nov	Santo Domingo - SDQ (Las Américas)	República Dominicana		Clase: Turista
Salida	13:30 jue, 30-Nov	Santo Domingo - SDQ (Las Américas)	República Dominicana	✈	Sin escala
Llegada	16:15 jue, 30-Nov	Nueva York - JFK (John F Kennedy Intl Airport)	Estados Unidos		Clase: Turista

Presupuesto

Precio Total*: $374,44
Tasas y Gastos incluídos

Número de Pasajeros: 1
* El precio total incluye los Gastos de Servicio de $12,00 por pasajero y trayecto.

Heinle/Cengage Learning

Student Activities Manual, *Capítulo 9*

Capítulo 9

iLrn: Heinle Learning Center, *Capítulo 9*

EN CONTEXTO

Sharon y su amiga Kate son estudiantes de la Universidad Internacional de la Florida en Miami, donde hace tres años que estudian español. Ahora ellas están de vacaciones en Santo Domingo, visitando la Ciudad Colonial. Lo que sigue es una parte del diario que grabó Sharon en su iPod.

27 de junio. Kate y yo estamos en el Hotel Montesinos. Cuando llegamos aquí anoche, estábamos tan cansadas que nos acostamos inmediatamente. Esta mañana caminamos por la Ciudad Colonial y vimos algunas plazas e iglesias coloniales.

Comentario cultural The old section of Santo Domingo, in the seaport district, served as the first capital of the new territories discovered by Christopher Columbus. Santo Domingo was also the first city in the New World to establish a university, a cathedral, a fort, a monastery, a hospital, and a palace.

En una librería **cerca de** La Plaza de la Cultura compramos tarjetas postales para **mandarles a nuestros padres y amigos.** Luego tomamos un autobús a la Fortaleza de Ozama, desde donde vimos el Río Ozama.

Comentario cultural Fort Ozama is the oldest military fortress in the New World. It was built on the banks of the Ozama River in 1502 to protect the city of Santo Domingo from pirate attacks. "Ozama" means "navegable waters" to the Taíno people, the first inhabitants of the island.

Yo saqué una foto de Kate **enfrente de** la fortaleza y **se la mandé** por correo electrónico a un amigo que tenemos, llamado Rodrigo Enrique. Después, Kate me dijo otra vez: «**No te olvides** de **enviarle la foto a** mi familia también». Yo le respondí: «**¡No me pidas** más este favor si no puedes recordar las direcciones de correo electrónico!»

Comentario cultural Fort Ozama was constructed between 1502 and 1508 by order of the Governor of Hispaniola, Frey Nicholas de Ovando. This fort has the distinction of having never been taken by force of arms, despite all the military intervention it has suffered over the centuries.

Expresiones **en contexto**

antes de irse *before leaving*	**hace tres años que…** *for three years…*
charlamos *we chatted*	**mercado de artesanías** *arts and*
desde donde *from where*	*crafts market*
hacer algunas compras *to purchase*	**no deberíamos haber llevado** *we*
a few things	*shouldn't have worn*

En la Plaza de la Hispanidad conocí a Eduardo Pérez, a su esposa Gabriela y a sus dos hijas. Ellos son amigos íntimos de nuestro profesor en la Universidad Internacional de la Florida. **Se los presenté a Kate** cuando ella volvió de la Plaza España de hacer algunas compras. Ellos nos invitaron a su casa para cenar.

Comentario cultural The Plaza de la Hispanidad in Santo Domingo features a statue commemorating Columbus's arrival on the island of Hispaniola on his first voyage to the Americas in December of 1492. Hispaniola, which includes the Dominican Republic and Haiti, is the second-largest island in the Antilles.

28 de junio. Esta mañana visitamos muchas iglesias, como la Capilla de Nuestra Señora de los Remedios. ¡No deberíamos haber llevado ropa tan informal a las iglesias!

Por la tarde, fuimos al mercado de artesanías, en el Parque Colón, para comprar algunos recuerdos. Yo compré un anillo y unos aretes, y **se los di a Kate.** Luego, ella **me compró un sombrero** y una camiseta muy bonita.

Comentario cultural Most churches and other holy monuments in Latin America and Spain have strict dress codes. Their policies often prohibit shorts, sandals, bare shoulders, and hats.

Allí en el parque conocimos a Juan Ochoa Valderrama y a José Hernández Lillo, que son empleados del Museo Casas Reales. Juan tiene veintitrés años y José tiene veinte. Ellos nos invitaron a tomar café en un pequeño restaurante, donde charlamos por dos horas. Antes de irse, Juan nos invitó a una fiesta en su casa.

Hemos estado en Santo Domingo solamente dos días y ya tenemos seis amigos. ¡Qué simpáticos son los dominicanos!

Comentario cultural The Museo Casas Reales provides a unique understanding of Santo Domingo's colonial heritage through exhibitions of artifacts dating from 1492 through 1821.

¿Comprendiste? Contesta las siguientes preguntas, basándote en la lectura.

1. Según **En contexto,** ¿cuáles son algunos sitios de interés turístico que ofrece Santo Domingo?
2. ¿Cuáles son los lugares que Sharon y Kate visitaron durante su visita en Santo Domingo y las actividades que ellas hicieron allí? Haz una lista.
3. ¿Por qué Sharon se enojó un poco con Kate?
4. Imagínate que tú estás en Santo Domingo ahora. De las cosas que Sharon y Kate vieron e hicieron, ¿cuáles te gustaría ver y hacer?

Narración de un viaje inolvidable Trabajando con un(a) compañero(a) de clase, túrnense para hablar de experiencias sobre un viaje imaginario, parecidas a las descripciones que acaban de escuchar en **En contexto.** Deben cambiar las nacionalidades y los destinos. Usen expresiones de **En contexto** como modelo.

Indirect object pronouns

The concept of indirect objects

Most sentences have a subject and a verb. As you learned in **Capítulo 7,** many sentences also have a direct object or a pronoun that replaces the direct object (the direct object pronoun).

Subject	Verb	Direct Object	Subject	D.O.P.	Verb
Manny	compró	un boleto.	Manny	lo	compró.
Manny	*bought*	*a ticket.*	*Manny*		*bought it.*

Note below that some sentences also have an indirect object.

Subject	Indirect Object Pronoun	Verb	Direct Object	Indirect Object
Manny	le	compró	un boleto	a su esposa.
Manny		*bought*	*a ticket*	*for his wife.*

Indirect objects (and their respective pronouns) refer to people already mentioned as indirect objects; that is, the pronoun tells *to whom* or *for whom* the action of the verb is performed.

> To whom did he give the tickets?
>
> Manny **le** dio los boletos **a su esposa.**
> *Manny gave the tickets **to his wife.***
>
> Él **le** dio los boletos.
> *He gave the tickets **to her.***
>
> For whom did he buy the souvenirs?
>
> Manny **les** compró recuerdos **a sus hermanos.**
> *Manny bought souvenirs **for his brothers.***
>
> Él **les** compró los recuerdos.
> *He bought the souvenirs **for them.***

Indirect object pronouns

In the preceding examples, the indirect object pronouns **le** and **les** replace the indirect object nouns **esposa** and **hermanos,** respectively.

Singular		Plural	
me	*to/for me*	**nos**	*to/for us*
te	*to/for you* (informal)	**os**	*to/for you* (informal in Spain)
le	*to/for you* (formal), *him, her*	**les**	*to/for you* (formal in Spain), *them*

Note that indirect object pronouns are placed in the same positions as direct object pronouns.

1. Place the pronoun in front of the conjugated verb.

   —¿Marta **te dio** esa maleta?
   *Did Marta **give you** that suitcase?*

   —Sí. También **me compró** estos sombreros.
   *Yes. She also **bought me** these hats.*

2. In negative sentences, place the **no** in front of the pronoun.

—Le di el boleto a mi esposo.
I gave my husband the ticket.

—¿Por qué **no nos** diste uno?
Why didn't you give us one?

3. When the pronoun is used with an infinitive, a present participle, or an affirmative command, either place it before the conjugated verb or attach it to the infinitive, the present participle, or the command.

Le voy a escribir.
Voy a escribir**le**.
I'm going to write to him.

Le estoy escribiendo ahora.
Estoy escribiéndo**le** ahora.
I'm writing to him now.

¡Escríbe**le** ahora!
Write to him now!

> A written accent is needed to mark the stressed vowel of a present participle or an affirmative command when an indirect object pronoun is attached to it.

Also note that since **le** and **les** can have different meanings, you may add the expressions **a él, a ella, a usted, a ellos, a ellas,** or **a ustedes** to the sentence for clarification or emphasis.

For clarification

—¿**Le** prometiste el viaje **a él o a ella**?
Did you promise the trip to him or her?

—**Le** prometí el viaje **a ella**.
I promised the trip to her.

For emphasis

—¿A quién **le** está comprando este recuerdo?
For whom are you buying this souvenir?

—Estoy comprándo**le** este recuerdo **a usted**.
I'm buying this souvenir for you.

Indirect object pronouns are normally used with the verbs **dar** *(to give)* and **decir** *(to say; to tell)*. Other verbs that frequently employ indirect object pronouns are:

escribir   *to write*

explicar   *to explain*

hablar   *to speak*

mandar   *to send*

ofrecer (zc)   *to offer*   The **yo** form of **ofrecer** is **ofrezco**.

pedir (i, i)   *to request; to ask for*

preguntar   *to ask a question*

prestar   *to lend*

prometer   *to promise*

recomendar (ie)   *to recommend*

regalar   *to give (as a gift)*

servir (i, i)   *to serve*

¡A practicar!

9-6 **De viaje por el Caribe** Imagínate que vas de viaje por las islas del Caribe y quieres describir lo que haces allá. Completa las frases, usando el pronombre de objeto indirecto correcto.

Modelo Yo _les_ escribo postales del Caribe. (a mis padres)

1. Yo _____ hago muchas preguntas al agente de viajes sobre Santo Domingo. (a él)
2. Él _____ recomienda visitar la Fortaleza Ozama que fue la primera construcción militar de América. (a mí)
3. Yo _____ prometo comprar cosas típicas, como guayaberas dominicanas, cubanas y puertorriqueñas. (a ti)
4. Los padres de mis compañeros de viaje _____ piden fotos de La Habana. (a sus hijos)
5. En Cuba, el botones *(bellhops)* del hotel _____ recomienda tomar un helado en el Café Coppelia de La Habana. (a nosotros)
6. Yo _____ ofrezco ayuda con sus planes para visitar San Felipe del Morro, la famosa fortaleza de Puerto Rico. (a mis amigos)

9-7 **En una tienda del aeropuerto** Teri y Manny deciden a última hora comprarle un recuerdo de Cuba al hermano de Teri. Llena los espacios en blanco, conjugando los verbos entre paréntesis (si es necesario) y colocando *(placing)* el pronombre de objeto indirecto en el lugar correcto.

Modelo **Dependiente:** ¿Puedo _ayudarles_ (ayudar/les)?

Dependiente: Hola, ¿en qué puedo _____ (1. servir/les)?

Teri: Queremos _____ (2. comprar/le) un regalo a mi hermano.

Dependiente: Bien. ¿Qué tipo de regalo _____ (3. buscar/le) Uds.?

Teri: Pues, a mi hermano y a mí _____ (4. gustar/nos) mucho la ropa.

Dependiente: ¿Ropa? ¿Qué tipo de ropa _____ (5. gustar/les) a Uds., por ejemplo?

Teri: Bueno, el año pasado él _____ (6. regalar/me) un sombrero típico de Perú y ahora quiero _____ (7. dar/le) a él un sombrero típico cubano.

Dependiente: Bueno, a Ud. _____ (8. gustar/le) éste?

Teri: ¡Sí! Y pienso que a él también _____ (9. ir a gustar/le). ¿Puedo _____ (10. probar/me) el sombrero? Mi esposo quiere _____ (11. regalar/me) uno a mí también.

Manny: Y tú _____ (12. poder/me) regalar una guayabera, ¿no?

9-8 **¡Ayúdanos!** Teri y Manny están muy cansados después de su luna de miel y te piden ayuda. Explica lo que tú haces por ellos, y lo que ellos hacen por ti, usando el pronombre de objeto indirecto correcto.

Modelo (a ellos) hacer las reservas para el vuelo
Les hago las reservas para el vuelo.

1. (a Teri) bajar las maletas
2. (a ellos) llamar un taxi
3. (al agente) preguntar el horario
4. (a Teri y Manny) prometer escribir una carta
5. (a nosotros) Teri dar un beso
6. (a mí) Manny y Teri dar una guayabera cubana por mi ayuda

¡A conversar!

9-9 **Un esposo preocupado** Es el día de volver del viaje y Manny está preocupado. Responde a sus preocupaciones desde la perspectiva de Teri, diciéndole a Manny que todo está bien. Sigue el modelo.

> **Modelo** —¿Les compramos los regalos a nuestros amigos?
> —*Sí, les compramos los regalos ayer. Les compramos las carteras. ¿No te acuerdas?*

1. ¡Ay! Me olvidé de decirles el número del vuelo a nuestros amigos.
2. ¡Caramba! Yo quería comprarme una camiseta de Cuba.
3. También quería comprarme una caja de puros *(cigars)* de aquí.
4. No le di una propina al camarero en el restaurante esta mañana.
5. Tenemos que mandarle una tarjeta postal a mi abuelo.
6. Tenemos que explicarle al agente de vuelos que llevamos mucho equipaje.

9-10 **¿Me puede ayudar?** Un turista en San Juan, Puerto Rico, habla con un policía y le pide ayuda. Trabajando en parejas, narren lo que dicen este turista y otros y cómo responde el policía. También deben ofrecer comentarios personales sobre la información.

> **Modelo** El turista / preguntarle al policía: dónde está el Capitolio Viejo // El policía / decirle: en la Avenida Muñoz Rivera
> *El turista le pregunta al policía dónde está el Capitolio Viejo y el policía le dice que está en la Avenida Muñoz Rivera. Si voy a Puerto Rico, quiero ver el Capitolio Viejo.*

1. el turista / preguntarle al policía: cuál es la moneda nacional de Puerto Rico // El policía / decirle: el dólar estadounidense
2. otro turista / preguntarle al policía: qué es El Morro // El policía / informarle: la fortaleza más famosa de Puerto Rico
3. varios turistas / preguntarle al policía: dónde está la Iglesia de San Francisco // El policía / decirles: en la Calle San Francisco
4. yo / preguntarle al policía: cuántas personas viven en San Juan // El policía / informarme: unas 500.000 personas
5. el policía / explicarnos: es fácil caminar por el Viejo San Juan // Nosotros / decirle: gracias
6. el policía / ofrecerles a muchos turistas: recomendaciones de restaurantes y cafés // Los turistas / pedirle: recomendaciones de hoteles también

9-11 **Preguntas personales** Hazle las siguientes preguntas sobre su vida personal a uno(a) de tus compañeros. Túrnense para contestarse las preguntas.

Tus amigos ¿Les hablas a tus amigos sobre tu vida personal? ¿Te ayudan tus amigos con algunos problemas? ¿Les ayudas a ellos con sus problemas? ¿Cuándo fue la última vez que un amigo te hizo un favor? ¿Les prestas dinero a tus amigos? ¿Por qué sí o por qué no?

Tus padres ¿Les haces muchos favores a tus padres? ¿Ellos te hacen favores a ti? ¿Qué tipo de favores? ¿Te escriben cartas o correos electrónicos de vez en cuando? ¿Les escribes a ellos? ¿Te hicieron una visita sorpresa alguna vez? ¿Qué pasó?

> Student Activities Manual, *Capítulo 9*
>
> *Capítulo 9*
>
> iLrn: Heinle Learning Center, *Capítulo 9*

Double object pronouns

Sometimes you may want to use both direct and indirect object pronouns together in the same sentence. In this case, note that indirect object pronouns always precede direct object pronouns.

Indirect		Direct
me		
te		lo
le (se)	+	la
nos		los
os		las
les (se)		

In the examples below, notice that the indirect object pronouns **le** and **les** always change to **se** when they are used together with the direct object pronouns **lo**, **la**, **los**, and **las**.

Teri **le** compró **un regalo a su hermano.**
Teri bought a gift for her brother.

Se lo compró ayer en el aeropuerto.
She bought it for him yesterday in the airport.

También **le** compró **una camiseta a su madre.**
She also bought a shirt for her mother.

Teri **se la** compró en una tienda en el centro.
Teri bought it for her in a store downtown.

Also note that in a sentence with an infinitive or a present participle, pronouns may be placed before conjugated verbs or attached to the infinitive or present participle.

Teri quiere comprar**le** un sombrero a Humberto.
Teri wants to buy Humberto a hat.

Se lo va a comprar hoy.
Va a comprár**selo** hoy.
She's going to buy it for him today.

Se lo está comprando ahora.
Está comprándo**selo** ahora.
She is buying it for him now.

In the case of affirmative commands, the pronouns must be attached to the command form. Note that when two pronouns are attached, an accent mark is written over the stressed vowel.

Teri, cómpra**selo** en esa tienda.
Teri, buy it for him in that store.

No-fault *se* construction

Spanish speakers also use **se** to mark events in which a person is subjected to an occurrence outside of his or her control. Rather than accepting responsibility, Spanish speakers have the option of portraying themselves as "unwitting victims" of an action.

Responsible for action

Yo perdí las llaves de mi casa.
I lost the keys to my house.

Victim of action

Se me perdieron las llaves de mi casa.
The keys to my house were (got) lost (from me).

Forming the no-fault *se* construction

In order to portray someone as a victim of circumstance, an indirect object (**me, te, le, nos, os, les**) is used to identify the person(s) to whom the event occurred. The indirect object pronoun immediately follows the **se** that begins all constructions of this type.

(a + noun or pronoun)	*se*	*indirect object pronoun*	*verb*	*subject*
(A mí)	se	me	olvidaron	las gafas.
(A Juan)	se	le	cayó	el vaso.
(A nosotros)	se	nos	acabó	el tiempo.

Note that the verb is always conjugated in either the third-person singular or third-person plural and normally in the preterite tense, although the verb can occur in other tenses as well.

Verbs in no-fault *se* constructions

Some commonly used verbs in the no-fault **se** constructions are

acabar	*to finish, run out*
caer	*to fall*
escapar	*to escape*
olvidar	*to forget*
perder (ie)	*to lose*
quedar	*to remain, be left*
romper	*to break*

It may be helpful to think of these verbs as functioning like the verbs **gustar, molestar,** and **encantar.** The only difference is that an extra **se** is added before the indirect object pronoun to stress the accidental or unintentional nature of the event. In effect, **se** makes the verb passive.

¡A practicar!

9-12 **¿Qué hicieron Manny y Teri en Cuba?** Lee las siguientes preguntas y subraya *(underline)* el objeto directo y haz un círculo alrededor del objeto indirecto. En tu respuesta sustitúyelos por los pronombres de objeto directo e indirecto necesarios para hacer la oración más corta.

> **Modelo** ¿Les venden los agentes de viaje <u>los boletos</u> (a los turistas)?
> Sí, __se__ __los__ venden.

1. ¿Le explicó Manny a Teri los detalles del viaje?
   Sí, _____ _____ explicó.
2. ¿Le compró Teri una guayabera cubana a Manny?
   Sí, _____ _____ compró.
3. ¿Teri y Manny nos trajeron un recuerdo a nosotros?
   Sí, _____ _____ trajeron.
4. ¿Les trajo Manny dos botellas de ron a sus amigos?
   Sí, _____ _____ trajo.
5. ¿Manny va a prestarte a ti su nueva guayabera?
   No, no _____ _____ va a prestar.

9-13 **La mandona** *(bossy one)* Teri se pone muy mandona con Manny. Para cada situación, cambia el verbo a un mandato *(command)* de **tú.** Sustituye los objetos directos e indirectos por los pronombres necesarios.

> **Modelo** mandar la carta a mi mamá ¡*Mándasela!*

1. plancharme la blusa
2. servirnos el desayuno
3. mandar el dinero a Visa
4. prepararte las maletas
5. darles la comida a los perros
6. comprar una maleta nueva para mí

9-14 **Un día muy malo** Manny y Teri tienen muchos problemas. Cambia las siguientes oraciones a construcciones con el *no-fault* **se,** siguiendo el modelo.

> **Modelo** Manny no tiene el pasaporte. (perder)
> *A Manny se le perdió el pasaporte.*

1. Teri tiene problemas con las gafas de sol. (perder)
2. Manny y Teri no pueden recordar el número de su vuelo. (olvidar)
3. Teri quiere beber café y no lo tiene. (acabar)
4. Manny no puede llevar la maleta más grande. (caer)

¡A conversar!

9-15 **Preguntas y preguntas...** Lee las preguntas que la madre de Manny le hace sobre el viaje y contéstalas usando pronombres de objeto directo e indirecto. ¡Sé *(Be)* creativo(a) con las explicaciones!

> **Modelo** ¿Compraste un regalo para tu padre?
> *Sí, mamá, se lo compré porque…*
> o *No, mamá, no se lo compré porque…*

1. ¿Trajiste las fotos de La Habana para mí?
2. ¿Le diste las gracias al recepcionista del hotel?
3. ¿Le regalaste las guayaberas a la familia de Teri?
4. ¿Me trajiste el sombrero que te pedí?
5. ¿Te trajo Teri tu pasaporte?

9-16 **Entrevista** Hazle las siguientes preguntas a un(a) compañero(a). Intenta usar pronombres de objeto directo e indirecto cuando sea posible.

1. Cuando necesitas dinero para un viaje, ¿a quiénes se lo pides? ¿Te lo dan? ¿Se lo pides con mucha o con poca frecuencia?
2. Cuando vas de viaje, ¿a quiénes les compras regalos? ¿Qué cosas les compras? ¿A quiénes les compraste regalos la última vez que viajaste?
3. ¿Se te olvidó algo importante en un viaje? ¿Se te perdieron unas cosas?

9-17 **¡A mí nunca!** Tú quieres convencer a tu compañero(a) de clase de que eres una persona muy responsable, pero todos somos humanos y cometemos errores de vez en cuando *(sometimes).* Habla con él/ella sobre las siguientes preguntas, contestándolas de una manera honesta.

1. ¿Se te perdió algo alguna vez?
2. ¿Se te olvidó alguna vez una cita importante?
3. ¿A ti nunca se te rompió una cerámica o algo frágil?
4. ¿Se te perdió alguna vez algo de mucho valor?
5. ¿Se te acabó alguna vez el dinero en una situación importante?

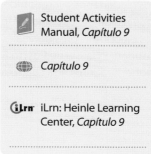

Student Activities Manual, *Capítulo 9*

Capítulo 9

iLrn: Heinle Learning Center, *Capítulo 9*

Cuba, Puerto Rico y La República Dominicana

▶ Veamos el video de Cuba, Puerto Rico y La República Dominicana para luego discutir.

1. ¿Qué pueden visitar en La Habana Vieja, Cuba? Describan La Habana Vieja.
2. ¿Qué es y qué representa el Fuerte de San Felipe del Morro en San Juan de Puerto Rico?
3. ¿Qué son "bacalaítos" y "piraguas" en Puerto Rico?
4. ¿Cuáles fueron los primeros edificios que hicieron los españoles en Santo Domingo, República Dominicana?

✎ See the *Workbook*, **Capítulo 9, Viajemos por Cuba, Puerto Rico y La República Dominicana** for additional activities.

Cuba

Población: 11.637.600

Área: 110.992 km², casi el tamaño de Pennsylvania

Capital: La Habana, 2.400.300

Moneda: el peso cubano

Lengua: el español

Puerto Rico

Población: 3.971.020

Área: 8.897 km², casi tres veces el tamaño de Rhode Island

Capital: San Juan, 434.374

Moneda: el dólar estadounidense

Lenguas: el español y el inglés

República Dominicana

Población: 9.650.054

Área: 48.582.477 km², el tamaño de New Hampshire y Vermont juntos

Capital: Santo Domingo, 2.252.400

Moneda: el peso dominicano

Lengua: el español

Historia Desde 1952 Puerto Rico mantiene el estatus de Estado Libre Asociado *(territory with commonwealth status)* con respecto a los Estados Unidos. Esto significa que los puertorriqueños son ciudadanos *(citizens)* de los Estados Unidos con los mismos derechos y deberes que los ciudadanos estadounidenses, excepto que tienen que residir en los Estados Unidos para poder votar en las elecciones presidenciales. Los puertorriqueños que residen en la isla de Puerto Rico votan para elegir a su gobernador(a) cada cuatro años.

¿Qué piensas del estatus de la isla de Puerto Rico con respecto a los EE.UU.?

Capitolio Viejo, San Juan, Puerto Rico

Lugares mágicos Santo Domingo fue fundada *(was founded)* entre 1494 y 1498 por Bartolomé Colón, hermano de Cristóbal Colón. En el sector colonial, los edificios más importantes son: la fortaleza Ozama, que fue la primera *(first)* construcción militar del Nuevo Mundo; el hospital de San Nicolás de Bari, que fue el primer hospital; y el Monasterio de San Francisco. En 1521 se construyó la primera catedral, y en 1538 se fundó la primera universidad de las Américas, con el nombre de Santo Tomás de Aquino. Esta universidad fue un centro intelectual muy importante, que le dio a Santo Domingo el nombre de Atenas *(Athens)* del Nuevo Mundo.

© Photolibrary

¿Te gustaría conocer la ciudad de Santo Domingo? ¿Qué lugar te gustaría conocer más? ¿Por qué?

🌐 Visit it live on **Google Earth!**

© Bill Bachmann/PhotoEdit Inc.

Arte y Artesanía A la llegada de Cristóbal Colón a Cuba, las comunidades indígenas se caracterizaban por utilizar caracoles *(sea snails)* y conchas de mar *(seashells)* en cuchillos, vasijas *(bowls)*, collares y en la ropa de uso diario y de uso ceremonial. Además, trabajaban la cerámica y la madera. La cultura africana también se encuentra presente en el arte y la artesanía cubanos con todos los trabajos hechos de semillas *(seeds)* y en cerámica. Hoy en día artesanos que trabajan el cuero y la madera como Julio César Garrido y Carlos Espinosa, y el ceramista Alfredo Sosabravo son importantes en el mundo de las artes. En la pintura *(painting)* se destacan Wilfredo Lam (1902–1982), Amelia Peláez (1896–1968) y los más contemporáneos Francisco (Pancho) Varela (1945–), Amarilis Véliz (1957–), Iris Leyva (1950–) y Alejandro Montesinos (1949–). Estos pintores son reconocidos nacional e internacionalmente.

¿Qué tipo de arte o artesanía te gusta? ¿Cuáles son tus artesanos o pintores favoritos?

Ritmos y música Los ritmos caribeños de las islas de Cuba, Puerto Rico y la República Dominicana son similares. Los comienzos de la música se encuentran *(are found)* en los instrumentos de percusión de los indígenas. Más tarde llegan los conquistadores, con los instrumentos de cuerda, como la guitarra y el violín, además de las trompetas y las panderetas *(tambourines)*. A estos instrumentos se unen los ritmos e instrumentos africanos. De todos ellos salen los ritmos caribeños y latinoamericanos como el merengue, la bachata, la rumba, el son y la samba.

© Tai Power Seiff/The Image Bank/Getty

 Juan Luis Guerra es uno de los más famosos cantantes dominicanos de los últimos veinte años. Por medio de su música, los ritmos de la bachata y del merengue se hicieron famosos en todo el mundo. La siguiente selección musical, "Guavaberry", es un ejemplo de merengue. En esta canción se puede notar la influencia del inglés. Noten también que la ciudad que menciona es San Pedro de Macorís, importante por sus jugadores de béisbol. *Access the iTunes playlist on the* **Viajes** *website.*

¿Cuál es el tema de esta canción? ¿Te gusta el ritmo del merengue?

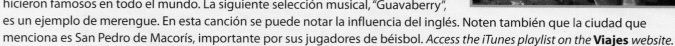

🌐 **¡Busquen en la red de información!**
www.cengage.com/spanish/viajes

1. Historia: Puerto Rico, «Estado Libre Asociado»
2. Lugares mágicos: Santo Domingo, República Dominicana
3. Arte y artesanía: Artesanos en Cuba
4. Ritmos y música: Ritmos caribeños, Juan Luis Guerra

En el Hotel Nacional de Cuba, La Habana

In this section, you will learn vocabulary and expressions associated with lodging by observing scenes from Teri and Manny's honeymoon in La Habana. When you make hotel reservations, what questions do you ask?

Sustantivos

la cama sencilla (doble) *single (double) bed*
la recepción *front desk*
la reserva *reservation*

Adjetivos

limpio(a) *clean*
lujoso *luxurious*

Verbos

bajar (de) *to go down, to get off (of)*
registrarse *to register*
reservar *to reserve*
subir(se) (a) *to go up, to climb, to get on*

Palabras útiles

la caja fuerte *security box*
el centro de negocios *business center*
las comodidades *amenities, features*
la sala de conferencias / para banquetes *conference/banquet room*
el servicio de cuarto/habitación *room service*
la tarjeta *key card*

Muy buenas tardes. ¿En qué puedo servirles?

Necesitamos un **cuarto** para dos personas.

Sí, con **cama doble**, por favor. Vamos a **quedarnos** tres noches aquí.

1

¡Uy! Eso es mucho, señor.

Pues, hay un cuarto más barato por 75 pesos, pero no tiene cama doble y está en el tercer piso.

Es nuestra luna de miel. Creo que podemos permitirnos un cuarto grande y **cómodo**.

5

Cultura

Two forms of currency exist in Cuba, the Cuban peso or **moneda nacional** used by Cubans and the convertible **peso** or CUC used by citizens of other countries. In April 2009, the official exchange rate of the CUC for U.S. dollars was 1.08 U.S. dollars to 1 CUC but an added fee yielded a cost of $1.12 for 1 CUC. The U.S. dollar was widely accepted in Cuba until 2004, when the CUC was introduced.

¿Desean ustedes un baño **privado**?

Sí, y con ducha.

Por favor, queremos un cuarto que no dé a la calle. ¿Hay mucho ruido por aquí?

Sí, señora... Por el tránsito.

2

¿Tiene **aire acondicionado** el cuarto?

¡Sí, señor! Todos los cuartos lo tienen. El Hotel Nacional de Cuba es **de cuatro estrellas**.

3

¿Cuánto es el cuarto?

120 pesos al día, señor.

4

Aquí tienen su **llave** para el cuarto matrimonial. Sé que les va a gustar. Es el cuarto 204.

¿Hay ascensor?

Cómo no, señora. Está allí a la izquierda.

6

¡Ay! ¡El cuarto es un desastre! No está **arreglado** y está muy **sucio**.

El recepcionista dice que los recién casados generalmente no **se quejan de** las condiciones del cuarto.

7

Heinle/Cengage Learning

¡A practicar!

9-18 ¿Cierto o falso? Según lo que aprendiste del viaje de Teri y Manny, indica si las siguientes oraciones son **ciertas** o **falsas**. Si la oración es falsa, corrígela para que sea cierta.

Modelo Teri y Manny piden dos cuartos para dos personas.
Es falso. Piden un cuarto para dos personas.

1. Teri y Manny no necesitan un baño privado.
2. El cuarto tiene aire acondicionado porque es un hotel de cuatro estrellas.
3. El cuarto cuesta 100 pesos al día.
4. Hay otro cuarto más barato en el segundo piso.
5. Para llegar a su cuarto, Teri y Manny tienen que subir la escalera.
6. El cuarto no estaba arreglado cuando Teri y Manny entraron.

9-19 Definiciones Busca las palabras del vocabulario que corresponden a las definiciones que están a continuación. Luego compara tu lista con la de un(a) compañero(a) de clase. ¿Están de acuerdo?

Modelo Nosotros dormimos en esta cosa.
la cama

1. Es una cama para una persona.
2. Entramos en esto para subir o bajar.
3. En este lugar uno se registra.
4. Es un baño que no hay que compartir con otros.
5. Es un hotel muy lujoso.
6. Es un objeto de metal que abre la puerta.
7. Cuando nadie limpia el cuarto, el cuarto está...

9-20 Una visita al Hotel Nacional de Cuba Completa el párrafo con las palabras apropiadas.

arreglados	quedarse
cuartos	recepcionista
doble	reserva
privados	sencillas

La familia Sanz llega al Hotel Nacional de Cuba. El padre habla con el _____ y le dice que tiene una _____. Van a _____ tres días. Pide dos _____, uno con una cama _____ para los padres y uno con dos camas _____ para la abuela y el niño. Los dos cuartos tienen baño _____. Cuando llegan a los cuartos, están _____ y toda la familia está contenta.

¡A conversar!

9-21 **¡Bienvenido a La Habana!** Habla con un(a) compañero(a) de clase. Imagínense que una persona es el (la) cliente que busca una habitación en un hotel y la otra es el (la) recepcionista.

Cliente

1. Greet the receptionist.
3. Ask for a single room with a private bath.
5. Find out how much the room costs.
7. Ask about the hotel amenities.
9. Describe the kind of room you want.
11. Express your appreciation.

Recepcionista

2. Return the greeting.
4. Ask how many days he/she is going to stay.
6. Inform your guest about your various room rates.
8. Answer your guest's questions.
10. Respond, then say the number and floor of the room.
12. Respond, then say something to make your guest feel welcome.

9-22 **Una visita al Apartahotel Morasol** Lee la información sobre el Apartahotel Morasol, y luego trabaja con un(a) compañero(a) para presentar una escena en el hotel. Una persona es el (la) recepcionista y la otra es el (la) cliente. Usando la información sobre el hotel, presenten una conversación de 8 a 10 preguntas y respuestas. Si prefieren trabajar en un grupo de tres, dos personas pueden ser los clientes.

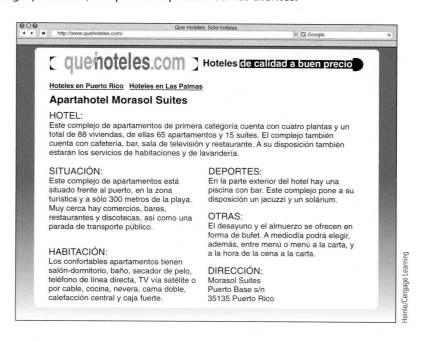

quehoteles.com Hoteles **de calidad a buen precio**

Hoteles en Puerto Rico   Hoteles en Las Palmas

Apartahotel Morasol Suites

HOTEL:
Este complejo de apartamentos de primera categoría cuenta con cuatro plantas y un total de 88 viviendas, de ellas 65 apartamentos y 15 suites. El complejo también cuenta con cafetería, bar, sala de televisión y restaurante. A su disposición también estarán los servicios de habitaciones y de lavandería.

SITUACIÓN:
Este complejo de apartamentos está situado frente al puerto, en la zona turística y a sólo 300 metros de la playa. Muy cerca hay comercios, bares, restaurantes y discotecas, así como una parada de transporte público.

HABITACIÓN:
Los confortables apartamentos tienen salón-dormitorio, baño, secador de pelo, teléfono de línea directa, TV vía satélite o por cable, cocina, nevera, cama doble, calefacción central y caja fuerte.

DEPORTES:
En la parte exterior del hotel hay una piscina con bar. Este complejo pone a su disposición un jacuzzi y un solárium.

OTRAS:
El desayuno y el almuerzo se ofrecen en forma de bufet. A mediodía podrá elegir, además, entre menú o menú a la carta, y a la hora de la cena a la carta.

DIRECCIÓN:
Morasol Suites
Puerto Base s/n
35135 Puerto Rico

Heinle/Cengage Learning

9-23 **Planes para un viaje** Basándote en la información sobre el Apartahotel Morasol, decide si quieres planear unas vacaciones allí. Explícale a un(a) compañero(a) por qué quieres alojarte allí o por qué no, y pregúntale a él/ella si quiere ir o no. Comenten tantas características de este hotel como sea posible.

Student Activities Manual, *Capítulo 9*

Capítulo 9

iLrn: Heinle Learning Center, *Capítulo 9*

Prepositions of location, adverbs, and relevant expressions

In this section, you will learn how to ask for and give street directions. Look at the map below and read the accompanying description of El Viejo San Juan in Puerto Rico with the prepositions of place highlighted.

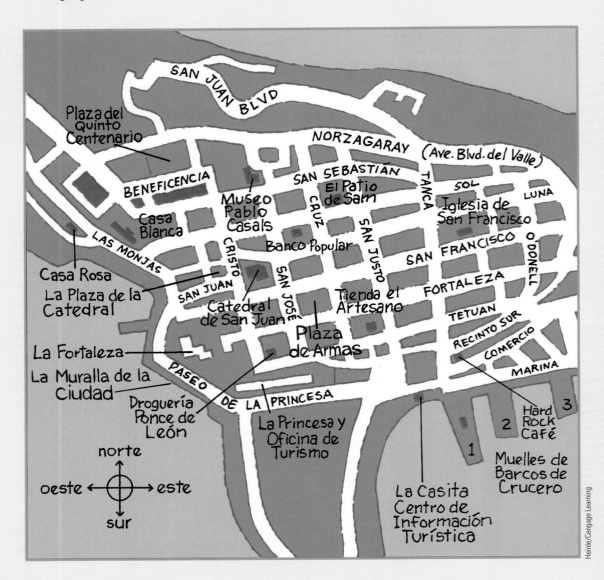

Curiosidades del idioma

There are two ways to say *map* in Spanish: **el plano** and **el mapa**.

El mapa

La Plaza de Armas está en el centro de la ciudad. **Hacia** *(Toward)* el **sur** de la ciudad el Paseo de la Princesa está **detrás de** *(behind)* la Muralla de la Ciudad *(City Wall)*. En el **norte** *(north)* de la ciudad el restaurante el Patio de Sam está **entre** *(between)* las calles San Justo y Cruz. Los Muelles de Barcos de Crucero están **enfrente de** *(across from)* la calle Marina. La Plaza de la Catedral está **a la izquierda de** *(on the left of)* la Catedral de San Juan. La Catedral de San Juan está **a la derecha de** *(on the right of)* la Plaza de la Catedral. El mar está **al lado de** *(next to)* los Muelles de Barcos de Crucero. El Museo Pablo Casals está **cerca del** *(near the)* Patio de Sam. San Juan Bulevar está **delante de** *(in front of)* la Calle Norzagaray. El aeropuerto está **lejos de** *(far from)* la ciudad.

Asking for directions

In the following dialogue, Manny asks for directions from the Plaza de Armas to the Casa Blanca.

Manny: **Perdón,** ¿dónde está la Casa Blanca?
Excuse me, where is the Casa Blanca?

Señor: Está en la calle Monjas. **Suba tres cuadras** en la calle San José. **Doble** en la calle Sol, **cruce** la calle y **siga derecho.**
It's on Monjas Street. Go up three blocks on San José Street. Turn on Sol Street, cross the street, and continue straight ahead.

Manny: Eso es **hacia** el **este,** ¿verdad?
That is going toward the east, right?

Señor: No, es **hacia** el **oeste.**
No, it's toward the west.

Manny: Muchísimas gracias.
Thank you very much.

Suba, doble, cruce, and **siga** are formal commands that you will be learning later in this chapter.

The following are additional words and phrases related to talking about location and giving directions:

> ### Curiosidades del idioma
>
> In Spain, it is more common to say **recto** *(straight ahead)*, whereas in Latin America, **derecho** is more commonly used. Likewise in Spain, it is more common to say **la manzana,** instead of **la cuadra,** for *block*.

Otros lugares

la estación de trenes	*train station*
el puerto	*port*
la terminal de autobuses	*bus station*

Adverbio

demasiado	*too much*

Verbos

cruzar	*to cross*
doblar	*to turn*
parar(se)	*to stop*
seguir (i, i)	*to continue*
subir(se) (a)	*to go up*

> ### Curiosidades del idioma
>
> In Puerto Rico, buses are called **las guaguas**; in Argentina and El Salvador, **los colectivos**; in Mexico, **los camiones**; and in other countries like Cuba, the terms **el ómnibus** and **el microbús** are common. In some countries the terms **el trolebús** and **el tranvía** are still used. **Un camello** *(camel)* is what Cubans call a bus that is mounted on the bed of a truck and used as public transportation.

Medios de transporte

a pie	*on foot*
en autobús	*by bus*
en barco	*by boat*
en bicicleta	*by bike*
en coche	*by car*
en metro	*by subway*
en taxi	*by taxi*
en tren	*by train*

¡A practicar!

9-24 ¿Cierto o falso? Mira el mapa en la página 268 y lee las oraciones para ver si son **ciertas** o **falsas.** Si una oración es falsa, corrígela.

1. La Plaza de la Catedral está a la derecha de la Catedral de San Juan.
2. Los Muelles de Barcos de Crucero están lejos de la Casa Rosa.
3. El Banco Popular está al norte de la ciudad.
4. La Casita Centro de Información Turística está cerca de la Plaza del Quinto Centenario.
5. La calle San Justo está entre la calle Cruz y la calle Tanca.
6. La Plaza de la Catedral está al oeste de la Iglesia de San Francisco.

9-25 Lugares y transporte Usa una palabra del vocabulario para completar las siguientes oraciones. Luego compara tus respuestas con las de un(a) compañero(a). ¿Están de acuerdo?

1. Tengo mucha prisa; no quiero tomar el autobús y no tengo tiempo para ir a pie. Voy a pedir un _____.
2. Compré ayer un boleto para el tren que sale a las 5:00. ¿Dónde está la _____?
3. No sé dónde está la estación, pero tengo aquí un _____ de la ciudad. Podemos mirarlo, si quieres.
4. Voy de San Juan a Ponce en autobús. Pero no sé dónde está la _____.
5. Uy, hay mucho tráfico. Yo quiero cruzar la ciudad por debajo de la tierra. Voy _____.

9-26 Opuestos *(Opposites)* Dos amigos están discutiendo dónde están varios lugares, pero uno está muy confundido. Busca la respuesta con la palabra opuesta para contestar cada pregunta.

_____ 1. ¿El hotel está cerca de la estación de trenes?
_____ 2. ¿El restaurante está a la izquierda del museo?
_____ 3. ¿Ponce está al norte de San Juan?
_____ 4. ¿Caminamos hacia el este?
_____ 5. ¿El banco está enfrente de la terminal de autobuses?
_____ 6. ¿Seguimos derecho para ir a la catedral?

a. No, hacia el oeste.
b. No, está lejos.
c. No, está detrás.
d. No, está al sur.
e. No, doblamos aquí.
f. No, a la derecha.

¡A conversar!

9-27 **¿Dónde está?** Trabajas en una oficina de turismo en el Viejo San Juan y tienes que indicarle a un(a) compañero(a) de clase dónde están los siguientes lugares en el mapa de la página 268. Usa **al lado de, cerca de, delante de, detrás de, enfrente de, entre** y **lejos de.**

Modelo el aeropuerto
El aeropuerto está lejos del centro de la ciudad.

1. la Plaza del Quinto
2. el Patio de Sam
3. el Banco Popular
4. la droguería Ponce
5. la Catedral de San Juan
6. la Calle San Francisco
7. el Museo Pablo Casals
8. la Fortaleza

9-28 **¿Te gusta el hotel?** Vas a hacer un viaje con un(a) amigo(a) y quieres recomendarle un hotel. Tienes una foto de un cuarto, pero hablas con tu amigo(a) por teléfono y él/ella no puede verla. Trabaja con un(a) compañero(a) para decidir si les gusta el cuarto o no. Una persona mira la foto del cuarto, pero la otra no la ve. La primera persona tiene que decirle a la otra dónde están las cosas y la segunda persona tiene que dibujar el cuarto. Al terminar la descripción, compara el dibujo con la foto. Indica dónde están las siguientes cosas e incluye tanta información como sea posible.

© rj lerich /2009 Shutterstock.com

Modelo las lámparas
Una lámpara está entre las camas, otra está cerca de la ventana y otra está encima del televisor.

las camas	la mesa de noche
la mesa	el cuadro
el televisor	las sillas

9-29 **Una comparación** Piensa en el cuarto de hotel ideal para ti y compáralo con el cuarto de la foto. Habla con un(a) compañero(a) e indica dónde están las cosas importantes en cada cuarto. Explícale dónde está tu hotel favorito diciendo, por ejemplo, si está cerca de la playa, lejos de la universidad, al norte o al sur de donde vives ahora, etcétera.

Student Activities Manual, *Capítulo 9*

Capítulo 9

iLrn: Heinle Learning Center, *Capítulo 9*

Formal commands and negative *tú* commands

In **Capítulo 4,** you learned how to form informal affirmative commands. In this section, you will learn how to form affirmative and negative formal commands and negative **tú** commands.

I. Formal commands

When we give advice to others or ask them to do something, we often use commands, such as *Take bus No. 25* and *Give me your address.* Spanish speakers use formal commands when they address people as **usted** or **ustedes.**

To form formal commands for most Spanish verbs, drop the **-o** ending from the present tense **yo** form and add the following endings to the verb stem:

-**e**/-**en** for -**ar** verbs

-**a**/-**an** for -**er** and -**ir** verbs

To form the negative, simply place **no** before the verb.

	Infinitive	Present-tense *yo* form	*usted*	*ustedes*
-**ar** verbs	hablar	hablo	(no) habl**e**	(no) habl**en**
-**er** verbs	volver	vuelvo	(no) vuelv**a**	(no) vuelv**an**
-**ir** verbs	venir	vengo	(no) veng**a**	(no) veng**an**

Vengan a San Juan a visitarme pronto.   *Come to San Juan to visit me soon.*

No olvide mi dirección.   *Don't forget my address.*

Note that verbs ending in -**car**, -**gar,** and -**zar** have a spelling change: the **c** changes to **qu, g** changes to **gu,** and **z** changes to **c,** respectively.

Infinitive	Present-tense *yo* form	*usted*	*ustedes*
sacar	saco	sa**que**	sa**quen**
llegar	llego	lle**gue**	lle**guen**
comenzar	comienzo	comien**ce**	comien**cen**

Saque una foto del parque.   *Take a picture of the park.*

Lleguen a tiempo, por favor.   *Arrive on time, please.*

No comience a caminar todavía.   *Don't start walking yet.*

There are several irregular verbs:

Infinitive	*usted*	*ustedes*
dar	**dé**	**den**
estar	**esté**	**estén**
ir	**vaya**	**vayan**
saber	**sepa**	**sepan**
ser	**sea**	**sean**

Sean buenos estudiantes.   *Be good students.*

Vaya al banco.   *Go to the bank.*

In affirmative commands, attach reflexive and object pronouns to the end of the command, thus forming one word. If the command has three or more syllables, write an accent mark over the stressed vowel. In negative commands, place the pronouns separately in front of the verb.

Póngase el abrigo.	*Put on your overcoat.*
No se ponga el abrigo.	*Don't put on your overcoat.*
Cómprelo ahora.	*Buy it now.*
No lo compre mañana.	*Don't buy it tomorrow.*

II. Negative *tú* commands

To form negative informal commands, you'll be using the same strategy as you would to form either affirmative or negative formal commands.

As you recall from the previous section, to form both affirmative and negative formal commands for most Spanish verbs, you drop the **-o** ending from the present-tense **yo** form and add the following endings to the verb stem: **-e/-en** for **-ar** verbs and **-a/-an** for **-er** and **-ir** verbs. Negative informal commands drop the **-o** ending from the present-tense **yo** form and add the following endings to the stem: **-es/-éis** for **-ar** verbs and **-as/-áis** for **-er** and **-ir** verbs. Remember that there are also spelling changes for verbs ending in **-car, -gar,** and **-zar** and that there are irregular verbs such as **dar, estar, ir, saber,** and **ser.**

The chart below, graphically illustrates the similarities among the negative informal command forms and all the formal command forms.

Infinitive	Informal command (*tú/vosotros*) (+)	(−)	Formal command (*usted/ustedes*) (+)	(−)
hablar	**habla**	**no hables**	**hable**	**no hable**
	hablad	**no habléis**	**hablen**	**no hablen**
comer	**come**	**no comas**	**coma**	**no coma**
	comed	**no comáis**	**coman**	**no coman**
vivir	**vive**	**no vivas**	**viva**	**no viva**
	vivid	**no viváis**	**vivan**	**no vivan**
dormir	**duerme**	**no duermas**	**duerma**	**no duerma**
	dormid	**no durmáis**	**duerman**	**no duerman**
ir	**ve**	**no vayas**	**vaya**	**no vaya**
	id	**no vayáis**	**vayan**	**no vayan**

Curiosidades del idioma

Remember that the **vosotros** form is generally used in Spain when addressing a group of friends. **Ustedes** is considered the more formal manner of address in Spain but is generally used when addressing groups in Latin America both formally and informally.

As you can see from the chart above, only the affirmative informal commands (**habla/hablad, come/comed, vive/vivid, duerme/dormid,** and **ve/id**) deviate from the endings used in the remaining command forms.

Note that as with negative formal commands, place reflexive or object pronouns before the negated verb.

—No **te** olvides de escribirme.	*Don't forget to write me.*
—No **le** hables.	*Don't talk to him.*
—¿Debo llamar**te**?	*Should I call you?*
—No, no **me** llames.	*No, don't call me.*

¡A practicar!

9-30 **Consejos para el hermano de Manny** El hermano de Manny va a San Juan para visitar a la pareja. Con el infinitivo, forma mandatos negativos informales que Manny le ofrece a su hermano.

1. No _____ (decir) tonterías *(silly things)* en la aduana.
2. No _____ (hablar) demasiado con los asistentes de vuelo en el avión.
3. No _____ (comer) en el aeropuerto.
4. No _____ (dormirte) en el autobús.
5. No _____ (contestar) el teléfono en inglés.
6. No _____ (hacer) muchas preguntas sobre la habitación en el hotel.

9-31 **Anuncios en el aeropuerto** Completa las oraciones para saber qué dicen los anuncios en el aeropuerto. Usa mandatos formales plurales.

1. Señoras y señores, _____ (pasar) por la puerta principal y _____ (caminar) a la derecha para encontrar el mostrador.
2. _____ (Mostrar) el pasaporte y el boleto o itinerario electrónico.
3. Si tienen equipaje para facturar, _____ (poner) las maletas en el lugar indicado.
4. _____ (Escribir) su nombre claramente en cada maleta.
5. No _____ (fumar) dentro del aeropuerto.
6. _____ (Apagar) los aparatos electrónicos antes de pasar por el control de seguridad.
7. _____ (Quitarse) los zapatos y _____ (sacar) las cosas de metal del bolsillo.
8. _____ (Abrir) todo el equipaje de mano para mostrar las cosas que están adentro.
9. _____ (Reclamar) sus artículos después de pasar por el control de seguridad.
10. _____ (Pedir) ayuda si la necesitan.

9-32 **Consejos para turistas en Santo Domingo** Completa los mandatos de un guía de turistas en la ciudad de Santo Domingo, usando mandatos formales o informales, según lo indicado.

Modelo (ustedes) caminar para ver todo lo que ofrece la ciudad
Caminen para ver todo lo que ofrece la ciudad.
(tú) caminar para ver todo lo que ofrece la ciudad
Camina para ver todo lo que ofrece la ciudad.

1. (tú) salir temprano del hotel
2. (usted) ir a un mercado
3. (tú) no sacar fotos sin pedir permiso
4. (tú) descansar un poco por la tarde
5. (ustedes) no subirse a un autobús sin saber la ruta
6. (usted) no andar en bicicleta; es muy peligroso
7. (tú) pararse si pasa una procesión
8. (usted) no cruzar las calles sin mirar en las dos direcciones
9. (ustedes) ser amables con la gente de la ciudad, y ellos los van a tratar bien a Uds.

¡A conversar!

9-33 Sugerencias (Suggestions) Manny y Teri te explican cómo se sienten. Dales sugerencias en forma de mandatos. Primero haz el ejercicio con mandatos informales para cada situación. Luego compara tus sugerencias con las de un(a) compañero(a). ¿Tienen mucho en común? Luego, hazlo otra vez, usando las formas de **Ud.** o **Uds.**

> **Modelo**   Yo estoy cansado de caminar y tomar el autobús.
> a. *¡Toma un taxi entonces!*
> b. *¡Tome Ud. un taxi entonces!*

1. Yo tengo muchas ganas de comer comida china.
2. Queremos quedarnos en un hotel lujoso.
3. Necesito cambiar dinero. ¿Dónde está el banco?
4. Tengo ganas de beber algo.
5. Necesito comprar regalos para mi familia.
6. Necesitamos confirmar nuestro vuelo.

9-34 Un agente de turismo Trabajen en grupos de tres personas. Una persona es un(a) agente de turismo. Los otros estudiantes van a presentarle una situación que contiene una necesidad o un problema que tienen. El (La) agente entonces va a ofrecerles consejos en forma de mandatos. Hagan el ejercicio usando primero mandatos formales y luego mandatos informales.

> **Modelo**   **E1:** *No puedo descansar en mi habitación.*
> **E2:** *Busque/Busca otro hotel.*
> **E3:** *Mi compañero de cuarto y yo nunca podemos desayunar antes de salir por la mañana.*
> **E2:** *Levántense más temprano.*

9-35 En el balneario Trabajen en grupos de 3 ó 4 personas. Una persona trabaja en un balneario en Puerto Rico, las otras son clientes que necesitan ayuda. Un(a) cliente es adulto(a) y la(s) otra(s) persona(s) es (son) jóvenes. Los clientes le hacen preguntas al (a la) empleado(a) *(employee)* y él (ella) contesta con mandatos formales e informales apropiadamente. Después de hacer varias preguntas y respuestas, cambien papeles. Pueden usar la lista a continuación para formar preguntas.

bailar	escuchar música
beber algo	hacer ejercicio
comer	ir al museo
comprar regalos	llegar al restaurante
conseguir información turística	nadar
correr	tomar un taxi al centro

> **Modelo**   **E1:** *Señor, me llamo Paco. Quiero nadar.*
> **E2:** *Paco, nada en la piscina. Está al lado del gimnasio. No nades en el mar.*
> **E3:** *Señor, ¿cómo se llega a la estación de trenes?*
> **E2:** *Señora, siga derecho y doble a la izquierda en la calle Colón.*

Student Activities Manual, *Capítulo 9*

Capítulo 9

iLrn: Heinle Learning Center, *Capítulo 9*

Indirect object pronouns

Indirect object pronouns replace indirect objects; they indicate *to whom* or *for whom* the action of the verb is performed.

me	nos
te	os
le	les

¡A recordar! 1 Where in relation to the verb are indirect object pronouns placed? Which verbs normally require the use of indirect object pronouns?

Double object pronouns

Indirect object pronouns always precede direct object pronouns. The indirect object pronouns **le** and **les** change to **se** when they are used together with the direct object pronouns **lo, la, los**, and **las.**

me		
te		lo
le (se)		la
nos	+	los
os		las
les (se)		

No-fault *se*

To describe events out of the control of a person or persons, an indirect object pronoun is used to identify the person(s) to whom the event happened. The construction begins with **se**, which is immediately followed by the indirect object pronoun. The verb comes next, usually in either the third person singular or third person plural form.

¡A recordar! 2 Where are pronouns placed in relation to the verb of a sentence?

Prepositions of location

a la derecha de	a la izquierda de	cerca de
lejos de	delante de	detrás de
el norte	el sur	el este
el oeste	al lado de	enfrente de
entre	hacia	

Adverbs

cerca	lejos	demasiado

¡A recordar! 3 How many modes of transportation can you recall from the chapter?

Formal commands and negative *tú* commands

To form formal commands for most Spanish verbs, drop the **-o** ending from the present tense **yo** form and add the following endings to the verb stem: **-e/-en** for **-ar** verbs; **-a/-an** for **-er** and **-ir** verbs. The following have irregular formal command forms:

Infinitive	*usted*	*ustedes*
dar	**dé**	**den**
estar	**esté**	**estén**
ir	**vaya**	**vayan**
saber	**sepa**	**sepan**
ser	**sea**	**sean**

To form negative informal commands, use the same strategy as you would to form either affirmative or negative formal commands, yet add **-es/-éis** for **-ar** verbs and **-as/-áis** for **-er** and **-ir** verbs. Remember that there are also spelling changes for verbs ending in **-car, -gar**, and **-zar** and that there are irregular verbs such as **dar, estar, ir, saber**, and **ser.**

¡A recordar! 4 Where are pronouns placed with affirmative commands? Where are pronouns placed with negative commands?

Actividad 1 **Un viaje a San Juan** Escribe el pronombre de objeto indirecto apropiado para completar cada oración.

1. El agente de viajes _____ recomendó un viaje a San Juan a mí.
2. Yo _____ hice muchas preguntas a él.
3. Yo _____ pedí a mis padres una maleta nueva como regalo de Navidad.
4. Salimos el 2 de enero. En el avión los asistentes de vuelo _____ sirvieron bebidas a nosotros.
5. En San Juan fui de compras y _____ compré un regalito a ti.
6. Luisa _____ escribió un mensaje de texto a su madre cada día.
7. Hacía mucho calor en San Juan. Una joven simpática _____ ofreció una botella de agua a mí.
8. Ella _____ recomienda a los visitantes visitar El Morro dos o más veces.

Actividad 2 **En un viaje** Escoge la respuesta correcta para cada oración para indicar qué hacen varias personas en sus viajes.

1. Mi hermano me presta dinero a veces. → Mi hermano _____ presta.
   a. se lo   b. se la   c. me lo   d. me la
2. En una excursión, le hacemos preguntas al guía. → _____ hacemos.
   a. Nos las   b. Nos la   c. Se las   d. Se la
3. ¿Estás preparándonos el itinerario? → ¿Estás _____?
   a. preparándonoslos   c. preparándoselos
   b. preparándonoslo   d. preparándoselo
4. Te voy a dar la información pronto. → _____ voy a dar pronto.
   a. Te la   b. Te las   c. Se la   d. Se las

Actividad 3 **¿Qué pasó?** Usa los elementos de cada grupo para formar una frase con la construcción de *no-fault* **se.**

1. A mí / perder / las llaves.
2. A Tomás / caer / la maleta.
3. A nosotros / olvidar / la fecha de la fiesta.
4. A mi mamá / romper / las gafas.

Actividad 4 **¿Dónde está?** Completa cada oración con la palabra apropiada.

| cerca | derecha | este | lejos | oeste |
| delante | entre | izquierda | norte | sur |

1. Puerto Rico no está lejos de la República Dominicana, está _____.

2. La República Dominicana no está al oeste de Cuba, está al _____.

3. México no está al sur de Guatemala, está al _____.

4. Colombia no está al este de Venezuela, está al _____.

5. Argentina no está al norte de Bolivia, está al _____.

6. España no está cerca de Chile, está _____.

7. En el mapa, Portugal no está a la derecha de España, está a la _____.

8. El Océano Atlántico está _____ Europa y América.

9. En el mapa, Uruguay no está a la izquierda de Argentina, está a la _____.

10. Cuando nuestro(a) profesor(a) presenta la lección de geografía, no está detrás de la clase, está _____ de la clase.

Actividad 5 **Instrucciones para los viajeros** Llena los espacios en blanco con los mandatos formales plurales (la forma de **Uds.**). Escoge el verbo lógico de la lista y escribe el mandato apropiado.

| comer | ir | ponerse | quitarse | subir |
| dormir | llegar | presentar | seguir | tener |

1. Señores, _____ al aeropuerto dos horas antes del vuelo.

2. _____ el boleto y el pasaporte al agente.

3. _____ las instrucciones de los agentes.

4. _____ los zapatos antes de pasar por el control de seguridad.

5. _____ los zapatos otra vez al salir del control de seguridad.

6. _____ a la puerta de salida de su vuelo.

7. _____ algo, porque no sirven comida en el avión.

8. _____ paciencia.

9. _____ al avión cuidadosamente *(carefully)*.

10. _____ la siesta en el avión si pueden.

Actividad 6 **Consejos para todos** Escribe los mandatos correctos para saber qué les dice la guía a los turistas. Escoge la forma correcta (singular o plural, formal o informal) para cada mandato.

1. Señorita Alonso, no _____ (acostarse) muy tarde.

2. Rique, no _____ (tocar) nada en el museo.

3. Señor Baez, no _____ (hacer) ejercicio en el calor tropical.

4. Mariana, no _____ (correr) en el centro comercial.

5. Señores Montoya, no _____ (ir) al restaurante sin hacer una reserva.

6. Susi, no _____ (cruzar) la calle sola.

7. Doctora Salgado, no _____ (conducir) muy rápido en la zona turística.

8. Señores Pino, no _____ (pedir) la llave en la recepción; yo la tengo.

9. Señorita Calderón, no _____ (salir) sola por la noche.

10. Pepe, no _____ (nadar) solo.

11. Señor Fernal, no _____ (quedarse) en el hotel todo el día. ¡Hay mucho que hacer!

12. Señores, no _____ (olvidar) los documentos importantes.

Refrán

"No _____ *(leave)* para mañana, lo que _____ *(you can)* hacer hoy."

En este segmento del video, Valeria, Antonio y Javier están en la ciudad de San Juan. Valeria va de compras mientras Javier y Antonio visitan una agencia de viajes.

Expresiones útiles

Las siguientes son expresiones nuevas que vas a escuchar en el video.

Me doy cuenta de...	*I realize . . .*
¿Te perdiste?	*Did you get lost?*
Será que le duele la mano.	*Her hand probably hurts.*
Algo no salió bien.	*Something didn't go well.*

Antes de ver

 ¿Te gusta viajar? ¿Quieres visitar muchos lugares exóticos? Haz una lista de los lugares que quieres visitar en los próximos cinco años. Incluye el modo de transporte que vas a usar para esos viajes. Luego compara tu lista con la lista de un(a) compañero(a). ¿Tienen mucho en común?

> **Modelo** *Primero quiero ir en avión al norte de España...*

Después de ver

Planes para un viaje En el video, Javier habla de sus planes para un viaje. Lee las siguientes oraciones y pon el número apropiado en el espacio para indicar el orden cronológico de los planes de Javier.

_____ Pienso recorrer la costa pacífica de Costa Rica en bicicleta.

_____ Voy a visitar Belice, Honduras y Costa Rica.

_____ Voy a tomar un tren a Machu Picchu.

_____ Voy a tomar un avión a Centroamérica.

_____ Voy a tomar un avión a Cusco.

¡Valeria está perdida! En el video, Valeria se perdió en San Juan mientras iba de compras y tuvo que pedirle ayuda a una señora. Ahora imagínate que tú eres la persona que la está ayudando. Completa tu conversación con Valeria poniendo los verbos en la forma correcta del mandato formal.

Heinle/Cengage Learning

Valeria: Señora, ¿cómo hago para llegar a la Plaza de la Rogativa?

La señora: No 1. _____ (preocuparse), es muy fácil. De esta esquina, 2. _____ (caminar) tres cuadras. De allí, 3. _____ (doblar) a la izquierda y 4. _____ (seguir) tres cuadras más.

Valeria: Gracias.

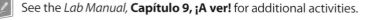 **¿Qué opinas tú?** Como ya sabes, no es una buena experiencia perderse en un lugar desconocido. ¿Cómo puedes ayudar a los nuevos estudiantes para que ellos no se pierdan cuando llegan a tu universidad? Trabaja con dos compañeros(as) de clase y preparen una guía para que los nuevos estudiantes de tu universidad no se pierdan. Su guía debe incluir cinco mandatos sobre lo que uno debe hacer para no perderse.

See the *Lab Manual,* **Capítulo 9, ¡A ver!** for additional activities.

VOCABULARIO ESENCIAL

AUDIO CD
CD 2, TRACK 7

Personal Tutor

Viajar en avión — Airplane travel

Sustantivos

la aduana	customs
la agencia de viajes	travel agency
el (la) agente de la aerolínea	airline agent
el (la) agente de viajes	travel agent
el asiento	seat
el (la) asistente de vuelo	flight attendant
el avión	plane
el boleto (billete) de ida	one-way ticket
el boleto (billete) de ida y vuelta	round-trip ticket
el control de seguridad	security
el equipaje (de mano)	(carry-on) baggage, luggage
el horario	schedule
la oficina de inmigración	immigration; passport control
la llegada	arrival
la maleta	suitcase
el (la) pasajero(a)	passenger
el pasaporte	passport
el pasillo	aisle
la puerta	gate
la salida	departure
la tarjeta de embarque	boarding pass
la ventanilla	airplane window
el viaje	trip
el vuelo (sin escala)	(nonstop) flight

Verbos

abordar	to board
bajar(se) (de)	to get off, to go down
facturar el equipaje	to check the luggage
hacer escala (en)	to make a stop (in) (on a flight)
hacer la(s) maleta(s)	to pack one's suitcase(s)
ir en avión	to go by plane
pasar por	to go through
recoger	to pick up, claim

Expresiones idiomáticas

¡Bienvenido(a)!	Welcome!
¡Buen viaje!	Have a nice trip!
Perdón.	Excuse me.

El hotel — The hotel

Sustantivos

el aire acondicionado	air-conditioning
el ascensor	elevator
la cama sencilla (doble)	single (double) bed
el cuarto	room
el hotel de cuatro estrellas	four-star hotel
la llave	key
la recepción	front desk
el (la) recepcionista	receptionist
la reserva	reservation

Adjetivos

arreglado(a)	neat, tidy
cómodo(a)	comfortable
limpio(a)	clean
lujoso	luxurious
privado(a)	private
sucio(a)	dirty

Verbos

quedarse	to stay
quejarse (de)	to complain (about)
registrarse	to register
reservar	to reserve
subir(se) (a)	to go up, to climb, to get on

Preposiciones de lugar y adverbios

a la derecha de	to the right of
a la izquierda de	to the left of
al lado de	next to
cerca de	near
delante de	in front of
demasiado	too much
derecho	straight
detrás de	behind
enfrente de	across from
entre	between
hacia	toward
lejos de	far from
el este	east
el norte	north
el oeste	west
el sur	south

Verbos

cruzar	to cross
doblar	to turn
parar(se)	to stop
seguir (i, i)	to continue
subir	to go up

Otros lugares de la ciudad y el transporte — Other places in the city and transportation

Otros lugares

la estación de trenes	train station
el puerto	port
la terminal de autobuses	bus station

Medios de transporte

ir...	to go...
a pie	on foot
en autobús	by bus
en barco	by boat
en bicicleta	by bike
en coche	by car
en metro	by subway
en taxi	by taxi
en tren	by train

Otros verbos

caer	to fall
escapar	to escape
quedar	to remain; to be left
romper	to break

Las relaciones sentimentales

Honduras y Nicaragua

Chapter Objectives

Communicative Goals

In this chapter, you will learn how to . . .

- Talk about relationships and courtship
- Talk about receptions and banquets
- Describe recent actions, events, and conditions
- Qualify actions

Structures

- Present perfect
- Adverbs and adverbial expressions of time and sequencing of events
- Future tense
- Conditional

◀ Cuando quieres salir con una persona por primera vez, ¿qué prefieres hacer?

◀ ¿Crees en el amor a primera vista *(love at first sight)*?

◀ ¿Te gusta salir solo(a) o con tus amigos en la primera cita *(date)*?

◀ ¿Qué país te gustaría visitar en tu luna de miel *(honeymoon)*?

La boda de Manuel y Rosario, Managua Nicaragua
Visit it live on Google Earth!

© Hola Images/Getty

281

El noviazgo de Francisco Morazán y Celia Herrera

In this section, you will learn vocabulary associated with courtship and marriage. You will then learn how to talk about intimate relationships by following an imagined version of the courtship of Francisco Morazán and his wife, Celia Herrera de Morazán. How would you describe the perfect relationship?

Sustantivos

la amistad *friendship*
el amor *love*
el cariño *affection*
el compromiso *engagement*
el divorcio *divorce*
la flor *flower*
la luna de miel *honeymoon*
el matrimonio *marriage*
la novia *bride*
el noviazgo *courtship*
el novio *groom*
los novios *engaged couple, newlyweds*
la primera cita *first date*
el ramo *bouquet*
los recién casados *newlyweds*
la separación *separation*
la vida *life*

Verbos

abrazar(se) *to hug (each other)*
amar *to love*
besar(se) *to kiss (each other)*
casarse (con) *to get married, to marry*
darse la mano *to shake hands*
divorciarse (de) *to get divorced (from)*
enamorarse (de) *to fall in love (with)*
llevarse bien (mal) (con) *to get along well (poorly) (with)*
querer *to love*
romper (con) *to break up (with)*
salir (con) *to go out (with)*
separarse (de) *to separate (from)*
tirar *to throw*

Expresión útil

a primera vista *at first sight*

1. Cuando se conocieron, fue **un amor a primera vista.**

2. **Se llevaron bien** durante **la primera cita.**

3. Se declararon **su amor.**

4. Un año después de **enamorarse,** decidieron **casarse.**

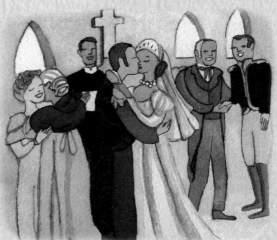

5. En la boda **los novios se besaban** mientras las madres **se abrazaban** y los padres **se daban** la mano.

6. Los invitados **tiraron** arroz cuando **los recién casados** salieron de la iglesia para **su luna de miel.**

Heinle/Cengage Learning

¡A practicar!

10-1 **Definiciones** Busca la mejor definición para las palabras y expresiones. Luego compara tus definiciones con las de un(a) compañero(a) de clase. ¿Están de acuerdo?

1. _____ cuando dos personas empiezan a quererse
2. _____ tener una boda
3. _____ hacer planes con otra persona para salir o hacer algo con alguien
4. _____ cuando dos personas se enamoran la primera vez que se ven
5. _____ tener mucho amor por alguien es como tenerle mucho _____
6. _____ una muestra de amor con los labios
7. _____ una muestra de amor con los brazos
8. _____ cuando dos personas siempre se pelean y no les gusta estar juntas
9. _____ cuando las personas de una pareja deciden no seguir juntas
10. _____ dos verbos que indican el amor
11. _____ una manera de saludar a una persona con la mano

a. casarse
b. darse la mano
c. amar
d. romper
e. querer
f. abrazarse
g. besarse
h. llevarse mal
i. enamorarse
j. el amor a primera vista
k. la cita
l. cariño

10-2 **Etapas de un amor fracasado (failed)** No todas las parejas tienen éxito como Francisco y Celia. Pon los siguientes eventos de un amor fracasado en un orden lógico.

_____ el compromiso
_____ el divorcio
_____ la separación
_____ la amistad
_____ el matrimonio
_____ el noviazgo

10-3 **Preparaciones para una boda** Completa el párrafo con las palabras o las frases adecuadas de la lista. Luego compara tu párrafo con el de un(a) compañero(a). ¿Están de acuerdo?

boda   flores   luna de miel   novia   novio   ramo   recién casados

Normalmente, las preparaciones para una 1. _____ consumen mucho tiempo y mucha energía. Primero, la 2. _____ tiene que comprar su vestido. También ella pide las 3. _____ a una florería, así como el 4. _____ que ella va a llevar al altar de la iglesia. El 5. _____ compra un traje nuevo o puede alquilar un smoking (tuxedo). Finalmente, los novios planean la 6. _____, según el dinero que tengan (may have). A veces, los 7. _____ van a otro país, pero frecuentemente lo pasan bien cerca de su ciudad o pueblo.

Curiosidades del idioma

El (La) amigo(a) and **el (la) novio(a)** are two Spanish words that do not have an exact English equivalent. **Amigo(a)** is used for *friend*. **Novio(a)** is used for *boyfriend* or *girlfriend*, and is also used when two people are very close to getting married. **Prometido(a)** is *fiancé/fiancée*. The verb **comprometerse** is used to indicate that two people have promised to marry each other. In Chile, the word **el (la) pololo(a)** can be used to say *boyfriend/girlfriend*, as can the word el **(la) enamorado(a)** in Ecuador.

¡A conversar!

10-4 Entrevista Hazle a un(a) compañero(a) las siguientes preguntas sobre el matrimonio y comparen sus respuestas para ver si tienen mucho en común.

1. ¿Eres soltero(a) o casado(a)?
2. Si eres soltero(a), ¿tienes novio(a) ahora? Si estás casado(a), ¿cuándo y dónde te casaste?
3. Para ti, ¿es importante casarse? ¿Por qué?
4. Para ti, ¿qué es una familia? En tu opinión, ¿qué futuro tiene la familia en nuestra sociedad?
5. ¿Por qué hay tantos divorcios?
6. ¿Qué se puede hacer para tener éxito en el matrimonio?
7. Para ti, ¿cuál es el lugar ideal para casarse?
8. ¿Cuál es el lugar ideal para pasar una luna de miel?

10-5 ¿Parejas? Trabajando en grupos de dos o tres, lean los anuncios de dos personas que deciden salir juntas. Preparen una narración breve (de cuatro a seis oraciones) sobre lo que hacen en la cita, cómo se sienten y por qué. Luego, indiquen qué pasa después de la cita: ¿Se enamoran? ¿Se llevan bien? ¿Se casan?

Categoría: Personales
Subcategoría: Mujer busca hombre
Tipo de Anuncio: Contacto
Título: Mujer romántica y sentimental
Contenido: Soy una chica de 29 años de edad, educada, romántica, sentimental, con buenos sentimientos. Busco un hombre sin importar la edad; romántico, sentimental y apasionado, para empezar a conocernos.

© Jenkedco/Shutterstock.com

Categoría: Personales
Subcategoría: Hombre busca mujer
Tipo de Anuncio: Amor
Título: Buscando a mi alma gemela
Contenido: Busco a mi alma gemela. ¿Te gustan los niños, los animales y la vida en pareja? Sé que estás en algún lugar y deseo tenerte a mi lado. Si eres esa mujer dulce y alegre, escríbeme. Besos, Alex.

Heinle/Cengage Learning

10-6 Y tú, ¿qué buscas? Prepara un anuncio personal para expresar lo que tú buscas en una pareja o, si prefieres, prepara un anuncio para un personaje famoso. Sigue el modelo de los anuncios de CONTACTO.HN. Trabaja con un(a) compañero(a) para leer los anuncios y comentar sobre ellos. Después, formen grupos más grandes y sigan hablando.

Student Activities Manual, *Capítulo 10*

Capítulo 10

iLrn: Heinle Learning Center, *Capítulo 10*

EN CONTEXTO

El 14 de marzo, Claudia Ortega, **la novia** de Jorge Ramírez, recibió una invitación de su amigo Felipe. La invitación llegó a su casa, en Managua, Nicaragua. Claudia estaba muy emocionada y llamó por teléfono a Jorge para comunicarle las buenas noticias.

AUDIO CD
CD 2, TRACK 8

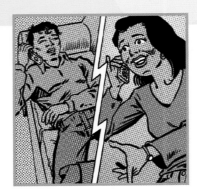

Jorge: Aló.

Claudia: Hola, Jorge, ¿cómo estás?

Jorge: Bien, mi **amor.** ¿Qué tal?

....

Comentario cultural Aló Nicaragua is the country's largest wireless provider. Like for young people in the United States, communication via cell phone (including text messaging) is the preferred form of communication for young people in Nicaragua who can afford it. **Aló** is also used as an expression to answer the phone, favored slightly over other expressions, such as **sí, bueno,** and **diga,** used in other Spanish-speaking countries.

Claudia: Muy bien. Oye, Jorge, ¿sabes qué? **He recibido** muy buenas noticias de mi amigo Felipe Vega. **Se casará** el próximo mes con Marisol Flores.

....

Comentario cultural During the Sandinista regime, from 1979 until 1990, the communist doctrine of the party was at odds with the Catholic Church. During that time, civil ceremonies were common. Since the end of the regime in 1990, couples have returned to the Church in growing numbers for weddings.

Jorge: ¡No me digas! ¿Es la chica **con quien** estaba Felipe en la discoteca O.M. la semana pasada?

....

Comentario cultural Fancy nightclubs, such as O.M. in Managua, are becoming increasingly popular among Nicaraguans in big cities. These clubs, featuring European or American accents, such as red-carpet entrances, are relatively new to Nicaragua and are only affordable to the upper class or foreigners.

Curiosidades del idioma

In addition to **mi amor,** Spanish speakers use many terms of endearment, for example, **mi amorcito, mi vida, mi cariño, mi negrito(a), viejo(a), querido(a), cielo, corazón, corazoncito.**

Expresiones en contexto

con quien *with whom*
felicitarlo *congratulate him*
la misma *the same one*
llevan un año de novios *they have been engaged (in a serious relationship) for one year*

locamente *wildly*
mi amor *my love*
pasarlo bien *have a good time*
Yo te lo explico todo *I'll explain everything to you*

Claudia: Sí, la misma. Él me **ha hablado** mucho de ella. Parece muy simpática. Llevan un año de novios y, según él, ellos están locamente enamorados.

Jorge: ¿Un año de novios? No es mucho tiempo. Para mí, dos años, como mínimo...

Claudia: Sí, mi amor, ya sabemos lo que piensas tú.

....

Comentario cultural Nicaraguans, like other people from Latin America, view marriage as a very serious commitment. When two Nicaraguans are identified as **novios—novio y novia** *(fiancé/fiancée)*—, they intend to marry. Typically, couples will declare themselves **novios** for at least a year, often longer, before they are married. Despite maintaining a longer engagement period, the divorce rate in Nicaragua continues to rise. By the end of the 1980s, when unilateral divorce was legalized, 20 percent of marriages ended in divorce; that said, this percentage still remains lower than that in the United States.

Jorge: ¿Cuándo es **la boda?**

Claudia: **Han decidido** casarse el 16 de abril en la Catedral de Managua. La recepción **será** en el Hotel Crowne Plaza. Los padres de ella deben de ser muy ricos. ¿Quieres ir a la boda conmigo?

....

Comentario Cultural After the end of the Sandinista period in Nicaragua in 1990, the Catholic Church reaffirmed its position in Nicaragua by building a massive modern cathedral with money donated by the United States. To be married in this cathedral is a sign of wealth and status in Managua.

Heinle/Cengage Learning

Jorge: Pues, claro que sí, Claudia. ¡Muchas gracias! Pero, ¿sabes qué? Nunca **he asistido** a una boda.

Claudia: No importa. Yo te lo explico todo. Vamos a pasarlo bien. Bueno, ahora voy a llamar a Felipe para felicitarlo. Chao, Jorge.

Jorge: Chao, Claudia.

¿Comprendiste? Contesta las siguientes preguntas en oraciones completas.

1. ¿Cuál es el tema principal de este diálogo?
2. ¿Por qué llamó Claudia a su novio?
3. ¿Por qué conoce Jorge a Marisol?
4. ¿Por qué quieren casarse Felipe y Marisol?
5. ¿Piensas que Jorge quiere casarse ahora con Claudia?
6. ¿Cuál es un título adecuado para el diálogo?

 Diálogo entre novios de distintos países Trabaja con un(a) compañero(a) de clase. Túrnense para practicar el diálogo que acaban de estudiar en **En contexto.** Una persona debe ser estadounidense y la otra nicaragüense. Usen expresiones de **En contexto** como modelo para su diálogo, pero traten de representar de una manera realista las actitudes de cada uno.

The present perfect tense

Spanish speakers use the present perfect indicative tense to describe what has and has not happened recently. Unlike the preterite tense, which is used to make time-specific references to either the beginning or end of an action or event in the past, the present perfect merely establishes the fact that an action has taken place sometime in the past before the present. The emphasis is placed on the fact that the action took place, not *when* it took place. Consider the following examples:

Present perfect	Yo **he comido.**	*I **have eaten.***
		(past action with no specific reference to time)
Preterite	Yo **comí** a las 7:00.	*I **ate** at 7:00.*
		(past action with specific reference to time)

How to form the present perfect

Use the present-tense forms of the auxiliary verb **haber** *(to have)* with the past participle of a verb.

	Present of **haber** +	Past participle
yo	**he** *I have*	
tú	**has** *you* (inf.) *have*	**hablado** *spoken*
Ud., él/ella	**ha** *you* (form.) *have, he/she has*	**comido** *eaten*
nosotros(as)	**hemos** *we have*	**vivido** *lived*
vosotros(as)	**habéis** *you* (inf.) *have*	
Uds., ellos(as)	**han** *you* (form.) *have, they have*	

Regular past participles

Add **-ado** to the stem of **-ar** verbs, and **-ido** to the stem of **-er** and **-ir** verbs.

-ar verb	stem + **-ado**	**-er/-ir** verb	stem + **-ido**
habl-	habl**ado**	com-	com**ido**

—¿**Has hablado** con el novio de Ana?   *Have you **spoken** to Ana's boyfriend?*

—No, pero ellos **han ido** a la casa de mi hermano antes.   *No, but they **have come to** my brother's house before.*

Note that several **-er** and **-ir** verbs have an accent mark on the **í** of their past participles.

leer	→	leído *read*	traer	→	traído *brought*
creer	→	creído *believed*	reír	→	reído *laughed*

—Te **he traído** un regalo, Celia.   *I've **brought** a gift for you, Celia.*

—¿Qué me **has traído,** mi amor?   *What **have you brought** me, my love?*

Irregular past participles

Some verbs have irregular past participles. Here are some of the most common ones.

abrir	→	**abierto** *opened*
decir	→	**dicho** *said; told*
escribir	→	**escrito** *written*
hacer	→	**hecho** *done; made*
morir	→	**muerto** *died*
poner	→	**puesto** *put*
ver	→	**visto** *seen*
volver	→	**vuelto** *returned*

—¿Qué **han hecho** ustedes hoy?　　　　*What **have you done** today?*

—**Hemos visto** una película.　　　　*We **have seen** a movie.*

Past participles used as adjectives

The past participle can be used as an adjective to modify a noun. When used as an adjective, the past participle must agree in number and in gender with the noun that it modifies.

Voy a escuchar **canciones escritas** en español.
*I'm going to listen to **songs written** in Spanish.*

Ramón tiene dos **cuadros pintados** en Ecuador.
*Ramón has **two paintings painted** in Ecuador.*

The past participle is also frequently used with the verbs **estar** and **ser.** When used with the verb **estar,** the emphasis is placed on the result of an action of the verb, as opposed to the action itself. When a past participle is used with the verb **ser,** the emphasis is placed on the action rather than the result of the action; Spanish speakers often use the preposition **por** with this agent of the action.

Compare the following examples:

Result of an action

La puerta **está cerrada**.　　　　*The door **is closed.***

Emphasis on the action itself

La puerta **fue cerrada por el dueño** de la casa.　　*The door **was closed by the owner** of the house.*

¡A practicar!

Cultura

Las Islas de la Bahía of the Caribbean coast of Honduras are a popular tourist destination. The beautiful coral reefs make the area very appealing to scuba divers and the lovely beaches attract tourists from all over the world. Hurricane Mitch seriously damaged the area in 1998, but development has been rapid since that time and visitors now find an ample supply of hotels, restaurants, and recreational activities. Visit http://roatanet.com for more information.

10-7 **En una terraza en las Islas de la Bahía, Honduras** Completa la siguiente conversación durante la luna de miel de Francisco y Celia con la forma correcta de **haber: he, has, ha, hemos** o **han.**

Camarero: ¿1. _____ estado Uds. en estas islas antes?

Celia: Sí, señor. Nosotros 2. _____ venido aquí antes.

Camarero: Oiga, señora, ¿3. _____ visto nuestras flores en la terraza?

Celia: Sí, sí. Yo las 4. _____ visto. Y nosotros 5. _____ decidido pasar la tarde entre las flores.

Francisco: Mejor dicho, tú 6. _____ decidido venir aquí, Celia.

10-8 **Mis queridos amigos...** Celia está escribiéndoles a sus amigos sobre algunas actividades que Francisco y ella han hecho en las Islas de la Bahía. ¿Qué les dice en su carta?

Modelo Yo ___*he hecho*___ (hacer) mucho ejercicio aquí.

Yo _____ (1. nadar) en la piscina del hotel y _____ (2. jugar) al tenis con Francisco. Él _____ (3. montar) en bicicleta dos veces esta semana. Francisco y yo _____ (4. divertirse) mucho. Esta tarde _____ (5. almorzar) en un buen restaurante y _____ (6. pasar) toda la tarde en una terraza magnífica. El camarero nos _____ (7. traer) mucha comida. Pienso que él _____ (8. creer) que teníamos mucha hambre. Nosotros _____ (9. reírse) mucho. En total, lo _____ (10. pasar) muy bien aquí en esta isla maravillosa. Nosotros _____ (11. hacer) muchas actividades diferentes y _____ (12. ver) unos paisajes (landscapes) muy bonitos.

10-9 **¿Cómo está todo?** Completa la siguiente descripción que Celia preparó sobre su luna de miel en las Islas de la Bahía escribiendo los participios pasados apropiados.

Ahora Francisco y yo estamos un poco _____ (1. cansar) pero muy contentos. La puerta al balcón está _____ (2. abrir) y podemos ver el mar. Las luces están _____ (3. apagar) porque una vela está _____ (4. encender). ¡Qué romántico! Estoy leyendo un libro _____ (5. escribir) por un hombre que conoce esta región muy bien. Es fascinante y he aprendido mucho. Estamos _____ (6. sentar) en unas sillas _____ (7. hacer) aquí en Honduras. Antes de salir, mañana, voy a comprar un cuadro (painting) _____ (8. pintar) por un artista local. Siempre voy a recordar este lugar.

¡A conversar!

10-10 **¿Cómo está la clase?** Indica si las siguientes oraciones son **ciertas** o **falsas** para tu clase en este momento.

1. Las ventanas están abiertas.
2. Todos los libros de los estudiantes están cerrados.
3. Las luces están apagadas.
4. El (La) profesor(a) está sentado(a).
5. Hay algunas palabras escritas en la pizarra.
6. Todos los estudiantes tienen los zapatos puestos.
7. Algo en la clase está roto.
8. Las persianas *(blinds)* están cerradas.
9. Los estudiantes están muertos de hambre.
10. Mi tarea para hoy ya está hecha.

10-11 **La luna de miel** José Luis y Raquel están en Roatán, las Islas de la Bahía, Honduras, para su luna de miel. Es el cuarto día de su viaje y han hecho muchas actividades, pero hay varias cosas que todavía no han hecho. Con un(a) compañero(a), formen oraciones para expresar lo que han hecho y lo que no han hecho hasta ahora.

Lo que han hecho:	**Lo que no han hecho:**
nadar mucho	correr las olas
practicar el buceo	hacer una parrillada
tomar el sol	pescar
comer mucho pescado	escribir muchas cartas
bailar todas las noches	hacer camping
caminar en la playa	correr en la playa
hablar con su familia por teléfono	comprar regalos para todos sus parientes
ir de compras	pasear en canoa
¿…?	¿…?

10-12 **¿Qué has hecho?** Trabajen en parejas para hacer y contestar las siguientes preguntas. Comparen sus respuestas y compartan *(share)* la información que ya saben sobre los temas.

1. ¿Has visto fotos de Managua, la capital de Nicaragua? ¿Has visto fotos de Tegucigalpa, la capital hondureña? ¿Has visto fotos de las capitales de otros países hispanos? ¿Has visitado la capital de un país hispano?
2. ¿Has leído la poesía de Rubén Darío, Ernesto Cardenal, Gioconda Belli o de otro poeta nicaragüense? ¿Has escrito poesía?
3. ¿Has comido muchos bananos de Honduras y Nicaragua? ¿Has bebido mucho café?
4. ¿Qué has aprendido de la civilización maya? ¿Qué has aprendido de las ruinas de Copán, un sitio maya que está en el oeste de Honduras?

Adverbs and adverbial expressions of time and sequencing of events

Adverbs

An adverb is a word that modifies a verb, an adjective, or another adverb. It may describe *how, when, where, why,* or *how much.* You already know many adverbs such as **muy, poco, siempre, después, mucho, bien, mal, tarde, temprano, mejor,** and **peor.**

- To form most Spanish adverbs, add **-mente** *(-ly)* to an adjective.

| natural | **naturalmente** | *naturally* |
| frecuente | **frecuentemente** | *frequently* |

  Mi amiga habla de su novio **constantemente.**
  *My friend talks about her boyfriend **constantly.***

  Los estudiantes llegan a clase **puntualmente.**
  *The students arrive to class **on time (in a timely manner).***

- If an adjective ends in **-o,** change the **-o** to **-a,** then add **-mente.**

| perfecto | **perfectamente** | *perfectly* |

  Todos deben hacer la tarea **cuidadosamente.**
  *Everyone must do the homework **carefully.***

  Cuando estoy cansado, camino **lentamente.**
  *When I am tired, I walk **slowly.***

- If an adjective has an accent mark, the adverb retains it.

| fácil | **fácilmente** | *easily* |
| rápido | **rápidamente** | *rapidly* |

  Mis compañeros de cuarto corren **rápidamente.**
  *My classmates run **rapidly (quickly).***

  La profesora contesta las preguntas **honestamente.**
  The teacher responds to the questions honestly.

Note that adverbs modifying a verb are generally placed immediately after the verb, whereas adverbs modifying adjectives or other adverbs are placed directly before them.

  Ellos salieron **rápidamente** de la sala.
  *They left the room **quickly.***

  Rubén estaba **muy** enojado.
  Rubén was very mad.

La vida pasa **tranquilamente** en Granada, Nicaragua.

Adverbial expressions of time and sequencing of events

In previous chapters, you learned many of the following adverbs and adverbial expressions with their English equivalents.

- Use the following adverbs to express how often something is done.

cada día (semana, mes, etc.)	each day (week, month, etc.)
todos los años (días, meses, etc.)	every year (day, month, etc.)
dos (tres, etc.) veces	two (three times, etc.)
nunca	never
otra vez	again
(casi) siempre	(almost) always
solamente	only, just
a veces	sometimes
una vez	once
muchas veces	many times, very often

—Hablo con mi novio **todos los días.**
I talk to my boyfriend every day.

—**Siempre** voy con él al cine los fines de semana.
I always go to the movies with him on the weekend.

—También hablo con mis padres **cada día.**
*I also speak to my parents **every day.***

—**Casi siempre** voy al gimnasio después de clase.
*I **almost always** go to the gym after class.*

—He esquiado en el agua **tres veces,** pero mis amigos lo han hecho **muchas veces.**
*I've water skied **three times**, but my friends have done it **many times.***

—He esquiado en la nieve **solamente una vez** y **nunca** he practicado snowboarding.
*I've skied on the snow **only once** and I've **never** practiced snowboarding.*

- Use the following adverbs to express the order of events.

primero	first
entonces	then; so
luego	then
después	afterward
finalmente	finally
por fin	at last, finally

—¿Adónde vamos **primero,** mi amor?
Where are we going first, my love?

—Al cine. **Luego** a la discoteca.
*To the movies. **Then** to the disco.*

—¿Y **después?**
*And **afterward?***

—Volvemos a casa.
We're going back home.

¡A practicar!

10-13 Impresiones de una boda Vamos a describir lo que pasó en la boda de Francisco Morazán y Celia Herrera. Para darle más énfasis, convierte el adjetivo en adverbio y luego incorpóralo en la oración.

Modelo fabuloso / Celia se vestía
fabulosamente / Celia se vestía fabulosamente.

1. puntual / Francisco llegó a la iglesia
2. elegante / Celia caminó
3. constante / Las dos madres lloraban (*cried*)
4. sincero / Francisco y Celia hablaron
5. perfecto / Ellos dijeron sus votos (*vows*)
6. alegre / Todos salieron de la iglesia

10-14 Hablar del amor Completa las siguientes oraciones con el adverbio apropiado.

| nunca | muchas veces | una vez | dos veces | a veces |
| siempre | cada | otra vez | solamente | todos los días (años) |

1. Me gusta mucho ser soltero(a). Yo no quiero casarme _____.
2. Algunas personas famosas se han casado _____.
3. El matrimonio puede ser muy aburrido. Las parejas hablan de lo mismo _____ y van de vacaciones al mismo lugar _____.
4. Mi amiga todavía quiere a su ex novio. Le habla _____ día por teléfono.
5. Mi novio es muy celoso. Cuando él me ve a mí hablando con otros hombres, él _____ se pone furioso.
6. ¿Qué tal la primera cita con Carolina? ¿Quieres salir con ella _____?
7. Si salgo con alguien _____ una vez, generalmente no conozco bien a la persona.
8. ¿Es el amor una cosa que ocurre solamente _____ en la vida?
9. _____ es posible enamorarse de alguna persona al conocerla, pero no es muy probable.
10. _____ es importante decirle a la persona que uno la quiere, que es maravillosa.

10-15 Un fracaso amoroso Luis Eduardo nos cuenta de una relación amorosa que terminó mal para él. Pon el relato en orden. Después, vuelve a contar la historia y añade palabras como **primero, un día, entonces, luego, después, finalmente** y **por fin** para hacerla más completa.

_____ Me fui corriendo de su casa. Me puse muy triste. ¡Yo quería casarme con esta chica!

_____ ¡La encontré en los brazos de mi hermano, Raúl!

_____ La invité a cenar conmigo.

_____ Después de salir con ella por algunas semanas, yo me enamoré seriamente de ella.

_____ Un día, salí temprano del trabajo y pasé por su casa para sorprenderla (*surprise her*).

_____ Conocí a Raquel, la mujer más guapa del mundo, el año pasado.

_____ Después de comer, fuimos a tomar un café y hablamos toda la noche.

_____ Decidí romper con ella para siempre.

_____ Empezamos a salir todas las noches.

¡A conversar!

10-16 **¿Cómo haces esas cosas?** Con un(a) compañero(a), busca el adverbio que corresponda con las siguientes palabras para describir cómo hacen Uds. las siguientes cosas. **¡Ojo!** Algunas de las palabras no requieren cambios: ya son adverbios.

> **Modelo** jugar con niños pequeños
> **E1:** *¿Cómo juegas con niños pequeños?*
> **E2:** *Juego pacientemente con niños pequeños. ¿Y tú?*
> **E1:** *Yo juego mal con niños pequeños; no me gustan los niños.*

bien	fácil	frecuente	mal	mejor	natural
paciente	peor	perfecto	rápido	tarde	

1. hablar con gente del sexo opuesto
2. conducir
3. hablar español
4. estudiar para mis clases
5. tocar el piano
6. bailar

10-17 **Un día perfecto** ¿Cómo es un día perfecto para ti? Prepara una lista de actividades que quieres hacer si puedes planear un día absolutamente perfecto. Empieza con la primera actividad del día y prepara una lista cronológica con un mínimo de seis actividades. Trabaja con un(a) compañero(a) para explicar el día perfecto, incluyendo palabras y expresiones apropiadas de la lista. Puedes usar una palabra más de una vez. Después de presentar sus listas, comparen Uds. sus opiniones sobre lo que constituye un día perfecto.

después	finalmente	por fin
entonces	luego	primero

10-18 **La boda de Ana** Eres reportero(a) y tu reportaje para el programa *¡Hoy!* en la tele es sobre la boda de Ana Mendoza, hija de una familia prominente en su pueblo. Refiérete a la foto de la boda, y empezando desde ese momento cuando la novia y su familia caminan a la iglesia, prepara un reportaje de siete a diez oraciones sobre la boda y la recepción. Explica cronológicamente qué hacen la novia y el novio, sus parientes y los invitados e incluye tantos elementos de las listas como sea posible.

© Steve Dunwell/Photolibrary

¿Qué hacen?

caminar	felicitar
llegar	tirar
entrar	hablar
mirar(se)	comer
abrazar(se)	bailar
casarse	salir

¿Cómo lo hacen?

rápidamente	totalmente
cariñosamente	elegantemente
perfectamente	sinceramente
puntualmente	constantemente
pacientemente	inmediatamente

Curiosidades del idioma

Married couples are referred to as **el matrimonio**. Some Spanish-speaking countries also use the word **el matrimonio**, rather than the more common words **la boda** or **el casamiento**, for *wedding*.

Student Activities Manual, *Capítulo 10*

Capítulo 10

iLrn: Heinle Learning Center, *Capítulo 10*

Honduras y Nicaragua

▶ Veamos los videos de Honduras y Nicaragua para luego discutir.

1. Describan algunos ejemplos de arquitectura colonial en Tegucigalpa, la capital de Honduras.
2. ¿Qué pueden comprar en el Mercado la Isla en Tegucigalpa?
3. ¿Por qué se conoce Nicaragua?
4. ¿Cómo es el ambiente en Managua? ¿Qué pueden ver y visitar en Managua, la capital de Nicaragua?

✎ See the *Workbook,* **Capítulo 10, Viajemos por Honduras y Nicaragua** for additional activities.

Heinle/Cengage Learning

Honduras

Población: 7.792.854

Área: 112.090 km², un poco más grande que el estado de Tennessee

Capital: Tegucigalpa, 1.300.000

Moneda: la lempira

Lenguas: el español y varias lenguas indígenas

Nicaragua

Población: 5.891.199

Área: 129.494 km², un poco más pequeño que el estado de Nueva York

Capital: Managua, 1.098.000

Moneda: el córdoba

Lenguas: el español y varias lenguas indígenas

© Hulton Archive/Getty Images

Personalidades ilustres El poeta, Rubén Darío (1867–1916) nació en Nicaragua y es el «Príncipe de las letras hispanas» de Latinoamérica. En sus poemas hay elementos románticos y simbolistas. El tema principal en sus poemas es el amor, con símbolos y metáforas muy delicados. La siguiente es una estrofa (*stanza*) de uno de los poemas de Darío titulado «Amo, amas».

> Amar, amar, amar, amar siempre, con todo
> el ser y con la tierra y con el cielo,
> con lo claro del sol y lo oscuro del lodo (*mud*):
> amar por toda ciencia y amar por todo anhelo (*wish, desire*).

¿Qué piensas de esta estrofa? ¿Qué es el amor para ti? ¿Te gusta leer o escribir poesía?

Historia   Las ruinas mayas de Copán, en Honduras, son de gran importancia histórica para toda la región. La ciudad de Copán era el centro de la civilización maya. Ellos usaban la escritura jeroglífica, un calendario avanzado y una astronomía compleja. La división social era muy definida; la mujer tenía un puesto inferior al hombre. La mujer hacía los trabajos de la casa, como la limpieza, el cuidado de los hijos y de los animales; además, estaba encargada de *(in charge of)* cultivar y hacer la comida. La civilización desapareció debido a la sobrepoblación, a la contaminación del agua, a las luchas políticas y a la guerra *(war)*. Hoy en día, se puede visitar el Museo de Escultura de Copán, construido por el gobierno de Honduras en 1996. El museo está dentro del Parque Nacional de Copán. En el parque hay también vegetación original de la zona, y así los visitantes pueden experimentar como vivían los mayas.

¿Te gustaría conocer las Ruinas de Copán? ¿Qué te parece la idea de construir un museo dentro de la zona arqueológica?

 Visit it live on **Google Earth!**

Oficios y ocupaciones   Honduras y Nicaragua son importantes productores y exportadores de banano para los Estados Unidos. Al comienzo del siglo xx, se comenzó a usar el término *Repúblicas Bananeras* en forma despectiva *(disrespectful)* para referirse a los países de Centro América y Sudamérica que tenían dictadores en el gobierno y como base de su economía, la producción y exportación del banano. Tanto en Honduras como en Nicaragua la *United Fruit Company* y la *Standard Fruit Company* dominaron la producción y exportación de los bananos, así como el transporte de las frutas a los Estados Unidos. Desde 1947, el nombre de *Chiquita* es una marca registrada. En 1992 la compañía firmó el contrato de «Responsabilidad Corporativa», en el que prometía llevar a cabo importantes estándares sociales, ambientales y éticos con respecto a *(regarding)* los países que producen bananos. Desde el año 2005, el 100 por ciento de las plantaciones de bananos están certificadas en éstos estándares.

¿Sabías que los bananos que comes todos los días podrían ser *(could be)* de Honduras y Nicaragua? ¿Qué piensas de la «Responsabilidad Corporativa»? ¿Es importante en muchas industrias? ¿Debe ser un requisito para ellas?

Ritmos y música   La música y la danza nicaragüenses son una mezcla de los elementos españoles e indígenas de la región. La música es una parte muy importante en las celebraciones nicaragüenses. Los instrumentos que se usan son la marimba, la guitarra, la flauta y las maracas.

Uno de los grupos folclóricos de Nicaragua es el grupo Nicaragua Libre, que en esta oportunidad presenta una selección instrumental, usando la marimba como instrumento principal. La canción se llama «La danza del cielo». *Access the iTunes playlist on the **Viajes** website.*

¿Te gusta el sonido de la marimba? ¿Has escuchado el sonido de la marimba en otro tipo de música? ¿Cuál?

¡Busquen en la red de información!
www.cengage.com/spanish/viajes

1. Personalidades ilustres: Rubén Darío, Nicaragua
2. Historia: Copán, Honduras
3. Oficios y ocupaciones: Plantaciones bananeras en Honduras y Nicaragua
4. Ritmos y música: Marimba, Nicaragua Libre

La recepción de Rubén y Rafaela

In this section, you will practice vocabulary used to describe receptions and banquets. Have you ever attended a banquet or a wedding reception? What was it like?

Sustantivos

la recepción *reception*
el banquete *banquet*
los invitados *guests*
la orquesta *band*
la pareja *couple*

Verbos

acompañar *to accompany*
agarrar *to catch*
aplaudir *to applaud*
asistir (a) *to attend (a function)*
felicitar *to congratulate*
hacer un brindis *to make a toast*
tener lugar *to take place*
terminar *to end*

Expresión idiomática

vestido(a) de gala *dressed elegantly*

Carolina, a historian and a true romantic, decided to investigate the event. While she was reading, she started to imagine what happened. Below are the scenes she imagined from the wedding reception of Rubén Darío, Nicaragua's most famous literary talent, and his bride, Rafaela Contreras, in the National Palace in Managua in 1890.

Todas las personas importantes de Managua **asistieron a la recepción** de Rubén y Rafaela.

El banquete fue elegante y los invitados estaban **vestidos de gala. La orquesta** de la ciudad tocó para la celebración.

Cultura

Rubén Darío is Nicaragua's most famous poet. He is credited with introducing **el modernismo,** an innovative poetic aesthetic, to European intellectual circles at the end of the nineteenth century. He was born in Metapa, Nicaragua, in 1867.

Los invitados **felicitaban** a **la pareja** mientras entraban a la sala. Más tarde el presidente del país les hizo un brindis especial.

La recepción de **la pareja tuvo lugar** en una sala en el Palacio Nacional.

Rafaela tiró el ramo de flores y una chica de veinte años lo **agarró. Todos aplaudieron.**

Rubén tenía celos de un viejo amigo de Rafaela que la **acompañó** durante una buena parte de la noche. Cuando Rafaela bailaba con su amigo, Rubén les interrumpió y así **terminó** la celebración.

¡A practicar!

10-19 **¿Qué palabra no pertenece?** Identifica la palabra o expresión de cada grupo que no pertenece y explica por qué.

1. agarrar, el ramo, tirar, tener lugar
2. felicitar, vestirse de gala, hacer un brindis, aplaudir
3. la pareja, terminar, los invitados, la orquesta
4. asistir, ir, acompañar, recepción

10-20 **¿En qué palabra estoy pensando?** Busca la palabra adecuada del nuevo vocabulario que defina cada oración.

1. dos palabras que se refieren a la fiesta que se da después de una boda _____
2. un grupo de dos personas _____
3. el grupo musical que toca en fiestas o en conciertos _____
4. con ropa elegante _____
5. Los _____ son la gente que va a una boda o a otro evento.

10-21 **La perspectiva de un músico** Félix, un miembro de la orquesta que tocó para los recién casados, narra la historia de la recepción. Usa los siguientes verbos para terminar su historia, escogiendo entre el pretérito o el imperfecto.

acompañar   agarrar   asistir a   felicita   tener lugar   terminar

Más de 300 personas 1. _____ la recepción de Rubén y Rafaela. La celebración 2. _____ en el elegante Palacio Nacional. Nosotros, los músicos, 3. _____ a un cantante en una canción de amor cuando los novios entraron. Todos los invitados 4. _____ con alegría. El presidente los 5. _____ con un brindis. Una chica joven 6. _____ el ramo de flores que Rafaela tiró. La fiesta 7. _____ cuando Rubén y Rafaela se fueron de la recepción.

La boda de Andy y Jimena tuvo lugar en una iglesia. ¿Has asistido alguna vez a una boda?

¡A conversar!

10-22 Planes, planes y planes Felipe y Gabriela están organizando la recepción de su boda y siempre hay un poquitín de desacuerdo. Trabaja con un(a) compañero(a). Hagan los papeles de Felipe y Gabriela y hablen de los planes para la fiesta. Hagan preguntas con la información dada. ¡Sean creativos!

Modelo Fecha

Felipe: *¿Cuándo quieres tener la recepción?*

o *Para ti, ¿cuál es la fecha ideal para la recepción?*

Gabriela: *Yo quiero tener la recepción el día de la boda por la noche.*

Felipe: *¡Ay que no, mi amor! Yo prefiero tenerla por la tarde.*

Preguntas de Felipe	Respuestas de Gabriela	Desacuerdo de Felipe
el lugar	sala de baile, Palacio Nacional	....
el número de invitados	50 personas	....
la cena	cena de cinco platos	....
el tipo de ropa	ropa muy formal	....
el tipo de música	merengue	....
tirar arroz	no tirar arroz	....

10-23 Entrevista Con un(a) compañero(a) de clase, contesta las siguientes preguntas sobre las bodas para ver si tienen mucho en común.

1. ¿Estás casado(a)? Si no, ¿piensas casarte algún día? ¿Cómo vas a celebrar? Si estás casado(a), ¿cómo celebraste la boda? ¿Hubo una fiesta grande? ¿Quiénes asistieron a tu boda? ¿Cómo te vestiste tú? ¿Cómo se vistieron los invitados?

2. ¿Fuiste a una boda alguna vez? ¿De quién? ¿Lo pasaste bien? ¿Hubo mucha gente? ¿Qué tipo de ropa llevaban los invitados? ¿Dónde se celebró la boda?

3. ¿Fuiste alguna vez a una recepción o un banquete para celebrar una boda? ¿Había una orquesta? ¿Bailaron juntos los novios? ¿Cómo trataron los invitados a los novios? ¿Les tiraron mucho arroz?

10-24 ¿Qué deben hacer? Trabajen en grupos para leer y considerar las siguientes situaciones. Discutan lo que Uds. creen que las personas deben hacer.

Pareja #1:
Están muy enamorados, pero son estudiantes y no tienen dinero. Quieren una boda memorable, pero simplemente no pueden pagarla. ¿Deben casarse ahora sin tener la boda y la recepción que quieren, o deben esperar varios años para tener la boda de sus sueños?

Pareja #2:
También están muy enamorados y quieren casarse. Viven lejos de sus familias y no pueden decidir dónde tener la boda. Si la tienen en el pueblo donde viven sus familias, muchos de sus amigos no pueden asistir porque no tienen ni el dinero ni el tiempo para viajar muy lejos. Si la tienen donde viven ellos y sus amigos, sus padres pueden venir, pero otros parientes y amigos de su pueblo no van a asistir. ¿Qué lugar deben escoger para la boda y recepción, o deben tener dos bodas y dos recepciones?

Pareja #3:
Esta pareja también está enamorada y quiere casarse, pero tienen ideas muy diferentes de sus padres sobre la boda ideal. Los padres son muy tradicionales y esperan ver todos los elementos de una boda tradicional en la boda de sus hijos. La pareja prefiere una ceremonia muy moderna. Los padres van a pagar la boda y la recepción y por eso piensan que los novios deben respetar sus preferencias. ¿Qué deben hacer los novios?

Student Activities Manual, *Capítulo 10*

Capítulo 10

iLrn: Heinle Learning Center, *Capítulo 10*

Future tense

In **Capítulo 3,** you learned to use the present indicative forms of **ir a** + *infinitive* to express actions, conditions, and events that are going to take place, for example, **Voy a viajar a Nicaragua y Honduras este verano.** *(I'm going to travel to Nicaragua and Honduras this summer.)* Spanish speakers use this construction frequently in everyday conversation. Another way to express these ideas in Spanish is to use the future tense.

Formation of the future tense

To form the future tense of regular verbs, add these personal endings to the infinitive: **é, ás, á, emos, éis, án.**

viajar	volver	vivir	irse
viajar**é**	volver**é**	vivir**é**	me ir**é**
viajar**ás**	volver**ás**	vivir**ás**	te ir**ás**
viajar**á**	volver**á**	vivir**á**	se ir**á**
viajar**emos**	volver**emos**	vivir**emos**	nos ir**emos**
viajar**éis**	volver**éis**	vivir**éis**	os ir**éis**
viajar**án**	volver**án**	vivir**án**	se ir**án**

Some verbs have irregular future stems.

decir	**dir-**	
hacer	**har-**	
poder	**podr-**	**é**
poner	**pondr-**	**ás**
querer	**querr-**	**á**
saber	**sabr-**	**emos**
salir	**saldr-**	**éis**
tener	**tendr-**	**án**
venir	**vendr-**	

Note that the future tense of **hay** is **habrá** *(there will be).*

—¿**Harás** un viaje este verano?	*Will you take a trip this summer?*
—Sí, **iré** a Honduras.	*Yes, **I will go** to Honduras.*
—¿Qué parte **visitarás?**	*What part **will you visit?***
—**Pasaré** unos días en Tegucigalpa y después **veré** otras partes del país.	***I'll spend** a few days in Tegucigalpa and afterwards I'll see other parts of the country.*

Uses of the future tense

Spanish speakers use the future tense to express actions, conditions, and events that will take place in the future.

Mis amigos y yo **llegaremos** a Honduras el 24 de julio a las 11:00 de la mañana.
*My friends and I **will arrive** in Honduras at 11:00 in the morning on July 24.*

Al día siguiente, **conoceremos** la capital y **hablaremos** español con los hondureños.
*The next day, **we will get to know** the capital and **we will speak** Spanish with the Hondurans.*

Spanish speakers also use the future tense to speculate about actions, conditions, and events that are probably taking place at the moment or will most likely occur sometime in the future. If the future of probability is expressed in a question, it carries the meaning of *I wonder* in English; if it is expressed in a statement, it means *probably.*

—¿Qué tiempo **hará** en Managua?	***I wonder how** the weather is in Managua.*
—**Estará** a 35 grados.	***It's probably** 35 degrees (centigrade).*
—Siempre hace calor allí.	*It's always hot there*
—**Será** por la humedad.	***It's probably** due to the humidity.*

¡A practicar!

10-25 Planes para la boda y la recepción Completa las oraciones con los verbos en el futuro para saber qué pasará en la boda de Sergio y Maricarmen.

Sergio y yo _____ (1. casarse) en diez meses. La boda _____ (2. tener) lugar en la Catedral San Miguel Arcangel en Tegucigalpa y la recepción _____ (3. ser) en el Hotel Plaza San Martín, cerca de la catedral. Yo _____ (4. llevar) un vestido traditional y claro que Sergio _____ (5. estar) vestido de gala. Muchos parientes y amigos _____ (6. asistir) a la boda y _____ (7. celebrar) con nosotros en la recepción. Todos nosotros _____ (8. bailar) mucho y _____ (9. comer) un banquete excelente. Estoy segura que mi prima Luisa _____ (10. agarrar) el ramo y entonces Sergio y yo _____ (11. salir) para nuestra luna de miel.

Cultura

Parroquia de San Miguel Arcangel, also know as **la Catedral**, is located in downtown Tegucigalpa and was originally built in 1765. It is an excellent example of colonial arquitecture. Restoration has taken place in recent years and it is a popular tourist attraction because of its beauty and an excellent collection of religious paintings.

10-26 Planes para el futuro ¿Qué harán las siguientes personas el próximo año? Forma oraciones usando la información indicada. Conjuga los verbos en el futuro.

Playa de Poneloya, Costa Pacífica, Nicaragua

Cultura

Poneloya is one of Nicaragua's most popular beaches. Located just 20 kilometers from the city of León, it is a popular destination for Nicaraguans and for tourists who wish to swim in the Pacific Ocean and enjoy fresh local seafood.

1. Maricarmen: terminar sus estudios universitarios / poder encontrar un buen trabajo / vivir con su esposo en Tegucigalpa / querer a su esposo mucho / recordar el día de su boda
2. Los padres de Maricarmen: mirar las fotos de la boda frecuentemente / hablar con Maricarmen y Sergio cada semana / hacer un viaje a Nicaragua / comer pescado en la playa de Poneloya / estar muy contentos
3. Nosotros: poder ir a Nicaragua y Honduras / visitar las capitales, Managua y Tegucigalpa / viajar a León, el centro intelectual de Nicaragua / aprender más del poeta Rubén Darío / saber mucho de los mayas después de visitar Copán, Honduras
4. Tú: terminar los estudios / poner unas cosas en una mochila / comprar un boleto de avión / salir del país / conocer a personas de muchos países

10-27 Cinco predicciones Escribe cinco acciones, condiciones o eventos interesantes que pasarán en tu vida dentro de los próximos cinco años. Luego comparte tus predicciones con un(a) compañero(a). ¿Tienen mucho en común?

El año que viene…   En cuatro años...
En dos años...   En cinco años...
En tres años...

¡A conversar!

 10-28 **¿Quiénes serán?** Mira la foto e inventa respuestas para contestar las preguntas. Después, con un(a) compañero(a) de clase hagan sus propias preguntas.

¿Quiénes serán estas personas?

¿Dónde estarán?

¿Cómo estarán? ¿Por qué?

¿Adónde irán?

¿Qué harán después?

© Hill Street Studios/Blend Images/Getty

10-29 **Plan de vacaciones** Usando las preguntas que están a continuación, piensa en un plan para tus próximas vacaciones. Trabaja con un(a) compañero(a) de clase. Háganse preguntas sobre sus planes.

Modelo   **E1:** *¿Adónde vas a ir para tus vacaciones?*
   E2: *Iré a Copán. Y tú, ¿adónde irás?*
   E1: *Mi esposa y yo iremos a Roatán.*

1. ¿Adónde vas a ir?
2. ¿Por qué quieres ir allá?
3. ¿Cuánto tiempo vas a estar allá?
4. ¿Quién va a ir contigo?
5. ¿Qué día vas a irte?
6. ¿A qué hora vas a salir?
7. ¿Dónde vas a quedarte?
8. ¿Qué vas a hacer allá?
9. ¿Cuánto va a costar el viaje?
10. ¿Qué vas a comprar en el viaje?
11. ¿Cómo vas a pagarlo?
12. ¿Cuándo vas a volver?

10-30 **¿Qué haremos?** Forma un grupo de tres o cuatro personas. Una persona comienza diciendo una actividad que hará en el futuro. Luego, otro(a) compañero(a) repite lo que dijo la primera persona y dice lo que él/ella hará en el futuro. Continúen de la misma forma. Pueden emplear algunos verbos de la lista.

Modelo E1: *Buscaré otro trabajo.*
E2: *Pete buscará otro trabajo y yo daré una fiesta.*
E3: *Pete buscará otro trabajo, Camilla dará una fiesta y yo haré un viaje.*

aprender	casarse	escribir	ir	trabajar	viajar
asistir a	comprar	ganar	recibir	tener	vivir
ayudar	dar	hacer	ser	ver	

En el futuro yo seré un actor famoso. ¿Qué serás tú?

10-31 **¡Adivinar el futuro!** Los estudiantes de la clase harán cosas muy interesantes en el futuro. Sin embargo, solamente el (la) profesor(a) sabe lo que hará cada estudiante y se lo dirá a cada uno(a) individualmente. Para saberlo tú, habla con muchos estudiantes, haciéndoles preguntas sobre las actividades de la lista, para determinar quién(es) hará(n) cada actividad. Escribe los nombres de los estudiantes apropiados al lado de las actividades, y al terminar, léele la información a la clase.

Modelo ser profesor(a) de español
E1: *Mark, ¿serás profesor de español?*
E2: *No, no seré profesor de español pero sé que Suzanne será profesora de español.*
(E1 writes Suzanne's name next to **ser profesora de español**.)

1. ser profesor(a) de español
2. hacer muchos viajes
3. tocar en una orquesta
4. jugar un deporte profesionalmente
5. cantar muy bien
6. vivir en una casa muy grande
7. ser un(a) médico(a) famoso(a)
8. escribir muchos libros
9. trabajar en un restaurante
10. trabajar en una tienda de ropa
11. correr las olas
12. hablar muchas lenguas
13. ver muchas películas
14. tener una familia muy grande
15. enamorarse muchas veces

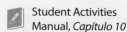
Student Activities Manual, *Capítulo 10*

Capítulo 10

iLrn: Heinle Learning Center, *Capítulo 10*

The conditional

In English, we express hypothetical ideas using the word *would* with a verb (e.g., *I would travel if I had the time and money*). Spanish speakers also express these ideas by using the conditional, which you have already seen in the expression **me gustaría: Me gustaría viajar a Latinoamérica.** *(I would like to travel to Latin America.)*

Forming the conditional

For most verbs, add these personal endings to the infinitive: **ía, ías, ía, íamos, íais, ían.**

viajar	volver	vivir	irse
viajaría	volvería	viviría	me iría
viajarías	volverías	vivirías	te irías
viajaría	volvería	viviría	se iría
viajaríamos	volveríamos	viviríamos	nos iríamos
viajaríais	volveríais	viviríais	os iríais
viajarían	volverían	vivirían	se irían

Some verbs are irregular. Add the conditional endings to the irregular stems of these verbs. They are identical to the stems you used to form the future tense.

decir	**dir-**	
hacer	**har-**	**ía**
poder	**podr-**	**ías**
poner	**pondr-**	**ía**
querer	**querr-**	**íamos**
saber	**sabr-**	**íais**
salir	**saldr-**	**ían**
tener	**tendr-**	
venir	**vendr-**	

Note that the conditional of **hay** is **habría** *(there would be).*

—¿A qué hora dijo Marina que **saldría** para Managua?
*What time did Marina say **she would leave** for Managua?*

—Dijo que lo **sabría** después de llamar al aeropuerto.
*She said **that she would know** after calling the airport.*

—¿A qué hora dijo que vendría a la casa?
—Voy a llamarla para preguntarle.

Uses of the conditional

Spanish speakers use the conditional to express what would happen in a particular situation, given a particular set of circumstances.

—¿Qué **harías** con $1.000? *What **would you do** with $1,000?*

—Yo **viajaría** a Latinoamérica. *I **would travel** to Latin America.*

The conditional is often used to soften a request or to express politeness and/or respect.

¿**Podrías** ayudarme con la tarea para mañana? ***Could you help me** with the homework for tomorrow?*

¿**Querría** Ud. ir con nosotros al museo? ***Would you like** to go to the museum with us?*

Ud. **debería** comprarles un regalo a los recién casados. ***You should** buy a gift for the newlyweds.*

Similar to what you just learned about the future tense, Spanish speakers also use the conditional to speculate about actions, conditions, and events that probably took place *in the past*. As with the usage of the future for speculation about the present, the conditional of probability, when used in a question, also carries the meaning of *I wonder* in English; if it is expressed in a statement, it means *probably*.

—¿Qué tiempo **haría** en Managua ayer? ***I wonder how** the weather was in Managua yesterday.*

—**Estaría** a 35 grados. ***It was probably** 35 degrees (centigrade).*

—Siempre hacía calor allí *It was always hot there.*

—**Sería** por la humedad. ***It was probably** due to the humidity.*

¿**Podría** ayudarme con la tarea, maestra?

¡A practicar!

10-32 **Planes para una recepción** Los novios Maricarmen y Sergio hablan con una empleada del Hotel Plaza San Martín. Usa el **condicional** para formar las preguntas que hacen.

Modelo poder / Ud: darme su número de teléfono
¿Podría darme Ud. su número de teléfono?

1. poder / Ud: mostrarnos la sala de recepciones
2. ayudarnos / Ud: con la selección de música
3. poder / nosotros: ver fotos de otras recepciones
4. haber: posibilidad de tener flores en cada mesa
5. ser: posible hacerles un brindis especial a nuestros padres

10-33 **¿Qué harían esas personas antes de la boda?** Tú no sabes qué hacían esas personas antes de la boda. Un amigo te pregunta, y tú tienes que contestar con **el condicional** del verbo que está entre paréntesis para especular sobre qué hacía cada persona o grupo.

Modelo ¿Qué haría la madre de la novia? (hablar con varios amigos y parientes)
La madre de la novia hablaría con varios amigos y parientes.

1. ¿Qué haría la hermana menor de la novia? (hacerle muchas preguntas a su hermana mayor)
2. ¿Qué harían los padres del novio? (comer en un restaurante con su familia)
3. ¿Qué haría la abuela de la novia? (decirle a su nieta que le amaba mucho)
4. ¿Qué harías tú a las nueve? (ayudar a la familia de la novia con unos quehaceres domésticos)

10-34 **La relación ideal** Termina las oraciones para describir cómo serían las cosas en una relación ideal. Usa el **condicional.**

Modelo con buena comunicación / ellos / hablar de todo
Con buena comunicación, ellos hablarían de todo.

1. en situaciones difíciles / una persona / ayudar a la otra
2. con mucho cariño / una persona / escuchar a la otra
3. todos los días / ellos / llevarse bien
4. nunca / haber secretos

10-35 **Mi mundo perfecto** Completa el párrafo conjugando los verbos en el **condicional.**

En mi mundo perfecto, todas las personas _____ (1. tener) familias simpáticas y cariñosas. Los padres _____ (2. querer) a sus hijos y los hijos _____ (3. amar) a sus padres y les _____ (4. mostrar) mucho respeto. Todos nosotros _____ (5. poder) trabajar en puestos (*jobs*) interesantes e importantes y _____ (6. ganar) el dinero necesario para cuidar a nuestras familias. Las personas de una familia _____ (7. hacer) muchas actividades juntas e _____ (8. ir) de vacaciones regularmente. _____ (9. Haber) problemas a veces pero _____ (10. ser) posible resolverlos fácilmente.

¡A conversar!

10-36 ¿Qué harías tú? ¿Qué harías durante una visita de un mes a Nicaragua? Trabaja con un(a) compañero(a) de clase. Hablen de las siguientes ideas y respondan, según sus gustos. ¿Tienen mucho en común?

> **Modelo** E1: ¿Irías a Managua o a un pueblo más pequeño?
> E2: *Iría a Managua.*
> o E2: *Iría a un pueblo más pequeño.*

1. ¿Viajarías por avión o en barco?
2. ¿Qué ciudades visitarías?
3. ¿Comprarías muchos recuerdos?
4. ¿Qué actividades harías?
5. ¿Qué ropa llevarías?

10-37 ¿Eres una persona tolerante? Dile a un(a) compañero(a) de clase lo que tú harías en las siguientes situaciones y por qué. ¡Sean creativos!

> **Modelo** Después de clase, tú vuelves a tu cuarto y tu compañero(a) ha dejado el cuarto desarreglado.
> *No haría ni diría nada porque mi cuarto siempre está desarreglado.*
> o *Yo limpiaría el cuarto porque no podría vivir en un cuarto desarreglado.*

1. Vuelves a la biblioteca y alguien se sienta en el lugar donde estudias.
2. A la 1:00 de la mañana, dos personas en otro cuarto comienzan a hablar tan fuerte que tú te despiertas.
3. Tú estás duchándote cuando suena el teléfono.
4. Una persona que no conoces saca una foto de ti.
5. Tú miras la cuenta en un restaurante y ves que no está correcta.

10-38 ¿Quién lo haría? Usando la información en la tabla, haz preguntas a varias personas de la clase usando **el condicional.** Cuando una persona contesta afirmativamente *(affirmatively)*, escribe el nombre de la persona en el espacio. Cuando tengas cuatro nombres diferentes en una línea (horizontal, vertical o diagonal), di **BINGO.** Entonces, presenta la información a la clase. La actividad puede continuar con más preguntas y respuestas.

comer calamares	trabajar en un restaurante	viajar a la luna	correr las olas
comer flan	cantar solo(a) en público	buscar amor en el Internet	bucear
beber diez tazas de café en un día	ser profesor(a) de español	salir en una cita ciegas *(blind date)*	patinar en línea
trabajar en un hospital	correr un maratón *(marathon)*	casarse por dinero	vivir en un país hispano

Student Activities Manual, *Capítulo 10*

Capítulo 10

iLrn: Heinle Learning Center, *Capítulo 10*

¡A REPASAR!

Present perfect tense

Use the present-tense forms of the auxiliary verb **haber** (to have) with the past participle of a verb.

he	hemos		hablado
has	habéis	+	comido
ha	han		vivido

¡A recordar! 1 Which **-er** and **-ir** verbs have an accent mark on the **í** of their past participles? What are eight common irregular past participles?

Adverbial expressions of time and sequencing of events

To form most Spanish adverbs, add **-mente** to an adjective: frecuente > **frecuentemente.** If an adjective ends in **-o**, change the **-o** to **-a**, then add **-mente**: perfecto >**perfectamente.** If an adjective has an accent mark, the adverb retains it: fácil > **fácilmente.**

Use the following adverbs to express how often something is done: **a veces, una vez, dos (tres, etc.) veces, muchas veces, solamente, otra vez, (casi) siempre, nunca, cada día (semana, mes, etc.), todos los años (días, meses,** etc.)

Use the following adverbs to express the order of events: **primero, entonces, finalmente, luego, después, por fin.**

¡A recordar! 2 What determines where an adverb is placed in a sentence?

The future tense

To form the future tense for most verbs, add the following personal endings to the infinitive: **é, ás, á, emos, éis, án.**

viajar	volver	vivir	irse
viajar**é**	volver**é**	vivir**é**	me ir**é**
viajar**ás**	volver**ás**	vivir**ás**	te ir**ás**
viajar**á**	volver**á**	vivir**á**	se ir**á**
viajar**emos**	volver**emos**	vivir**emos**	nos ir**emos**
viajar**éis**	volver**éis**	vivir**éis**	os ir**éis**
viajar**án**	volver**án**	vivir**án**	se ir**án**

Certain verbs use a stem that differs from the infinitive in the formation of the future tense: **decir (dir-), hacer (har-), poder (podr-), poner (pondr-), querer (querr-), saber (sabr-), salir (saldr-), tener (tendr-), venir (vendr-).** Although the stem is different, the personal endings remain the same.

¡A recordar! 3 What is the future tense of **hay**? How does one convey the idea of *I wonder* in Spanish?

Conditional

For most verbs, add these personal endings to the infinitive: **ía, ías, ía, íamos, íais, ían.**

viajar	volver	vivir	irse
viajar**ía**	volver**ía**	vivir**ía**	me ir**ía**
viajar**ías**	volver**ías**	vivir**ías**	te ir**ías**
viajar**ía**	volver**ía**	vivir**ía**	se ir**ía**
viajar**íamos**	volver**íamos**	vivir**íamos**	nos ir**íamos**
viajar**íais**	volver**íais**	vivir**íais**	os ir**íais**
viajar**ían**	volver**ían**	vivir**ían**	se ir**ían**

¡A recordar! 4 Which verbs have irregular conditional stems? In which instances would you use the conditional tense?

Actividad 1 **La luna de miel** Completa la tarjeta postal que Ceci les escribe a sus padres durante su luna de miel en Roatán, Honduras. Usa el presente perfecto.

> *¡Hola, papis!*
> *Nuestra luna de miel _____ (1. ser) excelente. Fernando*
> *y yo _____ (2. divertirse) mucho. Nosotros*
> *_____ (3. jugar) al tenis y _____ (4. nadar) cada*
> *día. Yo _____ (5. caminar) mucho en la playa y Fernando*
> *_____ (6. correr) varias veces. Nuestros nuevos amigos,*
> *Gerardo y Carolina, nos _____*
> *(7. enseñar) a hacer esnórquel. Nosotros _____ (8. ver)*
> *peces bonitos y otras cosas increíbles. Estoy cansada porque*
> *_____ (9. acostarse) tarde pero estoy contenta*
> *porque Fernando y yo _____ (10. bailar) cada noche.*
> *¿Qué _____ (11. hacer) Uds. esta semana? Papi,*
> *¿ _____ (12. trabajar) en tu jardín? Mami, ¿ _____*
> *(13. terminar) el libro que leías? Estamos en un restaurante y el*
> *mesero nos _____ (14. traer) la comida. ¡Hasta pronto!*

Actividad 2 **El día de la boda** Completa cada frase escribiendo la forma apropiada de **estar** en el primer espacio y la forma correcta del participio pasado en el segundo blanco.

1. La novia _____ un poco _____ por su vestido. (preocupar).
2. Las puertas de la iglesia _____ _____ (abrir).
3. Las luces _____ _____ (apagar) porque hay muchas velas.
4. El pobre novio _____ _____ (morir) de hambre porque no ha comido nada en todo el día.
5. Yo _____ _____ (cansar) después de tantas horas de preparativos.

Actividad 3 **¿Cómo lo hacen?** Cambia los adjetivos a adverbios y escribe el adverbio apropiado para completar cada oración.

constante	inmediato	paciente	regular
fácil	perfecto	puntual	triste

1. Nosotros siempre llegamos a clase a tiempo. Llegamos _____.

2. David estudia español todos los días a la misma hora. Estudia _____.

3. La clase no es difícil para Horacio. Hace la tarea _____.

4. Ana María vuelve a casa a las tres y empieza la tarea a las tres y un minuto. Empieza la tarea _____.

5. Luis siempre recibe 100 por ciento en su examen. Completa los exámenes _____.

6. La profesora tiene mucha paciencia. Contesta nuestras preguntas _____.

7. No me gusta el fin del semestre. Digo adiós a mis amigos _____.

8. Marcos escucha música todo el día y toda la noche. La escucha _____.

Actividad 4 **La historia de una relación** Pon las siguientes etapas (stages) de una relación en su orden lógico.

_____ Hablan de su boda todas las noches.

_____ Después de muchas citas, ellos deciden casarse.

_____ Primero Virginia y Daniel se conocen en la universidad.

_____ Siempre se divierten mucho juntos.

_____ Finalmente se casan y tienen una boda tradicional.

_____ Enseguida se hablan por teléfono y deciden salir juntos.

_____ Ellos salen muchas veces en los siguientes meses.

_____ Se divierten en la primera cita.

Actividad 5 **Un viaje a Honduras y Nicaragua** Forma frases con los elementos para describir un viaje que unos amigos harán a Honduras y Nicaragua. Conjuga los verbos en el futuro.

1. Mi amigo Gabriel y yo: salir de Nueva York el 10 de julio
2. Nosotros: ir a Managua primero
3. Yo: viajar a Granada y Léon
4. Gabriel: tomar un autobús a Masaya
5. El: comprar regalos en el mercado allí
6. Dos amigos: estar en Tegucigalpa
7. Gabriel y yo: poder pasar unos días en su apartamento
8. Yo: asistir a una boda con ellos
9. Gabriel y otro amigo: visitar las islas Roatán y Guanaja
10. Al volver, nosotros: saber mucho más de los dos países

Actividad 6 **Mi boda ideal** Completa el párrafo con la forma correcta de cada verbo en el condicional.

Mi boda ideal _____ (1. tener) lugar en una iglesia bonita. Yo _____ (2. llevar) un vestido blanco y mi novio _____ (3. estar) vestido de gala. Muchas personas de mi familia y muchos amigos _____ (4. asistir) a la boda y después todos nosotros _____ (5. ir) a un hotel para la recepción. En el hotel, nosotros _____ (6. comer) un banquete y algunas personas _____ (7. hacer) un brindis. Una orquesta _____ (8. tocar) y mi nuevo esposo y yo _____ (9. bailar) mucho. La boda _____ (10. ser) perfecta.

Refrán

Los _____ (newlyweds) casa quieren.

En este segmento del video, Valeria y Antonio hablan sobre las relaciones sentimentales. Los dos han tenido malas experiencias amorosas y parece *(it seems)* que se sienten mejor al compartir esta información. A ver si los buenos amigos pueden llegar a ser algo más...

Expresiones útiles

Las siguientes son expresiones nuevas que vas a escuchar en el video.

Es el colmo	*It's an outrage*
Puedo hacerte compañía	*I can keep you company*

Antes de ver

 Las relaciones sentimentales Las relaciones sentimentales no son fáciles y a veces se terminan. Haz una lista de posibles causas del fracaso *(failure)* de una relación sentimental. Compara tu lista con la de un(a) compañero(a). ¿Piensan igual *(Do you think alike)*?

Después de ver

Valeria y Antonio En el video, viste los comienzos de una relación sentimental entre Valeria y Antonio. Pon las siguientes oraciones en orden cronológico para contar exactamente lo que pasó. Luego no te olvides de añadir *(add)* en los espacios en blanco las expresiones adverbiales apropiadas: **después, entonces, finalmente, luego, primero.**

_____ _____, los dos decidieron cenar juntos y pasear por la playa.

_____ _____, Antonio le preguntó si se sentía bien y Valeria explicó por qué la relación con César terminó.

_____ _____, Valeria dijo que se sentía muy sola y Antonio respondió que no debía sentirse así y ofreció acompañarla esa noche.

_____ _____, Valeria estaba hablando con su ex-novio César por teléfono cuando descubrió que Antonio estaba escuchando la conversación. Colgó con César y empezó a gritarle a Antonio.

_____ _____, Antonio contó lo que pasó con su ex-novia Raquel y cómo ella se enamoró de su mejor amigo Rubén. A pesar de eso _(in spite of that)_, Antonio perdonó a los dos.

Acciones y reacciones Piensa en el comportamiento _(behavior)_ de Antonio y Valeria durante este segmento del video e indica si las siguientes oraciones son **ciertas** o **falsas.** No te olvides de corregir las oraciones falsas.

Heinle/Cengage Learning

- Antonio y Valeria se miran mientras hablan sobre sus ex novios.

  _____

- Antonio besa a Valeria.

  _____

- Ellos caminan en la playa.

  _____

- Valeria abraza a Antonio.

  _____

 ¿Qué opinas tú? Escoge uno de los temas de abajo y escribe un párrafo. Incluye información sobre lo que pasó primero, segundo, luego, etc., a lo largo de _(throughout)_ esa relación personal. Luego, comparte tu experiencia con la de un(a) compañero(a). ¿Tienen experiencias similares? ¿Sus experiencias siguen el mismo orden? ¿Por qué crees que hay diferencias?

- Cuando conocí a mi mejor amigo(a)
- Cuando conocí a mi novio(a) / esposo(a)

 See the _Lab Manual,_ **Capítulo 10, ¡A ver!** for additional activities.

Antes de leer

Summarizing a reading passage

Summarizing in English a reading passage that you have read in Spanish can help you synthesize its most important ideas. Here are some guidelines for writing this type of summary:

- Underline the main ideas in the reading passage.
- Circle the key words and expressions in the passage.
- Write the summary of the passage in your own words.
- Do not include your personal reactions to the selection.

You should take into consideration the following points when writing a summary:

1. the summary should not be longer than the original selection;
2. express the main ideas without mentioning too many details;
3. note the key terms or expressions and use these to check the validity of the main ideas that you point out.

Estrategias Working with a partner, apply this strategy to the passage on Ernesto Cardenal's life on this page.

1. Underline the main ideas in the reading passage.
2. Circle the key words and phrases in the passage.

© AP Photo/Esteban Felix

Ernesto Cardenal (1925–) Nació en Granada, Nicaragua, y es uno de los poetas más reconocidos y más importantes del siglo XX. Estudió el bachillerato en Granada, Nicaragua, y al terminar sus estudios de secundaria viajó a México donde estudió en la Facultad de Filosofía y Letras de la Universidad Nacional Autónoma de México. De 1947 a 1949 estudió en la Universidad de Columbia en Nueva York. Entre 1949 y 1950 viajó por España, París e Italia, y en 1950, cuando regresó a Nicaragua, comenzó a escribir poemas históricos, poemas amorosos y poemas políticos en contra de la dictadura de la familia Somoza que gobernó al país por cuarenta y tres años. En 1956 decidió hacerse sacerdote *(to become a priest)* y así comenzó a escribir poemas religiosos. En 1966 fundó una comunidad política, social y religiosa para los campesinos nicaragüenses en una de las islas de Solentiname en el Lago de Nicaragua. En 1979 cuando triunfó la Revolución Sandinista en contra de Somoza, Cardenal fue nombrado ministro de Cultura.

Ernesto Cardenal ha recibido premios y reconocimientos importantes de diferentes países como Alemania, Colombia, Chile, España, Francia, Italia, México, Noruega, la Unión Soviética y Venezuela. Cardenal ha sido un hombre muy polémico dentro de la Iglesia Católica, ya que ha sido político, revolucionario, poeta y sacerdote al mismo tiempo.

¡A leer!

La selección de Ernesto Cardenal es un poema en forma de epigrama. Un epigrama es una composición poética corta que expresa con precisión un solo pensamiento principal que puede ser un pensamiento alegre o satírico. Ahora lee el poema y emplea las estrategias que están a continuación.

1. Lee el poema y subraya la idea principal.
2. Lee el poema una vez más y haz un círculo alrededor de las palabras claves.
3. Escribe en tus propias palabras la idea principal.

EPIGRAMA V

Al perderte yo a ti tú y yo hemos perdido:

yo porque tú eras lo que yo más amaba

y tú porque yo era el que te amaba más.

Pero de nosotros dos tú pierdes más que yo:

porque yo podré amar a otras como te amaba a ti

pero a ti no te amarán como te amaba yo.

Reprinted by kind permission of the author.

Después de leer

A escoger. Después de leer el epigrama, contesta las siguientes preguntas.

1. ¿Qué tipo de epigrama es?
   a. alegre y satírico
   b. triste y satírico
   c. pesimista y satírico
2. ¿Quién(es) perdió/perdieron en esta relación que se termina?
   a. el poeta
   b. la mujer
   c. el poeta y la mujer
3. ¿Quién(es) tiene(n) la esperanza (hope) de volver a amar?
   a. el poeta
   b. la mujer
   c. el poeta y la mujer
4. ¿Quién(es) en esta relación pierde más, según el autor?
   a. el poeta
   b. la mujer
   c. el poeta y la mujer

¿Cierto o falso? Indica si las siguientes oraciones son **ciertas** o **falsas.** Corrige las oraciones falsas.

1. _____ Al terminar esta relación, el hombre y la mujer no perderán nada en el amor.
2. _____ El hombre y la mujer se amaban mucho.
3. _____ El hombre amará a otras mujeres como amaba a esta mujer.
4. _____ La mujer encontrará a otra persona que la ame como este hombre la amó.

 A conversar Con sus compañeros(as) de clase, conversen sobre los siguientes temas.

Las diferencias entre lo que piensa el poeta sobre la mujer —que no encontrará a nadie que la ame tanto como él— y lo que ustedes piensan que ella cree. ¿Qué nos indica la actitud del poeta sobre su personalidad? ¿Cómo es el poeta? ¿Es una persona sencilla, arrogante, confiada, etcétera?

A escribir Después de conversar con sus compañeros(as) de clase, escriban:

1. **La respuesta de la mujer** Escriban otro epigrama contestándole al poeta lo que ustedes piensan que la mujer le contestará al poeta.
2. **El amor ideal** Escriban un anuncio romántico para buscar el amor ideal. Preséntenle el anuncio a toda la clase. ¿Están de acuerdo todos con la descripción del amor ideal? ¿Cuál es el mejor anuncio y por qué?

VOCABULARIO ESENCIAL

 AUDIO CD
CD 2, TRACK 9

 Personal Tutor

Las relaciones sentimentales — Relationships

Sustantivos

la amistad	friendship
el amor	love
la boda	wedding
el cariño	affection
la cita	date (social)
el compromiso	engagement
el divorcio	divorce
la flor	flower
la luna de miel	honeymoon
el matrimonio	marriage
el noviazgo	courtship
la novia	bride
el novio	groom
los novios	engaged couple, newlyweds
el ramo	bouquet
los recién casados	newlyweds
la separación	separation
la vida	life

Verbos

abrazar(se)	to hug (each other)
amar	to love
besar(se)	to kiss (each other)
casarse (con)	to get married, marry
darse la mano	to shake hands
divorciarse (de)	to get divorced (from)
enamorarse (de)	to fall in love (with)
llevarse bien (mal) (con)	to get along well (poorly) (with)
querer	to love
romper (con)	to break up (with)
salir (con)	to go out (with)
separarse (de)	to separate (from)
tirar	to throw

La recepción

Sustantivos

el banquete	banquet
los invitados	guests
la orquesta	band
la pareja	couple

Verbos

acompañar	to accompany
agarrar	to catch
aplaudir	to applaud
asistir (a)	to attend (a function)
felicitar	to congratulate
hacer un brindis	to make a toast
tener lugar	to take place
terminar	to end

Expresiones idiomáticas

a primera vista	at first sight
vestido(a) de gala	dressed elegantly

Participios pasados

abrir	abierto	opened
comer	comido	eaten
creer	creído	believed
decir	dicho	said; told
escribir	escrito	written
hablar	hablado	spoken
hacer	hecho	done; made
leer	leído	read
morir	muerto	died
poner	puesto	put
reír	reído	laughed
romper	roto	broken
traer	traído	brought
ver	visto	seen
vivir	vivido	lived
volver	vuelto	returned

Adverbios y expresiones adverbiales

fácilmente	easily
finalmente	finally
frecuentemente	frequently
lentamente	slowly
naturalmente	naturally
perfectamente	perfectly
rápidamente	rapidly

Expresiones adverbiales de tiempo

a veces	sometimes
cada día	each day
dos veces	twice
muchas veces	very often
nunca	never
otra vez	again
(casi) siempre	(almost) always
solamente	only, just
todos los años	every year
una vez	once

Orden lógico de acontecimientos

primero	first
luego	then
entonces	then; so
después	afterward
por fin	at last, finally

El mundo del trabajo

Chile

Chapter Objectives

Communicative Goals

In this chapter, you will learn how to . . .

- Talk about professions, the office, and work-related activities
- Describe the job hunt, benefits, and personal finances
- Make statements about motives, intentions, and periods of time
- Express subjectivity and uncertainty
- Express desires and intentions

Structures

- **Por** and **para**
- Subjunctive mood and impersonal expressions with the subjunctive
- Formation of the present subjunctive and statements of volition

◄ ¿Dónde trabajas ahora? ¿Qué haces en este trabajo?

◄ ¿Deseas trabajar en otro lugar? ¿Dónde?

◄ En el futuro, deseas tener un negocio? ¿Por qué sí o por qué no?

© Aaron Mccoy/Photolibrary

Santiago, Chile
Visit it live on Google Earth!

En una oficina en Santiago, Chile

In this section, you will learn to talk about professions in the working world. What career are you planning to pursue after graduating?

Más profesiones

el (la) abogado(a) *lawyer*
el (la) arquitecto(a) *architect*
el (la) carpintero(a) *carpenter*
el (la) contador(a) *accountant*
el (la) empleado(a) *employee*
el (la) empresario(a) *businessman (businesswoman)*
el (la) gerente *manager*
el (la) jefe(a) *boss*
el (la) maestro(a) *teacher*
el (la) obrero(a) *worker, laborer*
el (la) periodista *journalist*
el (la) programador(a) *programmer*
el (la) sicólogo(a) *psychologist*
el (la) traductor(a) *translator*
el (la) vendedor(a) *salesperson*

Verbos

diseñar *to design*
solicitar un puesto *to apply for a job*

Palabras útiles

el (la) accionista *stockbroker*
el (la) analista de sistemas *systems analyst*
el (la) bombero(a) *firefighter*
el (la) cajero(a) *cashier*
el (la) comerciante *merchant*
el (la) criado(a) *servant; maid*
el (la) electricista *electrician*
el (la) intérprete *interpreter*

el (la) mecánico(a) *mechanic*
el (la) niñero(a) *nanny, babysitter*
el (la) reportero(a) *reporter*
el (la) socio(a) *business partner*
el (la) mujer) soldado *soldier*
el (la) técnico *technician*
el (la) veterinario(a) *veterinarian*

el banquero

la fotógrafa

la cocinera

el ingeniero

Curiosidades del idioma

The Spanish language is constantly changing to accommodate the entrance of women into professions previously dominated by men. Some job titles are modified by **la mujer;** for example, **la mujer policía.**

el plomero

el policía

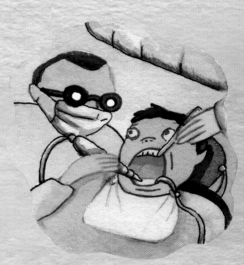

el dentista

la mujer de negocios

el siquiatra

la peluquera

Heinle/Cengage Learning

¡A practicar!

Cultura

El Mercurio is a Chilean newspaper with editions in Valparaíso and Santiago. The Valparaíso edition is the oldest daily Spanish-language newspaper currently in circulation. *El Mercurio* is owned by El Mercurio S.A.P. (*Sociedad Anónima Periodística,* "journalistic joint stock company"), which operates a network of 19 regional dailies and 32 radio stations across the country.

Cultura

While in the US and some other countries it is not common, and in many cases not legal, to specify if a job applicant should be a man or a woman, it is common and legal in much of the Spanish-speaking world.

11-1 ¿A quién vas a llamar? Tú trabajas en una agencia de empleos en la ciudad de Santiago y tienes que identificar las profesiones que tus clientes buscan. Lee las siguientes descripciones y decide cuál de las profesiones corresponde mejor a cada situación.

Modelo hombre / preparar comida en el Restaurante El Huerto
un cocinero

1. mujer / enseñar a chicos del Colegio San Ignacio El Bosque
2. mujer / sacar fotos de la boda de nuestra hija Alejandra
3. hombre o mujer / escribir documentos legales
4. mujer / recibir y contar dinero de nuestros clientes en el Banco Central de Chile
5. hombre / ayudar en el diseño de un nuevo centro comercial
6. mujer / ayudar a nuestros clientes con problemas emocionales
7. mujer / escribir artículos cortos sobre la casa y la decoración para *El Mercurio*
8. mujer / supervisar un departamento de una compañía
9. hombre / ayudar con las finanzas de una gran corporación
10. mujer / construir un nuevo cuarto en una residencia personal

11-2 ¡Una niñera desesperada! Tu amiga Dora está cuidando a los dos hijos de su hermana Susana. Te llama pidiendo consejos (*advice*) para las siguientes situaciones. ¿A quién debe llamar Dora?

1. ¡El lavabo de la cocina está atascado (*clogged*) y hay agua por todos lados!
2. ¡Miguelito acaba de romperse dos dientes!
3. ¡Tomás me cortó el pelo cuando me dormí en el sofá!
4. ¡Miguelito le dio una patada (*kicked*) a la computadora y ahora no funciona!
5. ¡Tomás se robó unos juguetes de una tienda y el gerente está aquí y está muy enojado!
6. ¡Las instrucciones para el televisor solamente están en francés!

11-3 Entrevista Trabaja con dos compañeros(as) de clase. Háganse las siguientes preguntas sobre las profesiones.

1. ¿Tienes un trabajo ahora? ¿Qué haces? ¿Cuántas horas a la semana trabajas?
2. Cuando te gradúes de la universidad, ¿qué quieres hacer? ¿Por qué? ¿Qué clases te preparan para tus planes en el futuro?
3. ¿Cuáles son las profesiones más comunes entre tus amigos?
4. ¿Cuáles son las carreras de mayor prestigio en nuestra sociedad? ¿de menor prestigio? ¿Te gusta alguna profesión que no es prestigiosa?
5. Pensando en tus compañeros de clase, ¿cuáles son las profesiones más adecuadas para algunos de ellos?

¡A conversar!

11-4 ¿Buscas trabajo? Trabaja con un(a) compañero(a) para leer y comentar los anuncios clasificados y los puestos ofrecidos. Para cada puesto, comenten lo siguiente:

- ¿Te interesa? ¿Por qué sí o por qué no?
- ¿Eres buen(a) candidato(a) para el puesto? ¿Por qué sí o por qué no?
- ¿Conoces a otra persona que puedas *(you can)* recomendar para el puesto? Explica por qué es buen(a) candidato(a).

SE NECESITA ingeniero civil con mínimo de 3 años de experiencia en construcción. Debe tener carro, hablar inglés, leer planos y saber usar programas de computadora.

CONTADOR: Experiencia 2 años, dominio del ciclo completo de contabilidad, computadora, buena presencia. Enviar currículum reciente.

EMPRESA de Letreros y Publicidad necesita traductor. Enviar currículum.

AGENCIA de promociones solicita demostradoras para supermercados. Buena presencia, estudios secundarios.

VENDEDOR: Experiencia en ventas de plomería. Honradez, excelentes relaciones públicas. Para hacer rutas de venta? Enviar currículum con foto.

SE busca gerente de tienda para perfumería, buena presencia, manejo de personal, salario + comisiones, enviar c.v.

CÍA automotriz requiere mecánicos automotores, con experiencia.

Note that **currículum** or **CV** means *résumé*. It is presented with other words and phrases related to a job search on pages 330–331.

Cultura
Notice that in most Hispanic countries it is legal to request a CV with a picture, birthday, and marital status.

11-5 Trabajos para todos Trabajen en grupos de cuatro o cinco estudiantes. Cada estudiante debe escoger una profesión y completar el anuncio que sigue con la información pedida.

Se solicita: _____. Responsabilidades: _____ y _____. Requisitos: _____ y _____. Experiencia: _____.

Cada miembro del grupo recibe el anuncio de otro miembro y lo presenta explicando si él o ella quiere solicitar el puesto y por qué sí o por qué no. Si no lo quiere, ¿a quién recomienda para el puesto? Si ningún miembro del grupo quiere el puesto, traten de identificar a otro(a) estudiante de la clase que debe solicitarlo.

Student Activities Manual, *Capítulo 11*

Capítulo 11

iLrn: Heinle Learning Center, *Capítulo 11*

EN CONTEXTO

Julián Darío **está solicitando un puesto** en un bufete de abogados en la ciudad de Santiago, Chile. Julián estudió derecho internacional en la Universidad de Florida, en los Estados Unidos. Desde niño, siempre ha querido trabajar en un ambiente internacional. Lo que sigue es parte de la entrevista con el Licenciado Carlos Infante Garrido, el socio presidente del bufete.

Sr. Garrido: Buenos días, Julián. Siéntate.

Julián: Gracias, Sr. Garrido. Es Ud. muy amable.

Comentario cultural Cerro Aconcagua is the highest peak in the Andes at 22, 841 feet. Thousands of climbers attempt to reach its summit every year, making it one of the most popular ascents in all of South America.

Sr. Garrido: Gracias a ti, Julián, por interesarte en nuestra empresa. Tienes un currículum fabuloso **para un hombre tan joven.** Veo que estudiaste en los Estados Unidos, en la Universidad de Florida.

Comentario cultural Although Chile and the United States have never established close diplomatic relations, the Free Trade Agreement of 2004 may lead to more Chileans opting to study in the U.S. to improve their chances in the domestic job market.

Julián: Pues, no me puedo quejar, la verdad es que me ha ido bien.

Sr. Garrido: No seas tan modesto. Tienes todas las cualidades que esperamos de un abogado que trabaje con nosotros. ¿Te gustaría trabajar en nuestra empresa?

Comentario cultural Chile, due to a history of investment in foreign trade, has the most stable and profitable economy of any country in Latin America.

Expresiones **en contexto**

bufete de abogados *law office*	**no tendrá quejas** *you won't have complaints*
con respecto a *with regard to*	
cumplo con *I meet/complete*	**puede contar conmigo** *you can count on me*
Gracias por venir. *Thanks for coming.*	
¡No me digas más! *Say no more!*	**puedo aportar mucho** *I can contribute a lot*
no me puedo quejar *I can't complain*	
¡No te preocupes! *Don't worry!*	

Julián: ¡Sí, señor! **Espero que Uds. me ofrezcan** el puesto, ya que soy bilingüe y puedo aportar mucho a la empresa con mi experiencia de trabajo en el exterior.

Sr. Garrido: ¡No te preocupes, Julián! La verdad es que todavía no hemos encontrado a la persona adecuada. **Queremos que nuestros abogados tengan** suficientes responsabilidades y **que sean** dedicados, honestos y, sobre todo, muy profesionales con los clientes. Como sabes, la mayoría de nuestros clientes son de los Estados Unidos.

Comentario cultural The globalization of Chile's economy has made the study of English increasingly popular with young professionals. In addition to hosting many U.S. business ventures, Chile also has several joint ventures with Canada, Australia, and Japan.

Julián: Soy muy trabajador y cumplo con mis obligaciones lo mejor que puedo. Soy puntual y sigo indicaciones muy bien. Ud. no tendrá quejas de mí.

Comentario cultural Chile dedicates almost 20% of its annual public budget to education allowing the country to see almost 90% of its population through primary school.

Heinle/Cengage Learning

Sr. Garrido: Ya lo sé, Julián. Tu currículum lo dice todo. ¡No me digas más! El puesto es tuyo. ¿Aceptas?

Julián: Claro que acepto la oferta con mucho entusiasmo. Gracias, Sr. Garrido. Usted puede contar conmigo.

¿Comprendiste? Contesta las siguientes preguntas en oraciones completas.

1. ¿Por qué está tan impresionado el Sr. Garrido con Julián?
2. ¿Por qué piensa el Sr. Garrido que Julián es modesto?
3. ¿Hay otros candidatos que el Sr. Garrido está considerando?
4. Para el Sr. Garrido, ¿qué cualidades son importantes para los abogados que trabajan en su bufete de abogados?
5. ¿Cómo termina la entrevista? ¿Obtiene Julián el puesto?
6. ¿Qué otras preguntas debe hacerle el Sr. Garrido a Julián? ¿Y Julián al Sr. Garrido?

 Entrevista Trabaja con un(a) compañero(a) de clase. Túrnense para practicar el diálogo que acaban de estudiar en **En contexto**. Deben cambiar las nacionalidades y las situaciones de los hablantes. Usen expresiones de **En contexto** como modelo para su diálogo.

Por vs. para

Uses of por

You may have noticed that the prepositions **por** and **para** have different uses and meanings. The preposition **por** has a wider range of uses than **para.** In general, **por** conveys the underlying idea of a cause, reason, or source behind an action.

1. **Duration of time** *(for, in, during)*

   —**¿Por** cuánto tiempo viviste en Pucún? — *(For) How long did you live in Pucún?*

   —Viví allí **por** más de tres años. — *I lived there **for** more than three years.*

   —¿Trabajas en el banco todo el día? — *Do you work in the bank all day?*

   —Sí, **por** la mañana y **por** la tarde. — *Yes, **during** the morning and **during** the afternoon.*

2. **Motion** *(through, along)*

   —¿Quieres caminar conmigo **por** la oficina para conocer a la gente? — *Would you like to walk **through** the office with me to meet the people?*

3. **General area** *(around)*

   —Perdón, ¿hay una fotocopiadora **por** aquí? — *Excuse me, is there a copy machine **around** here?*

   —Sí, señora. Hay una **por** allí. — *Yes, ma'am. There is one **over there**.*

4. **In exchange** *(for)*

   —¿Desea cambiar esta computadora personal? — *Would you like to exchange this computer?*

   —Sí, **por** una computadora portátil, por favor. — *Yes, **for** a laptop, please.*

5. **Value or cost** *(for)*

   —¿Cuánto pagaste **por** los servicios del abogado? — *How much did you pay **for** the lawyer's services?*

   —Le pagué $500 **por** su tiempo. — *I paid him $500 **for** his time.*

6. **In place of** *(for)*

   —Yo no sabía que trabajabas aquí, Tomás. — *I didn't know you work here, Tomás.*

   —Trabajo **por** Juan, que está muy enfermo. — *I'm working **for** (substituting for) Juan, who is very ill.*

7. **Gratitude** *(for)*

   —Gracias **por** su ayuda, Sr. Navarro. — *Thanks **for** your help, Mr. Navarro.*

   —De nada. ¡Buena suerte con el proyecto! — *You're welcome. Good luck with the project!*

8. **On behalf of** *(for)*

   —Hola, Miguel. Vengo a verte **por** mis hijos. — *Hello, Miguel. I've come to see you **on behalf of** my kids.*

9. **Mistaken identity** *(for)*

   —En Chile me tomaron **por** canadiense. — *In Chile, they took me **for** a Canadian.*

   —¿Sabes qué? ¡A mí me tomaron **por** mexicana! — *You know what? They took me **for** a Mexican!*

10. **Unit of measurement** (by, per)

La secretaria escribe más de sesenta palabras **por** minuto.

*The secretary writes more than sixty words **per** minute.*

11. **Reason** (because of)

—¡Hombre, viniste muy tarde a la oficina!

Wow, you arrived late at the office!

—Llegué tarde **por** el tráfico tan tremendo.

*I arrived late **because of** all the terrible traffic.*

12. **Purpose** (for, after) followed by noun

—¿Vas a la oficina **por** tu cheque?

*Are you going to the office **for** your check?*

—Sí, y después voy a la tienda **por** comida.

*Yes, and afterward I'm going to the store **for** some food.*

13. **Idiomatic expressions**

Por casualidad...	*By the way . . . / By chance . . .*	**Por eso**...	*That's why . . .*
¡Por Dios!	*¡Oh my God!*	**Por favor.**	*Please.*
Por ejemplo	*For example*	**¡Por supuesto!**	*Of course!*

Uses of *para*

In general, **para** conveys the underlying idea of purpose (goal), use, and destination.

1. **Recipient** (for)

Estos papeles son **para** el jefe.

*These papers are **for** the boss.*

2. **Employment** (for)

—¿**Para** quién trabajas ahora?

***For** whom do you work now?*

—Trabajo **para** mi papá en su oficina.

*I work **for** my father in his office.*

3. **Specific time** (by, for)

—¿**Para** cuándo necesita el dinero, señora?

***(By) When** do you need the money, ma'am?*

—Lo necesito **para** el próximo sábado.

*I need it **by (for)** next Saturday.*

4. **Destination** (to, for)

—¿**Para** dónde sales mañana por la tarde?

***(To)** Where are you going tomorrow afternoon?*

—Salgo **para** la costa.

*I'm leaving **for** the coast.*

5. **Purpose** (in order to) + infinitive

—¿Por qué estudias español?

Why do you study Spanish?

—Lo estudio **para** poder hablar con mis clientes.

*I study it **in order to** speak with my clients.*

6. **Member of a group** (for)

Para ser un chico de diez años, él es muy responsable.

***For** (being) a ten-year-old, he is very responsible.*

7. **To show one's opinion** (for)

Para Elena, es mejor trabajar por la mañana.

***For** Elena, it is better to work in the morning.*

Para mí, el trabajo de peluquero es fascinante.

***For** me (In my opinion), the hairstylist has a fascinating job.*

¡A practicar!

11-6 **¿Por o para?** Escoge entre **por** o **para** para completar las siguientes oraciones y explica por qué. Luego, hazle las preguntas a un(a) compañero(a) de clase.

1. ¿Vives por / para trabajar o trabajas por / para vivir?
2. ¿Prefieres trabajar por / para la mañana o por / para la tarde?
3. ¿Pasas por / para el campus universitario todos los días?
4. ¿Cuántos días por / para semana asistes a la clase?
5. Por / Para ti, ¿cuál es la profesión menos agradable?
6. Cuando tus amigos están enfermos, ¿trabajas por / para ellos? ¿Trabajaste alguna vez por / para una persona que estuviera (was) enferma?
7. ¿Por / Para cuánto tiempo has estudiado en esta universidad?
8. ¿Cuánto dinero recibiste por / para tus libros este semestre?
9. ¿Por / Para dónde vas al final del semestre?
10. ¿Por / Para cuándo necesitas entregar tu próximo trabajo escrito?

11-7 **¿Qué sabes del pueblo mapuche?** Escoge entre **por** o **para,** a fin de (in order to) completar la siguiente narración sobre un grupo indígena de Chile.

1. El pueblo mapuche ha vivido en Chile y al sudoeste de Argentina por / para varios siglos.
2. El pueblo mapuche siempre ha luchado (fought) por/ para mantener sus tierras.
3. La organización social del pueblo mapuche está formada por / para el padre, su esposa y los hijos.
4. Recientemente, el pueblo mapuche ha organizado el etnoturismo por / para enseñar a los turistas sus costumbres y su cultura.

11-8 **Una encuesta** Elena va al Banco Nacional. Una empleada le hace algunas preguntas. Completa la conversación con un(a) compañero(a), usando las preposiciones **por** o **para** en el diálogo. Luego, interpreten (act out) la escena para la clase.

Empleada

1. ¿_____ qué prefiere Ud. este banco, señora?
3. ¿_____ qué necesitó Ud. venir hoy?
5. Generalmente, ¿cuándo viene al banco _____ usar nuestros servicios?
7. ¿Cuánto paga _____ los servicios de este banco?
9. ¿Le parece razonable?
11. ¡Muy bien! _____ casualidad, ¿conoce Ud. a nuestra cajera, Susana?
13. ¡Ah! _____ eso se parecen tanto. Permítame una última pregunta, _____ favor: ¿Qué impresión tiene Ud. del Banco Central?
15. Gracias _____ su cooperación.

Elena

2. _____ su servicio rápido y porque es muy conveniente.
4. _____ depositar dinero.
6. Los sábados _____ la mañana.
8. Quince pesos _____ mes.
10. Sí, _____ mí está muy bien. Y voy a abrir otra cuenta (account) _____ mi hija en un año.
12. Sí, alguien me tomó _____ ella el otro día. ¡Ja, ja! Ella es mi hermana.
14. _____ mí, es un banco fabuloso.
16. De nada, señora.

¡A conversar!

11-9 **¿Qué sabes tú de Chile?** Con otro(a) estudiante, conversen sobre la siguiente información. El/La estudiante 1 tiene unas preguntas sobre Chile. El/La estudiante 2 tiene una lista de información sobre Chile, y tiene que responder a las preguntas del (de la) estudiante 1. Noten el uso de **por** y **para** en las preguntas y en las respuestas.

En este mapa de Chile está dividido en seis regiones: Gran Norte, Pequeño Norte, Centro, Sur, Norte de Patagonia y Sur de Patagonia.

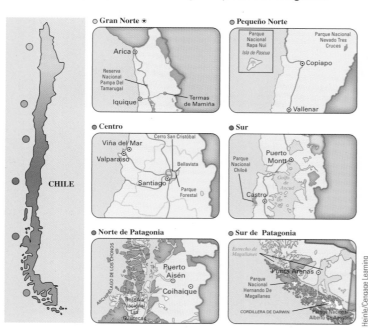

Cultura

Santiago, the capital of Chile, is a very walkable city. The following tour will take about four hours:

- Santa Lucia Hill, where visitors will watch a theatrical representation of the foundation of Santiago.
- Lastarria neighborhood, a historical and cultural area.
- Parque Forestal and Bellavista neighborhood
- From San Cristóbal Hill, take the funicular up to the city's highest point, with the Immaculate Conception Sanctuary and the statue of the Virgin Mary.

The central coast of Chile has numerous small resorts, fishing villages and a pair of cities, Viña del Mar and Valparaíso, that have beautiful beaches with plenty of tourists visiting during January and February. Visitors can spend a week or more visiting Santiago, Valparaíso, and Viña del Mar.

Cultura

Rapa Nui is the indigenous name of Easter Island, which is north of Chile. A Polynesian society settled in this island A.D. 300 and established a powerful and a very creative society. They built monumental sculptures and architecture that has not been seen anywhere else. From the tenth to the sixteenth century, this society built shrines and enormous stone figures called *moai* that created a unique cultural landscape that fascinates anyone who sees it.

Cultura

Alberto de Agostini National Park is located in the Chilean part of *Tierra del Fuego*. It covers 14,600 square kilometers and includes the *Cordillera de Darwin*. The park was named after Alberto de Agostini, an Italian missionary and explorer. There are several glaciers and fjords that can be seen in the park. The area was visited by Charles Darwin, and the park, as well as *Cabo de Hornos* National Park, was designated a World Biosphere Reserve by Unesco in 2005.

Estudiante 1

1. **¿Por** cuántas regiones pueden pasear los turistas en Chile?

2. **¿Para** qué van los turistas al Parque Nacional Rapa Nui (Isla de Pascua) en el Pequeño Norte de Chile?

3. **¿Por** cuánto tiempo deben visitar los turistas Santiago, Valparaíso y Viña del Mar en el Centro de Chile? **¿Por** dónde deben pasear los turistas en Santiago?

4. ¿Te gustaría pasear **por** el Parque Nacional Alberto de Agostini en el Sur de la Patagonia?

Estudiante 2

a. Sí, me gustaría pasear **por** el Sur de la Patagonia **para** ver glaciares y fiordos y la Cordillera de Darwin.

b. Los visitantes pueden pasear **por** seis regiones diferentes en Chile.

c. Los turistas deben quedarse en Santiago y en Viña del Mar **por** una semana o más. Deben caminar **por** el Parque Forestal, el barrio Bellavista y la Colina de San Cristóbal.

d. Los turistas deben visitar la Isla de Pascua **para** ver las esculturas enormes de nombre *moai*.

✎ Student Activities Manual, *Capítulo 11*

🌐 *Capítulo 11*

iLrn iLrn: Heinle Learning Center, *Capítulo 11*

🎧 **Por** and **para**

Chile

Veamos el video de Chile para luego discutir.

1. ¿Dónde está situada la capital de Chile, Santiago?
2. Describan el Palacio de la Moneda.
3. ¿Qué hay en el Mercado Central?

See the *Workbook,* **Capítulo 11, Viajemos por Chile** for additional activities.

Población: 16.601.707

Área: 748.800 kilómetros cuadrados, casi dos veces el tamaño de Montana

Capital: Santiago, 5.333.100

Ciudades principales: Viña del Mar, 303.100; Valparaíso, 274.100; Talcahuano, 252.800; Temuco, 247.200; Concepción, 217.600

Moneda: el peso chileno

Lenguas: el español y lenguas indígenas como aymara, mapudungun y rapanui

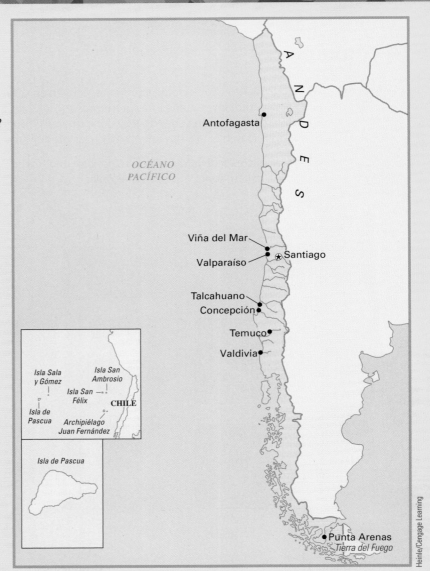

Personalidades ilustres La primera mujer elegida presidente de Chile es Michelle Bachelet Jeria, quien comenzó su período presidencial en marzo de 2006 para gobernar hasta diciembre de 2009. Michelle Bachelet es cirujana *(surgeon)* y pediatra *(pediatrician)* y habla cinco idiomas: alemán, español, francés, inglés y portugués. La idea de la presidente es aumentar el número de mujeres que trabajan para el gobierno chileno y disminuir la brecha *(gap)* económica que existe entre los pobres y los ricos en su país.

¿Qué piensas del plan de la presidente Bachelet? Para un(a) político(a) *(politician)*, ¿es bueno hablar más de un idioma?

Historia Algunas tribus indígenas chilenas son los mapuches, los huilliches y los picunches. Estas tribus se encuentran en el centro y el sur de Chile y al oeste de Argentina. Cuando los conquistadores se encontraron con los indígenas por primera vez, éstos vivían en pequeños pueblos donde cultivaban maíz y papas principalmente, pescaban y cazaban. Los españoles no pudieron conquistar a los indígenas hasta 1881. Hoy en día muchos de los indígenas son dueños de sus propias tierras y se ocupan de cultivar la tierra y de cuidar al ganado (cattle). También sus trabajos en plata, cuero, arcilla y tejidos son muy famosos.

¿Hay algún grupo indígena en tu región? ¿Qué ha hecho este grupo?

© Michele Burgess/Photolibrary

 Visit it live on **Google Earth!**
© Michele Burgess/Photolibrary

Lugares mágicos La región más famosa de Chile es la región de la Patagonia porque ofrece los paisajes más dramáticos, desde islas de hielo y glaciares hasta montañas y valles. La Patagonia chilena tiene dos subregiones: la del norte llamada Aisén y la del sur llamada Magallanes, en honor a Fernando de Magallanes, el primer europeo que cruzó el estrecho al sur de la Antártica (conocido en inglés como *Strait of Magellan*) en 1520. En Aisén se encuentra el Parque Nacional Laguna San Rafael mientras que en Magallanes se encuentra el Parque Nacional Torres del Paine, región famosa por sus recursos naturales y por sus paisajes preciosos.

¿Te gustaría trabajar con la naturaleza? ¿Te gustaría trabajar con una comunidad indígena? ¿Cuál y por qué?

Ritmos y música La Nueva Canción Chilena aparece en Chile con el fenómeno de Violeta Parra (1917–1967). Al principio se usan instrumentos y ritmos folclóricos para tener más tarde su propio ritmo. En relación a los temas, la Nueva Canción Chilena pretendía cambiar las estructuras sociales, políticas y económicas que habían existido en Chile antes de la elección popular del presidente socialista Salvador Allende en 1970. Algunos de los representantes de la Nueva Canción Chilena son Isabel y Ángel Parra, hijos de Violeta Parra, Víctor Jara y los grupos estudiantiles Inti-Illimani y Quilapayún.

 La próxima selección musical "Me gustan los estudiantes", cantada por Ángel Parra, está dedicada a los estudiantes de todas las facultades universitarias ya que para Violeta Parra la semilla de todo cambio social estaba en los estudiantes universitarios. *Access the iTunes playlist on the **Viajes** website.*

¿Cuál es tu misión en la sociedad como estudiante? ¿Crees que puedes ser el origen del cambio para una sociedad mejor?

🌐 ¡Busquen en la red de información!
www.cengage.com/spanish/viajes

1. Personalidades ilustres: Michelle Bachelet
2. Historia: Comunidades indígenas
3. Lugares mágicos: La Patagonia en Chile
4. Ritmos y música: La Nueva Canción Chilena, Violeta Parra

Un puesto en el bufete de Infante Garrido y Garrido

In this section, you will learn how to talk about a typical office environment and work-related activities. You will also learn words and expressions related to the job search. Have you ever worked in an office? What did you do there?

Sustantivos

los beneficios *benefits*

el bufete *law office*

el contrato *contract*

la empresa *corporation; business*

la entrevista *interview*

el puesto *job, position*

el salario *wage*

la solicitud *application (form)*

el sueldo *salary*

Verbos

contratar a *to hire someone*

dejar *to quit*

despedir (i, i) *to fire*

imprimir *to print*

jubilarse *to retire*

llenar *to fill out (a form)*

renunciar *to resign*

reunirse *to meet*

Expresiones idiomáticas

de tiempo completo/parcial *full-time/part-time*

llamar por teléfono *to make a phone call*

pedir un aumento *to ask for a raise*

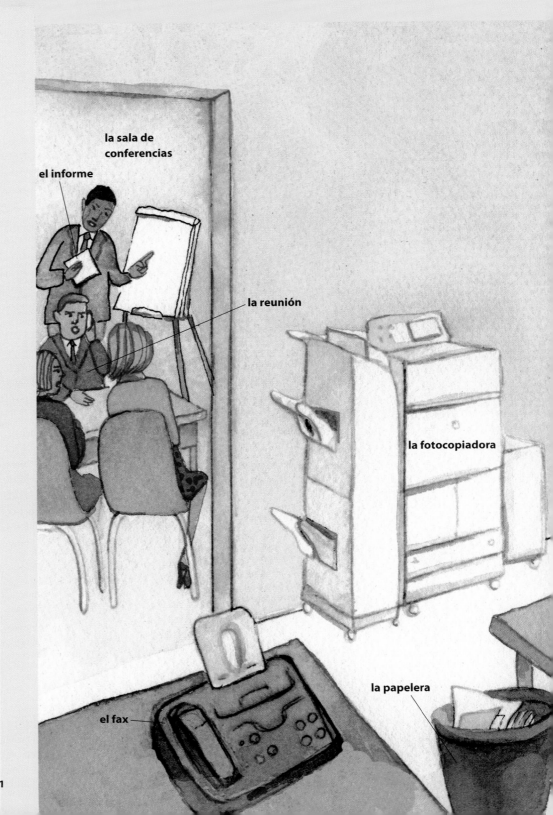

la sala de conferencias

el informe

la reunión

la fotocopiadora

la papelera

el fax

candidato

Infante Garrido y Garrido

C.V.

el currículum

el correo electrónico

el archivo

la computadora

la impresora

el fichero

Palabras útiles

el (la) asistente legal
paralegal

la dirección electrónica
email address

el entrenamiento
training

el plan de retiro/ jubilación
retirement plan

el ratón
mouse

el seguro médico
medical insurance

la tecla
keyboard

archivar
to file

dejar un mensaje
to leave a message

sacar fotocopias
to photocopy

Curiosidades del idioma

The following words can be useful when filling out a job application in Spanish: **la letra de molde** *(print)*, or **letra de imprenta** *(print)*, **el estado civil** *(marital status)* **actual** *(current, present)*, **el sueldo mensual** *(monthly salary)*.

Heinle/Cengage Learning

¡A practicar!

11-10 Emparejar Empareja la definición con la palabra o frase que mejor corresponda a cada una de las palabras o frases de la izquierda.

1. _____ jubilarse
2. _____ de tiempo completo
3. _____ la solicitud
4. _____ solicitar un puesto
5. _____ la impresora
6. _____ imprimir
7. _____ despedir

a. trabajar desde las 8:00 hasta las 5:00 todos los días
b. producir un documento escrito de una computadora
c. algo que se conecta con la computadora
d. dejar de trabajar después de muchos años
e. el documento que das con el currículum
f. eliminar una persona de la empresa
g. buscar un trabajo nuevo

11-11 Un día en la vida de Sofía Sofía es la secretaria del bufete de Infante Garrido y Garrido. Completa la siguiente historia con las palabras de la lista para describir un día en su trabajo. En algunos casos vas a tener que conjugar los verbos.

beneficios	pedir un aumento
candidato	puesto
correo electrónico	renunciar
fax	reunirse
imprimir	sala de conferencias
llamar por teléfono	tiempo parcial
llenar	

Yo tengo un 1. _____ en el bufete de Infante Garrido y Garrido. El sueldo no es muy alto, pero los 2. _____ que me dan son buenos. ¡El problema es que me dan demasiado que hacer! Tengo que contestar cuando alguien 3. _____. Paso mucho tiempo trabajando con el 4. _____ cuando la gente manda documentos urgentes. También, tengo que contestar los mensajes que vienen en la computadora por 5. _____. A veces necesito 6. _____ los mensajes para mi jefe porque él no sabe usar la computadora. A veces, me hacen 7. _____ documentos muy importantes, y me pongo nerviosa. Estoy cansada de trabajar tanto; estoy pensando en 8. _____ si no encuentran a alguien para ayudarme. Ellos buscan un 9. _____ para un puesto de 10. _____ para ayudarme por la mañana. Además, los jefes de la oficina van a 11. _____ en la 12. _____ para hablar de mí esta tarde. Yo les acabo de 13. _____ de sueldo. ¡A ver qué pasa!

¡A conversar!

11-12 Adivinanzas (guesses) Trabaja con un(a) compañero(a) para definir las palabras de la lista. Tu compañero(a) tiene que adivinar la palabra que estás describiendo.

Modelo el currículum

E1: *Es un documento importante para un(a) candidato. Tiene todos los trabajos que él o ella ha tenido. Un(a) candidato(a) les da este papel a las compañías donde quiere trabajar.*
E2: *¿Es el currículum?*
E1: *¡Sí!*

E1: los beneficios, la fotocopiadora, el fax, la sala de conferencias
E2: despedir, un trabajo de tiempo completo, pedir un aumento, la entrevista

11-13 Para solicitar un puesto Con un(a) compañero(a) de clase habla de lo que se necesita para conseguir un trabajo. Usando las actividades asociadas con las ilustraciones narren las actividades de este candidato para un puesto. Empiecen con las actividades a continuación y añadan otras para cada ilustración. Después de preparar y practicar su narración, preséntenla a los otros miembros de la clase.

Modelo *1. Es necesario preparar un curriculum para describir tu experiencia previa de trabajo.*
2. Hay que buscar una compañía interesante para ti.
3. Tienes que escribirle una carta al (a la) jefe(a) de la compañía, etc.

Heinle/Cengage Learning

1.
leer el periódico o usar
  el Internet para
  buscar puestos
preparar el currículum
pedir cartas de
  recomendación
  y referencias
contestar un anuncio
  que le interesa

2.
ir a la oficina que tiene
  un puesto
llenar una solicitud
pedir una entrevista
hablar con unos
  empleados de la
  empresa

3.
comprar un traje o un
  vestido nuevo
levantarse temprano el día
  de la entrevista
presentarse en la oficina
hacer preguntas sobre la
  empresa, el puesto
  y el sueldo

4.
negociar las condiciones
  de la oferta
aceptar la oferta
firmar el contrato
conocer a los otros
  empleados

The subjunctive mood with statements of volition, desire, and intention

Thus far in *Viajes,* you have been learning the indicative mood of the present and past tenses. The indicative mood is used to state facts and ask questions objectively. A second mood exists in Spanish called the subjunctive mood.

The subjunctive is used to express more subjective concepts as well as to make statements about wishes, wants, and emotions. The subjunctive is also used to express doubt, uncertainty, or negation.

The formation of the subjunctive follows the same procedure as that of formal commands. For now, you should at least be able to recognize the subjunctive mood and have a basic understanding of why the subjunctive is used.

Here are a few examples of the subjunctive mood and the contexts that require it:

volition/influence
Yo quiero que tú **vayas** a la reunión.

*I want you **to go** to the meeting.*

emotion
Siento que el empleado no **reciba** un aumento.

*I'm sorry the employee **does not receive** a raise.*

doubt
Ella duda que Ramón **termine** el proyecto hoy.

*She doubts that Ramon **will finish** the project today.*

negation/denial
No es cierto que Pedro **sepa** usar el fax.

*It's not certain that Pedro **knows how** to use the fax.*

Now, you will learn more about the subjunctive mood and how Spanish speakers use it to express what they want others to do.

The most common use of the subjunctive mood is for influence—in the form of wanting, hoping, demanding, preferring, recommending, and prohibiting: the first subject/verb combination (clause) of a sentence influences the second subject/verb combination. Note that, with few exceptions, the subjunctive appears only in dependent clauses.

Carlos **quiere que José trabaje** más.

Carlos wants José to work more.

In the example above, the first clause (**Carlos quiere...**) causes the subjunctive in the second (dependent) clause (**... que José trabaje**) because the first clause is a statement of *causing* or *volition*. This is the type of subjunctive situation you'll be practicing later in this section.

The present subjunctive verb forms

To form the present subjunctive of most verbs, drop the **-o** from the present indicative **yo** form, then add the endings shown. Note that it is the same process as that which you follow to form formal and negative informal commands.

	-ar lavarse	-er hacer	-ir escribir
yo	me lav**e**	hag**a**	escrib**a**
tú	te lav**es**	hag**as**	escrib**as**
Ud., él, ella	se lav**e**	hag**a**	escrib**a**
nosotros(as)	nos lav**emos**	hag**amos**	escrib**amos**
vosotros(as)	os lav**éis**	hag**áis**	escrib**áis**
Uds., ellos(as)	se lav**en**	hag**an**	escrib**an**

The stem of verbs ending in **-car**, **-gar,** and **-zar** has a spelling change to maintain pronunciation.

sacar (c → qu)	llegar (g → gu)	comenzar (z → c)
sa**que**	lle**gue**	comien**ce**
sa**ques**	lle**gues**	comien**ces**
sa**que**	lle**gue**	comien**ce**
sa**quemos**	lle**guemos**	comen**cemos**
sa**quéis**	lle**guéis**	comen**céis**
sa**quen**	lle**guen**	comien**cen**

—¿Quieres que yo **saque** los documentos? *Do you want **me to take out** the documents?*

—Sí, recomiendo que **comencemos** ahora. *Yes, I recommend that **we begin** now.*

Also note that stem-changing verbs that end in **-ar** and **-er** have the same stem changes (**ie, ue**) in the present indicative and in the present subjunctive. Pay special attention to the **nosotros** and **vosotros** forms.

pensar (e → ie)				poder (o → ue)			
Indicative	Subjunctive	Indicative	Subjunctive	Indicative	Subjunctive	Indicative	Subjunctive
p**ie**nso	p**ie**nse	pensamos	pensemos	p**ue**do	p**ue**da	podemos	podamos
p**ie**nsas	p**ie**nses	pensáis	penséis	p**ue**des	p**ue**das	podéis	podáis
p**ie**nsa	p**ie**nse	p**ie**nsan	p**ie**nsen	p**ue**de	p**ue**da	p**ue**den	p**ue**dan

—¿Qué te dijo la jefe? *What did the boss tell you?*

—Ella insiste en que yo **piense** en el proyecto. *She insists that **I think about** the project.*

Stem-changing verbs that end in **-ir** have the same stem changes (**ie, ue**) in the present indicative and in the present subjunctive. However, the **nosotros** and **vosotros** forms have a stem change (**e** to **i, o** to **u**) in the present subjunctive.

divertirse (ie)				dormir (ue)			
Indicative	Subjunctive	Indicative	Subjunctive	Indicative	Subjunctive	Indicative	Subjunctive
me div**ie**rto	me div**ie**rta	nos divertimos	nos div**i**rtamos	d**ue**rmo	d**ue**rma	dormimos	d**u**rmamos
te div**ie**rtes	te div**ie**rtas	os divertís	os div**i**rtáis	d**ue**rmes	d**ue**rmas	dormís	d**u**rmáis
se div**ie**rte	se div**ie**rta	se div**ie**rten	se div**ie**rtan	d**ue**rme	d**ue**rma	d**ue**rmen	d**ue**rman

Espero que **te diviertas** en Viña del Mar. *I hope you have fun in Viña del Mar.*

The verbs **pedir** and **servir** have the same stem change (**e** to **i**) in the present indicative and in the present subjunctive. The **nosotros** and **vosotros** forms have an additional stem change (**e** to **i**) in the present subjunctive.

pedir (i)				servir (i)			
Indicative	Subjunctive	Indicative	Subjunctive	Indicative	Subjunctive	Indicative	Subjunctive
p**i**do	p**i**da	pedimos	p**i**damos	s**i**rvo	s**i**rva	servimos	s**i**rvamos
p**i**des	p**i**das	pedís	p**i**dáis	s**i**rves	s**i**rvas	servís	s**i**rváis
p**i**de	p**i**da	p**i**den	p**i**dan	s**i**rve	s**i**rva	s**i**rven	s**i**rvan

Deseo que **sirvamos** a los clientes con respeto. *I want **us to serve** the clients with respect.*

¿Quieres que yo **pida** una reunión con los empleados? *Do you want **me to request** a meeting with the employees?*

Some verbs have irregular forms in the present subjunctive because their stems are not based on the **yo** form of the present indicative.

dar	estar	ir	saber	ser
dé	esté	vaya	sepa	sea
des	estés	vayas	sepas	seas
dé	esté	vaya	sepa	sea
demos	estemos	vayamos	sepamos	seamos
deis	estéis	vayáis	sepáis	seáis
den	estén	vayan	sepan	sean

—¿Permites que le **dé** yo el número de la oficina en Santiago?   *Do you permit **me to give** him the number of the office in Santiago?*

—Sí. Y quiero que él **sepa** el número en Valdivia también.   *Yes. And I want **him to know** the number in Valdivia as well.*

The subjunctive form of **hay** is **haya,** which is invariable.

Espero que **haya** muchos candidatos para el puesto.   *I hope that **there are** many candidates for the position.*

The use of the present subjunctive with verbs of volition

The examples given in the previous section demonstrate several common verbs of volition that cause the subjunctive to be used in the dependent clause. These verbs include the following:

desear	*to wish; to want*	**preferir (ie, i)**	*to prefer*
insistir en	*to insist*	**prohibir**	*to prohibit, forbid*
mandar	*to command*	**querer (ie)**	*to want*
pedir (i, i)	*to request*	**recomendar (ie)**	*to recommend*
permitir	*to permit*		

A verb of volition is followed by a verb in the subjunctive when the subject of the dependent clause is different from that of the independent clause. The two clauses are linked together by the word **que** *(that).*

In sentences that have no change of subject, an infinitive—not the subjunctive—follows the verb of volition. Compare the following sentences.

No change of subject

José prefiere trabajar ahora.
José prefers to work now.

Change of subject

Carlos prefiere que José **trabaje** ahora.
Carlos prefers that José work now.

Place pronouns before conjugated verbs in the present subjunctive.

—Deseamos que **te diviertas.**   *We want **you to have fun**.*

—Y yo insisto en que **me escribas.**   *And I insist that **you write to me**.*

—¿Quieres mi dirección?   *Do you want my address?*

—Sí, recomiendo que **me la des** ahora.   *Yes, I recommend that **you give it to me** now.*

¡A practicar!

11-14 Reconocer el subjuntivo Mira las siguientes oraciones y explica por qué llevan un verbo en el subjuntivo *(volition, emotion, doubt, or negation)*. Subraya el verbo en subjuntivo en cada oración.

1. Estoy contento de que tengamos que vivir en Viña del Mar.
2. Me alegro de que hagamos muchos viajes por Chile.
3. Quiero que tú y yo vayamos a unas playas del Océano Pacífico.
4. Dudo que en la ciudad de Iquique haga más fresco que en la ciudad de Valdivia.
5. No es que la ciudad de Valparaíso no me guste, pero prefiero las montañas de Portillo para esquiar.
6. No creo que los turistas no quieran pasear por la zona de los viñedos *(wineries)*.

11-15 Recomendaciones para una candidata Escoge la forma correcta del verbo para completar cada oración e indica por qué la escogiste.

Modelo Recomiendo que llegas/llegues a tiempo a la entrevista.
Recomiendo que __llegues__ a tiempo a la entrevista.
The sentence expresses volition or influence.

1. Me alegro de que encuentras/encuentres muchos puestos en el periódico y en el Internet.
2. Quiero que hablas/hables con muchas personas.
3. No es cierto que el proceso es/sea fácil.
4. Muchos jefes desean que los candidatos buscan/busquen información sobre la compañía antes de la entrevista.
5. Los jefes también quieren que un candidato o una candidata les dice/diga la verdad.
6. Dudo que otros candidatos están/estén más entusiasmados que tú.

11-16 ¿Qué quiere mi jefe? ¿Qué dice José sobre lo que quiere el jefe de él y de los otros empleados? Termina cada oración con un verbo adecuado de la lista.

llegue   conteste   dé

Mi jefe quiere que yo...

1. _____ informes mensuales *(monthly)*.
2. _____ a tiempo a la oficina.
3. _____ el correo electrónico.

nos comuniquemos   no hablemos   tengamos   nos vistamos

Mi jefe prefiere que nosotros...

4. _____ reuniones cortas.
5. _____ profesionalmente.
6. _____ de nuestros proyectos fuera de la oficina.
7. _____ mucho entre nosotros.

imprima   no trabaje   haga

Mi jefe recomienda que Sofía...

8. _____ las fotocopias.
9. _____ todos los documentos antes de las reuniones.
10. _____ durante los fines de semana.

11-17 Mis finanzas personales Marcos y Silvia quieren arreglar sus finanzas personales y consultan con un empleado del banco. Completa cada oración con la forma correcta del verbo para saber qué recomienda el banquero.

1. Primero, quiero que Uds. _____ (depositar) más dinero en la cuenta de ahorros y menos en la cuenta corriente.
2. Marcos, recomiendo que tú no _____ (escribir) tantos cheques.
3. Silvia, insisto que tú no _____ (sacar) dinero del cajero automático tan frecuentemente.
4. También prefiero que mis clientes no _____ (pedir) ningún dinero prestado. Es importante que _____ (pagar) todo inmediatamente.
5. Prohíbo que sus padres les _____ (dar) dinero con frecuencia. Prefiero que Uds. _____ (ser) independientes en el futuro.
6. Espero que Uds. _____ (empezar) el proceso de independencia ahora.
7. Quiero que Uds. _____ (tener) solamente dos tarjetas de crédito, una principal y otra en caso de emergencia.
8. Este mes prefiero que Uds. no _____ (ir) al centro comercial ni _____ (usar) el Internet para hacer compras.
9. Espero que Uds. _____ (poder) hacer los cambios necesarios.
10. Pido que Uds. compren solamente las cosas necesarias, porque quiero que _____ (sentirse) más tranquilos y que _____ (dormir) bien.

11-18 Mi trabajo en la universidad Forma oraciones completas con las siguientes palabras. Nota que a veces tienes que usar el infinitivo en la segunda cláusula.

Modelo mis padres / prohibir / yo / trabajar / la semana
Mis padres prohíben que yo trabaje durante la semana.

1. el consejero / recomendar / los estudiantes / no hablar por teléfono / con sus amigos
2. yo / querer / aprender / de mis experiencias
3. mi jefe / pedir / yo / no usar / la fotocopiadora / para asuntos personales
4. nuestros profesores / esperar / nuestros gerentes / dar / a nosotros / un sueldo bueno
5. nosotros / preferir / no trabajar / los sábados
6. yo / desear / encontrar / un trabajo / de tiempo completo

11-19 La vida estudiantil Los estudiantes reciben muchos consejos: de sus padres, sus profesores y sus amigos. Para expresar los consejos que recibe un(a) estudiante típico(a), forma oraciones usando un elemento de cada columna. Ten cuidado con la selección del subjuntivo o indicativo en la segunda parte de cada oración.

Los padres	recomendar	sus hijos	estudiar mucho
Todos los profesores	esperar	yo	ser responsable(s)
Algunos profesores	insistir (en)	mis compañeros (as) de clase y yo	asistir a clase
Mi profesor(a) de ___	preferir	mis amigos y yo	hacer la tarea
Mi mejor amigo(a)	querer	los estudiantes	mantenerse en contacto

¡A conversar!

11-20 **Consejos para Javier** Javier ha aceptado un nuevo puesto y sus amigos le ofrecen muchos consejos. Lee las siguientes oraciones e indica si estás de acuerdo *(you agree)* o no con los consejos.

> **Modelo** Es importante que un(a) nuevo(a) empleado(a) llegue a la oficina temprano.
> *Estoy de acuerdo. Es importante que un(a) nuevo(a) empleado(a) llegue a la oficina temprano.*
>
> o *No estoy de acuerdo. No es importante que un(a) nuevo(a) empleado(a) llegue a la oficina temprano. Es importante que llegue a tiempo.*

1. Recomiendo que un(a) nuevo(a) empleado(a) conozca a muchas personas en el lugar donde trabaja.
2. Es necesario que todas las personas sepan usar la computadora.
3. No es probable que una persona reciba un aumento después de sólo un mes.
4. Es importante que un(a) jefe hable con sus empleados regularmente.
5. Unos empleados desean que los nuevos empleados no hablen mucho.
6. Es necesario que termines los proyectos a tiempo.

11-21 **La entrevista** Trabajen en parejas. Presenten una entrevista entre un(a) candidato(a) para un puesto y un jefe. Una persona lee las preguntas del jefe y la otra persona contesta. Luego, cambien de papel. Presenten una de las entrevistas a la clase.

1. ¿Puedes empezar inmediatamente o es necesario que dejes otro puesto?
2. ¿Necesitas entrenamiento *(training)* formal? Dudo que aprendas en el trabajo.
3. ¿Quieres que tu supervisor(a) hable contigo frecuentemente o prefieres comunicarte por correo electrónico?
4. ¿Deseas que el puesto incluya seguro médico o un plan de retiro? No es posible incluir los dos.
5. Me alegro de que te guste trabajar solo(a). Pero también quiero que participes en proyectos con otros empleados.
6. ¿Es probable que aceptes el puesto si te lo ofrezco?

11-22 **Aspiraciones** ¿Qué aspiraciones tienes para el futuro? Contesta las siguientes preguntas y después compara tus respuestas con las de un(a) compañero(a) de clase. ¿Tienen mucho en común? Noten que pueden usar las sugerencias que están a continuación o usar otros verbos de voluntad.

1. ¿Quieres trabajar en los Estados Unidos o en otro país? ¿Cómo quieres hacerlo? Yo quiero... Espero...
2. ¿Qué consejos les da tu madre a ti y a tus hermanos sobre la educación? Mi mamá quiere que nosotros... Ella manda que nosotros... Ella no quiere que nosotros...
3. ¿Qué le dices tú a tu novio(a) o esposo(a) sobre la búsqueda de trabajo? Yo le pido que él/ella... Yo le recomiendo que él/ella... Yo le prohíbo que él/ella...
4. ¿Qué le dices tú a tu compañero(a) de clase en cuanto al futuro? Yo deseo que él/ella... Yo recomiendo que él/ella...

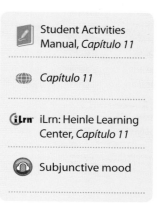

Student Activities Manual, *Capítulo 11*

Capítulo 11

iLrn: Heinle Learning Center, *Capítulo 11*

Subjunctive mood

Por vs. para

Uses of por

In general, **por** conveys the underlying idea of a cause, reason, or source behind an action.

1. Duration of time	8. On behalf of
2. Motion	9. Mistaken identity
3. General area	10. Unit of measurement
4. In exchange	11. Reason
5. Value or cost	12. Purpose (noun)
6. In place of	13. Idiomatic expressions
7. Gratitude	

Uses of para

In general, **para** conveys the underlying idea of purpose (goal), use, and destination.

1. Recipient	5. Purpose (+ infinitive)
2. Employment	6. Member of a group
3. Specific time	7. To show one's opinion
4. Destination	

¡A recordar! 1 List all of the idiomatic expressions with **por** that you can remember from the chapter.

Present subjunctive with verbs of volition

Formation

To form the present subjunctive of most verbs, drop the -**o** from the present indicative **yo** form, then add the endings shown.

	-ar verbs	-er verbs	-ir verbs
yo	me lav**e**	hag**a**	escrib**a**
tú	te lav**es**	hag**as**	escrib**as**
Ud., él, ella	se lav**e**	hag**a**	escrib**a**
nosotros(as)	nos lav**emos**	hag**amos**	escrib**amos**
vosotros(as)	os lav**éis**	hag**áis**	escrib**áis**
Uds., ellos(as)	se lav**en**	hag**an**	escrib**an**

The stems of verbs that end in -**car**, -**gar**, and -**zar** have a spelling change to maintain pronunciation: **sacar (c → qu); llegar (g → gu); comenzar (z → c).** Stem-changing verbs that end in -**ar** and -**er** have the same stem changes **(ie, ue)** in the present indicative and the present subjunctive. Stem-changing verbs that end in -**ir** have the same stem changes **(ie, ue)** in the present indicative and the present subjunctive, except for the **nosotros** and **vosotros** forms, which have a stem change **(e to i, o to u)** in the present subjunctive.
The verbs **pedir** and **servir** have the same stem change **(e to i)** in the present indicative and the present subjunctive. The **nosotros** and **vosotros** forms have an additional stem change **(e to i)** in the present subjunctive.

Verbs of volition

The following verbs of volition require the use of the subjunctive in the dependent clause:

desear	pedir (i, i)	prohibir
insistir en	permitir	querer (ie)
mandar	preferir (ie, i)	recomendar (ie)

¡A recordar! 2 Which five verbs from the chapter have irregular subjunctive forms? What is the subjunctive form of **hay**? In sentences that have no change of subject between the main and the subordinate clause, is the subjunctive used following the verb of volition? Where are pronouns placed in relation to a conjugated verb in the subjunctive?

Actividad 1   El trabajo Escoge **por** o **para** según el contexto para completar cada oración.

1. Mi amigo Jaime vive _____ trabajar.
2. Trabaja todo el día y frecuentemente _____ la noche también.
3. El puesto es perfecto _____ él.
4. Muchas empresas pagan mucho dinero a la compañía de Jaime _____ sus servicios.
5. El único problema es que si él está enfermo, nadie puede trabajar _____ él.
6. Jaime viaja mucho _____ Sudamérica.
7. Mañana él sale _____ Santiago.
8. Va a trabajar allí _____ tres semanas.
9. Tiene que terminar un proyecto grande _____ el próximo mes.
10. Jaime tiene mucho éxito _____ ser un hombre tan joven.
11. Es de Chile, pero habla inglés tan bien que muchas personas en Nueva York lo toman _____ estadounidense.

Actividad 2   La búsqueda de trabajo Escribe la forma correcta de cada verbo en el presente del subjuntivo para saber qué recomienda esta consejera.

1. Recomiendo que todos los candidatos _____ (preparar) su currículum.
2. Es necesario que tú _____ (llenar) muchas solicitudes.
3. Espero que tú _____ (tener) muchas entrevistas.
4. Insisto en que Uds. _____ (llegar) temprano a sus entrevistas.
5. En la entrevista, es importante que el jefe _____ (explicar) las responsabilidades del trabajo.
6. Recomiendo que un(a) candidato(a) no _____ (ser) arrogante.
7. Espero que Uds. no _____ (estar) nerviosos.
8. Es bueno que algunas empresas _____ (ofrecer) beneficios.
9. Es posible que no _____ (haber) suficiente trabajo para todos.
10. Sugiero que tú _____ (vestirse) apropiadamente para la entrevista.
11. Los expertos sugieren que nosotros _____ (saber) usar muchas formas de tecnología.
12. Mi padre siempre recomienda que yo _____ (dormir) un mínimo de ocho horas la noche antes de una entrevista.
13. Espero que mis consejos les _____ (servir) en su búsqueda de trabajo.

Actividad 3   **Un viaje a Chile** Lee cada oración y decide si se debe usar el subjuntivo o no. Escoge la letra de la razón apropiada para cada una.

a. Volition/influence
b. Emotion
c. Doubt/uncertainty
d. Negation/denial
e. No subjunctive

_____ 1. Me alegro de que mi familia y yo vayamos a Viña del Mar.

_____ 2. Es necesario que yo aprenda mucho sobre Chile.

_____ 3. Espero que haga buen tiempo.

_____ 4. Es probable que veamos animales y plantas diferentes.

_____ 5. Es cierto que el desierto de Atacama es muy seco (dry).

_____ 6. Mi madre duda que yo comprenda la política de Chile.

_____ 7. Es imposible que mi hermano menor viaje con nosotros.

_____ 8. Espero divertirme mucho.

Actividad 4   **Recomendaciones** Completa el párrafo con la forma correcta de cada verbo. Escoge el subjuntivo, el indicativo o el infinitivo según el contexto.

Los expertos recomiendan que los estudiantes de la universidad _____ (1. trabajar) en el verano porque es necesario que _____ (2. tener) experiencia antes de graduarse. Mis padres insisten que mi hermano y yo _____ (3. buscar) trabajo y es necesario que _____ (4. hablar) con muchas personas. Mi hermano necesita _____ (5. preparar) su currículum. Es importante que él _____ (6. usar) la computadora y que _____ (7. imprimir) muchas copias. Voy a pedir que mi profesor de sociología me _____ (8. permitir) ir a una entrevista en vez de (instead of) asistir a clase el viernes. Unos profesores permiten que sus estudiantes _____ (9. asistir) a entrevistas los días de clase pero otros profesores prohiben que un estudiante _____ (10. salir) de la universidad cuando debe estar en clase. Mi madre manda que yo _____ (11. escribir) una carta después de cada entrevista para decirle gracias a la persona que ha hablado conmigo. _____ (12. Ser) una buena idea. Quiero _____ (13. encontrar) un puesto interesante y espero que muchos otros estudiantes _____ (14. recibir) ofertas buenas. Prefiero _____ (15. viajar) en el verano pero no es posible este año.

Refrán

El _____ (study) y la _____ (experience) son los padres de la _____ (science).

En este segmento del video, Sofía y Javier hablan sobre sus carreras futuras. Sofía tiene un secreto que comparte con *(shares with)* Javier y que lo inspira a realizar sus propios planes.

Expresiones útiles

Las siguientes son expresiones nuevas que vas a escuchar en el video.

se me ocurrió	*it occurred to me*
vida cotidiana	*daily life*
no me atrevo	*I don't dare*
ya veremos	*we'll see*
tomar mate	*to drink mate (an infusion)*

Antes de ver

¿Es mejor ser espontáneo? Expresen con un(a) compañero(a) sus opiniones sobre lo siguiente: ¿Creen que es necesario planear cada aspecto de su vida o es mejor ser espontáneo? ¿Creen que las cosas buenas pasan sin esfuerzo ninguno o hay que intervenir? Justifiquen sus respuestas. ¿Tienen mucho en común?

Después de ver

Planes para el futuro Para contar lo que pasa en la vida de Sofía y de Javier y para hablar de sus planes, completa el siguiente párrafo con la forma apropiada de los verbos entre paréntesis. ¡Ojo con el uso del presente del subjuntivo!

Cultura

En la primera escena, como Javier es de Argentina, toma *mate*. El mate es una infusión que se toma en Argentina, Uruguay, Paraguay y el sur de Brasil. El nombre viene de la palabra quechua *matí*, y se refiere al recipiente en el que se toma mate. Las hojas secas *(dry leaves)* se ponen en el recipiente con agua muy caliente y se toma por medio de una bombilla *(straw)*, de plata o algún otro metal, que tiene un colador *(strainer)* en el extremo para impedir *(to prevent)* que las hojas suban por la bombilla a la boca.

- ¿Tomas en tu casa alguna bebida especial?
- ¿Te gustaría probar el mate?

Sofía busca un apartamento porque desea _____ (**quedarse**) en Puerto Rico más tiempo. Quiere _____ (**escribir**) un libro sobre la cultura, el arte, la historia y la vida cotidiana en Puerto Rico. Le pide a Javier que no le _____ (**decir**) su secreto a nadie. Javier también tiene un sueño para su futuro. Él quiere _____ (**tener**) su propia agencia de ecoturismo y deportes de aventura, pero su padre quiere que él _____ (**ser**) un médico. Sofía le recomienda que no _____ (**abandonar**) su deseo. Le sugiere que _____ (**hacer**) un plan muy preciso y que se lo _____ (**presentar**) a su padre.

Más planes para el futuro Completa el siguiente párrafo con **por** o **para** para contar qué piensan hacer Sofía y Javier en el futuro.

Sofía quiere vivir en Puerto Rico _____ un año. Si quiere pagar un apartamento, necesita encontrar un trabajo muy pronto. _____ eso, piensa que puede trabajar en la universidad y dar clases de literatura o de gramática. Javier no quiere estudiar medicina y lo hace solamente _____ su padre. Después de hablar con Sofía, decide luchar _____ su propio sueño de tener una agencia de deportes de aventura _____ los turistas. _____ lograr esa meta, tiene que decidir adónde quiere ir y lo que va a hacer exactamente. Después de saber todos los detalles, _____ supuesto, tiene que hablar con su padre _____ explicarle la situación.

Heinle/Cengage Learning

¿Qué opinas tú? Sofía tiene un plan muy difícil, pero decide luchar por ello. Javier tiene un sueño, pero está en conflicto con el de su padre. ¿Con quién te identificas más: con Javier, con Sofía o con ninguno de los dos? Explica tus razones a un(a) compañero(a) y luego escribe una lista de lo que necesitas hacer o no hacer para realizar tus sueños. Comparte tus ideas con tu compañero(a). Justifica tus planes.

See the *Lab Manual,* **Capítulo 11, ¡A ver!** for additional activities.

VOCABULARIO ESENCIAL

AUDIO CD
CD 2, TRACK 11

Personal Tutor

Las profesiones y los oficios — Professions and jobs

Sustantivos

el (la) abogado(a)	lawyer
el (la) arquitecto(a)	architect
el (la) banquero(a)	banker
el (la) carpintero(a)	carpenter
el (la) cocinero(a)	cook, chef
el (la) contador(a)	accountant
el (la) dentista	dentist
el (la) empleado(a)	employee
el (la) fotógrafo(a)	photographer
el (la) gerente	manager
el hombre (la mujer) de negocios	businessperson
el (la) ingeniero(a)	engineer
el (la) jefe(a)	boss
el (la) maestro(a)	teacher
el (la) obrero(a)	worker; laborer
el (la) peluquero(a)	hairstylist
el (la) periodista	journalist
el (la) plomero(a)	plumber
el policía (la mujer policía)	police officer
el (la) programador(a)	programmer
el (la) sicólogo(a)	psychologist
el (la) siquiatra	psychiatrist
el (la) traductor(a)	translator
el (la) vendedor(a)	salesperson

La oficina, el trabajo y la búsqueda de trabajo — The office, work, and the job hunt

Sustantivos

los beneficios	benefits
el bufete	law office
el (la) candidato(a)	candidate, applicant
la computadora	computer
el correo electrónico	e-mail
el currículum	résumé
la empresa	corporation; business
la entrevista	interview
el fax	fax machine
la fotocopiadora	photocopier
la impresora	printer
el informe	report
el proyecto	project
el puesto	job, position
la reunión	meeting
la sala de conferencias	conference room
el salario	wage
la solicitud	application (form)
el sueldo	salary

Verbos

contratar	to hire
dejar	to quit
despedir (i, i)	to fire
diseñar	to design
imprimir	to print
jubilarse	to retire
llenar	to fill out (a form)
renunciar	to resign
reunirse	to meet

Expresiones

de tiempo completo	full-time
de tiempo parcial	part-time
llamar por teléfono	to make a phone call
pedir un aumento	to ask for a raise
solicitar un puesto	to apply for a job

Expresiones con *por*

Por casualidad...	By the way . . .
¡Por Dios!	¡Oh my God!
Por eso...	That's why . . .
Por favor.	Please.
Por ejemplo	For example
¡Por supuesto!	Of course!

El medio ambiente y las políticas ambientales

CAPÍTULO 12

Costa Rica y Panamá

Chapter Objectives

Communicative Goals

In this chapter, you will learn how to . . .

- Talk about rural and urban locales and associated activities
- Express emotion and opinions
- Talk about the conservation and exploitation of natural resources
- Hypothesize and express doubts and uncertainty

Structures

- Subjunctive following verbs of emotion, impersonal expressions, and **ojalá**
- Subjunctive to state uncertain, doubtful, or hypothetical situations

◄ ¿Te gusta la naturaleza? ¿Te gusta observar los animales y las plantas?

◄ ¿Te gusta vivir en la ciudad? ¿Por qué?

◄ ¿Te gustaría vivir en el campo? ¿Por qué?

◄ ¿En cuál de los dos lugares prefieres vivir? Explica tu respuesta.

El Parque Corcovado, Costa Rica
Visit it live on Google Earth!

© Tim Pannell/Corbis

345

Golfito y San José, Costa Rica

In this section, you will learn how to talk about rural and urban areas and the associated activities and problems. What are the advantages and disadvantages of living in an urban area?

Sustantivos

la naturaleza *nature*
la sobrepoblación *overpopulation*
el transporte público *public transportation*

Verbos

cultivar *to cultivate, grow (plants)*
llevar una vida tranquila *to lead a peaceful life*
regar (ie) *to irrigate; to water*
sembrar (ie) *to plant*

Adjetivos

acelerado(a) *accelerated*
bello(a) *beautiful*
denso(a) *dense*
tranquilo(a) *tranquil, peaceful*

Palabras útiles

el árbol
tree

la frontera
border

el llano
plain

el paisaje
landscape

el valle
valley

el volcán
volcano

Curiosidades del idioma

La cascada is another word for a small **catarata**. And a **salto** is a tall **catarata,** but with less water.

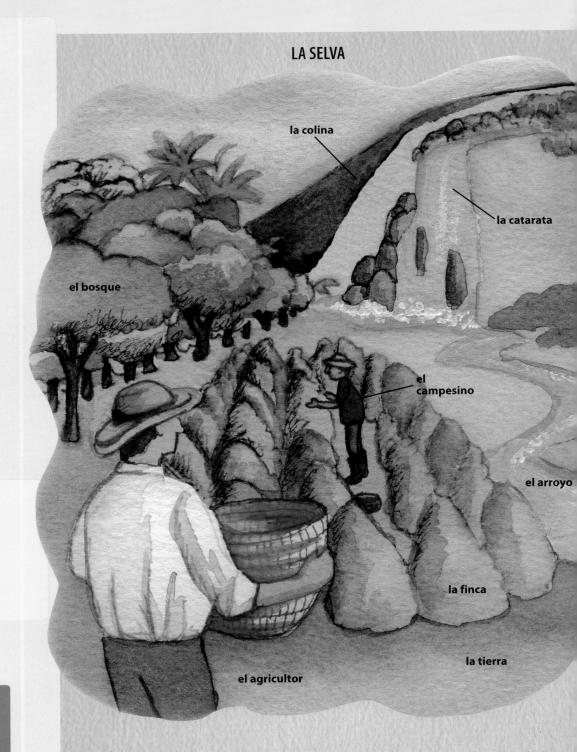

LA SELVA

la colina

la catarata

el bosque

el campesino

el arroyo

la finca

la tierra

el agricultor

Curiosidades del idioma

While **la finca** is understood throughout most of the Spanish-speaking world to mean *farm*, some regions use other terms. In Mexico, **el rancho** is used to mean *ranch* or *farm*. **La hacienda** is also used in Mexico and in other Latin American countries to mean *farm*, usually with an estate manor on it; it is also called **la estancia** in Argentina. **La granja** is commonly used in Spain to refer to small family farms, while **la chacra** is used in countries such as Costa Rica.

Cultura

Throughout the late nineteenth and the entire twentieth centuries, there has been mass movement in Latin America from the countryside to urban centers. This population shift is due in part to industrialization in the cities, where many jobs have become available, as well as to a decline in the world market for small-scale production of farm produce.

Cultura

San José, the capital of Costa Rica, lies in the mountainous center of the country. Population estimates range from 300,000 to a million inhabitants. Costa Rica is also known for smaller cities such as Golfito, famous for natural beauty and sportfishing and home to approximately 6,777 inhabitants. About 25 percent of the land in Costa Rica is protected by public and private parks and reserves.

LA METRÓPOLIS

el rascacielos

la fábrica

el tráfico

la carretera

la congestión

el ruido

la basura

Heinle/Cengage Learning

Cultura

Ciudad de Panamá, Panama City in English, is the capital of Panama and has a population of about 1 million people. It is located at the Pacific entrance of the Panama Canal and is an international center of commerce and banking. Approximately 22 percent of the land in Panama is protected by a system of 14 national parks.

¡A practicar!

12-1 Asociaciones ¿Con qué se asocian las siguientes palabras? Empareja cada palabra o frase de la primera columna con la palabra o frase más lógica de la segunda columna.

1. _____ el bosque
2. _____ las cataratas
3. _____ denso
4. _____ sembrar, cultivar
5. _____ el transporte público
6. _____ la selva
7. _____ tranquilo

a. con muchas plantas y vegetación
b. Johnny Appleseed
c. pacífico, sin ruido
d. Caperucita Roja (*Little Red Riding Hood*)
e. el autobús, el tren, el metro
f. Niágara, Iguazú, el Salto Ángel
g. Tarzán

12-2 La llegada a San José Termina la historia de Mario escogiendo la palabra adecuada.

1. Cuando Mario llegó a (la metrópolis / el arroyo) de San José, se dio cuenta de que la vida era mucho más (tranquila / acelerada) que su vida en el campo.
2. Había mucho (arroyo / tráfico) en las (carreteras / colinas) y no estaba acostumbrado al ruido de los carros.
3. Miró los grandes (campesinos / rascacielos) y pensó en los hermosos árboles del bosque.
4. Miró la (basura / finca) en las calles y el humo (*smoke*) de las fábricas, y pensó en la tierra limpia y pura de su finca.

12-3 Érase una vez... Completa la siguiente historia sobre la vida rural de Mario, un campesino tico, usando las palabras de la lista.

agricultor	llevaba una vida tranquila
cultivaba	regar
finca	

Érase una vez un 1. _____ joven y trabajador. Se llamaba Mario

y 2. _____ muchas bananas todos los años. No tenía que

3. _____ las plantas porque llovía muchísimo en aquella región.

Había un lago en la 4. _____ de Mario donde él pescaba durante

los fines de semana. Mario 5. _____ y feliz.

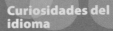

Curiosidades del idioma

Tico(a) is another way to say **costarricense. Panameños(as)** is used to refer to people from Panamá.

12-4 Opiniones Completa las siguientes oraciones con el vocabulario de esta sección para expresarle tus opiniones a un(a) compañero(a) de clase.

Modelo Trabajar en una finca (no) es fácil porque...
es necesario levantarse muy temprano todos los días. Hay mucho trabajo y uno se cansa fácilmente.

1. (No) Me gusta vivir en la ciudad porque...
2. La vida rural (no) es atractiva para mí porque...
3. Lo que más me gusta de la metrópolis es/son...
4. Cuando voy al campo, prefiero estar en... porque...
5. La última vez que estuve en una ciudad grande vi...
6. La última vez que estuve en un parque natural había...

¡A conversar!

12-5 Los problemas de mi pueblo Trabaja con un(a) compañero(a) de clase. Pongan los temas en orden de mayor a menor importancia con referencia al área donde Uds. viven. Después de establecer los problemas más importantes, indiquen lo que recomiendan para resolver tres de ellos. ¿Cuáles son los temas que no son problemáticos en su área?

Modelo el tráfico

El tráfico en nuestra ciudad es un problema muy grande. Recomendamos que más gente camine o ande en bicicleta en vez de ir en carro. También sugerimos que las personas vayan juntas (together) *al trabajo en vez de una sola persona en cada carro.*

1. el transporte público
2. el ruido
3. la basura
4. la sobrepoblación
5. las fábricas
6. la congestión
7. los rascacielos

Cultura

To reduce traffic and conserve fuel, driving in downtown San José during rush hour is restricted based on vehicle license plate numbers. For example, vehicles with license plate numbers ending in 1 or 2 are prohibited from driving on Mondays, and other numbers are prevented from driving on other weekdays. This type of restriction also exists in Mexico City with the goal of reducing air pollution.

12-6 Entrevista Trabaja con un(a) compañero(a) de clase. Háganse preguntas sobre los siguientes temas. Luego, compartan su información con la clase. ¿Tienen Uds. mucho en común?

1. ¿Has pasado tiempo en una ciudad grande? ¿Cuándo? ¿Qué ciudad? ¿Te gustó? ¿Qué hiciste allá? ¿Es similar o diferente esa ciudad a la ciudad donde vives?

2. ¿Has pasado tiempo en el campo? ¿Cuándo? ¿Con quién? ¿Te gustó? ¿Es muy diferente del lugar donde vives? ¿Qué hiciste allá?

3. ¿Cómo es el lugar donde vives tú? ¿Es rural o urbano? ¿Quieres vivir en una ciudad grande algún día? ¿O prefieres el campo o un pueblo pequeño? ¿Cuáles son las ventajas *(advantages)* de vivir en una ciudad grande? ¿Cuáles son las ventajas de vivir en el campo?

12-7 ¡Vamos al Parque Nacional Volcán Barú en Panamá! Tienes la oportunidad de visitar el Parque Nacional Volcán Barú en Panamá. Trabaja con un compañero(a) para discutir las cosas que Uds. esperan ver y hacer en el parque. Empiecen por describir la foto del parque y continúen la conversación con información sobre sus deseos para la visita.

Parque Nacional Volcán Barú en Panamá

Curiosidades del idioma

Note that in English, the word *people* is plural, while its Spanish equivalent, **la gente,** is singular. When you want to express *people* in the sense of *nation* or *national group*, use the term **el pueblo.**

 Student Activities Manual, *Capítulo 12*

 Capítulo 12

iLrn: iLrn: Heinle Learning Center, *Capítulo 12*

Rona y Luis Grandinetti son hermanos, pero tienen ideas muy diferentes sobre el lugar ideal donde quieren vivir en el futuro. Rona tiene veintiún años y su hermano, veintidós. Los dos son de San José, Costa Rica.

AUDIO CD
CD 2, TRACK 12

Rona: Luis, ¿no te molesta el tráfico de San José? No entiendo por qué te gusta tanto esta ciudad.

....

Comentario cultural Although Costa Rica is often viewed as the last frontier in a world facing a growing environmental crisis, the capital city of San José is not a model for environmental conservation. The city is often choked with heavy traffic and a heavy brown cloud, resulting from old diesel buses that lack emission controls.

Luis: No me molesta para nada. **Me gusta que las calles estén llenas** de gente y de actividad.

Rona: Pues, te digo que prefiero que **vivamos** en otro lugar como Golfito. Quiero vivir en un pueblo pequeño cerca del mar, **un lugar que tenga aire puro** y un medio ambiente sano.

....

Comentario cultural Golfito is a pristine gateway to the country's booming ecotourism industry, providing access to several natural reserves. The town itself is environmentally friendly. It boasts the newly constructed Eco-Lodges, which blend into the natural surroundings and strive to minimize the negative impact on the environment.

Luis: La vida del campo es bella, pero no tiene ni las oportunidades ni los servicios de una ciudad grande. Con tu afán de ir al cine todos los fines de semana, **yo dudo que la vida rural sea tan atractiva** como piensas tú.

Rona: ¿Y cómo sabes tú? No has pasado mucho tiempo en el campo. Hiciste camping una vez, ¿y ya eres experto? Y no tengo que ir al cine todos los fines de semana.

....

Comentario cultural Although difficult to reach, true nature enthusiasts will love camping in Corcovado Park located in southern Costa Rica on the Osa peninsula. The park offers rustic, yet well-maintained camping facilities on the beach. The park itself occupies over 100,000 acres of land and 5,000 acres of marine habitat. It is home to 116 species of amphibians and reptiles, 139 species of mammals, and more than 400 bird species.

Expresiones en contexto

afán *desire*	**No me molesta para nada.** *It doesn't*
así que... *so . . .*	*bother me in the least.*
estabas convencida de que... *you were*	**Tú no puedes imaginarte...** *You can't*
convinced that . . .	*imagine . . .*
fuera de... *outside of . . .*	**razonable** *sensible*

Luis: Así que, ¿quieres vivir en el campo? ¿Quieres vivir con los **monos** y los insectos? ¿Y si ves una **culebra**?

....
Comentario cultural Costa Rica is a snake-lover's paradise, hosting over 130 different species. Some of these are among the world's deadliest, such as the coral snake or the even more lethal fer-de-lance, known to Costa Ricans as **el terciopelo.** Effective antidotes exist to treat bites from both of these species.

Rona: ¡Ay! **Ojalá fueras más razonable.** No quiero vivir en la selva. Solamente quiero llevar una vida tranquila. Necesito vivir en **un sitio donde no haya tanto ruido,** ni **contaminación,** ni **rascacielos,** ni **carreteras.**

....
Comentario cultural Costa Rica holds a unique position in the world as over 28 percent of its national territory is designated as national parks, wildlife refuges, and forest reserves. According to some estimates, Costa Rica hosts over 5 percent of the world's species. A growing sense of pride is developing among young Costa Ricans who hope to preserve the country's potential to be a model for environmental preservation.

Luis: Pues, **es importante que decidas** de una vez. El mes pasado querías vivir en Tokio, y ahora empiezas con estas fantasías de la vida rural.

Rona: Es mejor tener ilusiones. Tú no puedes imaginarte la vida fuera de tu cuarto.

Heinle/Cengage Learning

¿Comprendiste? Contesta las siguientes preguntas en oraciones completas.

1. ¿Por qué no está contenta Rona?
2. Según Luis, ¿cuáles son algunas ventajas de vivir en la ciudad?
3. ¿Por qué no sabe Luis mucho de la vida rural?
4. Según Rona, ¿cuál es el lugar ideal para ella?
5. ¿Por qué sospechamos *(do we suspect)* que Rona es un poco indecisa?

Debate: la vida rural Con un(a) compañero(a) de clase, habla sobre los aspectos positivos y negativos de vivir en un lugar rural. Un(a) estudiante puede tener ideas más progresistas sobre el medio ambiente (como Rona) y el (la) otro(a) más conservadoras (como Luis). Usen expresiones de **En contexto** como modelo para su diálogo.

Subjunctive following verbs of emotion, impersonal expressions, and *ojalá*

In the previous chapter, you learned how to use the present subjunctive to express wishes, intentions, preferences, advice, suggestions, and recommendations. Spanish speakers also use verbs of emotion with the subjunctive to express their emotions and opinions.

Verbs of emotion and impersonal expressions

The lists below contain verbs of emotion for conveying feelings and impersonal expressions for conveying opinions.

Verbs of emotion	Impersonal expressions
alegrarse (de) to be glad	**es bueno (malo)** it's good (bad)
esperar to hope	**es importante** it's important
gustar to like	**es (im)posible** it's (im)possible
molestar to bother	**es lógico** it's logical
preocuparse de/por to worry about	**es mejor** it's better
quejarse (de) to complain (about)	**es necesario** it's necessary
sentir (ie) to be sorry	**es ridículo** it's ridiculous
sorprender to surprise	**es una lástima** it's a shame
tener miedo de to be afraid of	

The impersonal expressions **es obvio que, es cierto que, es seguro que**, and **es verdad que** do not require the subjunctive in the dependent clause because of their strong affirmative meanings:

Es obvio que Teresa **tiene** mejores oportunidades en la ciudad de Panamá.

*It's obvious that Teresa **has** better opportunities in Panama City.*

Es cierto que la ciudad de Panamá **es** una gran metrópolis.

*It's clear that Panama City **is** a grand city.*

Use the verbs and impersonal expressions listed above exactly as you used the verb **querer** and other verbs of volition. Remember the requisite change of subject.

One subject	Change of subject
Mario **espera encontrar** una vida mejor. *Mario hopes to find a better life.*	Mario **espera que la ciudad ofrezca** una vida mejor. *Mario hopes that the city offers a better life.*
Es importante tener un buen trabajo. *It's important to have a good job.*	**Es importante que Mario tenga** un buen trabajo. *It's important that Mario have a good job.*
A Mario le gusta la vida de la metrópolis. *Mario likes city life.*	**A Mario le gusta que la vida de la metrópolis sea** acelerada. *Mario likes that life is fast-paced in the city.*
Es bueno tener muchas oportunidades. *It's good to have many opportunities.*	**Es bueno que Mario tenga** muchas oportunidades. *It's good that Mario has many opportunities.*

A Mario le gusta la vida de la metrópolis.
¿Y a ti, qué tipo de vida te gusta?

Ojalá

You have learned that one way to express your desires and hopes is to use verbs like **querer, desear,** and **esperar.** Another way to express those feelings is to use the expression **ojalá (que)** with the subjunctive. This expression has several English equivalents including *let's hope that, I hope that,* and *if only,* all of which refer to some pending, unrealized action in the future. Note that **ojalá (que)** is always followed by the subjunctive, whether there is a change of subject or only one subject. The word **que** is often used after **ojalá** in writing, but it is usually omitted in conversation.

Ojalá que lo pases bien en Panamá.	*I hope you have a good time in Panama.*
Ojalá haga buen tiempo allá.	*Let's hope the weather is good there.*
Ojalá que recibas esta carta.	*I hope you receive this letter.*

¿Te gustaría visitar Panamá algún día? Ojalá que tengas tiempo para visitar el fascinante Canal de Panamá. Es un lugar maravilloso.

¡A practicar!

12-8 **Entre hermanos** Completa la siguiente conversación entre Rona y Luis Grandinetti, dos jóvenes de la ciudad, usando la forma correcta del verbo entre paréntesis.

Rona: Es una lástima que no te 1. (gustar / guste) pasar más tiempo al aire libre.

Luis: No me gusta que 2. (hablar / hables) de mis preferencias por lo que hago en mi tiempo libre. ¿Necesito 3. (decirte / te diga) lo que tú debes hacer? Lamento que no me 4. (comprender / comprendas), Rona.

Rona: Te comprendo perfectamente. Es lógico que no te 5. (gustar / guste) la naturaleza. Siempre estás mirando la tele.

12-9 **Combinaciones** Escoge una terminación lógica para cada frase.

_____ 1. Es importante que todos nosotros...   a. es muy bella.

_____ 2. Es cierto que muchas personas...   b. respetemos la naturaleza.

_____ 3. Es lógico que algunas personas...   c. admiran la naturaleza de Costa Rica.

_____ 4. Es obvio que la naturaleza de Costa Rica...   d. prefieran la vida de la metrópolis.

12-10 **Dos hermanos** Completa las siguientes oraciones para conocer un poco mejor a Rona y a Luis.

1. A Rona no le gusta ver los programas deportivos. Es posible que ella _____ (no ser deportista / no practicar ningún deporte / preferir escuchar discos compactos).

2. Rona es una estudiante excelente en la universidad, donde tiene muchos amigos. Es bueno que ella _____ (estudiar todos los días / tener muchos amigos).

3. A veces, Luis y su hermana Rona tienen conflictos. Es lógico que ellos _____ (no siempre estar de acuerdo / discutir mucho en casa / darse consejos con cariño).

12-11 **Ojalá que en Costa Rica y en Panamá...** Haz oraciones completas usando la información de Costa Rica y de Panamá con la forma correcta del verbo en el subjuntivo.

1. ojalá que / el volcán activo Irazú nunca entrar en erupción
2. ojalá que / el río San Juan en Costa Rica / no estar contaminado
3. ojalá que / llover mucho en la estación de lluvias / de mayo a noviembre
4. ojalá que / la gente / poder ver / muchos animales en el Parque Soberanía en Panamá
5. ojalá que / los gobiernos costarricense y panameño / cuidar / la fauna y la flora / por medio de reservas y parques naturales

Cultura: Costa Rica
Volcán Irazú is the tallest volcano in Costa Rica. The most recent eruption began in 1963 and continued for two years. It has been dormant since 1965.

Cultura: Panamá
Parque Soberanía de Panamá is located along the Panama Canal and it is the habitat of some 1,300 species of plants and 100 different types of animals. It has been recognized internationally for having the most diverse population of birds.

¡A conversar!

12-12 ¡Ojalá! Escribe una lista de diez deseos que quieras realizar dentro de cinco años, usando las categorías como una guía. Dile tus deseos a un(a) compañero(a) usando la expresión **ojalá.** Luego, cambien de papel.

> **Modelo** E1: *Ojalá que yo encuentre trabajo.*
> E2: *Ojalá que yo pueda vivir en Costa Rica.*

amigos	familia
ayudar al mundo	trabajo
diversión	viajes
estudios	vida diaria

12-13 ¿Qué te parece? Primero, escribe tus opiniones positivas y negativas sobre la posibilidad de vivir en una ciudad grande. Luego léele tus opiniones a un(a) compañero(a), que debe reaccionar positiva o negativamente.

> **Modelo** E1: *Es mejor que vivas en la ciudad porque hay más oportunidades culturales.*
> E2: *No creo que haya más oportunidades. La vida en la ciudad es cara y muchas personas no pueden participar en las actividades culturales.*

Opiniones positivas
1. Me alegro de (que)...
2. Es bueno (que)...
3. Es mejor (que)...
4. No es malo (que)...
5. Me gusta (que)...
6. Es importante (que)...
7. Espero (que)...

Opiniones negativas
8. No me gusta (que)...
9. Me molesta (que)...
10. Es malo (que)...
11. Es imposible (que)...
12. Es una lástima (que)...

12-14 Tus opiniones Escribe tus reacciones sobre los siguientes temas. Luego forma un grupo con dos o tres compañeros y comparte tus opiniones con ellos.

> **Modelo** En la ciudad: la sobrepoblación
> E1: *Es necesario que tengamos familias más pequeñas.*
> E2: *No estoy de acuerdo. Ojalá que los padres siempre tengan la libertad de tener familias grandes.*

1. En la ciudad: el tráfico
2. En el campo: las tierras para cultivar
3. En la ciudad: las oportunidades
4. En el campo: la tranquilidad
5. En la ciudad: muchos servicios
6. En el campo: poca gente, nada que hacer como diversión
7. En la ciudad: eventos culturales
8. En el campo: la naturaleza, los animales y las plantas

Student Activities Manual, *Capítulo 12*

Capítulo 12

iLrn: Heinle Learning Center, *Capítulo 12*

Subjunctive mood

Costa Rica y Panamá

▶ Veamos los videos de Costa Rica y Panamá, para luego discutir.

1. ¿Cuál es el porcentaje de biodiversidad en animales y plantas de Costa Rica?
2. ¿Qué lugares pueden visitar en San José, la capital de Costa Rica?
3. ¿A qué lugar deben ir si quieren hacer ejercicio o descansar?
4. ¿Dónde está el Canal de Panamá y qué océanos une *(unite)*?
5. ¿Cuál es el origen de la población panameña?
6. Describan Panamá Viejo.

🖊 See the *Workbook*, **Capítulo 12, Viajemos por Costa Rica y Panamá** for additional activities.

Costa Rica

Población: 4.253.877

Área: 51.000 km², el país es un poco más pequeño que el estado de West Virginia

Capital: San José, 1.864.500

Ciudades principales: Alajuela, 173.000; Puntarenas, 102.000; Puerto Limón, 389.600

Moneda: el colón costarricense

Lenguas: el español

Panamá

Población: 3.360.474

Área: 41.283.560 kilómetros cuadrados, más o menos el tamaño de Nevada

Capital: Panamá, 1.490.700

Ciudades principales: San Miguelito, 309.500; Colón, 44.400

Moneda: el balboa y el dólar estadounidense

Lenguas: el español

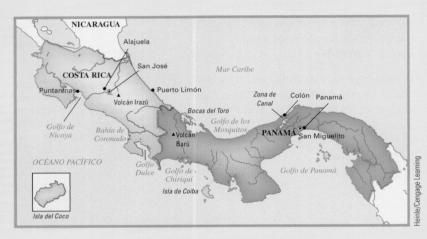

Heinle/Cengage Learning

© AP Photo/Ed Betz

Personalidades ilustres Óscar Arias Sánchez es el actual presidente de Costa Rica y también fue presidente del país en el período de 1986 a 1990 cuando la región centroamericana vivía un período de conflicto armado, guerra civil y tensiones en las fronteras de Nicaragua, Guatemala, El Salvador y Honduras. Arias decidió trabajar por la paz en Centroamérica y por este trabajo recibió el Premio Nóbel de la Paz en 1987. Con este premio, el presidente Arias instituyó *(founded)* la «Fundación Arias para la Paz y el Progreso Humano». La Fundación apoya *(supports)* la igualdad de oportunidades para la mujer en todos los sectores de la sociedad centroamericana, ayuda a distribuir la asistencia económica que reciben los países centroamericanos y trabaja por la desmilitarización y la resolución de conflictos en países con problemas económicos y políticos.

¿Qué te parecen los objetivos de la Fundación Arias para la Paz y el Progreso Humano? Te gustaría trabajar en una fundación en tu país o del mundo? ¿Cuál?

Historia En la historia de Costa Rica, hay durante el siglo xx dos grandes eventos, uno político y otro ambiental. El primer suceso fue un golpe militar dirigido por José Figueres Ferrer en 1948. Figueres Ferrer formó un gobierno provisional que al final disolvió *(disolved, abolished)* el ejército *(military)*. Debido a esto, Costa Rica se convirtió en el primer país del mundo en abolir la guerra como mecanismo de resolución de conflictos y la primera república del mundo en abolir las fuerzas militares. El segundo evento fue en 1970 cuando el gobierno costarricense estableció el Servicio de Parques Nacionales. Gracias al trabajo del Servicio de Parques Nacionales, hoy en día el 28 por ciento del país se encuentra protegido contra la destrucción de los ecosistemas. Los esfuerzos del gobierno han logrado que el ecoturismo sea ahora una fuente de ingreso muy importante para el país.

Carlos Adolfo Sastoque N/Photolibrary

¿Cuál de estos dos eventos —disolver la fuerza militar o establecer el Servicio de Parques Nacionales— te parece más importante? ¿Por qué?

© Tyler Stableford/Stone/Getty

Lugares mágicos El Archipiélago de Bocas del Toro está localizado en la costa noroeste de Panamá, cerca de Costa Rica. Consiste en un gran número de cayos *(keys)*, arrecifes de corales *(coral reefs)*, playas blancas y aguas color turquesa. Una de sus atracciones es el Parque Nacional Marino en Bastimentos, que es uno de los hábitats marinos más importantes que existen hoy en día. Esta es una zona protegida para los manatíes *(manatees)* que son una especie marina en peligro de extinción. Además se puede bucear, hacer esnórquel, pescar, correr las olas o simplemente descansar cerca del mar.

¿Te gustaría visitar el archipiélago de Bocas del Toro? ¿Qué tipo de deporte acuático te gustaría hacer?

 Visit it live on **Google Earth!**

Ritmos y música La música panameña es una combinación de elementos indígenas, españoles y africanos, haciendo de la música y el ritmo panameño un ejemplo de música mestiza. Los instrumentos más importantes son la mejorana, una guitarra de cinco cuerdas que se usa para tocar la mejorana, y el rabel, un violín de tres cuerdas que se usa para tocar las cumbias y los puntos. También hay influencia del calipso jamaiquino, de la cumbia colombiana y del punto puertorriqueño en los ritmos panameños.

© John Parra/Getty

Uno de los personajes más importantes en el mundo artístico y político panameño es Rubén Blades. Es una persona muy admirada y respetada por toda América Latina. De 2004 hasta 2009, Rubén Blades fue el Ministro de Turismo. En Hollywood, él ha actuado en más de 35 películas como: *Secuestro express* (2004), *Spin* (2003), *Imagining Argentina* (2003), *Once Upon a Time in Mexico* (2003), *All the Pretty Horses* (2000), *Color of Night* (1994) y *The Milagro Beanfield War* (1988) entre otras. Aquí, tenemos una de sus canciones "Pablo Pueblo" de su álbum *Bohemio y Poeta* donde con su ritmo de salsa denuncia las mentiras y las falsas promesas de los políticos antes de las elecciones del gobierno. *Access the iTunes playlist on the **Viajes** website.*

¿Qué tipo de música folclórica te gusta escuchar? ¿Te gusta ver bailes típicos?¿Te gusta la música que se denomina salsa?

....

 **¡Busquen en la red de información!**
www.cengage.com/spanish/viajes

1. Personalidades ilustres: Óscar Arias Sánchez
2. Historia: Abolición del ejército en Costa Rica por José Figueres Ferrer, Servicio de Parques Nacionales de Costa Rica
3. Lugares mágicos: Bocas del Toro
4. Ritmos y música: La música panameña: Rubén Blades

La destrucción y la conservación del medio ambiente

In this section, you will learn how to talk about the destruction and the conservation of the environment. What do you do to help the environment?

Sustantivos

la capa de ozono *ozone layer*
el desarrollo *development*
la ecología *ecology*
la escasez *lack, shortage*
las especies *species*
el medio ambiente *environment*
la naturaleza *nature*
el petróleo *petroleum*
los recursos naturales *natural resources*

Verbos

acabar *to run out*
construir *to construct*
contaminar *to pollute*
desarrollar *to develop*
destruir *to destroy*
explotar *to exploit*
proteger *to protect*
recoger *to pick up*
reforestar *to reforest*
resolver (ue) *to solve, resolve*

Adjetivos

contaminado(a) *polluted*
destruido(a) *destroyed*
puro(a) *pure*

Expresiones

estar en peligro de extinción *to be endangered*
¡No arroje basura! *Don't litter!*

la contaminación

el desperdicio

la destrucción

La conservación y la explotación

el aire

la energía solar

reciclar

conservar

Los animales *(Animals)*

el cocodrilo *crocodile*

la culebra *snake*

el jaguar *jaguar*

la mariposa *butterfly*

el mono *monkey*

el pájaro *bird*

la rana *frog*

la tortuga *turtle*

Otras palabras

el (la) guardaparques *park ranger*

el (la) naturalista *naturalista*

Curiosidades del idioma

While the verb **reciclar** means *to recycle*, **el reciclaje** is *recycling*. Although recycling is not as widespread a practice in the Spanish-speaking world as in other countries, awareness and participation are growing. Costa Rica leads Latin America in its recycling efforts.

¡A practicar!

12-15 Definiciones Empareja cada palabra o frase con su definición.

1. _____ acabar
2. _____ resolver
3. _____ el aire
4. _____ la capa de ozono
5. _____ el desarrollo
6. _____ puro

a. encontrar la solución de un problema
b. no contaminado
c. construcción de nuevos edificios
d. usar todo lo que hay de algo
e. una parte de la atmósfera
f. lo que respiramos *(breathe)*

12-16 Un chico muy malcriado *(spoiled)* Jorge, un niño muy malcriado, no entiende nada de la preocupación por el medio ambiente. Él habla de sus opiniones sobre la ecología. Escoge las palabras de la lista para completar sus pensamientos.

| arrojar | contaminación | ecología | naturaleza | reciclar |
| conservar | destruir | energía solar | petróleo | recursos naturales |

Yo no comprendo nada de las preocupaciones sobre la 1. _____. Yo sé que yo no debo 2. _____ basura en el suelo, pero a veces no hay dónde ponerla. No veo por qué necesitamos 3. _____ el papel y otras cosas. Tampoco me gusta la idea de usar la energía del sol o la 4. _____ para las casas. Yo no creo que vayamos a 5. _____ el medio ambiente. La 6. _____ siempre ha existido. Tenemos muchos 7. _____ como el aire, el agua y el 8. _____. No tengo ganas de 9. _____ nada. Yo sé que el mundo puede sobrevivir. ¿Para qué preocuparme por la 10. _____?

12-17 ¿Dónde viven los animales? En grupos de tres o cuatro, hablen de dónde viven los siguientes animales: en el agua, los árboles, la tierra o el aire. Más de una respuesta puede ser correcta.

1. la culebra
2. el mono
3. el pájaro
4. el jaguar
5. el cocodrilo
6. la mariposa

12-18 Consejos... Termina los siguientes consejos que tus padres o familiares te dan con respecto a los problemas del medio ambiente. Luego compara tus respuestas con las de tu compañero(a). ¿Tienen mucho en común?

Modelo la naturaleza: Es recomendable que...
Es recomendable que conservemos la naturaleza.

1. el agua: Es necesario que...
2. las latas *(cans)* de aluminio: Es mejor que...
3. la basura: Es importante que...
4. los periódicos *(newspapers):* Es lógico que...
5. la capa de ozono: Es importante que...
6. los animales: Es necesario que...

¡A conversar!

12-19 Entrevista Hazle las siguientes preguntas a un(a) compañero(a) de clase y después comparen sus respuestas. ¿Tienen mucho en común?

1. En tu opinión, ¿cuál es el problema ecológico más grave que tenemos ahora? ¿Es posible que encontremos una solución para este problema? ¿Haces algo para aliviar este problema?

2. ¿Qué haces para conservar nuestros recursos naturales? ¿Reciclas? ¿Andas en bicicleta o vas a pie para gastar menos petróleo? ¿Bajas el termostato en el invierno o usas menos el aire acondicionado en el verano?

3. ¿Piensas que nuestra sociedad depende demasiado del petróleo? ¿Es posible tener desarrollo económico y conservar energía a la vez? ¿Piensas que la crisis ecológica es un problema de dimensiones internacionales? ¿Qué debemos enseñarles a nuestros hijos para que no tengan los mismos problemas que nosotros?

12-20 Yo estoy pensando en un animal... Un miembro de la clase va a escoger un animal de la lista de vocabulario. Los otros estudiantes solamente pueden hacer preguntas de tipo **sí** o **no** para identificar el animal. La persona que adivine toma el siguiente turno.

Modelo E1: *¿Vive en el agua?*
E2: *No. Pero a veces se encuentra en el agua.*
E1: *¿Es un animal peligroso?*
E2: *Sí. Puede ser muy peligroso.*
E1: *¿Es una culebra?*
E2: *¡Sí!*

12-21 Ecoturistas Trabaja con un(a) compañero(a) para comentar la siguiente información sobre el ecoturismo. Hablen de los aspectos importantes de esta forma de turismo y las experiencias que Uds. han tenido o que quieren tener como ecoturistas. Intercambien ideas sobre el valor de este tipo de turismo.

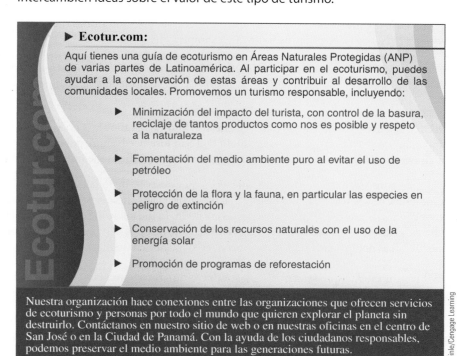

▶ **Ecotur.com:**

Aquí tienes una guía de ecoturismo en Áreas Naturales Protegidas (ANP) de varias partes de Latinoamérica. Al participar en el ecoturismo, puedes ayudar a la conservación de estas áreas y contribuir al desarrollo de las comunidades locales. Promovemos un turismo responsable, incluyendo:

▶ Minimización del impacto del turista, con control de la basura, reciclaje de tantos productos como nos es posible y respeto a la naturaleza

▶ Fomentación del medio ambiente puro al evitar el uso de petróleo

▶ Protección de la flora y la fauna, en particular las especies en peligro de extinción

▶ Conservación de los recursos naturales con el uso de la energía solar

▶ Promoción de programas de reforestación

Nuestra organización hace conexiones entre las organizaciones que ofrecen servicios de ecoturismo y personas por todo el mundo que quieren explorar el planeta sin destruirlo. Contáctanos en nuestro sitio de web o en nuestras oficinas en el centro de San José o en la Ciudad de Panamá. Con la ayuda de los ciudadanos responsables, podemos preservar el medio ambiente para las generaciones futuras.

Heinle/Cengage Learning

Student Activities Manual, *Capítulo 12*

Capítulo 12

iLrn: Heinle Learning Center, *Capítulo 12*

The subjunctive with verbs or expressions of doubt and uncertainty; adjective clauses and time clauses

Present subjunctive following verbs and expressions of doubt or uncertainty

Spanish speakers also use the subjunctive mood to express doubt, uncertainty, disbelief, nonexistence, and indefiniteness. You can use the following verbs and expressions to communicate uncertainty; they are used like those shown in **Estructura y uso 1** (page 352).

dudar *to doubt*	**Dudo** que Rona **conserve** energía.	*I doubt that Rona conserves energy.*
es dudoso *it's doubtful*	**Es dudoso** que **haya** mucha agua pura.	*It's doubtful that there is much pure water.*
no creer *not to believe*	**No creo** que **salvemos** el planeta.	*I don't believe that we will save the planet.*
no es cierto *it's uncertain*	**No es cierto** que **tengamos** suficientes recursos naturales.	*It's not true that we have enough natural resources.*
no estar seguro(a) (de) *to be uncertain*	**No estoy seguro(a) de** que el reciclaje **ayude.**	*I'm not sure that recycling helps.*
no pensar *to not think*	**No pienso** que **debamos seguir** así.	*I don't think that we should continue like this.*

The subjunctive is not used in sentences that express certainty nor is it used when the speaker believes that he/she is stating the truth. For this reason, the verbs **creer** and **pensar** do not require subjunctive when they are used in the affirmative. The same remains true of certain impersonal expressions. Consider the following examples.

> **Es cierto** que muchas especies **están** en peligro de extinción.
> *It is certain that many species are in danger of extinction.*

> **No es dudoso** que los naturalistas **trabajan** para proteger estas especies.
> *It is not doubtful that the naturalists are working to protect these species.*

> **Creo** que **podemos** hacer los cambios necesarios para mejorar la situación.
> *I believe we can make the necessary changes to improve the situation.*

> **Pienso** que todos **tenemos** que participar en la conservación.
> *I think we all have to participate in conservation.*

Present subjuntive following adjective clauses that express hypothetical situations

Spanish speakers use the indicative mood after **que** to refer to people and things they are *certain about* and *believe to be true.* Consider the following example.

> Me llamo Rona Grandinetti. Vivo en San José, una ciudad grande. **Sé** que el aire **está** contaminado aquí. **Creo** que **hay** demasiados autos que contaminan el aire. **No dudo** que **necesitamos** más transporte público.

Rona tells us that she lives in San Jose, a large city. She also knows that the air is polluted there, caused by too many cars in the city. She has no doubt that San José needs more public transportation. Since Rona knows these facts or feels certain about them, she uses verbs in the indicative after **que.**

Spanish speakers use the *subjunctive mood* after **que** when they describe hypothetical people, places, things, or conditions, or when they do not believe that they exist at all. These types of structures are called *adjective clauses* because they qualify the preceding noun. In the following example, **una ciudad** is qualified by the clause **que sea tan bonita como Golfito.** Note that this particular use of the indicative or the subjunctive does not depend on the concept conveyed by the verb in the independent clause.

> Quiero vivir en una ciudad **que sea** tan bonita como Golfito. **Busco una ciudad que no tenga** mucha gente y **que esté** cerca del mar.

Now Rona tells us about an idealized city that she is searching for. The city must have certain qualifications such as being in a beautiful location, not having a lot of people, and being near the sea. Since it is indefinite or uncertain that Rona will find such a city, she uses the subjunctive after **que.**

Note that the **a personal** is used before a direct object that refers to a specific person (when the indicative is used). If the person referred to is not specified, however, the **a personal** is not used, except before **alguien, nadie, alguno,** and **ninguno.** Consider the following examples.

a + **alguien**	¿Conoces **a alguien** que trabaje en la reserva?
a + *specific person*	Conozco **a una estudiante, María Cristina Reyes,** que trabaja allí en los veranos.
omit **a** with a *nonspecific person*	Buscan **un naturalista** que pueda trabajar todo el año.

Conjunctions of purpose

a fin de que *so that*	**con tal de que** *provided (that)*	**para que** *so (that)*
a menos que *unless*	**en caso (de) que** *in case*	**sin que** *without*

Always use the subjunctive after the six conjunctions listed above.

Independent clause	Conjunction	Dependent clause
Voy al cine	con tal de que	vayas conmigo.
I'm going to the cinema	*provided (that)*	*you go with me.*

Note that when expressing an idea with the conjunction **aunque** *(although, even though),* you can follow it with the indicative to state certainty or with the subjunctive to imply uncertainty.

- **certainty (indicative)**

    Aunque el concierto **es** en abril, no puedo ir.   ***Although*** *the concert* ***is*** *in April, I can't go.*

- **uncertainty (subjunctive)**

    Aunque el concierto **sea** en abril, no puedo ir.   ***Although*** *the concert* ***may be*** *in April, I can't go.*

Conjunctions of time

antes (de) que *before*	**en cuanto** *as soon as*	**hasta que** *until*
cuando *when*	**después (de) que** *after*	**tan pronto como** *as soon as*

With one exception, the conjunctions listed above may be followed by a verb in either the subjunctive or the indicative mood (see the note below for information on the exception). When an action, condition, or event has not yet taken place, use the subjunctive in the dependent clause. But when referring to habitual or completed actions, use the indicative in the dependent clause.

- **pending action (subjunctive)**

    Los panameños **estarán contentos** cuando **cambien** las políticas ambientales.
    The Panamanians ***will be happy*** *when the environmental policies* ***change***.

- **habitual action (indicative)**

    Los panameños siempre **están contentos** cuando las políticas ambientales **cambian.**
    The Panamanians ***are always happy*** *when the environmental policies* ***change***.

- **completed action (indicative)**

    Los panameños **estuvieron contentos** cuando las políticas ambientales **cambiaron.**
    The Panamanians ***were happy*** *when the environmental policies* ***changed***.

Note that there is one exception: Always use the subjunctive after **antes (de) que.**

    Los panameños visitan los parques nacionales **antes de que llegue** la estación de lluvia.
    The Panamanians visit the national Parks ***before*** *the rainy season* ***arrives***.

¡A practicar!

12-22 **Una conversación entre Luis y Rona** Luis y Rona quieren ir con su familia a un parque nacional durante sus vacaciones. Usando el verbo adecuado entre paréntesis, completa la siguiente conversación para saber qué parque escogen.

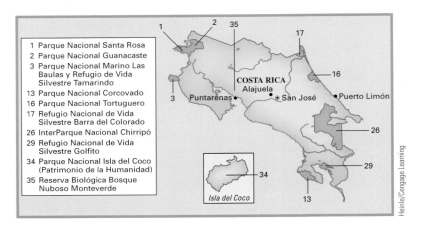

1 Parque Nacional Santa Rosa
2 Parque Nacional Guanacaste
3 Parque Nacional Marino Las Baulas y Refugio de Vida Silvestre Tamarindo
13 Parque Nacional Corcovado
16 Parque Nacional Tortuguero
17 Refugio Nacional de Vida Silvestre Barra del Colorado
26 InterParque Nacional Chirripó
29 Refugio Nacional de Vida Silvestre Golfito
34 Parque Nacional Isla del Coco (Patrimonio de la Humanidad)
35 Reserva Biológica Bosque Nuboso Monteverde

Rona: Creo que 1. (debemos / debamos) visitar el Parque Nacional Tortuguero.

Luis: Pues, sé que 2. (se encuentra / se encuentre) en la costa caribeña al norte de nuestro país, pero no quiero ir allí a menos que 3. (tiene / tenga) flora y fauna especialmente interesantes.

Rona: ¿Dudas que las tortugas verdes 4. (son / sean) interesantes? Seis de las ocho especies marinas de tortugas del mundo viven en Tortuguero.

Luis: ¿De veras? Entonces quiero ir con tal que 5. (podemos / podamos) ver las tortugas. ¿Cuándo salimos para ese parque?

Rona: Espera un momentito. Mi profesor de biología piensa que la Reserva Biológica Bosque Nuboso Monteverde 6. (es / sea) el lugar natural más interesante de Costa Rica. Él dice que las orquídeas son bellísimas y los jaguares son muy impresionantes. ¿Crees que este parque 7. (merece / merezca) consideración?

Luis: Pues, claro que sí. Pero dudo que 8. (podemos / podamos) visitar dos parques este año. Debemos ir a Monteverde este año y a Tortuguero en uno o dos años, cuando 9. (tenemos / tengamos) tiempo y dinero.

12-23 **Unas vacaciones ecológicas** El año pasado Rona y Luis fueron a Punta Culebra, muy cerca de la ciudad de Panamá, para participar en un proyecto de conservación ecológica de ecosistemas marinos. Se quedaron en un hotel en la ciudad de Panamá donde encontraron algunas cosas que no les gustaron. ¿Qué le dijeron al recepcionista? Trabaja con un(a) compañero(a) para completar las conversaciones.

Modelos ¿hay un cuarto / tener dos camas?
E1: *¿Hay un cuarto que tenga dos camas?*
E2: *Sí, hay un cuarto que tiene dos camas.*
No, no hay un cuarto que tenga dos camas.

Antes de ver el cuarto

1. ¿no tiene Ud. otros cuartos / costar un poco menos?

2. ¿puede Ud. darnos un cuarto / estar en el tercer piso?

3. ¿hay alguien / poder ayudarnos con las maletas?

Después de ver el cuarto

4. deseamos un cuarto / no estar tan desordenado como ése

5. buscamos un empleado / poder darnos información sobre Panamá

6. queremos otro cuarto con una ducha / funcionar mejor

Cultura

In addition to marine turtles, manatees and crocodiles live under protection in Tortuguero.

Cultura

Monteverde is a privately funded park that includes more than 100 species of mammals, 400 species of birds, 120 species of reptiles and amphibians, and more than 2,500 species of plants.

¡A conversar!

12-24 Dos amigos Trabaja con un(a) compañero(a). Completen las siguientes conversaciones entre Luis y su amigo Jorge. Sigan el modelo.

> **Modelo** **Luis:** mis padres creen / (yo) reciclar mucho
>
> **Jorge:** ¿Cómo? no creo / (tú) reciclar mucho porque...
>
> **Luis:** *Mis padres creen que reciclo mucho.*
>
> **Jorge:** *¿Cómo? No creo que recicles mucho porque eres perezoso.*

1. **Jorge:** creo / (yo) ir a participar en el proyecto de conservación
   Luis: dudo / (tú) participar porque...
   Jorge: no creo / (tú) tienes razón porque...

2. **Jorge:** quiero / tú y yo volver a Golfito en mayo
   Luis: es dudoso / (nosotros) volver porque...

3. **Jorge:** mis padres creen / (yo) ser perezoso
   Luis: no dudo / (tú) ser perezoso porque...

4. **Luis:** Rona no está segura / sus amigos querer participar en el proyecto
   Jorge: no hay duda / ellos querer participar porque...

12-25 Vamos a viajar a Costa Rica y Panamá Habla con un(a) compañero(a) sobre sus planes para ir a Costa Rica y Panamá en el futuro. Completen Uds. las frases de varias maneras para describir unas posibilidades.

> **Modelo** Pienso ir a Panamá en cuanto...
> **E1:** *Pienso ir a Panamá en cuanto termine mis estudios.*
> **E2:** *Yo pienso ir en cuanto mi mejor amigo pueda ir conmigo. Nos gusta viajar juntos.*

1. Voy a Costa Rica cuando...
2. Iré a Panamá tan pronto como...
3. Viajaré a los dos países con tal que...
4. No quiero ir a menos que...
5. Espero que _____ vaya conmigo para que...
6. No puedo ir hasta que...
7. No voy a viajar sin que...
8. No quiero volver a los Estados Unidos hasta que...

12-26 El futuro incierto No hay nada más incierto que el futuro, pero es importante hacer planes. Habla con un(a) compañero(a) de clase sobre tus ambiciones. ¿Tienen mucho en común?

> **Modelo** Algún día quiero vivir en un lugar que *esté cerca del mar.*

1. Algún día quiero vivir en un lugar que...
2. Para vivir allí sé que..., pero dudo que...
3. No estoy seguro(a) de que... en ese lugar, pero creo que...
4. En ese lugar, hay...
5. Por eso, estoy seguro(a) de que...
6. Pienso vivir allí con tal que...
7. No quiero vivir allí a menos que...
8. Puedo vivir allí cuando...

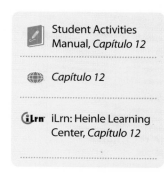

Student Activities Manual, *Capítulo 12*

Capítulo 12

iLrn: Heinle Learning Center, *Capítulo 12*

¡A REPASAR!

Subjunctive following verbs of emotion, impersonal expressions, and *ojalá*

Spanish speakers often use the subjunctive mood when expressing emotion or an opinion. The following verbs convey emotions and the expressions offer an opinion.

Verbs of emotion	Impersonal expressions
alegrarse (de)	es bueno (malo)
esperar	es importante
gustar	es (im)posible
molestar	es lógico
preocuparse de/por	es mejor
quejarse (de)	es necesario
sentir (ie)	es ridículo
sorprender	es una lástima
tener miedo de	

Ojalá (que) is always followed by the subjunctive, whether there is a change of subject or only one subject. The word **que** is often used after **ojalá** in writing, but it is usually omitted in conversation.

¡A recordar! 1 Which impersonal expressions, due to their strong affirmative meanings, do not require the subjunctive?

Subjunctive following verbs and expressions of uncertainty

Spanish speakers also use the subjunctive mood to express doubt, uncertainty, disbelief, nonexistence, and indefiniteness. The following verbs and expressions communicate these sentiments.

dudar	no es cierto
es dudoso	no estar seguro(a) (de)
no creer	no pensar

¡A recordar! 2 Which of the above listed verbs and impersonal expressions do not require the subjunctive when used in the affirmative?

Subjunctive following adjective clauses that express hypothetical situations

Spanish speakers use the subjunctive mood in adjective clauses when they describe hypothetical or non-existent people, places, things, or conditions.

¡A recordar! 3 When is the **a personal** used in an adjective clause?

Subjunctive with purpose and time clauses

A conjunction links groups of words: for example, an independent clause and a dependent clause. The conjunctions listed below may be followed by a verb in either the subjunctive or the indicative mood.

Conjunctions of purpose	
a fin de que	en caso (de) que
a menos que	para que *so (that)*
con tal (de) que	sin que *without*

Conjunctions of time	
antes (de) que	tan pronto como
después (de) que	cuando
en cuanto	hasta que

¡A recordar! 4 When do you use the subjunctive mood with conjunctions of purpose and time? When do you use the indicative mood? What is the one exception to the variable use of subjunctive or indicative after conjunctions of time?

Actividad 1   La vida en la metrópolis Escoge la respuesta correcta para cada oración.

_____ 1. Me alegro de que mis amigos y yo _____ usar el transporte público en la metrópolis.
   a. podamos   c. puedo
   b. podemos   d. pueda

_____ 2. Esperamos que muchas personas _____ plantas.
   a. cultiven   c. cultivemos
   b. cultivan   d. cultivamos

_____ 3. Es bueno que las personas no _____ basura en la calle.
   a. arroje   c. arrojen
   b. arroja   d. arrojan

_____ 4. Tenemos miedo de que las fábricas _____ contaminación.
   a. producen   c. producimos
   b. produzcan   d. produzcamos

_____ 5. ¿Te molesta que _____ mucho tráfico en la carretera?
   a. hay   c. ha
   b. haya   d. hayas

_____ 6. Creo que el rascacielos _____ bonito.
   a. es   c. sea
   b. son   d. sean

Actividad 2   El parque nacional Escribe oraciones usando los elementos dados. Ten cuidado con el uso del subjuntivo, del indicativo y del infinitivo.

1. El guardaparques / alegrarse de / que / el gobierno / proteger / el medio ambiente

2. Los turistas / esperar / que / la naturaleza / ser / bello

3. Yo / preocuparse de / que / algunos animales / estar / en peligro de extinción

4. Mi amigo / querer / trabajar en una reserva biológica

5. Algunas personas / quejarse de / que / el parque / ser / pequeño

Actividad 3 **¡Vamos a reciclar!** Escribe la forma correcta de cada verbo. Escoge el subjuntivo, el indicativo o el infinitivo según el contexto.

1. Es bueno que nosotros _____ (reciclar) el papel y otras cosas.

2. Es lógico que las compañías _____ (hacer) productos nuevos con cosas viejas.

3. Es importante que yo _____ (participar) en el reciclaje.

4. Es malo que ciertas personas no _____ (comprender) la importancia del reciclaje.

5. Es cierto que el futuro del planeta _____ (depender) de la conservación de los recursos naturales.

6. Es necesario que tú _____ (empezar) a reciclar.

7. Es probable que nosotros _____ (conservar) los recursos naturales.

8. Es imposible que nosotros _____ (seguir) con la destrucción del medio ambiente.

9. Es una lástima que los bosques _____ (estar) en peligro.

10. Es mejor que tú _____ (explicar) esto a tus amigos.

11. Es ridículo que _____ (ser) necesario explicárselo.

12. Es evidente que muchas personas _____ (necesitar) oírlo.

13. Ojalá que todo el mundo _____ (escuchar) bien.

14. Es verdad que nosotros _____ (poder) cambiar el mundo.

Actividad 4 **¿Qué buscas?** Empareja cada elemento de la primera columna con el elemento apropiado de la segunda columna.

_____ 1. Busco un lugar que...

_____ 2. Conozco un parque que...

_____ 3. Visito muchos lugares que...

_____ 4. Prefiero visitar ciudades que...

a. tiene cataratas bellas.

b. tengan transporte público.

c. tenga una naturaleza impresionante.

d. tienen flora y fauna interesantes.

Actividad 5 **Un viaje a Costa Rica** Completa la selección con la forma correcta de cada verbo. Escoge el subjuntivo, el indicativo o el infinitivo según el contexto.

¡Me alegro de que mis amigos y yo _____ (1. ir) a Costa Rica! Espero que _____ (2. hacer) buen tiempo porque quiero _____ (3. visitar) muchas partes del país. Me sorprende que _____ (4. haber) tanta tierra protegida allí, pero me gusta que el gobierno _____ (5. proteger) la flora y la fauna. Es posible que nosotros _____ (6. ver) mariposas bellísimas. Prefiero _____ (7. visitar) un lugar que _____ (8. tener) vegetación densa y es cierto que Costa Rica la _____ (9. tener). Y tú, ¿buscas un sitio que _____ (10. ofrecer) naturaleza bella o prefieres _____ (11. ir) a una metrópolis? Una metrópolis puede ser interesante con tal que te _____ (12. gustar) la vida acelerada. Siento que tú no _____ (13. poder) ir a Costa Rica con nosotros. Es una lástima que tú _____ (14. trabajar) tanto. Siempre estás ocupado cuando yo _____ (15. tener) vacaciones. Ojalá que tú _____ (16. viajar) a Costa Rica algún día.

Actividad 6 **El Canal de Panamá** Escoge el verbo lógico para completar cada oración y escribe el verbo en la forma correcta según el contexto. Escoge el subjuntivo, el indicativo o el infinitvo.

ganar	poder	terminar
ir	tener	trabajar

Quiero viajar por el Canal de Panamá tan pronto como yo 1. _____ mis estudios en dos años. Pienso sacar muchas fotos y ponerlas en Internet para que mis amigos 2. _____ aprender sobre el canal también. Siempre saco fotos cuando yo 3. _____ a un lugar interesante. Compraré una cámara nueva con tal que 4. _____ suficiente dinero. La verdad es que no puedo ir a menos que yo 5. _____ mucho y 6. _____ suficiente dinero.

Refrán

"Dios perdona *(forgives)* siempre, los humanos a veces, _____ *(nature)* nunca."

Heinle/Cengage Learning

En este segmento del video, el grupo participa en una actividad en el mar que es muy popular para los turistas. Sin embargo, a pesar de su popularidad, no todos los compañeros disfrutan esta actividad.

Expresiones útiles

Las siguientes son expresiones nuevas que vas a escuchar en el video.

zarpar	*to cast off*
chiquilla	*little one*

Antes de ver

 Disfrutando del mar Responde con un(a) compañero(a) las siguientes preguntas, para ver quién de Uds. conoce más gente que disfruta de las actividades del mar.

- ¿Quién conoce a alguien que sepa nadar?
- ¿Quién conoce a alguien que haga esnórquel con frecuencia?
- ¿Quién conoce a alguien que sepa bucear?
- ¿Quién conoce a alguien a quien le guste pescar en el mar?

Después de ver

Haciendo el esnórquel en Puerto Rico En el video, viste que los compañeros hicieron esnórquel. Completa el siguiente párrafo con la forma apropiada del presente del indicativo o del subjuntivo de los verbos que están entre paréntesis para contar algunos de los detalles de esta experiencia de los compañeros de casa.

En general, Javier se alegra de que todos los compañeros _____ (hacer) esnórquel en Puerto Rico. Cuando llegan a la marina, todos abordan el barco y se preparan para la actividad. El guía *(guide)* les da el equipo e insiste en que _____ (agarrar) las máscaras cuando brinquen *(dive)* del barco. Valeria no participa porque no sabe nadar y tiene miedo del agua. Alejandra se preocupa porque no _____ (poder) respirar bien con la máscara al principio. Sin embargo, luego se acostumbra. Sofía no vive cerca del mar, y por eso es lógico que no _____ (estar) acostumbrada a estar en un barco. Antonio dice que el esnórquel _____ (ser) una experiencia que nunca va a olvidar y los otros compañeros están de acuerdo.

Heinle/Cengage Learning

¿Quién no hace esnórquel? Ahora, piensa en los compañeros y en sus actividades en este segmento del video. Completa las siguientes oraciones con la forma apropiada del presente del indicativo o del subjuntivo de los verbos entre paréntesis. Luego decide si las oraciones son **ciertas** o **falsas.** Corrige las oraciones falsas.

- Hay una persona en el grupo que no _____ (saber) nadar. _____
- No hay nadie que no_____ (hacer) esnórquel._____
- Hay dos personas que _____ (brincar) de cabeza *(dive head first)* del barco. _____
- Hay cuatro personas que _____ (divertirse) mucho en la playa. _____

¿Qué opinas tú?

Opciones para Valeria A Valeria no le gustó la idea de hacer esnórquel en el segmento del video porque no sabe nadar y tiene miedo al agua. Trabaja con un(a) compañero(a) y planea otra actividad al aire libre en Puerto Rico que todos los compañeros (incluso Valeria) puedan disfrutar. Justifiquen la selección de la actividad que proponen a la clase.

See the *Lab Manual,* **Capítulo 12, ¡A ver!** for additional activities.

Antes de leer

Understanding the writer's perspective

In many cases, you can use information you know about the author—his/her professional affiliations, his/her personal background, or his/her previous work—to provide some perspective on the reading. This information can often be useful in interpreting themes or teasing out the underlying messages in a political, economic, or social essay or in a literary work, such as a novel or a collection of short stories or poems. Fortunately, many newspapers and literary works offer an introduction that reveals some or all of this information about the author; you can gain some insight into the author's piece by reading it.

Use this strategy to gain a better understanding of the editorial essay from *Noticias Aliadas* about the "ecological debt" (**deuda ecológica**) vs. the "foreign debt" (**deuda externa**).

Before reading the selection, consider the introduction.

Noticia Aliadas / Latinoamérica Press   ¿Quiénes somos?

Noticias Aliadas es una organización no gubernamental sin fines de lucro *(not for profit)* especializada en informar y analizar lo que les pasa a las personas más vulnerables y menos favorecidas en América Latina y en El Caribe. Esta organización está situada en Lima, Perú. En el año 2009 cumplimos cuarenta y cinco años de estar produciendo información independiente y confiable, ya que contamos con una red de periodistas en toda la región.

Having read the introduction, think about the following:

- ¿Qué tipo de organización es Noticias Aliadas / Latinoamérica Press?
- ¿Ustedes piensan que el reportaje va a ser objetivo o no? ¿Por qué?
- ¿Qué ideas asocian con el título del ensayo o del editorial: «¿Quién paga la deuda ecológica?»

¡A leer!

Cognados Escribe cinco cognados y sus significados.

Discusión Antes de leer el texto, observa y comenta lo siguiente.

1. ¿Cuál crees que sea el tema principal de la lectura en relación con el título?
2. ¿Qué sabes de la deuda ecológica y de la deuda externa?

¿Quién paga la deuda ecológica?

Algunos economistas dicen que la deuda externa regional ya está cancelada o pagada por la «deuda ecológica» de los acreedores *(creditors)*.

Ante la contaminación ambiental causada por desastres mineros y derrames *(spills)* de petróleo por parte de los países industrializados, los ambientalistas de la región latinoamericana piensan que soluciones tales como los canjes *(exchanges)* de deuda por naturaleza ya están pagados por parte de los países menos industrializados. Los ambientalistas piensan que los países industrializados tienen una «deuda ecológica» con los mismos países que sufren enormes deudas externas. En efecto, dicen que la cantidad de dinero *(amount of money)* que se les debe a los países latinoamericanos por daño ambiental y por el uso de recursos naturales paga la deuda externa de la región. Aunque las cuentas *(accounts)* no están en los libros de ninguna empresa o nación, los ambientalistas dicen que estas cuentas deberían estar en los libros para demostrar que el daño ambiental tiene un costo real.

Heinle/Cengage Learning

El concepto de pagar la deuda externa con la naturaleza empieza a discutirse en la política costarricense a finales de los años setenta. Costa Rica quería usar sus bosques de manera más sostenible. Primero se redujo *(lowered)* el impuesto para empresas y grandes haciendas *(farms)* y hacendados *(farmers)* para que sembraran árboles en sus propiedades. Luego, se creó un incentivo directo pagado por reforestación a pequeños agricultores.

Heinle/Cengage Learning

Ahora los propietarios de las tierras pueden recibir compensación por los «servicios» que prestan sus bosques: reducir las emisiones de gas, proteger el agua y la diversidad biológica, así como los ecosistemas para propósitos turísticos y científicos. Un tercio de los impuestos va a los propietarios de bosques, que pueden invertirlo en reforestación y manejo o protección de bosques. El impuesto es una manera de asegurar que el contaminador ayude a pagar los daños.

Esperamos que la deuda ecológica ayude a los habitantes y a los gobiernos a tomar conciencia del gran problema que es la contaminación ambiental.

Después de leer

A escoger Después de leer el artículo, contesta las siguientes preguntas.

1. Según los ambientalistas, los países menos industrializados ya pagaron sus deudas externas debido a...
   a. que han pagado sus deudas con las exportaciones del país.
   b. los desastres mineros o derrames de petróleo que han producido los países industrializados.
2. Según los ambientalistas, el precio de los daños causados por humanos a la naturaleza debe...
   a. estar en los libros para demostrar el precio del daño por parte de los países industrializados.
   b. pagarse al país donde ocurre el desastre por los países industrializados.
3. A finales de los años setenta, Costa Rica quería...
   a. usar de una manera más sostenible sus bosques.
   b. renegociar su deuda externa.
4. La política de Costa Rica es reducirles los impuestos a las empresas y a los hacendados para...
   a. crear un fondo económico para los agricultores.
   b. ayudar a la reforestación de los bosques.

¿Cierto o falso? Indica si las siguientes oraciones son **ciertas** o **falsas.** Corrige las oraciones falsas.

1. _____ Los ambientalistas piensan que los países menos industrializados tienen una «deuda ecológica» con los países industrializados.
2. _____ Costa Rica creó un incentivo directo pagado por reforestación a pequeños agricultores.
3. _____ Hoy en día, los propietarios de tierras no reciben ninguna compensación por los servicios que prestan sus bosques.
4. _____ Los bosques ayudan a reducir las emisiones de gas, a proteger el agua y la diversidad biológica, así como los ecosistemas para propósitos turísticos y científicos.

Perspectivas Después de leer el artículo nuevamente, contesta las siguientes preguntas.

1. ¿Cuál es la opinión del editorial? ¿Está a favor o en contra de la «deuda ecológica»?
2. Según el editorial, ¿quién debe pagarle a quién la deuda ecológica?

A conversar Con sus compañeros de clase comenten e investiguen los siguientes temas.

1. La idea de que el contaminador pague un impuesto para ayudar a pagar los daños que le ha hecho a la naturaleza.
2. Derrames *(spills)* o desastres mineros en los Estados Unidos o en América Latina: Guyana (Sur América) en 1995, El río Pilcomayo en Bolivia en 1996, Ecuador en 2006.
3. El derrame de petróleo de la compañía Exxon en Alaska en 1989.

VOCABULARIO ESENCIAL

La geografía rural y urbana	Rural and urban geography

Sustantivos

el (la) agricultor(a)	farmer
el arroyo	stream
la basura	trash
el bosque	forest
el (la) campesino(a)	farm worker
la carretera	highway
la catarata	waterfall
la colina	hill
la fábrica	factory
la finca	farm
la metrópolis	metropolis
el rascacielos	skyscraper
el ruido	noise
la selva	jungle
la sobrepoblación	overpopulation
la tierra	land, earth
el tráfico	traffic
el transporte público	public transportation

Verbos

cultivar	to cultivate; to grow (plants)
llevar una vida tranquila	to lead a peaceful life
regar (ie)	to irrigate; to water
sembrar (ie)	to plant

Adjetivos

acelerado(a)	accelerated
bello(a)	beautiful
denso(a)	dense
tranquilo(a)	tranquil, peaceful

Conservación y explotación	Conservation and exploitation

Sustantivos

el aire	air
la capa de ozono	ozone layer
la contaminación	pollution
el desarrollo	development
el desperdicio	waste
la destrucción	destruction
la ecología	ecology
la energía solar	solar energy
la escasez	lack, shortage
las especies	species
el medio ambiente	environment
la naturaleza	nature
el petróleo (la gasolina)	petroleum
los recursos naturales	natural resources

Verbos

acabar	to run out
conservar	to conserve
construir	to construct
contaminar	to pollute
desarrollar	to develop
destruir	to destroy
explotar	to exploit
proteger	to protect
reciclar	to recycle
recoger	to pick up
reforestar	to reforest
resolver (ue)	to solve, resolve

Adjetivos

contaminado(a)	polluted
destruido(a)	destroyed
puro(a)	pure

Los animales	Animals

el cocodrilo	crocodile
la culebra	snake
el jaguar	jaguar
la mariposa	butterfly
el mono	monkey
el pájaro	bird
la rana	frog
la tortuga	turtle

Otras palabras	Other terms

el guardaparques	park ranger
el (la) naturalista	naturalista

Expresiones

estar en peligro de extinción	to be endangered
¡No arroje basura!	Don't litter!

Verbos de emoción

alegrarse (de)	to be glad
esperar	to hope
gustar	to like
molestar	to bother
preocuparse de/por	to worry about
quejarse (de)	to complain (about)
sentir (ie)	to be sorry
sorprender	to surprise
tener miedo de	to be afraid of

Expresiones impersonales

es bueno (malo)	it's good (bad)
es importante	it's important
es (im)posible	it's (im)possible
es lógico	it's logical
es mejor	it's better
es necesario	it's necessary
es ridículo	it's ridiculous
es una lástima	it's a shame
ojalá	I wish that
es obvio que	it's obvious that
es cierto que	it's certain that
es seguro que	it's certain that
es verdad que	it's true that

Conjunciones de propósito

a fin de que	so that
a menos que	unless
con tal (de) que	provided (that)
en caso (de) que	in case
para que	so (that)
sin que	without

Conjunciones de tiempo

antes (de) que	before
cuando	when
en cuanto	as soon as
después (de) que	after
hasta que	until
tan pronto como	as soon as

Grammar Guide

For more detailed explanations of these grammar points, consult the Index to find the pages where they are explained fully in the body of the textbook.

ACTIVE VOICE (**La voz activa**) A sentence written in the active voice identifies a subject that performs the action of the verb.

Juan	cantó	la canción.
Juan	***sang***	***the song.***
subject	**verb**	**direct object**

In the sentence above, Juan is the performer of the verb **cantar**.
(*See also* **Passive voice.**)

ADJECTIVES (**Los adjetivos**) are words that modify or describe **nouns** or **pronouns** and agree in **number** and generally in **gender** with the nouns they modify.

Las casas **azules** son **bonitas**.
*The **blue** houses are **pretty.***

Esas mujeres **mexicanas** son mis amigas **nuevas**.
*Those **Mexican** women are my **new** friends.*

Viajes es un libro **interesante** y **divertido**.
***Viajes** is an **interesting** and **fun** book.*

- **Demonstrative adjectives** (**Los adjetivos demostrativos**) point out persons, places, or things relative to the position of the speaker. They always agree in **number** and **gender** with the **noun** they modify. The forms are: **este, esta, estos, estas / ese, esa, esos, esas / aquel, aquella, aquellos, aquellas**. There are also neuter forms that refer to generic ideas or things, and hence have no gender: **esto, eso, aquello**.

Este libro es fácil.	***This*** book is easy.
Esos libros son difíciles.	***Those*** books are hard.
Aquellos libros son pesados.	***Those*** books (**over there**) are boring.

Demonstratives may also function as **pronouns,** replacing the **noun** but still agreeing with it in **number** and **gender. Demonstrative pronouns** carry an accent mark over the syllable that would be naturally stressed anyway.

Me gustan esas blusas verdes.	*I like those green blouses.*
¿Cuáles, **éstas**?	*Which ones, **these**?*
No. Me gustan **ésas**.	*No. I like **those**.*

- **Stressed possessive adjectives** (**Los adjetivos posesivos acentuados**) are used for emphasis and follow the noun that they modifiy. These adjectives may also function as pronouns and always agree in **number** and in **gender**. The forms are: **mío, tuyo, suyo, nuestro, vuestro, suyo**. Unless they are directly preceded by the verb **ser,** stressed possessives must be preceded by the **definite article**.

Ese televisor pequeño es **mío**.	*That little TV set is **mine**.*
Dame el **tuyo**; el **nuestro** no funciona.	*Give me **yours**; **ours** doesn't work.*

- **Unstressed possessive adjectives** (**Los adjetivos posesivos no acentuados**) demonstrate ownership and always precede the **noun** that they modify.

La señora Elman es **mi** profesora.	*Mrs. Elman is **my** professor.*
Debemos llevar **nuestros** libros a clase.	*We should take **our** books to class.*

ADVERBS (**Los adverbios**) are words that modify **verbs, adjectives,** or other adverbs and, unlike **adjectives,** do not have **gender** or **number.** Here are examples of different classes of adverbs:

Canta **alegremente.**	*She sings **cheerfully.*** (adverb of manner)
Ellos van a salir **pronto.**	*They will leave **soon.*** (adverb of time)
Jennifer está **afuera.**	*Jennifer is **outside.*** (adverb of place)
No quiero ir **tampoco.**	*I don't want to go **either.*** (adverb of negation)
Paco habla **demasiado.**	*Paco talks **too much.*** (adverb of quantity)

AGREEMENT (**La concordancia**) refers to the correspondence between parts of speech in terms of **number, gender,** and **person.** Subjects agree with their verbs; articles and adjectives agree with the nouns they modify, etc.

Toda**s** las lengua**s** son interesante**s.**	*All languages are interesting.* (number)
Ella es bonita.	*She is pretty.* (gender)
Nosotros somos de España.	*We are from Spain.* (person)

ARTICLES (**Los artículos**) precede nouns and indicate whether they are definite or indefinite persons, places, or things.

• **Definite articles** (**Los artículos definidos**) refer to particular members of a group and are the equivalent of *the* in English. The definite articles are: **el, la, los, las.**

El hombre guapo es mi padre.	***The** handsome man is my father.*
Las mujeres de esta clase son inteligentes.	***The** women in this class are intelligent.*

• **Indefinite articles** (**Los artículos indefinidos**) refer to any unspecified member(s) of a group and are the equivalent of *a(n)* and *some.* The indefinite articles are: **un, una, unos, unas.**

Un hombre vino a nuestra casa anoche.	***A** man came to our house last night.*
Unas niñas jugaban en el parque.	***Some** girls were playing in the park.*

CLAUSES (**Las cláusulas**) are subject and verb combinations; for a sentence to be complete it must have at least one main clause.

• **Main clauses** (Independent clauses) (**Las cláusulas principales**) communicate a complete idea or thought.

Mi hermana va al hospital.	*My sister goes to the hospital.*

• **Subordinate clauses** (Dependent clauses) (**Las cláusulas subordinadas**) depend upon a main clause for their meaning to be complete.

Mi hermana va al mercado	con tal que no llueva.
My sister goes to the market	*provided that it's not raining.*
main clause	**subordinate clause**

In the sentence above, *provided that it's not raining* is not a complete idea without the information supplied by the main clause.

COMMANDS (**Los mandatos**) (*See* **Imperatives.**)

COMPARISONS (**Las formas comparativas**) are statements that describe one person, place, or thing relative to another in terms of quantity, quality, or manner.

• **Comparisons of equality** (**Las formas comparativas de igualdad**) demonstrate an equal share of a quantity or degree of a particular characteristic. These statements use a form of **tan(to)(ta)(s)** and **como.**

Ella tiene **tanto** dinero **como** Elena.	*She has **as much** money as Elena.*
Fernando trabaja **tanto como** Felipe.	*Fernando works **as much as** Felipe.*
Jim baila **tan** bien **como** Anne.	*Jim dances **as well as** Anne.*

• **Comparisons of inequality** (**Las formas comparativas de desigualdad**) indicate a difference in quantity, quality, or manner between the compared subjects. These statements use **más/menos... que** or comparative **adjectives** such as **mejor/peor, mayor/menor.**

España tiene **más** playas **que** México.	*Spain has **more** beaches **than** Mexico.*
Tú hablas español **mejor que** yo.	*You speak Spanish **better than** I.*

(*See also* **Superlatives.**)

CONJUGATIONS (**Las conjugaciones**) represent the inflected form of the verb as it is used with a particular subject or **person.**

Yo bailo los sábados.	*I dance* on Saturdays. (1st-person singular)
Tú bailas los sábados.	*You dance* on Saturdays. (2nd-person singular)
Ella baila los sábados.	*She dances* on Saturdays. (3rd-person singular)
Nosotros bailamos los sábados.	*We dance* on Saturdays. (1st-person plural)
Vosotros bailáis los sábados.	*You dance* on Saturdays. (2nd-person plural)
Ellos bailan los sábados.	*They dance* on Saturdays. (3rd-person plural)

CONJUNCTIONS (**Las conjunciones**) are linking words that join two independent **clauses** together.

Fuimos al centro **y** mis amigos compraron muchas cosas.
*We went downtown **and** my friends bought a lot of things.*

Yo quiero ir a la fiesta, **pero** tengo que estudiar.
*I want to go to the party, **but** I have to study.*

CONTRACTIONS (**Las contracciones**) in Spanish are limited to preposition/article combinations, such as **de + el = del** and **a + el = al,** or preposition/pronoun combinations such as **con + mí = conmigo** and **con + ti = contigo.**

DIRECT OBJECTS (**Los objetos directos**) in sentences are the direct recipients of the action of the verb. Direct objects answer the questions *What?* or *Whom?*

¿Qué hizo?	*What did she do?*
Ella hizo **la tarea.**	*She did her **homework.***
Y luego llamó a **su amiga.**	*And then called **her friend.***

(*See also* **Pronouns, Indirect object, Personal *a.***)

EXCLAMATION WORDS (**Las palabras exclamativas**) communicate surprise or strong emotion. Like interrogative words, exclamatives also carry accents.

¡Qué sorpresa!	***What** a surprise!*
¡Cómo canta Miguel!	***How well** Miguel sings!*

(*See also* **Interrogatives.**)

GENDER (**El género**) is a grammatical feature of Romance languages that classifies words as either masculine or feminine. The gender of the word is sometimes used to distinguish meaning (**la papa** = *the potato,* but **el Papa** = *the Pope;* **la policía** = *the police force,* but **el policía** = *the policeman*). It is important to memorize the gender of nouns when you learn the nouns.

GERUNDS (**Los gerundios**) are the Spanish equivalent of the *-ing* verb form in English. Regular gerunds are created by replacing the **infinitive** endings (**-ar, -er/-ir**) with **-ando** or **-iendo.** Gerunds are often used with the verb **estar** to form the present progessive tense. The present progressive tense places emphasis on the continuing or progressive nature of an action.

Miguel está **cantando** en la ducha.   *Miguel is **singing** in the shower.*

(*See also* **Present participle.**)

IDIOMATIC EXPRESSIONS (**Las frases idiomáticas**) are phrases in Spanish that do not have a literal English equivalent.

Hace mucho frío.   *It is very cold.* (Literally, *It makes a lot of cold.*)

IMPERATIVES (**Los imperativos**) represent the mood used to express requests or commands. It is more direct than the **subjunctive** mood. Imperatives are commonly called commands and fall into two categories: affirmative and negative. Spanish speakers must also choose between using formal commands and informal commands based upon whether one is addressed as **usted** (formal) or **tú** (informal).

Habla conmigo.	*Talk to me.* (informal, affirmative)
No me hables.	*Don't talk to me.* (informal, negative)
Hable con la policía.	*Talk to the police.* (formal, singular, affirmative)
No hable con la policía.	*Don't talk to the police.* (formal, singular, negative)
Hablen con la policía.	*Talk to the police.* (formal, plural, affirmative)
No hablen con la policía.	*Don't talk to the police.* (formal, plural, negative)

(*See also* **Mood.**)

IMPERFECT (**El imperfecto**) The imperfect tense is used to make statements about the past when the speaker wants to convey the idea of (1) habitual or repeated action, (2) two actions in progress simultaneously, or (3) an event that was in progress when another action interrupted. The imperfect tense is also used to emphasize the ongoing nature of the middle of the event, as opposed to its beginning or end. Age and clock time are always expressed using the imperfect.

Cuando María **era** joven, ella **cantaba** en el coro.
*When María **was** young, she **used to sing** in the choir.*

Aquel día **llovía** mucho y el cielo **estaba** oscuro.
*That day **it was raining** a lot and the sky **was** dark.*

Juan **dormía** cuando sonó el teléfono.
*Juan **was sleeping** when the phone rang.*

(*See also* **Preterite.**)

IMPERSONAL EXPRESSIONS (**Las expresiones impersonales**) are statements that contain the impersonal subjects of *it* or *one*.

Es necesario estudiar.	*It is necessary to study.*
Se necesita estudiar.	*One needs to study.*

(*See also* **Passive voice.**)

INDEFINITE WORDS (**Las palabras indefinidas**) are **articles, adjectives, nouns,** or **pronouns** that refer to unspecified members of a group.

Un hombre vino.	*A man came.* (indefinite article)
Alguien vino.	*Someone came.* (indefinite noun)
Algunas personas vinieron.	*Some people came.* (indefinite adjective)
Algunas vinieron.	*Some came.* (indefinite pronoun)

(*See also* **Articles.**)

INDICATIVE (**El indicativo**) The indicative is a mood, rather than a tense. The indicative is used to express ideas that are considered factual or certain and therefore not subject to speculation, doubt, or negation.

Josefina **es** española.   *Josefina **is** Spanish.*
(present indicative)

(*See also* **Mood.**)

INDIRECT OBJECTS (**Los objetos indirectos**) are the indirect recipients of an action in a sentence and answer the questions *To whom?* or *For whom?* In Spanish it is common to include an indirect object **pronoun** along with the indirect object.

Yo **le** di el libro a **Sofía.**   *I gave the book **to Sofía.***
Sofía **les** guardó el libro a **sus**   *Sofía kept the book **for her parents.***
   padres.

(*See also* **Direct objects** and **Pronouns.**)

INFINITIVES (**Los infinitivos**) are verb forms that are uninflected or not **conjugated** according to a specific **person.** In English, infinitives are preceded by *to: to talk, to eat, to live.* Infinitives in Spanish end in **-ar (hablar), -er (comer),** and **-ir (vivir).**

INTERROGATIVES (**Las formas interrogativas**) are used to pose questions, and they carry accent marks to distinguish them from other uses. Basic interrogative words include: **quién(es), qué, cómo, cuánto(a)(s), cuándo, por qué, dónde.**

¿**Qué** quieres?	***What*** *do you want?*
¿**Cuándo** llegó ella?	***When*** *did she arrive?*
¿De **dónde** eres?	***Where*** *are you from?*

(*See also* **Exclamation words.**)

MOOD (**El modo**) is like the word *mode,* meaning *manner* or *way.* It indicates the way in which the speaker views an action, or his/her attitude toward the action. Besides the **imperative** mood, which is simply giving commands, you learn two basic moods in Spanish: the **subjunctive** and the **indicative.** Basically, the subjunctive mood communicates an attitude of uncertainty or negation toward the action, while the indicative indicates that the action is certain or factual. Within each of these moods there are many **tenses.** Hence you have the present indicative and the present subjunctive, the present perfect indicative and the present perfect subjunctive, etc.

- **Indicative mood** (**El indicativo**) implies that what is stated or questioned is regarded as true.

Yo **quiero** ir a la fiesta.	*I **want** to go to the party.*
¿**Quieres** ir conmigo?	***Do you want** to go with me?*

- **Subjunctive mood** (**El subjuntivo**) indicates a recommendation, a statement of doubt or negation, or a hypothetical situation.

Yo recomiendo que tú **vayas** a la fiesta.	*I recommend **that you go** to the party.*
Dudo que **vayas** a la fiesta.	*I doubt that **you'll go** to the party.*
No creo que **vayas** a la fiesta.	*I don't believe that **you'll go** to the party.*
Si **fueras** a la fiesta, te divertirías.	*If **you were to go** to the party, you would have a good time.*

- **Imperative mood** (**El imperativo**) is used to make a command or request.

¡**Ven** conmigo a la fiesta!	***Come** with me to the party!*

(*See also* **Indicative, Imperative,** and **Subjunctive.**)

NEGATION (**La negación**) takes place when a negative word, such as **no,** is placed before an affirmative sentence. In Spanish, double negatives are common.

Yolanda va a cantar esta noche.	*Yolanda will sing tonight.* (affirmative)
Yolanda **no** va a cantar esta noche.	*Yolanda will **not** sing tonight.* (negative)
Ramón quiere algo.	*Ramón wants something.* (affirmative)
Ramón **no** quiere **nada.**	*Ramón **doesn't** want **anything.*** (negative)

NOUNS (**Los sustantivos**) are persons, places, things, or ideas. Names of people, countries, and cities are proper nouns and are capitalized.

Alberto	*Albert* (person)
el pueblo	*town* (place)
el diccionario	*dictionary* (thing)

ORTHOGRAPHY (**La ortografía**) refers to the spelling of a word or anything related to spelling such as accentuation.

PASSIVE VOICE (**La voz pasiva**), as compared to **active voice (la voz activa),** places emphasis on the action itself rather than the agent of the action (the person or thing that is indirectly responsible for committing the action). The passive **se** is used when there is no apparent agent of the action.

Luis vende los coches.	*Luis sells the cars.* (active voice)
Los coches **son vendidos por** Luis.	*The cars **are sold by** Luis.* (passive voice)
Se venden coches.	*Cars **are sold.*** (passive voice)

(*See also* **Active voice.**)

PAST PARTICIPLES (**Los participios pasados**) are verb forms used in compound tenses such as the **present perfect.** Regular past participles are formed by dropping the **-ar** or **-er/-ir** from the **infinitive** and adding **-ado** or **-ido.** Past participles are the equivalent of verbs ending in *-ed* in English. They may also be used as **adjectives,** in which case they agree in **number** and **gender** with their nouns. Irregular past participles include: **escrito, roto, dicho, hecho, puesto, vuelto, muerto, cubierto.**

Marta ha **subido** la montaña.	*Marta has **climbed** the mountain.*
Hemos **hablado** mucho por teléfono.	*We have **talked** a lot on the phone.*
La novela **publicada** en 1995 es su mejor novela.	*The novel **published** in 1995 is her best novel.*

PERFECT TENSES (**Los tiempos perfectos**) communicate the idea that an action has taken place before now (present perfect) or before a moment in the past (past perfect). The perfect tenses are compound tenses consisting of the verb **haber** plus the **past participle** of a second verb.

Yo **he comido.**	*I **have eaten.*** (present perfect indicative)
Antes de la fiesta, yo **había comido.**	*Before the party **I had eaten.*** (past perfect indicative)
Yo espero que **hayas comido.**	*I hope that **you have eaten.*** (present perfect subjunctive)
Yo esperaba que **hubieras comido.**	*I hoped that **you had eaten.*** (past perfect subjunctive)

PERSON (**La persona**) refers to changes in the subject pronouns that indicate if one is speaking (first person), if one is spoken to (second person), or if one is spoken about (third person).

Yo hablo.	*I speak.* (1st-person singular)
Tú hablas.	*You speak.* (2nd-person singular)
Ud./Él/Ella habla.	*You/He/She speak(s).* (3rd-person singular)
Nosotros(as) hablamos.	*We speak.* (1st-person plural)
Vosotros(as) habláis.	*You speak.* (2nd-person plural)
Uds./Ellos/Ellas hablan.	*They speak.* (3rd-person plural)

PERSONAL A (**La *a* personal**) The personal **a** refers to the placement of the preposition **a** before the name of a person when that person is the **direct object** of the sentence.

Voy a llamar **a** María.	*I'm going to call María.*

PREPOSITIONS (**Las preposiciones**) are linking words indicating spatial or temporal relations between two words.

Ella nadaba **en** la piscina.	*She was swimming **in** the pool.*
Yo llamé **antes de** las nueve.	*I called **before** nine o'clock.*
El libro es **para** ti.	*The book is **for** you.*
Voy **a** la oficina.	*I'm going **to** the office.*
Jorge es **de** Paraguay.	*Jorge is **from** Paraguay.*

PRESENT PARTICIPLE (*See* **Gerunds.**)

PRETERITE (**El pretérito**) The preterite tense, as compared to the **imperfect tense,** is used to talk about past events with specific emphasis on the beginning or the end of the action, or emphasis on the completed nature of the action as a whole.

Anoche yo **empecé** a estudiar a las once y **terminé** a la una.
*Last night I **began** to study at eleven o'clock and **finished** at one o'clock.*

Esta mañana **me desperté** a las siete, **desayuné, me duché** y **vine** al campus a las ocho.
*This morning **I woke up** at seven, **I ate** breakfast, **I showered,** and **I came** to campus at eight.*

PRONOUNS (**Los pronombres**) are words that substitute for **nouns** in a sentence.

Yo quiero **éste.**	*I want **this one.*** (demonstrative—points out a specific person, place, or thing)
¿**Quién** es tu amigo?	***Who** is your friend?* (interrogative—used to ask questions)
Yo voy a llamar**la.**	*I'm going to call **her.*** (direct object—replaces the direct object of the sentence)
Ella va a dar**le** el reloj.	*She is going to give **him** the watch.* (indirect object—replaces the indirect object of the sentence)
Juan **se** baña por la mañana.	*Juan bathes **himself** in the morning.* (reflexive—used with reflexive verbs to show that the agent of the action is also the recipient)
Es la mujer **que** conozco.	*She is the woman **that** I know.* (relative—used to introduce a clause that describes a noun)
Nosotros somos listos.	***We** are clever.* (subject—replaces the noun that performs the action or state of a verb)

SUBJECTS (**Los sujetos**) are the persons, places, or things that perform the action or state of being of a verb. The **conjugated** verb always agrees with its subject.

Carlos siempre baila solo.	***Carlos** always dances alone.*
Colorado y **California** son mis estados preferidos.	***Colorado** and **California** are my favorite states.*
La cafetera hace el café.	*The **coffee pot** makes the coffee.*

(*See also* **Active voice.**)

SUBJUNCTIVE (**El subjuntivo**) The subjunctive mood is used to express speculative, doubtful, or hypothetical situations. It also communicates a degree of subjectivity or influence of the main clause over the subordinate clause.

No creo que **tengas** razón.	*I don't think that **you're** right.*
Si yo **fuera** el jefe, pagaría más a mis empleados.	*If I **were** the boss, I would pay my employees more.*
Quiero que **estudies** más.	*I want **you to study** more.*

(*See also* **Mood, Indicative.**)

SUPERLATIVE STATEMENTS (**Las frases superlativas**) are formed by adjectives or adverbs to make comparisons among three or more members of a group. To form superlatives, add a definite article (**el, la, los, las**) before the comparative form.

Juan es **el más alto** de los tres.	*Juan is **the tallest** of the three.*
Este coche es **el más rápido** de todos.	*This car is **the fastest** of them all.*

(*See also* **Comparisons.**)

TENSES (**Los tiempos**) refer to the manner in which time is expressed through the **verb** of a sentence.

Yo estudio.	*I study.* (present tense)
Yo estoy estudiando.	*I am studying.* (present progressive)
Yo he estudiado.	*I have studied.* (present perfect)
Yo había estudiado.	*I had studied.* (past perfect)
Yo estudié.	*I studied.* (preterite tense)
Yo estudiaba.	*I was studying.* (imperfect tense)
Yo estudiaré.	*I will study.* (future tense)

VERBS (**Los verbos**) are the words in a sentence that communicate an action or state of being.

> Judith **es** mi amiga y ella **lee** muchas novelas.
> *Judith **is** my friend and she **reads** a lot of novels.*

- **Auxiliary verbs** (**Los verbos auxiliares**) or helping verbs are verbs such as **estar** and **haber** used to form the present progressive and the present perfect, respectively.

  > **Estamos** estudiando mucho para el examen mañana.
  > *We **are** studying a lot for the exam tomorrow.*

  > Heather **ha** trabajado mucho en este proyecto.
  > *Heather **has** worked a lot on this project.*

- **Reflexive verbs** (**Los verbos reflexivos**) use reflexive **pronouns** to indicate that the person initiating the action is also the recipient of the action.

  > Yo **me afeito** por la mañana.   *I **shave** (**myself**) in the morning.*

- **Stem-changing verbs** (**Los verbos con cambios de raíz**) undergo a change in the main part of the verb when conjugated. To find the stem, drop the **-ar, -er,** or **-ir** from the **infinitive: dorm-, empez-, ped-.** There are three types of stem-changing verbs: **o** to **ue**, **e** to **ie** and **e** to **i.**

  > **dormir:** Yo d**ue**rmo en el parque.   *I sleep in the park.* (**o** to **ue**)
  > **empezar:** Ella siempre emp**ie**za su trabajo   *She always starts her work early.*
  >   temprano.   (**e** to **ie**)
  > **pedir:** ¿Por qué no p**i**des ayuda?   *Why don't you ask for help?* (**e** to **i**)

Infinitive	Present indicative	Imperfect	Preterite	Future	Conditional	Present subjunctive	Past subjunctive	Commands
hablar *to speak*	hablo	hablaba	hablé	hablaré	hablaría	hable	hablara	
	hablas	hablabas	hablaste	hablarás	hablarías	hables	hablaras	habla (no hables)
	habla	hablaba	habló	hablará	hablaría	hable	hablara	hable
	hablamos	hablábamos	hablamos	hablaremos	hablaríamos	hablemos	habláramos	
	habláis	hablabais	hablasteis	hablaréis	hablaríais	habléis	hablarais	hablad (no habléis)
	hablan	hablaban	hablaron	hablarán	hablarían	hablen	hablaran	hablen
aprender *to learn*	aprendo	aprendía	aprendí	aprenderé	aprendería	aprenda	aprendiera	aprende
	aprendes	aprendías	aprendiste	aprenderás	aprenderías	aprendas	aprendieras	(no aprendas)
	aprende	aprendía	aprendió	aprenderá	aprendería	aprenda	aprendiera	aprenda
	aprendemos	aprendíamos	aprendimos	aprenderemos	aprenderíamos	aprendamos	aprendiéramos	aprended
	aprendéis	aprendíais	aprendisteis	aprenderéis	aprenderíais	aprendáis	aprendierais	(no aprendáis)
	aprenden	aprendían	aprendieron	aprenderán	aprenderían	aprendan	aprendieran	aprendan
vivir *to live*	vivo	vivía	viví	viviré	viviría	viva	viviera	vive
	vives	vivías	viviste	vivirás	vivirías	vivas	vivieras	(no vivas)
	vive	vivía	vivió	vivirá	viviría	viva	viviera	viva
	vivimos	vivíamos	vivimos	viviremos	viviríamos	vivamos	viviéramos	vivid
	vivís	vivíais	vivisteis	viviréis	viviríais	viváis	vivierais	(no viváis)
	viven	vivían	vivieron	vivirán	vivirían	vivan	vivieran	vivan

Compound Tenses

Present progressive	estoy / estás / está / estamos / estáis / están	hablando	aprendiendo	viviendo
Present perfect indicative	he / has / ha / hemos / habéis / han	hablado	aprendido	vivido
Present perfect subjunctive	haya / hayas / haya / hayamos / hayáis / hayan	hablado	aprendido	vivido
Past perfect indicative	había / habías / había / habíamos / habíais / habían	hablado	aprendido	vivido

Infinitive / Present participle / Past participle	Present indicative	Imperfect	Preterite	Future	Conditional	Present subjunctive	Past subjunctive	Commands
pensar *to think* e → ie pensando pensado	pienso piensas piensa pensamos pensáis piensan	pensaba pensabas pensaba pensábamos pensabais pensaban	pensé pensaste pensó pensamos pensasteis pensaron	pensaré pensarás pensará pensaremos pensaréis pensarán	pensaría pensarías pensaría pensaríamos pensaríais pensarían	piense pienses piense pensemos penséis piensen	pensara pensaras pensara pensáramos pensarais pensaran	piensa (no pienses) piense pensad (no penséis) piensen
acostarse *to go to bed* o → ue acostándose acostado	me acuesto te acuestas se acuesta nos acostamos os acostáis se acuestan	me acostaba te acostabas se acostaba nos acostábamos os acostabais se acostaban	me acosté te acostaste se acostó nos acostamos os acostasteis se acostaron	me acostaré te acostarás se acostará nos acostaremos os acostaréis se acostarán	me acostaría te acostarías se acostaría nos acostaríamos os acostaríais se acostarían	me acueste te acuestes se acueste nos acostemos os acostéis se acuesten	me acostara te acostaras se acostara nos acostáramos os acostarais se acostaran	acuéstate (no te acuestes) acuéstese acostaos (no os acostéis) acuéstense
sentir *to feel* e → ie, i sintiendo sentido	siento sientes siente sentimos sentís sienten	sentía sentías sentía sentíamos sentíais sentían	sentí sentiste sintió sentimos sentisteis sintieron	sentiré sentirás sentirá sentiremos sentiréis sentirán	sentiría sentirías sentiría sentiríamos sentiríais sentirían	sienta sientas sienta sintamos sintáis sientan	sintiera sintieras sintiera sintiéramos sintierais sintieran	siente (no sientas) sienta sentid (no sintáis) sientan
pedir *to ask for* e → i, i pidiendo pedido	pido pides pide pedimos pedís piden	pedía pedías pedía pedíamos pedíais pedían	pedí pediste pidió pedimos pedisteis pidieron	pediré pedirás pedirá pediremos pediréis pedirán	pediría pedirías pediría pediríamos pediríais pedirían	pida pidas pida pidamos pidáis pidan	pidiera pidieras pidiera pidiéramos pidierais pidieran	pide (no pidas) pida pedid (no pidáis) pidan
dormir *to sleep* o → ue, u durmiendo dormido	duermo duermes duerme dormimos dormís duermen	dormía dormías dormía dormíamos dormíais dormían	dormí dormiste durmió dormimos dormisteis durmieron	dormiré dormirás dormirá dormiremos dormiréis dormirán	dormiría dormirías dormiría dormiríamos dormiríais dormirían	duerma duermas duerma durmamos durmáis duerman	durmiera durmieras durmiera durmiéramos durmierais durmieran	duerme (no duermas) duerma dormid (no durmáis) duerman

Infinitive / Present participle / Past participle	Present indicative	Imperfect	Preterite	Future	Conditional	Present subjunctive	Past subjunctive	Commands
comenzar (e → ie) *to begin* z → c before e comenzando comenzado	comienzo	comenzaba	**comencé**	comenzaré	comenzaría	**comience**	comenzara	comienza (no **comiences**)
	comienzas	comenzabas	comenzaste	comenzarás	comenzarías	**comiences**	comenzaras	**comience**
	comienza	comenzaba	comenzó	comenzará	comenzaría	**comience**	comenzara	**comience**
	comenzamos	comenzábamos	comenzamos	comenzaremos	comenzaríamos	**comencemos**	comenzáramos	comenzad (no **comencéis**)
	comenzáis	comenzabais	comenzasteis	comenzaréis	comenzaríais	**comencéis**	comenzarais	**comiencen**
	comienzan	comenzaban	comenzaron	comenzarán	comenzarían	**comiencen**	comenzaran	
conocer *to know* c → zc before a, o conociendo conocido	**conozco**	conocía	conocí	conoceré	conocería	**conozca**	conociera	conoce (no **conozcas**)
	conoces	conocías	conociste	conocerás	conocerías	**conozcas**	conocieras	**conozca**
	conoce	conocía	conoció	conocerá	conocería	**conozca**	conociera	conoced (no **conozcáis**)
	conocemos	conocíamos	conocimos	conoceremos	conoceríamos	**conozcamos**	conociéramos	**conozcan**
	conocéis	conocíais	conocisteis	conoceréis	conoceríais	**conozcáis**	conocierais	
	conocen	conocían	conocieron	conocerán	conocerían	**conozcan**	conocieran	
construir *to build* i → y, y inserted before a, e, o construyendo construido	**construyo**	construía	construí	construiré	construiría	**construya**	**construyera**	**construye** (no **construyas**)
	construyes	construías	construiste	construirás	construirías	**construyas**	**construyeras**	**construya**
	construye	construía	**construyó**	construirá	construiría	**construya**	**construyera**	**construya**
	construimos	construíamos	construimos	construiremos	construiríamos	**construyamos**	**construyéramos**	construid (no **construyáis**)
	construís	construíais	construisteis	construiréis	construiríais	**construyáis**	**construyerais**	**construyan**
	construyen	construían	**construyeron**	construirán	construirían	**construyan**	**construyeran**	**construyan**
leer *to read* i → y; stressed i → í leyendo leído	leo	leía	leí	leeré	leería	lea	**leyera**	lee (no leas)
	lees	leías	leíste	leerás	leerías	leas	**leyeras**	lea
	lee	leía	**leyó**	leerá	leería	lea	**leyera**	leed (no leáis)
	leemos	leíamos	leímos	leeremos	leeríamos	leamos	**leyéramos**	lean
	leéis	leíais	leísteis	leeréis	leeríais	leáis	**leyerais**	
	leen	leían	**leyeron**	leerán	leerían	lean	**leyeran**	

Infinitive / Present participle / Past participle	Present indicative	Imperfect	Preterite	Future	Conditional	Present subjunctive	Past subjunctive	Commands
pagar *to pay* **g → gu before e** pagando pagado	pago pagas paga pagamos pagáis pagan	pagaba pagabas pagaba pagábamos pagabais pagaban	**pagué** pagaste pagó pagamos pagasteis pagaron	pagaré pagarás pagará pagaremos pagaréis pagarán	pagaría pagarías pagaría pagaríamos pagaríais pagarían	**pague** **pagues** **pague** **paguemos** **paguéis** **paguen**	pagara pagaras pagara pagáramos pagarais pagaran	paga (no **pagues**) **pague** pagad (no **paguéis**) **paguen**
seguir *to follow* (e → i, i) **gu → g before a, o** siguiendo seguido	**sigo** **sigues** **sigue** seguimos seguís **siguen**	seguía seguías seguía seguíamos seguíais seguían	seguí seguiste **siguió** seguimos seguisteis **siguieron**	seguiré seguirás seguirá seguiremos seguiréis seguirán	seguiría seguirías seguiría seguiríamos seguiríais seguirían	**siga** **sigas** **siga** **sigamos** **sigáis** **sigan**	**siguiera** **siguieras** **siguiera** **siguiéramos** **siguierais** **siguieran**	sigue (no sigas) siga seguid (no **sigáis**) sigan
tocar *to play; to touch* **c → qu before e** tocando tocado	toco tocas toca tocamos tocáis tocan	tocaba tocabas tocaba tocábamos tocabais tocaban	**toqué** tocaste tocó tocamos tocasteis tocaron	tocaré tocará tocarás tocaremos tocaréis tocarán	tocaría tocarías tocaría tocaríamos tocaríais tocarían	**toque** **toques** **toque** **toquemos** **toquéis** **toquen**	tocara tocaras tocara tocáramos tocarais tocaran	toca (no **toques**) **toque** tocad (no **toquéis**) **toquen**

Infinitive / Present participle / Past participle	Present indicative	Imperfect	Preterite	Future	Conditional	Present subjunctive	Past subjunctive	Commands
andar *to walk* andando andado	ando andas anda andamos andáis andan	andaba andabas andaba andábamos andabais andaban	**anduve** **anduviste** **anduvo** **anduvimos** **anduvisteis** **anduvieron**	andaré andarás andará andaremos andaréis andarán	andaría andarías andaría andaríamos andaríais andarían	ande andes ande andemos andéis anden	**anduviera** **anduvieras** **anduviera** **anduviéramos** **anduvierais** **anduvieran**	anda (no andes) ande andad (no andéis) anden
*caer *to fall* **cayendo** caído	**caigo** caes cae caemos caéis caen	caía caías caía caíamos caíais caían	caí **caíste** **cayó** **caímos** **caísteis** **cayeron**	caeré caerás caerá caeremos caeréis caerán	caería caerías caería caeríamos caeríais caerían	**caiga** **caigas** **caiga** **caigamos** **caigáis** **caigan**	**cayera** **cayeras** **cayera** **cayéramos** **cayerais** **cayeran**	cae (no caigas) **caiga** caed (no caigáis) **caigan**
*dar *to give* dando dado	**doy** das da damos dais dan	daba dabas daba dábamos dabais daban	**di** **diste** **dio** **dimos** **disteis** **dieron**	daré darás dará daremos daréis darán	daría darías daría daríamos daríais darían	**dé** **des** **dé** **demos** **deis** **den**	diera dieras diera diéramos dierais dieran	da (no des) **dé** dad (no deis) den
*decir *to say, tell* **diciendo** **dicho**	**digo** **dices** **dice** decimos decís **dicen**	decía decías decía decíamos decíais decían	**dije** **dijiste** **dijo** **dijimos** **dijisteis** **dijeron**	**diré** **dirás** **dirá** **diremos** **diréis** **dirán**	**diría** **dirías** **diría** **diríamos** **diríais** **dirían**	**diga** **digas** **diga** **digamos** **digáis** **digan**	**dijera** **dijeras** **dijera** **dijéramos** **dijerais** **dijeran**	**di (no digas)** **diga** **decid (no digáis)** **digan**
*estar *to be* estando estado	**estoy** **estás** **está** estamos estáis **están**	estaba estabas estaba estábamos estabais estaban	**estuve** **estuviste** **estuvo** **estuvimos** **estuvisteis** **estuvieron**	estaré estarás estará estaremos estaréis estarán	estaría estarías estaría estaríamos estaríais estarían	**esté** **estés** **esté** **estemos** **estéis** **estén**	estuviera estuvieras estuviera estuviéramos estuvierais estuvieran	está (no estés) esté estad (no estéis) estén

*Verbs with irregular yo forms in the present indicative

Infinitive Present participle Past participle	Present indicative	Imperfect	Preterite	Future	Conditional	Present subjunctive	Past subjunctive	Commands
haber *to have* habiendo habido	he has ha [hay] hemos habéis han	había habías había habíamos habíais habían	hube hubiste hubo hubimos hubisteis hubieron	habré habrás habrá habremos habréis habrán	habría habrías habría habríamos habríais habrían	haya hayas haya hayamos hayáis hayan	hubiera hubieras hubiera hubiéramos hubierais hubieran	
*hacer *to make; to do* haciendo **hecho**	hago haces hace hacemos hacéis hacen	hacía hacías hacía hacíamos hacíais hacían	hice hiciste hizo hicimos hicisteis hicieron	haré harás hará haremos haréis harán	haría harías haría haríamos haríais harían	haga hagas haga hagamos hagáis hagan	hiciera hicieras hiciera hiciéramos hicierais hicieran	haz (no hagas) haga haced (no hagáis) hagan
ir *to go* **yendo** ido	voy vas va vamos vais van	iba ibas iba íbamos ibais iban	fui fuiste fue fuimos fuisteis fueron	iré irás irá iremos iréis irán	iría irías iría iríamos iríais irían	vaya vayas vaya vayamos vayáis vayan	fuera fueras fuera fuéramos fuerais fueran	ve (no vayas) vaya id (no vayáis) vayan
*oír *to hear* **oyendo** oído	oigo oyes oye oímos oías oyen	oía oías oía oíamos oíais oían	oí oíste oyó oímos oísteis oyeron	oíré oirás oirá oiremos oiréis oirán	oiría oirías oiría oiríamos oiríais oirían	oiga oigas oiga oigamos oigáis oigan	oyera oyeras oyera oyéramos oyerais oyeran	oye (no oigas) oiga oíd (no oigáis) oigan

*Verbs with irregular *yo* forms in the present indicative

Infinitive / Present participle / Past participle	Present indicative	Imperfect	Preterite	Future	Conditional	Present subjunctive	Past subjunctive	Commands
poder (o → ue) can, to be able / pudiendo / podido	puedo puedes puede podemos podéis pueden	podía podías podía podíamos podíais podían	pude pudiste pudo pudimos pudisteis pudieron	podré podrás podrá podremos podréis podrán	podría podrías podría podríamos podríais podrían	pueda puedas pueda podamos podáis puedan	pudiera pudieras pudiera pudiéramos pudierais pudieran	
*poner to put, place / poniendo / puesto	pongo pones pone ponemos ponéis ponen	ponía ponías ponía poníamos poníais ponían	puse pusiste puso pusimos pusisteis pusieron	pondré pondrás pondrá pondremos pondréis pondrán	pondría pondrías pondría pondríamos pondríais pondrían	ponga pongas ponga pongamos pongáis pongan	pusiera pusieras pusiera pusiéramos pusierais pusieran	pon (no pongas) ponga poned (no pongáis) pongan
querer (e → ie) to want, to wish / queriendo / querido	quiero quieres quiere queremos queréis quieren	quería querías quería queríamos queríais querían	quise quisiste quiso quisimos quisisteis quisieron	querré querrás querrá querremos querréis querrán	querría querrías querría querríamos querríais querrían	quiera quieras quiera querramos querráis quieran	quisiera quisieras quisiera quisiéramos quisierais quisieran	quiere (no quieras) quiera quered (no queráis) quieran
reír (e → i) to laugh / riendo / reído	río ríes ríe reímos reís ríen	reía reías reía reíamos reíais reían	reí reíste rió reímos reísteis rieron	reiré reirás reirá reiremos reiréis reirán	reiría reirías reiría reiríamos reiríais reirían	ría rías ría riamos riáis rían	riera rieras riera riéramos rierais rieran	ríe (no rías) ría reíd (no riáis) rían

*Verbs with irregular yo forms in the present indicative

Infinitive Present participle Past participle	Present indicative	Imperfect	Preterite	Future	Conditional	Present subjunctive	Past subjunctive	Commands
*saber *to know* sabiendo sabido	sé sabes sabe sabemos sabéis saben	sabía sabías sabía sabíamos sabíais sabían	supe supiste supo supimos supisteis supieron	sabré sabrás sabrá sabremos sabréis sabrán	sabría sabrías sabría sabríamos sabríais sabrían	sepa sepas sepa sepamos sepáis sepan	supiera supieras supiera supiéramos supierais supieran	sabe (no sepas) sepa sabed (no sepáis) sepan
*salir *to go out* saliendo salido	salgo sales sale salimos salís salen	salía salías salía salíamos salíais salían	salí saliste salió salimos salisteis salieron	saldré saldrás saldrá saldremos saldréis saldrán	saldría saldrías saldría saldríamos saldríais saldrían	salga salgas salga salgamos salgáis salgan	saliera salieras saliera saliéramos salierais salieran	sal (no salgas) salga salid (no salgáis) salgan
ser *to be* siendo sido	soy eres es somos sois son	era eras era éramos erais eran	fui fuiste fue fuimos fuisteis fueron	seré serás será seremos seréis serán	sería serías sería seríamos seríais serían	sea seas sea seamos seáis sean	fuera fueras fuera fuéramos fuerais fueran	sé (no seas) sea sed (no seáis) sean
*tener *to have* teniendo tenido	tengo tienes tiene tenemos tenéis tienen	tenía tenías tenía teníamos teníais tenían	tuve tuviste tuvo tuvimos tuvisteis tuvieron	tendré tendrás tendrá tendremos tendréis tendrán	tendría tendrías tendría tendríamos tendríais tendrían	tenga tengas tenga tengamos tengáis tengan	tuviera tuvieras tuviera tuviéramos tuvierais tuvieran	ten (no tengas) tenga tened (no tengáis) tengan

*Verbs with irregular yo forms in the present indicative

Infinitive / Present participle / Past participle	Present indicative	Imperfect	Preterite	Future	Conditional	Present subjunctive	Past subjunctive	Commands
*traer	**traigo**	traía	**traje**	traeré	traería	**traiga**	**trajera**	trae (no traigas)
to bring	traes	traías	**trajiste**	traerás	traerías	**traigas**	**trajeras**	**traiga**
trayendo	trae	traía	**trajo**	traerá	traería	**traiga**	**trajera**	traed (no
traído	traemos	traíamos	**trajimos**	traeremos	traeríamos	**traigamos**	**trajéramos**	traigáis)
	traéis	traíais	**trajisteis**	traeréis	traeríais	**traigáis**	**trajerais**	**traigan**
	traen	traían	**trajeron**	traerán	traerían	**traigan**	**trajeran**	
*venir	**vengo**	venía	**vine**	**vendré**	**vendría**	**venga**	**viniera**	**ven** (no vengas)
to come	**vienes**	venías	**viniste**	**vendrás**	**vendrías**	**vengas**	**vinieras**	venga
viniendo	**viene**	venía	**vino**	**vendrá**	**vendría**	**venga**	**viniera**	venid (no
venido	venimos	veníamos	**vinimos**	**vendremos**	**vendríamos**	**vengamos**	**viniéramos**	vengáis)
	venís	veníais	**vinisteis**	**vendréis**	**vendríais**	**vengáis**	**vinierais**	**vengan**
	vienen	venían	**vinieron**	**vendrán**	**vendrían**	**vengan**	**vinieran**	
ver	**veo**	**veía**	**vi**	veré	vería	**vea**	viera	ve (no veas)
to see	ves	**veías**	**viste**	verás	verías	**veas**	vieras	**vea**
viendo	ve	**veía**	**vio**	verá	vería	**vea**	viera	ved (no veáis)
visto	vemos	**veíamos**	**vimos**	veremos	veríamos	**veamos**	**viéramos**	**vean**
	veis	**veíais**	**visteis**	veréis	veríais	**veáis**	vierais	
	ven	**veían**	**vieron**	verán	verían	**vean**	vieran	

*Verbs with irregular **yo** forms in the present indicative

This Spanish-English Glossary includes all the words and expressions that appear in the text except verb forms, regular superlatives and diminutives, and most adverbs ending in -**mente**. Only meanings used in the text are given. Gender of nouns is indicated except for masculine nouns ending in -**o** and feminine nouns ending in -**a**. Feminine forms of adjectives are shown except for regular adjectives with masculine forms ending in -**o**. Verbs appear in the infinitive form. Stem changes and spelling changes are indicated in parentheses: e.g., **divertirse (ie, i); buscar (qu).** The number following each entry indicates the chapter in which the word with that particular meaning first appear*s*. The following abbreviations are used:

adj.	adjective	*m.*	masculine	*prep.*	preposition
adv.	adverb	*f.*	feminine	*pron.*	pronoun
conj.	conjunction	*pl.*	plural	*s.*	singular
def. art.	definite article	*p.p.*	past participle		
indef. art.	indefinite article				

A

a *prep.* at, to
  a la derecha de *prep.* to the right of, 9
  a la izquierda de *prep.* to the left of, 9
  a primera vista at first sight, 10
  ¿A qué hora? At what time?, 1
  a tiempo on time, 1
  a última hora at the last minute, 8
  a veces *adv.* sometimes, 3
abajo *adv.* below, 4
abierto *p.p.* opened, 10
abogado(a) lawyer, 11
abordar to board, 9
abrazar(se) to hug (each other), 10
abrigo overcoat, 7
abril April, 3
abrir to open, 2
abrochar el cinturón de seguridad to buckle the seat belt, 9
abuela grandmother, 2
abuelo grandfather, 2
aburrido *adj.* bored, 4
acabar to run out, 12
  acabar de to have just (done something), 5
accesorio accessory, 7
accionista *m./f.* stockbroker, 11
aceite *m.* oil, 6
acelerado *adj.* accelerated, 12
acompañar to accompany, 10
acostarse (ue) to go to bed, 5
actividad *f.* activity, 3
Adiós. Good-bye., P
adivinanza riddle, 2
administración *(f.)* **de empresas** business administration, 1
¿Adónde? Where (to)?, 8
aduana customs, 9

aerolínea airline, 9
aeropuerto airport, 9
afán *m.* desire, 12
afeitarse to shave, 5
aficionado(a) fan (sports), 3
agarrar to catch, 10
agencia de viajes travel agency, 9
agente *(m./f.)* **de la aerolínea** airline agent, 9
  agente de viajes travel agent, 9
agosto August, 3
agricultor(a) farmer, 12
agua *f.* **mineral con/sin gas** carbonated/noncarbonated mineral water, 6
aguacate *m.* avocado, 6
ahora *adv.* now, 1
ahorrar to save, 11
aire *m.* air, 12
  aire acondicionado air conditioning, 9
ajo garlic, 6
al aire libre outdoors, 4
al lado de *prep.* next to, beside, 4
alarma alarm, 4
alemán *m.* German (language), 1
alemán(ana) *adj.* German, 2
alergia allergy, 5
alfabetismo literacy, 14
alfombra carpet, rug 4
algo something, anything, 8
algodón *m.* cotton, 7
alguien somebody, someone, anybody, anyone, 8
algún, alguno(a/os/as) some, any, 8
allí *adv.* there, 1
almacén store, 7
almorzar (ue) to have (eat) lunch, 6
almuerzo lunch, 6
altavoces *m.* speakers, 4
alto *adj.* tall, 2
amable *adj.* friendly, 2
amar to love, 10
amarillo *adj.* yellow, 1

ambulancia ambulance, 5
amigo(a) friend, 1
amistad *f.* friendship, 10
amor *m.* love, 10
analista de sistemas *m./f.* systems analyst, 11
anaranjado *adj.* orange, 1
andar en bicicleta to ride a bike, 3
anfitrión *m.* host, 8
anfitriona hostess, 8
anillo ring, 7
animal *m.* animal, 12
anoche *adv.* last night, 6
anteayer *adv.* the day before yesterday, 6
antena parabólica satellite dish, 4
antiácido antacid, 5
antibiótico antibiotic, 5
año year, 3
apagado *adj.* off, 4
apagar (ue) to turn off, 4
apartamento apartment, 1
apellido last name, 2
aplaudir to applaud, 10
aprender to learn, 2
aquel (aquella) *adj.* that (over there), 5
aquél (aquélla) *pron.* that (over there), 5
aquí *adv.* here, P
árabe *adj.* Arab, 2
árbol *m.* tree, 4
archivo file, 11
arepas cornmeal pockets, 6
arete *m.* earring, 7
argentino *adj.* Argentine, 2
armario wardrobe, armoire, closet, 4
arquitecto(a) architect, 11
arreglado *adj.* neat, tidy, 9
arrogante *adj.* arrogant, 2
arroyo stream, 12
arroz *m.* rice, 6

arte *m./f.* art, 1
artístico *adj.* artistic, 2
ascensor *m.* elevator, 9
asiento seat, 9
asistente de vuelo *m./f.* flight attendant, 9
asistir a to attend, 2
aspiradora vacuum cleaner, 4
aspirina aspirin, 5
asustarse to be frightened, 8
aterrizar to land, 9
atlético *adj.* athletic, 2
aunque *conj.* even though, 12
avión *m.* plane, 9
ayer *adv.* yesterday, 6
ayudar(se) to help (each other), 1
azúcar *m.* sugar, 6
azul *adj.* blue, 1

B

bailar to dance, 3
baile *m.* dance, 3
bajar(se) (de) to get off, 9
bajo *adj.* short (height), 2
balcón *m.* balcony, 4
balneario beach resort, 8
baloncesto basketball, 3
banana/banano banana, 6
banco bank, 3
banquero(a) banker, 11
banquete *m.* banquet, 10
bañarse (en la bañera) to take a bath, 5
bañera bathtub, 4
barato *adj.* inexpensive, cheap, 7
barrer el piso to sweep the floor, 4
barrio neighborhood, P
Bastante bien. Rather well., P
basura trash, 12
beber to drink, 2
bebida beverage, 6

béisbol *m.* baseball, 3
bello *adj.* beautiful, 12
beneficios benefits, 11
besar(se) to kiss (each other), 10
biblioteca library, 1
bibliotecario(a) librarian, 1
bicicleta bicycle, 3
bien *adv.* well, fine
   Bastante bien. Rather well., P
   bien cocido well done, 6
   Bien, gracias. Fine, thanks., P
   Muy bien. Very well., P
¡Bienvenido! Welcome!, 9
bilingüe *adj.* bilingual, 2
billete *m.* ticket, 9
   billete de ida one-way ticket, 9
   billete de ida y vuelta round-trip ticket, 9
biología biology, 1
bistec *m.* steak, 6
blanco *adj.* white, 1
blusa blouse, 7
boca mouth, 5
boda wedding, 10
boleto ticket, 3
   boleto de ida one-way ticket, 9
   boleto de ida y vuelta round-trip ticket, 9
bolígrafo ballpoint pen, 1
boliviano *adj.* Bolivian, 2
bolsa purse, bag, 7
bolsillo pocket, 7
bombero(a) firefighter, 11
bonito *adj.* pretty, 2
borrador *m.* eraser, 1
bosque *m.* forest, 12
bota boot, 7
botón *m.* button, 7
brasileño *adj.* Brazilian, 2
brazo arm, 5
brindis *m.* toast, 8
broncearse to get a suntan, 8
bucear to scuba dive, 8
¡Buen provecho! Enjoy your meal!, 6
¡Buen viaje! Have a nice trip!, 9
Buenas noches. Good evening/ night., P
Buenas tardes. Good afternoon., P
Buenos días. Good morning., P
bufanda scarf, 7
bufete *m.* law office, 11
buscar (qu) to look for, 1
búsqueda de trabajo job hunt, 11

C

cabello hair, 5
cabeza head, 5
cabina cabin, 9
cada *adv.* each
   cada día (semana, etc.) every day (week, etc.), 10
cadera hip, 5
café *m.* café, 3; coffee, 6
cafetería cafeteria, 1
caja fuerte security box, 9
cajero(a) cashier, 11
calamares (fritos) *m. pl.* (fried) squid, 6
calcetines *m. pl.* socks, 7

calculadora calculator, 1
calendario calendar, 1
caliente *adj.* hot (temperature), 6
callarse to quiet
calle *f.* street, 3
cama bed, 4
   cama sencilla (doble) single (double) bed, 9
cámara camera, 3
   cámara digital digital camera, 3
camarero(a) waiter (waitress), 6
camarones (fritos) *m.* (fried) shrimp, 6
cambiar to change, 7
caminar to walk, 1
   caminar por las montañas to hike/walk in the mountains, 8
camisa shirt, 7
camiseta T-shirt, 7
campesino(a) farm worker, peasant, 12
campo country, 8
   campo de fútbol (de golf) football / soccer field (golf course), 3
canadiense *adj.* Canadian, 2
cancha (de tenis) (tennis) court, 3
canción *f.* song
candidato(a) candidate, applicant, 11
cantar to sing, 1
capa de ozono ozone layer, 12
cara face, 5
cargo charge, 11
cariño affection, 10
carne (de res) *f.* meat (beef), 6
carnicería butcher shop, 3
caro *adj.* expensive, 7
carpintero(a) carpenter, 11
carretera highway, 12
carro car, 4
carta letter (correspondence), 2
cartera wallet, 7
casa house, 4
casado *adj.* married, 2
casarse (con) to get married, to marry, 10
casi (siempre) *adv.* almost (always), 10
catarata waterfall, 12
catarro cold, 5
catorce fourteen, P
cebolla onion, 6
cejas eyebrows, 5
celebración *f.* celebration, 8
celebrar to celebrate, 8
cena dinner, supper, 6
cenar to have (eat) supper (dinner), 6
centro downtown, 3
   centro comercial mall, 3
   centro de negocios business center, 9
   centro estudiantil student center, 1
cepillarse los dientes to brush one's teeth, 5
cerca de *prep.* near, 4

cero zero, P
cerrar (ie) to close
cerveza beer, 6
chaleco vest, 7
champiñón *m.* mushroom, 6
chaqueta jacket, 7
Chao. Bye. (informal), P
cheque *m.* check, 7
¡Chévere! Cool!, 3
chico(a) boy (girl), 7
chileno *adj.* Chilean, 2
chimenea fireplace, chimney, 4
chino Chinese (language), 1; *adj.* Chinese, 2
chuleta (de cerdo) (pork) chop, 6
ciclismo cycling, 3
ciencia (la) science, 1
cien/ciento one hundred, 2
cierre *m.* zipper, 7
cinco five, P
Cinco de Mayo Cinco de Mayo, 8
cincuenta fifty, 2
cine *m.* movie theater, 3; movies, 3
cinturón *m.* belt, 7
cita date (social), 10
cobarde *adj.* cowardly, 2
coche *m.* car, 4
cocina kitchen, 4
cocinar to cook, 6
cocinero(a) cook, chef, 11
cocodrilo crocodile, 12
codo elbow, 5
cohete *m.* rocket, 8
colina hill, 12
collar *m.* necklace, 7
colombiano *adj.* Colombian, 2
color *m.* color, 1
comedor *m.* dining room, 4
comenzar (ie) to start, begin, 4
comer to eat, 2
   No puedo (comer) más. I can't (eat) any more, 6
comerciante *m./f.* merchant, 11
cómico *adj.* humorous, 2
comida food, meal, 6
¿Cómo? How? P
   ¿Cómo está usted? How are you? (formal), P
   ¿Cómo estás? How are you? (informal), P
   ¿Cómo me queda? How does it look/fit me?, 7
   ¡Cómo no! Of course!, 6
   ¿Cómo se llama usted? What's your name? (formal), P
   ¿Cómo te va? How's it going? (informal), P
cómoda dresser, 4
comodidad *f.* comfort *pl.* amenities, features, 9
cómodo *adj.* comfortable, 9
compañero(a) de clase classmate, 1
compañero(a) de cuarto roommate, 1
comprar to buy, 1

compras: de compras shopping, 7
comprender to understand, 2
comprometido *adj.* engaged, 10
compromiso engagement, 10
computación *f.* computer science, 1
computadora computer, 1
con *prep.* with, 4
   con destino a departing for, 9
   con permiso pardon me, excuse me, P
   con respecto a with regard to, 11
condimento condiment, 6
condominio condominium, 4
conectar to connect, 4
conexión *f.* connection, 3
congestionado *adj.* congested, 5
conocer(se) to know (each other); to meet, 3
conseguir (i) to get, to obtain, 6
consejero(a) advisor, 1
conservación *f.* conservation, 12
conservar to conserve, 12
construir to construct, 12
contabilidad *f.* accounting, 1
contador(a) accountant, 11
contaminación *f.* pollution, 12
contaminado *adj.* polluted, 12
contaminar to pollute, 12
contar (ue) to count, 11
contento *adj.* happy, 4
   Me pongo contento. I become happy., 8
contestar to answer, 1
contra *prep.* against, 1
contratar to hire, 11
control (*m.*) de seguridad security, 9
corazón *m.* heart, 5
corbata necktie, 7
coreano *adj.* Korean, 2
correo electrónico e-mail, 11
correr to run, 3
   correr las olas to surf, 8
cortar el césped to mow the lawn, 4
corto *adj.* short (length), 2
costa coast, 8
costar (ue) to cost, 4
costarricense *adj.* Costa Rican, 2
crecimiento growth, 12
creer to believe, 2
crema bronceadora suntan lotion, 8
cremallera zipper, 7
criado(a) servant; maid, 11
cruzar to cross, 9
cuaderno notebook, 1
cuadro painting, 4
¿Cuál(es)? Which?, P
   ¿Cuál es tu dirección? What's your address? (informal), P
   ¿Cuál es tu nombre? What's your name? (informal), P
   ¿Cuál es tu número de teléfono? What's your telephone number? (informal), P

¿Cuándo? When?, P
¿Cuánto(a)? How much?, P
   ¿Cuánto le debo? How much do I owe you?, 7
   ¿Cuántos(as)? How many?, P
   ¿Cuántos años tienes tú? How old are you?, P
cuarenta forty, 2
cuarto room, 1
   cuarto de baño bathroom, 4
cuatro four, P
cuatrocientos four hundred, 4
cubano *adj.* Cuban, 2
cuchara spoon, 6
cuchillo knife, 6
cuello neck, 5
cuenta check, bill, 6
   La cuenta, por favor. The check, please., 6
cuero leather, 7
cuerpo humano body, 5
cuidar(se) to take care (of oneself), 5
culebra snake, 12
cultivar to plant, 5; to cultivate; to grow (plants), 12
cumpleaños *m.* birthday, 8
cumplir años to have a birthday, 8
cumplir con honor, 10
cuñada sister-in-law, 2
cuñado brother-in-law, 2
currículum *m.* résumé, 11
curso course, 1

D

dar to give, 3
   dar una fiesta to give a party, 8
   dar un paseo to go for a walk, 3
   darse cuenta to realize
   darse la mano to shake hands, 10
de from, of
   de cuadros plaid, 7
   ¿De dónde? From where?, P
   ¿De dónde eres tú? Where are you from? (informal), P
   ¿De dónde es usted? Where are you from? (formal), P
   de la (mañana, tarde, noche) in the (morning, afternoon/evening), 1
   de lunares polka-dotted, 7
   ¿De quién(es)? Whose?, 8
   de rayas striped, 7
   de repente suddenly, 8
   de tiempo completo full-time, 11
   de tiempo parcial part-time, 11
   de vez en cuando occasionally, 6
debajo de *prep.* under, below, 4
deber ought to, must, 2
decano(a) dean, 1
decir (i) to say; to tell, 4
dedo finger, 5
   dedo del pie toe, 5
dejar to quit, 11; to leave
   dejar una (buena) propina to leave a (good) tip, 6
delante de *prep.* in front of, 4
delgado *adj.* thin, 2

demasiado *adv.* too much, 9
demora delay, 9
denso *adj.* dense, 12
dentista *m./f.* dentist, 11
departamento apartment, 4
dependiente *m./f.* salesclerk, 7
deporte *m.* sport, 3
deportiva *adj.* sports, 3
derecha: a la derecha de *prep.* to the right of, 9
derecho law, 1; straight, 9
desarrollar to develop, 12
desarrollo development, 12
desayunar to have (eat) breakfast, 6
desayuno breakfast, 6
descansar to rest, 1
desconectar to disconnect, 4
descuento discount, 7
desear to want, to wish, 1
desenchufar to unplug, 4
desordenado *adj.* messy, 4
despedir (i) to fire, 11
despegar to take off, 9
desperdicio waste, 12
despertador *m.* alarm clock, 4
despertarse (ie) to wake up, 5
después *adv.* afterward, 10
destrucción *f.* destruction, 12
destruido *adj.* destroyed, 12
destruir to destroy, 12
detrás de *prep.* behind, 4
día *m.* day, 1
   Día de la Raza Columbus Day, 8
   Día de los Muertos Day of the Dead, 8
   Día de los Reyes Magos Day of the Magi (Three Kings), 8
   Día de Todos los Santos All Saints' Day, 8
   día del santo saint's day, 8
   día feriado *m.* holiday, 8
diagnóstico diagnosis, 5
diariamente daily, 3
dibujar to draw, 1
diccionario dictionary, 1
dicho *p.p.* said; told, 10
diciembre December, 3
diecinueve nineteen, P
dieciocho eighteen, P
dieciséis sixteen, P
diecisiete seventeen, P
diente *m.* tooth, 5
dieta diet, 5
diez ten P
dinero money, 1
disco compacto compact disc (CD), 3
disculpe pardon me, P
disfraz *m.* costume, 8
disfrazarse to wear a costume, 8
disfrutar to enjoy, 9
divertirse to have fun, 6
divorciado *adj.* divorced, 2
divorciarse (de) to get divorced (from), 10
divorcio divorce, 10
doce twelve, P
dolerle (ue) (a alguien) to be painful (to someone), 5

dolor (de oídos, de cabeza) *m.* ache, pain (earache, headache), 5
domingo Sunday, 1
dominicano *adj.* Dominican (from the Dominican Republic), 2
¿Dónde? Where?, P
dormir (ue) to sleep, 6
dormirse (ue) to fall asleep, 5
dormitorio bedroom, 4
dos two, P
doscientos(as) two hundred, 4
dramático *adj.* dramatic, 2
ducha shower, 4
ducharse to take a shower, 5

E

ecología ecology, 12
economía economics, 1
ecuatoriano Ecuadorian, 2
edad *f.* age, 2
edificio building, 1
educación *f.* education, 1
efectivo cash, 7
egipcio *adj.* Egyptian, 2
él *pron.* he, P
electricista *m./f.* electrician, 11
electrodomésticos electric appliance, 4
El gusto es mío. The pleasure is mine., P
ella *pron.* she, P
ellos(as) *pron.* they, P
emocionado *adj.* excited, 4
empezar (ie) to begin, 4
empleado(a) employee, 11
empresa corporation; business, 11
en in; on, 4
   en frente de in front of, 9
   en punto on time, 1
enamorarse (de) to fall in love (with), 10
Encantado(a). Nice to meet you. P
encendido *adj.* on, 4
enchufado *adj.* plugged in, 4
enchufar to plug in, 4
encima de *prep.* on top of, 4
encontrar to find, 5
energía solar solar energy, 12
enero January, 3
enfermarse to get sick, 5
enfermedad *f.* illness, 5
enfermería infirmary, 9
enfermero(a) nurse, 5
enfermo *adj.* sick, 4
enfrentar to face
enfrente de *prep.* across from, 9
enojado *adj.* angry, 4
ensalada salad, 6
enseguida right away, 6
enseñar to teach, 1
entender (ie) to understand, 4
entonces *adv.* then; so, 10
entrar to enter, 1
entre *prep.* between, among, 4
entremés *m.* hors d'oeuvre, 8
entrevista interview, 11
equilibrio balance, 12

equipaje (de mano) *m.* (carry-on) baggage, luggage, 9
equipo equipment, 4
escalera stairs, 4
escasez *f.* lack, shortage, 12
escoger to choose, 9
escribir to write, 2
escrito *p.p.* written, 10
escritorio desk, 4
escuchar (música) to listen (to music), 1
escuela school, 1
   escuela politécnica technical school
ese(a) *adj.* that, 5
ése(a) *pron.* that, 5
espacio space, 4
espalda back, 5
español *m.* Spanish (language), 1
español(a) *adj.* Spanish, 2
especialidad (f.) de la casa house specialty, 6
especialización *f.* major, 1
especie *f.* species, 12
espejo mirror, 4
esperar to hope; to wait
espiritualmente spiritually, 2
esposa wife, 2
esposo husband, 2
esquí *m.* (acuático) (water) ski, 3
esquiar (en el agua) to (water) ski, 3
está despejado/nublado it's clear/cloudy, 3
estación *f.* season, 3
estación de trenes *f.* train station, 9
estadio stadium, 3
estadounidense *adj.* from the United States, 2
estante *m.* bookshelf, 4
estar to be, 3
   estar conectado(a) (en línea) to be online, 1
   estar de acuerdo to agree, 10
   estar congestionado(a) to be congested, 5
   estar enfermo(a) to be sick, 5
   estar resfriado(a) to have a cold, 5
   estar sano(a) to be healthy, 5
este *m.* east, 9
este(a) *adj.* this, 5
éste *pron.* this one, 5
estéreo stereo, 4
estilo style, 7
estómago stomach, 5
estornudar to sneeze, 5
Estoy a dieta. I'm on a diet., 6
   Estoy satisfecho(a). I'm satisfied. I'm full., 6
estudiante *m./f.* student, 1
estudiar to study, 1
estufa stove, 4
examen *m.* test, 1
examinar to examine, 5
explicar (qu) to explain, 9
explotar to exploit, 12
extinción: en peligro de extinción in danger of extinction, 12
extrovertido *adj.* outgoing, 2

F

fábrica factory, 12
facturar el equipaje to check the luggage, 9
falda skirt, 7
familia family, 2
farmacia pharmacy, 5
fax *m.* fax machine, 11
febrero February, 3
¡Felicitaciones! Congratulations!, 8
felicitar to congratulate, 10
feo *adj.* ugly, 2
ferretería hardware store, 3
fiebre fever, 5
fiesta (de sorpresa) (surprise) party; holiday, 8
filosofía philosophy, 1
fin *(m.)* **de semana** weekend, 1
finalmente *adv.* at last, finally, 10
finanzas personales personal finances, 11
finca farm, 12
física physics, 1
flan (casero) *m.* (homemade) caramel custard, 6
flor *f.* flower, 10
folclórico *adj.* folkloric
fotocopiadora photocopier, 11
fotógrafo(a) photographer, 11
francés *m.* French (language), 1
francés(esa) *adj.* French, 2
fresco *adj.* fresh, 6
frontera border, 12
fruta fruit, 6
frutería fruit store, 3
fuente *f.* source, 12; fountain, 4
funcionar to function (to work)
furioso *adj.* furious, 4
fútbol *m.* soccer (football), 3
fútbol americano football, 3

G

gafas de sol sunglasses, 3
ganar to win, 3
ganga: ¡Es una ganga! It's a bargain!, 7
garaje *m.* garage, 4
garganta throat, 5
gasolinera gas station, 3
gastar to spend (money), 7
gasto expense, 11
gato cat, 2
gemelo cufflink, 7
generoso *adj.* generous, 2
gente *f.* people
geografía geography, 1
gerente *m./f.* manager, 11
gimnasio gymnasium, 1
golf *m.* golf, 3
gordo *adj.* fat, 2
gorra de béisbol baseball cap, 7
grabar to record, 3
grande *adj.* big, large, 2
gratis *adj.* free, 1
gritar to shout, 8
guante *m.* glove, 7
guapo *adj.* good-looking, 2
guardaparques *m./f.* park ranger, 12
guardar cama to stay in bed, 5

guatemalteco *adj.* Guatemalan, 2
guerra war
guineano *adj.* Guinean, 2
guitarra guitar, 3
   tocar la guitarra to play the guitar, 3
gustar to be pleasing (to someone), 3
   (no) me gusta I (don't) like, 3
gusto: El gusto es mío. The pleasure is mine, P

H

haber to have (auxiliary verb), 10
habitación (bed) room, 4
hablar(se) to speak, to talk (with each other), 9
habla tan bien speak so well, P
hace buen tiempo it's nice, 3
   hace calor it's hot, 3
   hace fresco it's cool, 3
   hace frío it's cold, 3
   hace sol it's sunny, 3
   hace viento it's windy, 3
hacer to do; to make, 3
   hacer (un picnic, planes, ejercicio) to go (on a picnic, to make plans, to exercise), 3
   hacer camping to go camping, 8
   hacer escala (en) to make a stop (on a flight) (in), 9
   hacer esnórquel to snorkel, 8
   hacer juego con to match, 7
   hacer la cama to make one's bed, 4
   hacer la(s) maleta(s) to pack one's suitcase(s), 9
   hacer un brindis to make a toast, 8
   hacer una fiesta to give a party, 8
   hacer una parrillada to have a cookout, 8
hacia *adv.* toward, 9
haitiano *adj.* Haitian, 2
hamburguesa hamburger, 6
hasta *adv.* up to, until
   Hasta luego. See you later, P
   Hasta mañana. See you tomorrow, P
   Hasta pronto. See you soon, P
hay there is, there are, P
hecho *p.p.* done; made, 10
helado ice cream, 6
hermana sister, 2
hermanastra stepsister, 2
hermanastro stepbrother, 2
hermano brother, 2
hierba herb, 5;
hija daughter, 2
hijo son, 2
hispanohablante *m./f.* native Spanish speaker
historia history, 1; story, 4
historial clínico *m.* medical history, 5
hogar *m.* home, 4
hoja leaf, 5
¡Hola! Hi! (informal), P
hombre *m.* man, 1
hombre de negocios businessman, 11

hondureño *adj.* Honduran, 2
honesto *adj.* honest, 2
hora hour, time
   ¿A qué hora? At what time?, 1
   ¿Qué hora es? What time is it?, 1
horario schedule, 9
horno (microondas) (microwave) oven, 4
hotel de cuatro estrellas *m.* four-star hotel, 9
hoy *adv.* today, 1
hueso bone, 5
huevo duro hard-boiled egg, 6
humanidades *f. pl.* humanities, 1
humilde *adj.* humble, 2

I

iglesia church, 3
impermeable *m.* raincoat, 7
importante *adj.* important, 12
imposible *adj.* impossible, 12
impresora printer, 11
incluir to include, 2
indeciso *adj.* indecisive, 2
indio *adj.* Indian, 2
informe *m.* report, 11
ingeniería engineering, 1
ingeniero(a) engineer, 11
inglés *m.* English (language), 1
inglés(esa) *adj.* English, 2
inodoro toilet, 4
intelectual *adj.* intellectual, 2
inteligente *adj.* intelligent, 2
Internet *m.* Internet, 3
intérprete *m./f.* interpreter, 11
introvertido introverted, 2
intuitivo *adj.* intuitive, 2
invierno winter, 3
invitado *m./f.* guest, 8
invitar: Te invito. It's on me (my treat)., 6
inyección *f.* shot (injection), 5
ir to go, 3
   ir a pie to go on foot, 9
   ir a tomar un café to drink coffee, 3
   ir a un bar to go to a bar, 3
   ir a un club to go to a club, 3
   ir a un concierto to go to a concert, 3
   ir a una discoteca to go to a disco, 3
   ir a una fiesta to go to a party, 3
   ir al cine to go to the movies, 3
   ir (bien) con to go well with, 7
   ir de compras to go shopping, 3
   ir en autobús to go by bus, 9
   ir en avión to go by plane, 9
   ir en barco to go by boat, 9
   ir en bicicleta to go by bike, 9
   ir en coche to go by car, 9
   ir en metro to go by subway, 9
   ir en taxi to go by taxi, 9
   ir en tren to go by train, 9
irresponsable *adj.* irresponsible, 2
isla island, 9
italiano Italian (language), 1; *adj.* Italian, 2
izquierda: a la izquierda de *prep.* to the left of, 9

J

jaguar *m.* jaguar, 12
jamón *m.* ham, 6
japonés *m.* Japanese (language), 1
japonés(esa) *adj.* Japanese, 2
jarabe *m.* cough syrup, 5
jardín *m.* garden, 4
jeans *m. pl.* blue jeans, 7
jefe *m./f.* boss, 11
jerarquía hierarchy, 11
joven *adj.* young, 2
joyas jewelry, 7
joyería jewelry store, 3
jubilarse to retire, 11
juego game, 3
jueves *m.* Thursday, 1
jugador(a) player, 3
jugar (ue) to play, 4
   jugar al tenis to play tennis, 3
jugo de fruta fruit juice, 6
julio July, 3
junio June, 3

L

labios lips, 5
lado: al lado de *prep.* next to, 9
lago lake, 8
lámpara lamp, 4
lana wool, 7
langosta lobster, 6
lápiz *m.* pencil, 1
largo *adj.* long, 2
lavabo bathroom sink, 4
lavadora washing machine, 4
lavaplatos *m.* dishwasher, 4
lavar (los platos, la ropa, las ventanas) to wash (dishes, clothes, windows), 4
lavarse to wash up, 5
lección *f.* lesson, 1
leche *f.* milk, 6
lechuga lettuce, 6
leer to read, 2
lejos (de) *prep.* far (away) (from), 4
lengua language, 1; tongue, 5
   lenguas extranjeras foreign languages, 1
lentillas/lentes *(m.)* **de contacto** contact lenses, 5
levantar pesas to lift weights, 3
levantarse to get up, 5
levemente lightly, 11
librería bookstore, 1
libro (de texto) (text)book, 1
ligero *adj.* light (meal, food), 6
limpiar la casa to clean the house, 4
limpio *adj.* clean, 4
liquidación *f.* sale *(Lat. Am.)*, reduction (in price), 7
listo *adj.* smart; ready, 2
literatura literature, 1
llamar to call, to phone, 1
   Me llamo... My name is . . . , P
   llamar por teléfono to make a phone call, 11
llano plain, 12
llave *f.* key, 9
llegada arrival, 9
llegar to arrive, 1

llenar to fill out (a form), 11
llevar to wear, to carry, 7
llevar a cabo to take place, 8
llevar puesto to wear, 7
llevar una vida tranquila
 to lead a peaceful life, 12
llevarse bien (mal) (con)
 to get along well (poorly) (with)
 each other, 10
llorar to cry, 8
llover (ue) to rain, 4
lluvia rain, 3
lo que *pron.* what, 10
lógico *adj.* logical, 12
luego *adv.* then, 10
lugar *m.* place, 3
lujoso luxurious, 7
luna de miel honeymoon, 10
lunes *m.* Monday, 1
luz *f.* light, 1

M

madrastra stepmother, 2
madre *f.* mother, 2
madrina godmother, 2
maestro(a) teacher, 1
maleta suitcase, 9
malo *adj.* bad, 2
mamá mother, 2
mandar (cartas) to send (letters), 1
mano *f.* hand, 5
manta blanket, 8
mantel *m.* tablecloth, 6
mantequilla butter, 6
manzana apple, 6
mañana *adv.* tomorrow, 1
mapa *m.* map, 1
maquillarse to put on makeup, 5
mar *m.* sea, 8
mareado *adj.* dizzy, 5
mareo dizziness, 5
mariposa butterfly, 12
mariscos shellfish, seafood, 6
marrón *adj.* brown, 1
martes *m.* Tuesday, 1
marzo March, 3
Más o menos. So-so., P
 más... que more . . . than, 6
máscara mask, 8
mascota pet, 2
matemáticas math, 1
materias subject, courses, 1
matrimonio marriage, 10
mayo May, 3
mayor older, 6
 el (la) mayor oldest, 6
mecánico(a) mechanic, 11
medianoche *f.* midnight, 1
medias stockings, 7
medicina medicine, 1
médico *m./f.* physician, doctor, 5; *adj.*
 medical, 5
 seguro médico medical
  insurance, 11
medio ambiente environment, 12
mediodía *m.* noon, 1
medio(a) hermano(a) half brother
 (sister), 2
mejillas cheeks, 5
mejor better, 6

el (la) mejor best, 6
menor younger, 6
 el (la) menor youngest, 6
menos... que less . . . than, 6
menú *m.* menu, 6
mercado (al aire libre)
 (outdoor) market, 3
mes *m.* month, 3
 el mes pasado last month, 6
mesa table, 4
mesero(a) waiter (waitress), 6
mesita coffee (side) table, 4
metrópolis *f.* metropolis, 12
mexicano *adj.* Mexican, 2
mi *adj.* my, 2
mí *object of prep.* me, 11
miércoles *m.* Wednesday, 1
mil one thousand, 4
millón million, 4
mirar to watch, 1
mirarse to look at each other, 10
mismo *adj.* same, 10
mochila backpack, 1
moda: ¡Está de última moda! It's the
 latest style!, 7
mono monkey, 12
montañas mountains, 8
montar a caballo to go
 horseback riding, 3
morado *adj.* purple, 1
moreno *adj.* dark-haired, 2
morir (ue) to die, 6
mostrar (ue) to show, 7
mover (ue) to move, 3
Mucho gusto. Nice to meet
 you, P
muebles *m.* furniture, 4
muerto *adj.* dead, 4; *p.p.* died, 10
mujer *f.* woman, 1
 mujer de negocios
  businesswoman, 11
mundo world, 9
músculo muscle, 5
museo museum, 3
música music, 1
muslo thigh, 5
muy *adv.* very, P

N

nacionalidad *f.* nationality, 2
nada nothing, not anything, at all, 8
nadar to swim, 3
nadie nobody, no one, 8
naranja orange, 6
nariz *f.* nose, 5
natación *f.* swimming, 3
naturaleza nature, 12
naturalista *m./f.* naturalist, 12
navegar la red to surf the Net, 3
Navidad *f.* Christmas, 8
necesario *adj.* necessary, 12
necesitar to need, 1
negocios business, 1
negro *adj.* black, 1
nevera refrigerator, 4
ni... ni neither . . . nor, 8
 ni siquiera not even, 4
nicaragüense *adj.* Nicaraguan, 2

nieta granddaughter, 2
nieto grandson, 2
nieva it's snowing, 3
nieve *f.* snow, 3
niñero(a) nanny, babysitter 11
ningún, ninguno(a) none,
 not any, 8
Noche Vieja *f.* New Year's Eve, 8
Nochebuena Christmas Eve, 8
nombre *m.* first name, 2
norte *m.* north, 9
norteamericano *adj.* North American,
 American, 2
nosotros(as) *pron.* we, P
novecientos nine hundred, 4
noventa ninety, 2
novia girlfriend, 1; bride, 10
noviazgo courtship, 10
noviembre November, 3
novio boyfriend, 1; groom, 10
nublado cloudy, 3
nuera daughter-in-law, 2
nuestro *adj.* our, 2
nueve nine, P
nuevo *adj.* new, 2
número number, P; shoe size, 7
nunca *adv.* never, 8

O

o *conj.* or, 3
 o... o either . . . or, 8
objeto object, 1
obrero(a) worker; laborer, 11
océano ocean, 8
ochenta eighty, 2
ocho eight, P
ochocientos eight hundred, 4
octubre October, 3
ocupado *adj.* busy, 4
oeste *m.* west, 9
oferta sale (*Lat. Am.*), 7
oficina office, 1
 oficina de correos post office, 3
ofrecer (zc) to offer, 9
oído inner ear, 5
ojalá que I wish that, 12
ojo eye, 5
oler to smell, 4
olvidar to forget, 8
once eleven, P
ordenado *adj.* neat, 4
oreja (outer) ear, 5
órgano organ, 5
orquesta band, 10
orquídea orchid, 12
otoño fall, 3
otra vez *adv.* again, 10

P

paciente *adj.* patient, 2; noun *m./f.*
 patient, 5
padrastro stepfather, 2
padre *m.* father, 2
padrino(a) godfather
 (godmother), 2
pagar to pay, 1
 pagar en efectivo (con cheque) to
  pay in cash (by check), 11
paisaje *m.* landscape, 12
pájaro bird, 12

palabra word, 1
palo de golf golf club, 3
pan (tostado) *m.* bread
 (toast), 6
panameño *adj.* Panamanian, 2
pantalones (cortos) *m.* pants (shorts), 7
pantorrilla calf (of leg), 5
papá *m.* father, 2
papas (fritas) (French fried)
 potatoes, 6
papel *m.* paper, 1
papelería stationery store, 3
par *m.* pair, 7
para *prep.* for
 para colmo on top of that, 4
 para disculparse to excuse
  yourself, P
 ¿Para qué? For what
  purpose?, 8
paraguas *m.* umbrella, 7
paraguayo *adj.* Paraguayan, 2
parar(se) to stop, 9
pared *f.* wall, 4
pareja couple, 10
pariente *m./f.* relative, 2
parque *m.* park, 3
partido game, 3
pasado: (la semana, el mes,
 el año) pasado(a) last (week,
 month, year), 6
pasajero(a) passenger, 9
pasaporte *m.* passport, 9
pasar to spend (time); to pass, 1
 pasar la aspiradora to vacuum, 4
 pasar por to go through, 9
 pasarlo bien (mal) to have a good
  (bad) time, 8
pasatiempo pastime, 3
Pascua Easter, Passover,
 Christmas, 8
pasear en canoa/velero to go
 canoeing/sailing, 8
pasillo aisle, 9
paso step, 7
pastel *m.* cake, 8
pastilla pill, 5
patinar (en línea) to (in-line) skate, 3
patines (en línea) *m. pl.* (in-line) skates, 3
patrón *m.* pattern, 7
pavo turkey, 6
pecho chest, 5
pedir (i, i) to ask for, 4; to order (food),
 6; to request, 9
 pedir un aumento to ask for a
  raise, 11
peinarse to comb one's hair, 5
peligro: en peligro de extinción in
 danger of extinction, 12
pelo hair, 5
peluquería hair salon, 3
peluquero(a) hairstylist, 11
pensar (ie) to think, 4
peor worse, 6
 el (la) peor worst, 6
pequeño *adj.* small, 2
perder (ie) to lose; to miss
 (an event), 4
perdón pardon me, excuse me, P
perezoso *adj.* lazy, 2
periodismo journalism, 1

periodista *m./f.* journalist, 11
pero *conj.* but, 3
perro dog, 2
peruano *adj.* Peruvian, 2
pesado *adj.* heavy (meal, food), 6
pescado fish (when caught), 6
pescar (qu) to fish, 3
pestañas eyelashes, 5
petróleo petroleum, 12
pez *m.* fish (alive), 2
picar (qu) to eat appetizers; to nibble, 6; to bite, 12
pie *m.* foot, 5
piedra stone, 4
piel *f.* skin, 5
pierna leg, 5
piloto *m./f.* pilot, 9
pimentero pepper shaker, 6
pimienta pepper, 6
pintarse to put on makeup, 5
pintura painting, 1
piscina pool, 3
piso floor, 4
pizarra chalkboard, 1
plancha iron, 4
planchar (la ropa) to iron (clothes), 4
plan de retiro retirement plan, 11
plato plate, 6
    plato principal main dish, 6
playa beach, 8
plaza plaza, 1
plomero(a) plumber, 11
pluma fountain pen, 1
pobre *adj.* poor, 2
poder (ue) to be able, 4
    No puedo (comer) más. I can't (eat) any more., 6
policía *m.* (**mujer** *f.* **policía**) police officer, 11
pollo (asado) (roast) chicken, 6
poner to put, place; to put (on), 3;
    poner la mesa to set the table, 4
ponerse + *adjective* to become, to get + adjective, 8
    ponerse (la ropa) to put on (one's clothes), 5
por *prep.* for
    por ciento percent, 7
    por ejemplo for example, 11
    por eso that's why, 11
    por favor please, P
    por fin *adv.* finally, 10
    por la (mañana, tarde, noche) in the (morning, afternoon/evening), 1
    ¿Por qué? Why?, P
    porque because, 3
    por supuesto of course, 2
portarse bien (mal) to behave well (poorly), 8
portugués *m.* Portuguese (language), 1
postal *m.* postcard, 2
postre *m.* dessert, 6
practicar (qu) to practice, 1
practicar deportes to play sports, 3
preferir (ie) to prefer, 6
pregunta question, P
preguntar to ask (a question), 1

prenda article of clothing, 7
preocupado *adj.* worried, 4
preparar to prepare, 6
presidente *m./f.* president **de la universidad** of the university, 1
primavera spring, 3
primero first, 10
    a primera vista at first sight, 10
    primera vez first time, 5
primo(a) cousin, 2
privado *adj.* private, 9
probarse (ue) to try on, 7
problema *m.* problem, 5
procedente de arriving from, 9
procesión *f.* parade, 8
profesión *f.* profession, 11
profesor(a) professor, 1
programador(a) programmer, 11
progresista *adj.* progressive, 2
prometer to promise, 10
propina: dejar una (buena) propina to leave a (good) tip, 6
proteger to protect, 12
proyecto project, 11
pueblo town, 3
puerta door, 4; gate, 9
puerto port, 9
puertorriqueño *adj.* Puerto Rican, 2
puesto job, position, 11; *p.p.* put, 10
pulmones *m.* lungs, 5
pulsera bracelet, 7
puro *adj.* pure, 12

Q

que *pron.* that, which, who, 3
¿Qué? What? Which?, P
    ¡Qué bueno! Wonderful!, 2
    ¡Qué casualidad! What a coincidence!, P
    ¡Qué chido! Cool!, 2
    ¿Qué hay? What's new? (informal), P
    ¿Qué hora es? What time is it?, 1
    ¿Qué tal? What's up? (informal), P
quedarle (a uno) to fit (someone), 7
    ¿Cómo me queda? How does it look?, 7
quedarse to stay, 9
quehacer doméstico *m.* chore, 4
quejarse de to complain about, 9
querer (ie) to want; to love, 4
    Yo quisiera... I would like . . ., 6
queso cheese, 6
quien *pron.* who, 10
    ¿Quién(es)? Who?, P
química chemistry, 1
quince fifteen, P
quinientos five hundred, 4
quitar la mesa to clear the table, 4
quitarse (la ropa) to take off (one's clothes), 5

R

radiografía X-ray, 5
raíz *f.* root
ramo bouquet, 10

rana frog, 12
ranchero(a) rancher, 11
rascacielos *m.* skyscraper, 12
rato: un buen rato a good time, 3
razón *f.* reason, 12
reaccionar to react, 8
rebaja sale *(Spain)*, reduction (in price), 7
rebajar to reduce (in price), 7
recepción *f.* front desk, 9; reception, 10
recepcionista *m./f.* receptionist, 9
receta prescription, 5
recibir to receive, 2
reciclar to recycle, 12
recién casados *m.* newlyweds, 10
recoger (j) to pick up; to claim, 12
recomendar (ie) to recommend, 6
recordar (ue) to remember, 8
rector(a) de la universidad president of the university, 1
recursos naturales natural resources, 12
reducir to reduce, 12
reforestar to reforest, 12
refresco soft drink, 6
refrigerador *m.* refrigerator, 4
refugio natural wildlife preserve, 12
regalar to give (as a gift), 9
regalo gift, 8
regar (ie) las plantas to water the plants, 4; to irrigate, 12
registrarse to register, 9
regresar (a casa) to return (home), 1
reírse to laugh, 6
relaciones sentimentales *f.* relationships, 10
rellenar to stuff, 6
reloj *m.* clock, 1; watch, 7
renunciar to resign, 11
reportero(a) reporter, 11
reserva reservation, 9
reservado *adj.* reserved, 2
resfriarse to catch a cold, 5
resfrío cold, 5
residencia dormitory, 1
resolver (ue) to solve, resolve, 12
respeto respect, 11
responsable *adj.* responsible, 2
restaurante *m.* restaurant, 3
reunión *f.* meeting, 11
reunirse con to get together with, 8; to meet, 11
rico *adj.* rich, 2; delicious, 6
ridículo *adj.* ridiculous, 12
río river, 8
rodilla knee, 5
rojo *adj.* red, 1
romper (con) to break (up with), 9 (10)
ropa clothes, 5
rubio *adj.* blond(e), 2
ruido noise, 4
ruso Russian (language), 1; *adj.* Russian, 2

S

sábado Saturday, 1
saber to know (how), 3
sabor *m.* flavor, 5

sabroso *adj.* tasty, 6
sacar (qu) to take out
    sacar fotos to take pictures, 3
    sacar la basura to take out the garbage, 4
sagrado *adj.* sacred, 8
sal *f.* salt, 6
sala living room, 4
    sala de clase classroom, 1
    sala de conferencias / para banquetes conference / banquet room, 9
    sala de emergencia emergency room, 5
    sala de espera waiting room, 5
salario wage, 11
salero salt shaker, 6
salida departure, 9
    salida de emergencia emergency exit, 9
salir (con) to leave, to go out (with), 3
salsa sauce, 6
salud *f.* health, 5
    ¡Salud! Cheers!, 6
saludar(se) to greet (each other), P
salvadoreño *adj.* Salvadorean, 2
sandalia sandal, 7
sándwich *m.* sandwich, 6
sano *adj.* healthy, 5
santo(a) saint, 2
sapo toad, 12
satélite *m.* satellite, 4
secadora clothes dryer, 4
secarse (qu) to dry off, 5
sección *f.* **de (no) fumar** *f.* (non)smoking section, 9
secretario(a) secretary, 1
seda silk, 7
segundo *adj.* second, 2
seguir (i) to follow, to continue, 4
seguro surely, 4
seis six, P
seiscientos six hundred, 4
selva jungle, rain forest, 12
semana week, 1
    Semana Santa Holy Week, 8
sembrar (ie) to plant, 12
sensible sensitive, 3
sentir (ie) to be sorry, 6
    sentirse (bien/mal) to feel (good/bad), 5
señor (Sr.) Mr., sir, P
señora (Sra.) Mrs., ma'am, P
señorita (Srta.) Miss, P
separación *f.* separation, 10
separado *adj.* separated, 2
separarse (de) to separate (from), 10
septiembre September, 3
ser to be, P
servicio de habitación (cuarto) room service, 9
servilleta napkin, 6
servir (i) to serve, 6
sesenta sixty, 2
setecientos seven hundred, 4
setenta seventy, 2
sí yes, P
sicología psychology, 1
sicólogo psychologist, 11
siempre always, 8

siete seven, P
silla chair, 4
sillón *m.* easy chair, arm chair, 4
simpático *adj.* nice, 2
sin *prep.* without, 8
    sin esfuerzo alguno effortless
    sin que *conj.* without, 12
sincero *adj.* sincere, 2
síntoma *m.* symptom, 5
sinvergüenza *m./f.* shameless
    person, 4
siquiatra *m./f.* psychiatrist, 11
sistema (m.) nervioso
    nervous system, 5
sobrepoblación *f.*
    overpopulation, 12
sobrina niece, 2
sobrino nephew, 2
sociología sociology, 1
sofá *m.* sofa, couch, 4
soldado (la mujer soldado)
    soldier, 11
solicitar un puesto to apply for a job, 11
solicitud *f.* application (form), 11
sólo only, P
soltero *adj.* single, 2
sombrero hat, 7
sonreír to smile, 6
sopa soup, 6
sorprender to surprise, 12
sótano basement, 4
(Yo) Soy de... I'm from..., P
su *adj.* his, her, its, their,
    your (formal), 2
subir to climb; to go up, 9
sugerir to suggest, 6
sucio *adj.* dirty, 4
suegra mother-in-law, 2
suegro father-in-law, 2
sueldo salary, 11
suelo floor, 4
suéter *m.* sweater, 7
sufrir to suffer, 9
supermercado supermarket, 3
sur *m.* south, 9

T

tacaño *adj.* stingy, 2
tajada slice, 6
talar to cut down (trees), 12
talla size (clothing), 7
también *adv.* also, too, 8
tampoco *adv.* neither, not either, 8
tan... como as ... as, 6
tanto(a)... como as much . . . as, 6
tantos(as)... como as many . . . as, 6
tarde *adv.* late, 1
tarea homework, 1
tarjeta card
    tarjeta de crédito credit card, 7
té (helado) *m.* (iced) tea, 6
techo roof, 4
técnico *m./f.* technician, 11

tela fabric, 7
teléfono celular
    cellular phone, 3
temprano *adv.* early, 1
tenedor *m.* fork, 6
tener (ie) to have, 2
    tener calor to be hot, 2
    tener celos to be jealous, 2
    tener dolor de cabeza to have a
      headache, 5
    tener escalofríos to have chills, 5
    tener éxito to be successful, 2
    tener fiebre to have a fever, 5
    tener frío to be cold, 2
    tener ganas de to feel like (doing
      something), 2
    tener gripe to have a cold, 5
    tener hambre to be hungry, 2
    tener lugar to take place, 10
    tener miedo (de) to be afraid (of
      something), 2
    tener náuseas to be
      nauseous, 5
    tener paciencia to be
      patient, 2
    tener prisa to be in a hurry, 2
    tener que to have to (do some-
      thing), 2
    tener razón to be right, 2
    tener sed to be thirsty, 2
    tener sueño to be tired, sleepy, 2
    tener tos to have a cough, 5
terminal de autobuses *f.*
    bus station, 9
terminar to finish, end, 1
terraza terrace, 4
testigo *m./f.* witness, 10
tía aunt, 2
tiempo weather, 3
tienda store, 3
**tienda de antigüedades
    (de música [de discos],
    de ropa)** antique (music, clothing)
    store, 3
tierra land, earth, 12
tigre *m.* tiger, 12
tímido *adj.* shy, timid, 2
tío uncle, 2
tirar to throw, 10
tiza chalk, 1
tobillo ankle, 5
tocador *m.* dresser, 4
tocar (qu) to touch; to play
    an instrument, 1
    tocar la guitarra to play the
      guitar, 3
todos all
    **todos los años (días, meses,
      etc.)** every year (day, month,
      etc.), 3
tolerante *adj.* tolerant, 2
tomar (clases/exámenes) to take
    (classes/tests); to drink, 1
    tomar el sol to sunbathe, 3

**tomarle la temperatura
    (a alguien)** to take (someone's)
    temperature, 5
tomate *m.* tomato, 6
tonto *adj.* silly, foolish, 2
tortuga turtle, 12
tos *f.* cough, 5
toser to cough, 5
tostadora toaster, 4
trabajador(a) *adj.* hardworking, 2
trabajar to work, 1
trabajo work, 11
traductor(a) translator, 11
traer to bring, 3
tráfico traffic, 12
traje *m.* suit, 7
traje de baño bathing suit, 7
tranquilo *adj.* tranquil,
    peaceful, 12
transporte *m.* **público** public transpor-
    tation, 12
tratamiento treatment, 5
trece thirteen, P
treinta thirty, P
tres three, P
trescientos three hundred, 4
triste *adj.* sad, 4
tu *adj.* your (informal), 2
tú *pron.* you, P

U

universidad *f.* university, 1
uno one, P
uña fingernail, 5
uruguayo *adj.* Uruguayan, 2
usar to use, 1; to wear, 7
usted(es) *pron.* you, P

V

vago *adj.* lazy, 4
valiente *adj.* brave, 2
valle *m.* valley, 2
vamos a ver let's see, 7
varios several, 1
vaqueros jeans, 7
vaso glass, 6
vegetal *m.* vegetable, 6
veinte twenty, P
veinticinco twenty-five, P
veinticuatro twenty-four, P
veintidós twenty-two, P
veintinueve twenty-nine, P
veintiocho twenty-eight, P
veintiséis twenty-six, P
veintisiete twenty-seven, P
veintitrés twenty-three, P
veintiuno twenty-one, P
vela candle, 8
vendedor(a) salesperson, 11
vender to sell, 2
venezolano *adj.* Venezuelan, 2
venir (ie) to come, 4
    ¡Venga! Come on!, 3

ventana window, 4
ventanilla window, 9
ver to see, 3
    Nos vemos. See you later., P
    ver la tele to watch television, 3
verano summer, 3
verdad *f.* truth, 1
verde *adj.* green, 1
verdura vegetable, 6
vestido dress, 7
vestido de gala dressed
    elegantly, 10
vestirse (i) to get dressed, 5
veterinario *m./f.* veterinarian, 11
vez time
    a la vez at the same time
    a veces sometimes, 10
    de vez en cuando
      occasionally, 6
    dos (tres, etc.) veces twice (three
      times, etc.), 10
    muchas veces often, 10
    otra vez *adv.* again
    raras veces rarely, infrequently, 10
    una vez *adv.* once, 10
viajar to travel, 1
viaje *m.* trip, 9
vida life, 10
viejo *adj.* old, 2
viernes *m.* Friday, 1
vinagre *m.* vinegar, 6
vino (blanco, tinto) (white, red)
    wine, 6
visitar to visit, 1
    visitar un museo to visit
      a museum, 3
visto *p.p.* seen, 10
    a primera vista at first sight, 10
viudo *adj.* widowed, 2
vivienda housing, 4
vivir to live, 2
volcán *m.* volcano, 12
vólibol *m.* volleyball, 3
volver (ue) to return, 4
vosotros(as) *pron.* you, P
vuelo (sin escala) (nonstop)
    flight, 9
vuelto *p.p.* returned, 10
vuestro *adj.* your, yours, 2

Y

y and, 3
y usted and you (formal) P
yerno son-in-law, 2
yo *pron.* I, P
yunta cufflink, 7

Z

zapatería shoe store, 7
zapato shoe, 7
    zapato de tacón (alto) high heels, 7
    zapato de tenis (deportivo) tennis
      shoe (sneaker), 3

A

accelerated acelerado *adj.*, 12
accessory accesorio, 7
accompany acompañar, 10
accountant contador(a), 11
accounting contabilidad *f.*, 1
ache dolor *m.*, 5
across from enfrente de *prep.*, 9
activity actividad *f.*, 3
advantage ventaja, 7
advisor consejero(a), 1
affection cariño, 10
afterward después *adv.*, 10
again otra vez *adv.*, 10
age edad *f.*, 2
agree estar de acuerdo, 10
air aire *m.*, 12
air conditioning aire
  acondicionado, 9
airline aerolínea, 9
airline agent agente *m.f.* de la
  aerolínea, 9
airport aeropuerto, 9
aisle pasillo, 9
alarm alarma, 4
alarm clock despertador *m.*, 4
all todos
  All Saints' Day Día de Todos los
    Santos, 8
allergy alergia, 5
alligator caimán *m.*, 12
almost (always) casi (siempre) *adv.*, 10
alone solo *adj.*, 5
already ya *adv.*, 9
also también *adv.*, 8
always siempre, 8
ambulance ambulancia, 5
amenities comodidades *f.*, 9
among entre *prep.*, 4
and y, 1
angry enojado *adj.*, 4
animal animal *m.*, 12
ankle tobillo, 5
answer contestar, 1
antacid antiácido, 5
antibiotic antibiótico, 5
antique store tienda de
  antigüedades, 3
any algún, alguno(a/os/as), 8
anybody, anyone
  alguien, 8
anything algo, 8
apartment apartamento, 1
applaud aplaudir, 10
apple manzana, 6
applicant candidato(a), 11
application (form) solicitud
  f., 11
apply for a job solicitar un puesto, 11
April abril, 3
Arab árabe *adj.*, 2
architect arquitecto(a), 11
Argentine argentino *adj.*, 2

arm brazo, 5
arm chair sillón *m.*, 4
armoire armario, 4
arrival llegada, 9
arrive llegar, 1
arriving from procedente de, 9
arrogant arrogante *adj.*, 2
art arte *m./f.*, 1
article of clothing prenda, 7
artistic artístico *adj.*, 2
as . . . as tan... como, 6
as many . . . as tantos(as)...
  como, 6
as much . . . as tanto(a)... como, 6
ask (a question) preguntar, 1
ask for pedir (i, i), 4
  ask for a raise pedir un
    aumento, 11
aspirin aspirina, 5
at a *prep.*
  at first sight a primera
    vista, 10
  at last finalmente *adv.*, 10
  at the last minute a última
    hora, 8
  at the same time a la vez
  At what time? ¿A qué hora?, 1
athletic atlético *adj.*, 2
attend asistir a, 2
August agosto, 3
aunt tía, 2
avocado aguacate *m.*, 6

B

babysitter niñero, 11
back espalda, 5
backpack mochila, 1
bad malo *adj.*, 2
bag bolsa, 7
baggage (carry-on) equipaje
  (de mano) *m.*, 9
balance equilibrio, 12
balcony balcón *m.*, 4
ballpoint pen bolígrafo, 1
banana banana/banano, 6
band orquesta, 10
bank banco, 3
banker banquero(a), 11
banquet banquete *m.*, 10
  banquet room sala para
    banquetes, 9
bargain: It's a bargain! ¡Es una
  ganga!, 7
baseball béisbol *m.*, 3
baseball cap gorra de béisbol, 7
basement sótano, 4
basketball baloncesto, 3
bathing suit traje de baño, 7
bathroom cuarto de baño, 4
bathroom sink lavabo, 4
bathtub bañera, 4
be ser, P; estar, 3
  be able poder (ue), 4

be afraid (of something) tener
  miedo (de), 2
be cold tener frío, 2
be frightened asustarse, 8
be healthy estar sano(a), 5
be hot tener calor, 2
be hungry tener hambre, 2
be in a hurry tener prisa, 2
be jealous tener celos, 2
be nauseous tener
  náuseas, 5
be online estar conectado(a)
  (en línea), 2
be painful (to someone)
  dolerle (ue) (a alguien), 5
be patient tener paciencia, 2
be pleasing (to someone) gustar, 3
be right tener razón, 2
be sick estar enfermo(a), 5
be sleepy tener sueño, 2
be sorry sentir (ie), 6
be successful tener éxito, 2
be thirsty tener sed, 2
be tired tener sueño, 2
beach playa, 8
beach resort balneario, 8
beautiful bello *adj.*, 12
because porque, 2
become (+ adjective) ponerse
  (+ adjective), 8
bed cama, 4
bedroom dormitorio, 4
  habitación, 4
beer cerveza, 6
begin comenzar (ie),
  empezar (ie), 4
behave well (poorly) portarse bien
  (mal), 8
behind detrás de *prep.*, 4
believe creer, 2
below abajo *adv.*; debajo de
  prep., 4
belt cinturón *m.*, 7
benefits beneficios, 11
beside al lado de *prep.*, 4
best el (la) mejor, 6
better mejor, 6
between entre *prep.*, 4
beverage bebida, 6
bicycle bicicleta, 3
big grande *adj.*, 2
bilingual bilingüe *adj.*, 2
bill cuenta, 6
biology biología, 1
bird pájaro, *m.*, 12
birthday cumpleaños *m.*, 8
bite picar (qu), 12
black negro *adj.*, 1
blond rubio *adj.*, 2
blouse blusa, 7
blue azul *adj.*, 1
blue jeans jeans *m. pl.*, 7
board abordar, 9
body cuerpo humano, 5

Bolivian boliviano *adj.*, 2
bone hueso, 5
book (text) libro (de texto), 1
bookshelf estante *m.*, 4
bookstore librería, 1
boot bota, 7
border frontera, 12
bored aburrido *adj.*, 4
boss jefe *m./f.*, 11
bouquet ramo, 10
boy chico, 7
boyfriend novio, 1
bracelet pulsera, 7
brave valiente *adj.*, 2
Brazilian brasileño *adj.*, 2
bread pan *m.*, 6
break romper, 9
break up (with) romper (con), 10
breakfast desayuno, 6
bride novia, 10
bring traer, 3
brother hermano, 2
brother-in-law cuñado, 2
brown marrón *adj.*, 1
brush one's teeth cepillarse los
  dientes, 5
buckle the seat belt abrochar el
  cinturón de seguridad, 9
building edificio, 1
bus station terminal de
  autobuses *f.*, 9
business negocios, 1; empresa, 11
  business administration
    administración *f.* de
    empresas, 1
  business center centro de
    negocios, 9
  businessman hombre de
    negocios, 11
  businesswoman mujer de
    negocios, 11
busy ocupado *adj.*, 4
but pero *conj.*, 3
butcher shop carnicería, 3
butter mantequilla, 6
butterfly mariposa, 12
button botón *m.*, 7
buy comprar, 1
Bye. Chao. (informal), P

C

cabin cabina, 9
café café *m.*, 3
cafeteria cafetería, 1
cake pastel *m.*, 8
calculator calculadora, 1
calendar calendario, 1
calf (of leg) pantorrilla, 5
call llamar, 1
camera cámara, 3
Canadian canadiense *adj.*, 2
candidate candidato(a), 11
candle vela, 8

car carro; coche, 4
caramel custard (homemade) flan (casero) *m.*, 6
card tarjeta
carpet alfombra, 4
carpenter carpintero(a), 11
carry llevar, 7
cash efectivo, 7
cashier cajero(a), 11
cat gato, 2
catch a cold resfriarse, 5
catch agarrar, 10
celebrate celebrar, 8
celebration celebración *f.*, 8
cellular phone teléfono celular, 3
chair silla, 4
chalk tiza, 1
chalkboard pizarra, 1
change cambiar, 7
charge cargo, 11
cheap barato *adj.*, 7
check cuenta, 6; cheque *m.*, 7
    The check, please. La cuenta, por favor., 6
check the luggage facturar el equipaje, 9
cheeks mejillas, 5
Cheers! ¡Salud!, 6
cheese queso, 6
chemistry química, 1
chest pecho, 5
chew masticar (qu), 5
chicken (roast) pollo (asado), 6
Chilean chileno *adj.*, 2
chimney chimenea, 4
Chinese chino *adj.*, 2; (language) chino, 1
choose escoger, 9
chore quehacer doméstico *m.*, 4
Christmas Eve Nochebuena, 8
Christmas Pascua, Navidad *f.*, 8
church iglesia, 3
claim recoger (j), 12
classmate compañero(a) de clase, 1
classroom sala de clase, 1
clean limpio *adj.*, 4
clean the house limpiar la casa, 4
clear the table quitar la mesa, 4
clear: it's clear está despejado, 3
climb subir, 9
clock reloj *m.*, 1
close cerrar (ie)
closet armario, 4
clothes dryer secadora, 4
clothes ropa, 5
clothing store tienda de ropa, 3
cloudy: it's cloudy está nublado, 3
coast costa, 8
coffee café *m.*, 6
coincidence: What a coincidence! ¡Qué casualidad!, P
cold resfrío, catarro, 5
    it's cold hace frío, 3
Colombian colombiano *adj.*, 2
color color *m.*, 1
Columbus Day Día de la Raza, 8
comb one's hair peinarse, 5
come venir (ie), 4
    Come on! ¡Venga!, 3
comfortable cómodo *adj.*, 9

compact disc (CD) disco compacto, 3
complain about quejarse de, 9
computer computadora, 11
computer science computación *f.*, 1
condiment condimento, 6
condominium condominio, 4
conference room sala de conferencias, 9
congested congestionado *adj.*, 5
congratulate felicitar, 10
    Congratulations! ¡Felicitaciones!, 8
connect conectar, 4
connection conexión *f.*, 3
conservation conservación *f.*, 12
conserve conservar, 12
construct construir, 12
contact lenses lentillas/lentes *m.* de contacto, 5
continue seguir (i), 4
cook cocinar, 6
cook, chef cocinero(a), 11
Cool! ¡Chévere!, 3
Cool! ¡Qué chido!, 2
cool: it's cool hace fresco, 3
cornmeal pockets arepas, 6
corporation empresa, 11
cost costar (ue), 4
Costa Rican costarricense *adj.*, 2
costume disfraz *m.*, 8
cotton algodón *m.*, 7
couch sofá *m.*, 4
cough syrup jarabe *m.*, 5
cough tos *f.*, 5
    cough toser, 5
count contar (ue)
country campo, 8
couple pareja, 10
course curso, 1
court (tennis) cancha (de tenis), 3
courtship noviazgo, 10
cousin primo(a), 2
cowardly cobarde *adj.*, 2
credit card tarjeta de crédito, 7
crocodile cocodrilo, 12
cross cruzar, 9
cry llorar, 8
Cuban cubano *adj.*, 2
cufflink gemelo, yunta, 7
cultivate cultivar, 12
customs aduana, 9
cut down (trees) talar, 12
cycling ciclismo, 3

D

daily *adv.* diariamente, 3
dance bailar, 3
    dance baile *m.*, 3; danza, 13
dark-haired moreno *adj.*, 2
date (social) cita, 10
daughter hija, 2
daughter-in-law nuera, 2
day before yesterday anteayer *adv.*, 6
day día *m.*, 1
    Day of the Dead Día de los Muertos, 8
    Day of the Magi (Three Kings) Día de los Reyes Magos, 8
dead muerto *adj.*, 4

dean decano(a), 1
December diciembre, 3
delicious rico *adj.*, 6
dense denso *adj.*, 12
dentist dentista *m./f.*, 11
departing for con destino a, 9
departure salida, 9
desire afán *m.*, 12
desk escritorio, 4
dessert postre *m.*, 6
destroy destruir, 12
destroyed destruido *adj.*, 12
destruction destrucción *f.*, 12
develop desarrollar, 12
development desarrollo, 12
diagnosis diagnóstico, 5
dictionary diccionario, 1
die morir (ue), 6
died *p.p.* muerto, 10
diet dieta, 5
digital camera cámara digital, 3
dining room comedor *m.*, 4
dinner cena, 6
dirty sucio *adj.*, 4
disconnect desconectar, 4
discount descuento, 7
dishwasher lavaplatos *m.*, 4
divorce divorcio, 10
divorced divorciado *adj.*, 2
dizziness mareo, 5
dizzy mareado *adj.*, 5
do hacer *m.*, 5
doctor médico *m./f.*, 5
dog perro, 2
Dominican (from the Dominican Republic) dominicano *adj.*, 2
done hecho *p.p.*, 10
door puerta, 4
dormitory residencia, 1
double bed cama doble, 9
downtown centro, 3
dramatic dramático *adj.*, 2
draw dibujar, 1
dress vestido, 7
    dressed elegantly vestido de gala, 10
dresser cómoda, tocador *m.*, 4
drink tomar, 1; beber, 2
    drink coffee ir a tomar un café, 3
dry off secarse (qu), 5

E

each cada *adv.*
ear (outer) oreja, 5; (inner) oído, 5
earache dolor de oídos *m.*, 5
early temprano *adv.*, 1
earring arete *m.*, 7
earth tierra, 12
east este *m.*, 9
Easter Pascua, 8
easy chair sillón *m.*, 4
eat comer, 2
    eat appetizers picar (qu), 6
    eat breakfast desayunar, 6
    eat lunch almorzar (ue), 6
    eat supper (dinner) cenar, 6
    I can't (eat) any more. No puedo (comer) más., 6

ecology ecología, 12
economic económico *adj.*, 5
economics economía, 1
Ecuadorian ecuatoriano, 2
education educación *f.*, 1
egg: hard-boiled egg huevo duro, 6
Egyptian egipcio *adj.*, 2
eight hundred ochocientos, 4
eight ocho, P
eighteen dieciocho, P
eighty ochenta, 2
either . . . or o... o, 8
elbow codo, 5
electric appliance electrodomésticos, 4
electrician electricista *m./f.*, 11
elevator ascensor *m.*, 9
eleven once, P
e-mail correo electrónico, 11
emergency exit salida de emergencia, 9
emergency room sala de emergencia, 5
employee empleado(a), 11
end terminar, 1
engaged comprometido *adj.*, 10
engagement compromiso, 10
engineer ingeniero(a), 11
engineering ingeniería, 1
English (language) inglés *m.*, 1; inglés(esa) *adj.*, 2
enjoy disfrutar, 9
    Enjoy your meal! ¡Buen provecho!, 6
environment medio ambiente, 12
equipment equipo, 4
eraser borrador *m.*, 1
even though aunque *conj.*, 12
every day (week, etc.) cada día (semana, etc.), 10
    every year (day, month, etc.) todos los años (días, meses, etc.), 10
examine examinar, 5
excited emocionado *adj.*, 4
excuse me perdón, con permiso, P
exercise hacer ejercicio, 3
expense gasto; costo, 11
expensive caro *adj.*, 7
explain explicar (qu), 9
exploit explotar, 12
extinction: in danger of extinction en peligro de extinción, 12
eye ojo, 5
eyebrows cejas, 5
eyelashes pestañas, 5

F

fabric tela, 7
face cara, 5
factory fábrica, 12
fall otoño, 3
fall asleep dormirse (ue), 5
fall in love (with) enamorarse (de), 10
family familia, 2
fan (sports) aficionado(a), 3
far (away) (from) lejos (de) *prep.*, 4

farm finca, 12
farm worker campesino(a), 12
farmer agricultor(a), 12
fat gordo *adj.*, 2
father papá, padre, *m.*, 2
father-in-law suegro, 2
fax machine fax *m.*, 11
features comodidades *f.*, 9
February febrero, 3
feel (good/bad) sentirse (bien/mal), 5
feel like (doing something) tener
  ganas de, 4
fever fiebre, 5
fifteen quince, P
fifty cincuenta, 2
file archivo, 11
fill out (a form) llenar, 11
finally por fin, finalmente *adv.*, 10
find encontrar, 5
fine bien *adv.*
  Fine, thanks. Bien, gracias., P
finger dedo, 5
fingernail uña, 5
fire despedir(i), 11
firefighter bombero(a), 11
fireplace chimenea, 4
first primero, 10
  first time primera vez, 5
first name nombre *m.*, 2
fish pescar (qu), 3
  (alive) pez *m.*, 2
  (when caught) pescado, 6
fit (someone) quedarle
  (a uno), 7
five cinco, P
five hundred quinientos, 4
flight (nonstop) vuelo (sin
  escala), 9
flight attendant asistente de vuelo
  m./f., 9
floor piso, 4/suelo, 4
flower flor *f.*, 10
follow seguir (i), 4
food comida, 6
foolish tonto *adj.*, 2
foot pie *m.*, 5
football el fútbol americano, 3
football field campo de fútbol, 3
for para, por, *prep.*
  for example por ejemplo, 11
  For what purpose? ¿Para
    qué?, 8
foreign languages lenguas
  extranjeras, 1
forest bosque *m.*, 12
forget olvidar, 8
fork tenedor *m.*, 6
forty cuarenta, 2
fountain fuente *f.*, 4
fountain pen pluma, 1
four cuatro, P
four hundred cuatrocientos, 4
fourteen catorce, P
French (language) francés *m.*, 1;
  francés(esa) *adj.*, 2
fresh fresco *adj.*, 6
Friday viernes *m.*, 1
friend amigo(a), 1
friendly amable *adj.*, 2
friendship amistad *f.*, 10

frog rana, 12
from de, desde *prep.*, 1
  I'm from... Soy de..., P,
  From where? ¿De dónde?, P
front desk recepción *f.*, 9
fruit fruta, 6
fruit juice jugo de fruta, 6
fruit store frutería, 3
full-time de tiempo completo, 11
function (to work) funcionar
furious furioso *adj.*, 4
furniture muebles *m.*, 4

G

game juego, partido, 3
garage garaje *m.*, 4
garden jardín *m.*, 4
garlic ajo, 6
gas station gasolinera, 3
gate puerta, 9
generous generoso *adj.*, 2
geography geografía, 1
German (language) alemán *m.*, 1;
  alemán(ana) *adj.*, 2
get conseguir (i), 4; + *adjective* ponerse
  + *adjective*, 8
  get a suntan broncearse, 8
  get along well (poorly) (with)
    each other llevarse bien (mal)
    (con), 10
  get divorced (from)
    divorciarse (de), 10
  get dressed vestirse (i), 5
  get married casarse (con), 10
  get off bajar(se) (de), 9
  get sick enfermarse, 5
  get together with
    reunirse con, 8
  get up levantarse, 5
gift regalo, 8
girl chica, 7
girlfriend novia, 1
give dar, 3
  give (as a gift) regalar, 9
  give a party dar/hacer una
    fiesta, 8
glass vaso, 6
glove guante *m.*, 7
go ir, 3
  go by bike (boat, bus, car, plane,
    subway, taxi, train) ir en
    bicicleta (barco, autobús,
    coche/carro, avión, metro,
    taxi, tren), 9
  go camping hacer
    camping, 8
  go canoeing/sailing pasear en
    canoa/velero, 8
  go for a walk dar un paseo, 3
  go horseback riding montar a
    caballo, 3
  go on a picnic hacer un picnic, 3
  go on foot ir a pie, 9
  go out (with) salir (con), 3
  go shopping ir de compras, 3
  go through pasar por, 9
  go to a bar (club, concert, disco,
    party) ir a un bar (club,
    concierto, discoteca, party), 3
  go to bed acostarse (ue), 5

go to the movies ir al cine, 3
  go up subir, 9
  go well with ir (bien) con, 7
goblet copa, 6
godchild ahijado(a), 2
godfather padrino, 2
godmother madrina, padrina, 2
golf golf *m.*, 3
  golf club palo de golf, 3
  golf course campo de golf, 3
good bueno *adj.*, 2
  Good afternoon. Buenas tardes., P
  Good evening (night).
    Buenas noches., P
  Good morning. Buenos días., P
Good-bye. Adiós., P
good-looking guapo *adj.*, 2
granddaughter nieta, 2
grandfather abuelo, 2
grandmother abuela, 2
grandson nieto, 2
green verde *adj.*, 1
greet (each other) saludar(se), P
groom novio, 10
growth crecimiento, 12
Guatemalan guatemalteco *adj.*, 2
guest invitado *m./f.*, 8
Guinean guineano *adj.*, 2
guitar guitarra, 3
gymnasium gimnasio, 1

H

hair cabello, pelo, 5
hair salon peluquería, 3
hairstylist peluquero(a), 11
Haitian haitiano *adj.*, 2
half brother (sister) medio(a)
  hermano(a), 2
ham jamón *m.*, 6
hamburger hamburguesa, 6
hand mano *f.*, 5
happy contento *adj.*, 4
  I get happy. Me pongo
    contento., 8
hardware store ferretería, 3
hardworking trabajador(a) *adj.*, 2
hat sombrero, 7
have tener (ie), 3; haber, 10
  have a birthday cumplir años, 8
  have a cold estar resfriado, tener
    gripe, 5
  have a cookout hacer una
    parrillada, 8
  have a cough tener tos, 5
  have a fever tener fiebre, 5
  have fun divertirse, 6
  have a good (bad) time pasarlo
    bien (mal), 8
  have a headache tener dolor de
    cabeza, 5
  Have a nice trip! ¡Buen viaje!, 9
  have chills tener escalofríos, 5
  have just (done something) acabar
    de, 5
  have to (do something) tener
    que, 2
he él *pron.*, P
head cabeza, 5
headache dolor de cabeza *m.*, 5

health salud *f.*, 5
healthy sano *adj.*, 5
heart corazón *m.*, 5
heavy (meal, food) pesado *adj.*, 6
help (each other) ayudar(se), 1
her su *adj.*, 2
herb hierba, 5
here aquí *adv.*, P
Hi! ¡Hola!, P
hierarchy jerarquía, 11
high heels zapatos de tacón (alto), 7
hike in the mountains caminar por las
  montañas, 8
hill colina, 12
hip cadera, 5
hire contratar, 11
his su *adj.*, 2
history historia, 1
holiday fiesta, día feriado *m.*, 8
Holy Week Semana Santa, 8
home hogar *m.*, 4
homework tarea, 1
Honduran hondureño *adj.*, 2
honest honesto *adj.*, 2
honeymoon luna de miel, 10
honor cumplir con, 10
hors d'oeuvre entremés *m.*, 8
host anfitrión *m.*, 8
hostess anfitriona, 8
hot (temperature) caliente *adj.*, 6
  it's hot hace calor, 3
hotel: four-star hotel hotel de cuatro
  estrellas *m.*, 9
hour hora, 1
house casa, 4
  house specialty especialidad *f.* de
    la casa, 6
housing vivienda, 4
How ¿Cómo?, P
  How are you? ¿Cómo está usted?,
    ¿Cómo estás?, P
  How does it look? ¿Cómo me
    queda?, 7
  How many? ¿Cuántos(as)?, P
  How much? ¿Cuánto(a)?, 8
  How much do I owe you? ¿Cuánto
    le debo?, 7
  How old are you? ¿Cuántos años
    tienes tú?, P
  How's it going? ¿Cómo te va?, P
hug (each other) abrazar(se), 10
humanities humanidades *f. pl.*, 1
humble humilde *adj.*, 2
humorous cómico *adj.*, 2
hunger hambre *f.*, 5
husband esposo, 2

I

I yo *pron.*, P
ice cream helado, 6
illness enfermedad *f.*, 5
important importante *adj.*, 12
impossible imposible *adj.*, 12
in en, 4
  in front of delante de /
    enfrente de *prep.*, 4
  in the (morning, afternoon/
    evening) de/por la (mañana,
    tarde, noche), 1

income ingreso, 12
indecisive indeciso *adj.*, 2
Indian indio *adj.*, 7
inexpensive barato *adj.*, 7
infirmary enfermería, 9
intellectual intelectual *adj.*, 2
intelligent inteligente *adj.*, 2
Internet Internet *m.*, 3
interpreter intérprete *m./f.*, 11
interview entrevista, 11
introverted introvertido, 2
iron plancha, 4
    iron (clothes) planchar
      (la ropa), 4
irresponsible irresponsable
  adj., 2
irrigate regar (ie) las plantas, 12
island isla, 9
Italian (language), italiano, 1; italiano,
  adj., 2
its su *adj.*, 2

J

jacket chaqueta, 7
jaguar jaguar *m.*, 12
January enero, 3
Japanese (language) japonés *m.*, 1;
  japonés(esa) *adj.*, 2
jeans vaqueros, 7
jewelry joyas, 7
jewelry store joyería, 3
job puesto, 11
    job hunt búsqueda de
      trabajo, 11
journalism periodismo, 1
journalist periodista
  m./f., 11
judge juez *m./f.*, 10
July julio, 3
June junio, 3
jungle selva, 12

K

key llave *f.*, 9
kiss (each other) besar(se), 10
kitchen cocina, 4
knee rodilla, 5
knife cuchillo, 6
know (each other) conocer(se), 3
    know (how) saber, 3
Korean coreano *adj.*, 2

L

laborer obrero(a), 11
lake lago, 8
lamp lámpara, 4
land aterrizar, 9
  tierra, 12
landscape paisaje *m.*, 12
language lengua, 1
large grande *adj.*, 2
last (week, month, year)
  (la semana, el mes, el año)
  pasado(a), 6
last name apellido, 2
last night anoche *adv.*, 6
late tarde *adv.*, 1
laugh reírse, 6
law derecho, 1
law office bufete *m.*, 11

lawyer abogado(a), 11
lazy perezoso *adj.*, 2
  vago, 2
lead a peaceful life llevar una vida
  tranquila, 12
learn aprender, 2
leather cuero, 7
leave salir, 3;
    leave a (good) tip dejar una
      (buena) propina, 6
left: to the left of a la izquierda de
  prep., 9
leg pierna, 5
less . . . than menos... que, 6
lesson lección *f.*, 1
let's see vamos a ver, 7
letter (correspondence) carta, 2
lettuce lechuga, 6
librarian bibliotecario(a), 1
library biblioteca, 1
life vida, 10
lift weights levantar pesas, 3
light (meal, food) ligero
  adj., 6
light luz *f.*, 1
lightly levemente, 11
like: I (don't) like (no) me gusta, 1
    I would like... yo quisiera..., 6
lips labios, 5
listen (to music) escuchar
  (música), 1
literature literatura, 1
live vivir, 2
living room sala, 4
lobster langosta, 6
logical lógico *adj.*, 12
long largo *adj.*, 2
look for buscar (qu), 1
    look at each other
      mirarse, 10
lose perder (ie), 4
love querer (ie), 4; amar, 10
  amor *m.*, 10
lunch almuerzo, 6
lungs pulmones *m.*, 5
luxurious lujoso *adj.*, 7

M

made hecho *p.p.*, 10
main dish plato principal, 6
major especialización *f.*, 1
make hacer, 3
    make a phone call
      llamar por teléfono, 11
    make a stop (on a flight) (in) hacer
      escala (en), 9
    make a toast hacer un brindis, 8
    make one's bed hacer la cama, 4
    make plans hacer planes, 3
mall centro comercial, 3
man hombre *m.*, 1
manager gerente *m./f.*, 11
map mapa *m.*, 1
March marzo, 3
market (outdoor) mercado (al aire
  libre), 3
marriage matrimonio, 10
married casado *adj.*, 2
marry casarse (con), 10
mask máscara, 8

match hacer juego con, 7
math matemáticas, 1
May mayo, 3
me mí *object of prep.*, 11
meal comida, 6
meat (beef) carne (de res) *f.*, 6
mechanic mecánico(a), 11
medical médico *adj.*, 5
    medical history historial
      clínica *f.*, 5
    medical insurance seguro
      médico, 11
medicine medicina, 1
meet conocer(se), 3; reunirse
  con, 11
meeting reunión *f.*, 11
menu menú *m.*, 6
merchant comerciante *m./f.*, 11
messy desordenado *adj.*, 4
metropolis metrópolis *f.*, 12
Mexican mexicano *adj.*, 2
midnight medianoche *f.*, 1
milk leche *f.*, 6
million millón, 4
mirror espejo, 4
miss (an event) perder (ie), 4
Miss señorita (Srta.), P
Monday lunes *m.*, 1
money dinero, 1
monkey mono, 12
month mes *m.*, 3
more . . . than más... que, 6
mortgage hipoteca, 11
mother madre *f.*, 2
mother mamá, 2
mother-in-law suegra, 2
mountains montañas, 8
mouth boca, 5
move mover (ue), 3
movie theater cine *m.*, 3
movies cine *m.*, 3
mow the lawn cortar el césped, 4
Mr., sir señor (Sr.), P
Mrs., ma'am señora (Sra.), P
muscle músculo, 5
museum museo, 3
mushroom champiñón *m.*, 6
music música, 1
    music store tienda de música
      (de discos), 3
must deber, 2
my mi *adj.*, 2

N

name: My name is . . .
  Me llamo..., P
nanny niñera, 11
napkin servilleta, 6
nationality nacionalidad *f.*, 2
natural resources recursos
  naturales, 12
naturalist naturalista *m./f.*, 12
nature naturaleza, 12
near cerca de *prep.*, 4
neat ordenado *adj.*, 4;
  arreglado *adj.*, 9
necessary necesario *adj.*, 12
neck cuello, 5
necklace collar *m.*, 7
necktie corbata, 7

need necesitar, 1
neighborhood barrio, P
neither . . . nor ni... ni, 8
    neither, not either, 8
      tampoco *adv.*, 8
nephew sobrino, 2
nervous system sistema *m.*
  nervioso, 5
never nunca *adv.*, 8
new nuevo *adj.*, 2
    New Year's Eve Noche Vieja *f.*, 8
newlyweds recién casados *m.*, 10
next to al lado de *prep.*, 9
nibble picar (qu), 6
Nicaraguan nicaragüense *adj.*, 2
nice simpático *adj.*, 2
    it's nice hace buen tiempo, 3
    Nice to meet you. Encantado(a),
      Mucho gusto., P
niece sobrina, 2
nine hundred novecientos, 4
nine nueve, P
nineteen diecinueve, P
ninety noventa, 2
nobody, no one nadie, 8
noise ruido, 12
none, not any ningún, ninguno(a), 8
nonsmoking section sección *f.* de no
  fumar *f.*, 9
noon mediodía *m.*, 1
North American norteamericano
  adj., 2
north norte *m.*, 9
nose nariz *f.*, 5
not even ni siquiera, 4
notebook cuaderno, 1
nothing, not anything, at all nada, 8
November noviembre, 3
now ahora *adv.*, 1
number número, P
nurse enfermero(a), 5

O

object objeto, 1
obtain conseguir (i), 6
occasionally de vez en cuando, 6
ocean océano, 8
October octubre, 3
of de
    of course por supuesto, 2; ¡Cómo
      no!, 6
off apagado *adj.*, 4
offer ofrecer (zc), 9
office oficina, 1
often muchas veces, 10
oil aceite *m.*, 6
old viejo *adj.*, 2
older mayor, 6
oldest el (la) mayor, 6
on en, 4; encendido *adj.*, prendido
  adj., 3
    on time a tiempo; en punto, 1
    on top of encima de *prep.*, 4
    on top of that para colmo, 4
once una vez *adv.*, 10
one hundred cien/ciento, 2
one thousand mil, 4
one uno, P
one-way ticket billete/boleto de ida, 9
onion cebolla, 6

only sólo, P
open abrir, 2
opened abierto *p.p.*, 10
or o *conj.*, 3
orange anaranjado *adj.*, 1
orange naranja, 6
orchid orquídea, 12
order (food) pedir (i, i), 6
organ órgano, 5
ought to deber, 2
our nuestro *adj.*, 2
outdoors al aire libre, 4
outgoing extrovertido *adj.*, 2
oven (microwave) horno
    (microondas), 4
overcoat abrigo, 7
overpopulation sobrepoblación *f.*, 12
owl búho, 12
ozone layer capa de ozono, 12

P

pack one's suitcase(s) hacer la(s)
    maleta(s), 9
pain dolor *m.*, 5
painting pintura, 1; cuadro, 4
pair par *m.*, 7
Panamanian panameño
    adj., 2
pants (shorts) pantalones
    (cortos) *m.*, 7
paper papel *m.*, 1
Paraguayan paraguayo *adj.*, 2
pardon me disculpe, con permiso,
    perdón, P
park parque *m.*, 3
park ranger guardaparques *m./f.*,12
part-time de tiempo parcial, 11
party (surprise) fiesta
    (de sorpresa), 8
pass pasar, 1
passenger pasajero(a), 9
Passover Pascua, 8
passport pasaporte *m.*, 9
    passport control inmigración *f.*, 9
pastime pasatiempo, 3
patient paciente *adj.*, 2; paciente *m./f.*, 5
pattern patrón *m.*, 7
pay pagar, 1
    pay in cash (by check)
        pagar en efectivo
        (con cheque), 7
peaceful tranquilo *adj.*, 12
peasant campesino(a), 12
pencil lápiz *m.*, 1
people gente *f.*, P
pepper pimienta, 6
pepper shaker pimentero, 6
percent por ciento, 7
personal finances finanzas
    personales, 11
Peruvian peruano *adj.*, 2
pet mascota, 2
petroleum petróleo, 12
pharmacy farmacia, 5
philosophy filosofía, 1
phone llamar, 1
photocopier fotocopiadora, 11
photographer fotógrafo(a), 11
physician médico *m./f.*, 5
physics física, 1

pick up recoger (j), 12
pill pastilla, 5
pilot piloto *m./f.*, 9
place lugar *m.*, 3
plaid de cuadros, 7
plain llano, 12
plane avión *m.*, 9
plant cultivar, 5; sembrar (ie), 12
plate plato, 6
play jugar (ue), 4
    play an instrument
        tocar (qu), 1
    play tennis jugar al tenis, 3
    play the guitar tocar la
        guitarra, 3
    play sports practical
        deportes, 3
player jugador(a), 3
plaza plaza, 3
please por favor, P
pleasure: The pleasure is mine. El
    gusto es mío., P
plug in enchufar, 4
    plugged in enchufado *adj.*, 4
plumber plomero(a), 11
pocket bolsillo, 7
police officer policía *m.*
    (mujer *f.* policía), 11
polka-dotted de lunares, 7
pollute contaminar, 12
polluted contaminado *adj.*, 12
pollution contaminación *f.*, 12
pool piscina, 3
poor pobre *adj.*, 2
pork chop chuleta de cerdo, 6
port puerto, 9
Portuguese (language)
    portugués *m.*, 1
position puesto, 11
post office oficina de correos, 3
postcard postal *m.*, 2
potatoes (french fried) papas
    (fritas), 6
practice practicar (qu), 1
prefer preferir (ie), 6
prepare preparar, 6
prescription receta, 5
president of the university presidente
    m./f. de la universidad, 1
pretty bonito *adj.*, 2
printer impresora, 11
private privado *adj.*, 9
problem problema *m.*, 5
profession profesión *f.*, 11
professor profesor(a), 1
programmer programador(a), 11
progressive progresista *adj.*, 2
project proyecto, 11
promise prometer, 10
protect proteger, 12
psychiatrist siquiatra *m./f.*, 11
psychologist sicólogo, 11
psychology sicología, 1
public transportation transporte
    público *m.*, 12
Puerto Rican
    puertorriqueño *adj.*, 2
pure puro *adj.*, 12
purple morado *adj.*, 1
purse bolsa, 7
put puesto *p.p.*, 10

put (on) poner, 3
    put on (one's clothes) ponerse
        (la ropa), 5
    put on makeup pintarse,
        maquillarse, 5

Q

question interpelar;
    pregunta, P; **ask a question**
    preguntar, 1
quit dejar, 11

R

rain llover (ue), 4
rain lluvia, 3
rain forest selva, 12
raincoat impermeable *m.*, 7
rancher ranchero(a), 11
rarely raras veces, 10
Rather well. Bastante bien., P
react reaccionar, 8
read leer, 2
ready listo *adj.*, 2
reason razón *f.*, 12
rebellious rebelde *adj.*, 2
receive recibir, 2
reception recepción *f.*, 10
receptionist recepcionista *m./f.*, 9
record grabar, 3
recycle reciclar, 12
red rojo *adj.*, 1
reduce reducir, 12
    reduce (in price) rebajar, 7
reforest reforestar, 12
refrigerator refrigerador *m.*, 4
    nevera, 4
register registrarse, 9
relationships relaciones
    sentimentales *f.*, 10
relative pariente *m./f.*, 2
remember recordar (ue), 8
report informe *m.*, 11
reporter reportero(a), 11
request pedir (i, i), 9
reservation reserva, 9
reserved reservado *adj.*, 2
resign renunciar, 11
respect respeto, 11
responsible responsable *adj.*, 2
rest descansar, 1
restaurant restaurante *m.*, 3
résumé currículum *m.*, 11
retire jubilarse, 11
retirement plan plan de retiro, 11
return volver (ue), 4
    return (home) regresar (a casa), 1
returned vuelto *p.p.*, 10
rice arroz *m.*, 6
rich rico *adj.*, 2
riddle adivinanza, 2
ride a bike andar en bicicleta, 3
ridiculous ridículo *adj.*, 12
right: to the right of a la derecha de
    prep., 9
right away enseguida, 6
ring anillo, 7
river río, 8
rocket cohete *m.*, 8
roof techo, 4

room cuarto, 1
    room service servicio de habitación
        (cuarto), 9
roommate compañero(a) de
    cuarto, 1
round-trip ticket billete/
    boleto de ida y vuelta, 9
run correr, 3
    run out acabar, 12
Russian (language), ruso, 1;
    ruso *adj.*, 2

S

sacred sagrado *adj.*, 8
sad triste *adj.*, 4
said dicho *p.p.*, 10
saint santo(a), 2
    saint's day día del santo, 8
salad ensalada, 6
salary sueldo, 11
sale oferta, liquidación *f. (Lat. Am.)*;
    rebaja *(Spain)*, 7
salesclerk/person
    dependiente *m./f.*, 7;
    vendedor(a), 11
salt sal *f.*, 6
salt shaker salero, 6
Salvadorean salvadoreño *adj.*, 2
same mismo *adj.*, 10
sandal sandalia, 7
sandwich sándwich *m.*, 6
satellite satélite *m.*, 4
satellite dish antena parabólica, 4
satisfied: I'm satisfied. I'm full. Estoy
    satisfecho(a)., 6
Saturday sábado, 1
sauce salsa, 6
save ahorrar, 11
say decir (i), 4
scarf bufanda, 7
schedule horario, 9
school escuela, 1
science ciencias, 1
scuba dive bucear, 8
sea mar *m.*, 8
seafood mariscos, 6
season estación *f.*, 3
seat asiento, 9
second segundo *adj.*, 2
secretary secretario(a), 1
security control *m.* de
    seguridad, 9
    security box caja fuerte, 9
see ver, 3
    See you later. Hasta luego., Nos
        vemos., P
    See you soon. Hasta pronto., P
    See you tomorrow. Hasta
        mañana., P
seen visto *p.p.*, 10
sell vender, 2
send (letters) mandar
    (cartas), 1
sensitive sensible, 3
separate (from) separarse
    (de), 10
separated separado *adj.*, 2
separation separación *f.*, 10
September septiembre, 3
servant criado(a), 11

serve servir (i), 6
set the table poner la mesa, 4
seven siete, P
seven hundred setecientos, 4
seventeen diecisiete, P
seventy setenta, 2
several varios, 1
shake hands darse la mano, 10
shave afeitarse, 5
she ella *pron.*, P
shellfish mariscos, 6
shirt camisa, 7
shoe zapato, 7
    shoe size número, 7
    shoe store zapatería, 7
shopping de compras, 7
short (height) bajo *adj.*, 2; **(length)** corto *adj.*, 2
shortage escasez *f.*, 12
shot (injection) inyección *f.*, 5
shout gritar, 8
show mostrar (ue), 7
shower ducha, 4
shrimp (fried) camarones (fritos) *m.*, 6
shy tímido *adj.*, 2
sick enfermo *adj.*, 4
silk seda, 7
silly tonto *adj.*, 2
sincere sincero *adj.*, 2
sing cantar, 1
single soltero *adj.*, 2
    single bed cama sencilla, 9
sister hermana, 2
sister-in-law cuñada, 2
six hundred seiscientos, 4
six seis, P
sixteen dieciséis, P
sixty sesenta, 2
size (clothing) talla, 7
skate (in-line) patinar (en línea), 3; patines (en línea) *m.*, 3
ski (water) esquí *m.* (acuático), 3; esquiar (en el agua), 3
skin piel *f.*, 5
skirt falda, 7
skyscraper rascacielos *m.*, 12
sleep dormir (ue), 4
slice tajada, 6
small pequeño *adj.*, 2
smart listo *adj.*, 2
smell oler, 4
smile sonreír, 6
smoking section sección *f.* de fumar *f.*, 9
snake culebra, 12
sneeze estornudar, 5
snorkel hacer esnórquel, 8
snow nieve *f.*, 3
    it's snowing nieva, 3
so entonces *adv.*, 10
soccer fútbol *m.*, 3
sociology sociología, 1
socks calcetines *m. pl.*, 7
sofa sofá *m.*, 4
soft drink refresco, 6
solar energy energía solar, 12
soldier soldado (la mujer soldado), 11

solve, resolve resolver (ue), 12
some unos(as) *indef. art.*; algún, alguno(a/os/as), 8
somebody, someone alguien, 8
something algo, 8
sometimes a veces *adv.*, 10
son hijo, 2
son-in-law yerno, 2
soup sopa, 6
source fuente *f.*, 12
south sur *m.*, 9
space espacio, 4
Spanish (language) español *m.*, 1; español(a) *adj.*, 2
speak (with each other) hablar(se), 9
speak so well habla tan bien, P
speakers altavoces *m.*, 4
species especie *f.*, 12
spend (money) gastar, 7
spend (time) pasar, 1
spiritually espiritualmente, 2
spoon cuchara, 6
sport deporte *m.*, 3
sports deportiva *adj.*, 3
spring primavera, 3
squid (fried) calamares (fritos) *m.*, 6
stadium estadio, 3
stairs escalera, 4
start comenzar (ie), 4
stationery store papelería, 3
stay quedarse, 9
    stay in bed guardar cama, 5
steak bistec *m.*, 6
step paso, 7
stepbrother hermanastro, 2
stepfather padrastro, 2
stepmother madrastra, 2
stepsister hermanastra, 2
stereo estéreo, 4
stingy tacaño *adj.*, 2
stockbroker accionista *m./f.*, 11
stockings medias, 7
stomach estómago, 5
stop parar(se), 9
store tienda, 3; almacén, 7
stove estufa, 4
straight derecho, 9
stream arroyo, 12
street calle *f.*, 3
striped de rayas, 7
stroll paseo, 7
student estudiante *m./f.*, 1
    student center centro estudiantil, 1
study estudiar; 1
stuff rellenar, 6
style estilo, 7
    It's the latest style! ¡Está de última moda!, 7
subjects (courses) materias, 1
succeed lograr
suddenly de repente, 8
suffer sufrir, 9
sugar azúcar *m.*, 6
suggest sugerir, 6
suit traje *m.*, 7
suitcase maleta, 9
summer verano, 3

sunbathe tomar el sol, 3
Sunday domingo, 1
sunglasses gafas de sol, 3
sunny: it's sunny hace sol, 3
suntan lotion crema bronceadora, 8
supermarket supermercado, 3
supper cena, 6
supply suplir
surf correr las olas, 8
    surf the Net navegar la red, 3
surprise sorprender, 12
surrounded rodeado *adj.*, 9
sweater suéter *m.*, 7
sweep the floor barrer el piso, 4
swim nadar, 3
swimming natación *f.*, 3
symptom síntoma *m.*, 5
systems analyst analista de sistemas *m./f.*, 11

T

table mesa, 4
    table (side, coffee) mesita, 4
tablecloth mantel *m.*, 6
take (classes/tests) tomar (clases/ exámenes), 1
    take (someone's) temperature tomarle la temperatura (a alguien), 5
    take a bath bañarse (en la tina), 5
    take a shower ducharse, 5
    take care (of oneself) cuidar(se), 5
    take off (one's clothes) quitarse (la ropa), 5; despegar, 9
    take out the garbage sacar la basura, 4
    take pictures sacar fotos, 3
    take place tener lugar, 10
talk (with each other) hablar(se), 9
tall alto *adj.*, 2
tasty sabroso *adj.*, 6
tea (iced) té (helado) *m.*, 6
teach enseñar, 1
teacher maestro(a), 1
technician técnico *m./f.*, 11
tell contar (ue), 4; decir (i), 4
ten diez, P
tennis shoe (sneaker) zapato de tenis (deportivo), 3
terrace terraza, 4
test examen *m.*, 1
that ese(a) *adj.*, 5; **(over there)** aquel (aquella) *adj.*, 5
that que *pron.*, 3; ése(a) *pron.*, 5; **(over there)** aquél (aquélla) *pron.*, 5
    that's why por eso, 11
The pleasure is mine. El gusto es mío., P
then luego, entonces *adv.*, 10
there allí *adv.*, P
there is, there are hay, P
they ellos(as) *pron.*, P
thigh muslo, 5
thin delgado *adj.*, 2
think pensar (ie), 4
third tercero *adj.*, 2
thirteen trece, P
thirty treinta, P

this este(a) *adj.*, 5
    this one éste *pron.*, 5
three tres, P
three hundred trescientos, 4
throat garganta, 5
throw tirar, 10
Thursday jueves *m.*, 1
ticket boleto, 3; billete *m.*, 9
tidy arreglado *adj.*, 9
tiger tigre *m.*, 12
time hora; vez
    a good time un buen rato, 3
timid tímido *adj.*, 2
toad sapo, 12
toast brindis *m.*, 8; pan tostado, 6
toaster tostadora, 4
today hoy *adv.*, 1
toe dedo del pie, 5
toilet inodoro, 4
told dicho *p.p.*, 10
tolerant tolerante *adj.*, 2
tomato tomate *m.*, 6
tomorrow mañana *adv.*, 1
tongue lengua, 5
too también *adv.*, 8
    too much demasiado *adv.*, 9
tooth diente *m.*, 5
touch tocar (qu), 1
toward hacia *adv.*, 9
town pueblo, 3
traffic tráfico, 12
train station estación de trenes *f.*, 9
tranquil tranquilo *adj.*, 12
translator traductor(a), 11
trash basura, 12
travel viajar, 1
    travel agency agencia de viajes, 9
    travel agent agente de viajes, 9
treatment tratamiento, 5
tree árbol *m.*, 4
trip viaje *m.*, 9
truth verdad *f.*, 1
try on probarse (ue), 7
T-shirt camiseta, 7
Tuesday martes *m.*, 1
turkey pavo, 6
turn doblar, 9
    turn off apagar (ue), 4
turtle tortuga, 12
twelve doce, P
twenty veinte, P
twenty-eight veintiocho, P
twenty-five veinticinco, P
twenty-four veinticuatro, P
twenty-nine veintinueve, P
twenty-one veintiuno, P
twenty-seven veintisiete, P
twenty-six veintiséis, P
twenty-three veintitrés, P
twenty-two veintidós, P
twice (three times, etc.) dos (tres, etc.) veces, 10
two dos, P
two hundred doscientos(as), 4

U

ugly feo *adj.*, 2
umbrella paraguas *m.*, 7

uncle tío, 2
under debajo de *prep.*, 4
understand comprender, 2;
    entender (ie), 4
United States: from
    the United States
    estadounidense *adj.*, 2
university universidad *f.*, 1
unplug desenchufar, 4
until hasta *adv.*; hasta que *conj.*
up to hasta *adv.*, 9
Uruguayan uruguayo *adj.*, 2
use usar, 1

V

vacuum pasar la aspiradora, 4
    vacuum cleaner aspiradora, 4
valley valle *m.*, 12
vegetable verdura, vegetal *m.*, 6
Venezuelan venezolano *adj.*, 2
very muy *adv.*, P
    Very well. Muy bien., P
vest chaleco, 7
veterinarian veterinario *m./f.*, 11
vinegar vinagre *m.*, 6
visit visitar, 1
    visit a museum visitar un museo, 3
volleyball vólibol *m.*, 3

W

wage salario, 11
wait esperar
waiter (waitress) camarero(a), 6
waiting room sala de espera, 5
wake up despertarse (ie), 5
walk caminar, 1
    walk in the mountains
        caminar por las montañas, 3

wall pared *f.*, 4
wallet cartera, 7
want desear, 1; querer (ie), 4
wardrobe armario, 4
wash (dishes, clothes, windows)
    lavar (los platos, la ropa, las
    ventanas), 4
    wash up lavarse, 5
washing machine lavadora, 4
waste desperdicio, 12
watch mirar, 1
    watch reloj *m.*, 7
    watch television ver la tele, 3
water the plants regar
    (ie) las plantas, 4
water: carbonated/noncarbonated
    mineral water agua *f.* mineral con/
    sin gas, 6
waterfall catarata, 12
we nosotros(as) *pron.*, P
wear llevar, usar, 7
    wear a costume disfrazarse, 8
weather tiempo, 3
wedding boda, 10
Wednesday miércoles *m.*, 1
week semana, 1
weekend fin *m.* de semana, 1
Welcome! ¡Bienvenido!, 9
well bien *adv.*
    well done bien cocido, 6
west oeste *m.*, 9
what lo que *pron.*, 10
    What time is it? ¿Qué hora
        es?, 1
    What? Which? ¿Qué?, P
    What's new? (informal) ¿Qué
        hay?, P
    What's up? (informal)
        ¿Qué tal?, P

What's your address?
    ¿Cuál es tu dirección?
    (informal), P
What's your name? ¿Cómo se llama
    usted?, ¿Cómo te llamas?,
    ¿Cuál es tu nombre?, P
What's your telephone number?
    (informal)
    ¿Cuál es tu número de
    teléfono?, P
When? ¿Cuándo?, P
Where? ¿Dónde?, P
    Where (to)? ¿Adónde?, 8
    Where are you from? ¿De dónde es
        usted?, ¿De dónde eres tú?, P
which que *pron.*, 3
    Which? ¿Cuál(es)?, P
white blanco *adj.*, 1
who que *pron.*, 3; quien *pron.*, 10
    Who? ¿Quién(es)?, P
Whose? ¿De quién(es)?, 8
Why? ¿Por qué?, P
widowed viudo *adj.*, 2
wife esposa, 2
wildlife preserve refugio
    natural, 12
win ganar, 3
window ventana, 4; ventanilla, 9
windy: it's windy hace viento, 3
wine (white, red) vino (blanco,
    tinto), 6
wine glass copa, 6
winter invierno, 3
wish desear, 1
    I wish that ojalá que, 12
with con *prep.*, 4
without sin *prep.*, 8; sin
    que *conj.*, 12
witness testigo *m./f.*, 10

woman mujer *f.*, 1
Wonderful! ¡Qué bueno!, 2
wool lana, 7
word palabra, 1
work trabajar, 1
    work trabajo, 11
worker obrero(a), 11
world mundo, 9
worried preocupado *adj.*, 4
worse peor, 6
worst el (la) peor, 6
write escribir, 2
written escrito *p.p.*, 10

X

X-ray radiografía, 5

Y

year año, 3
yellow amarillo *adj.*, 1
yes sí, P
yesterday ayer *adv.*, 6
you tú, usted(es), vosotros(as)
    pron., P
    and you? ¿y usted?
        (formal), P
young joven *adj.*, 2
younger menor, 6
youngest el (la) menor, 6
your (formal) su *adj.*, 2;
    vuestro *adj.*, 2
yours vuestro *adj.*, 2

Z

zero cero, P
zipper cremallera, cierre
    m., 7